Haftungsdurchgriffe und ihre Steuerung im russischen Konzernrecht

Europäische Hochschulschriften Recht

European University Studies in Law

Publications Universitaires Européennes de Droit

Band/Volume 6694

Linda Hemmes

Haftungsdurchgriffe und ihre Steuerung im russischen Konzernrecht

PETER LANG

Bibliografische Information der Deutschen Nationalbibliothek
Die Deutsche Nationalbibliothek verzeichnet diese Publikation in der Deutschen Nationalbibliografie; detaillierte bibliografische Daten sind im Internet über http://dnb.d-nb.de abrufbar.

Zugl.: Heidelberg, Univ., Diss., 2022

D 16
ISSN 0531-7312
ISBN 978-3-631-88449-2 (Print)
E-ISBN 978-3-631-88838-4 (E-PDF)
E-ISBN 978-3-631-88839-1 (EPUB)
DOI 10.3726/b20125

Peter Lang – Berlin · Bern · Bruxelles · New York · Oxford · Warszawa · Wien

Diese Publikation wurde begutachtet.

www.peterlang.com

Meiner Familie

Vorwort

Die vorliegende Arbeit wurde im Sommersemester 2022 von der Juristischen Fakultät der Ruprecht-Karls-Universität Heidelberg als Dissertation angenommen. Sie wurde noch vor dem russischen Überfall auf die Ukraine im Februar 2022 fertig gestellt, sodass sich in der Arbeit keine Äußerungen hierzu finden. Politische Fragen sollten im Rahmen der Arbeit ohnehin soweit wie möglich unberücksichtigt bleiben.

Mein herzlicher Dank gilt meinem Doktorvater Prof. Dr. Dr. h.c. mult. Peter Hommelhoff, der sich meines Themas annahm, mich während der Promotionsphase mit Rat und Tat unterstützte und mir wertvolle Anmerkungen gab. Prof. Dr. Andreas Piekenbrock danke ich neben der sehr zügigen Erstellung des Zweitgutachtens für die vielen weiterführenden Anmerkungen im Votum und in den Randbemerkungen. Frau Priv.-Doz. Elena Dubovitskaya danke ich herzlich für die Erstellung einer ergänzenden Stellungnahme zu meiner Arbeit sowie für die Hilfsbereitschaft, mir bei Fragen und Unklarheiten zum russischen Recht zur Seite zu stehen, Anmerkungen zu geben und Gedanken auszutauschen. Prof. Dr. Christoph Kern danke ich für die ertragreiche Diskussion im Rahmen der von ihm geleiteten Disputation. Darüber hinaus danke ich herzlich Frau Polina Wenig für die zahlreichen gewinnbringenden Gespräche und den Austausch zum russischen Recht während der Promotionsphase.

Ganz besonderer Dank gebührt auch Herrn Dr. Philip-André Zinn, Herrn Dr. Christian Böcker, Frau Dr. Ute Gotha und Herrn Dr. Alexander Wolf, die mir neben meiner wissenschaftlichen Mitarbeit in der Kanzlei ZinnBöcker Rechtsanwälte (Mannheim) die Möglichkeit gaben, die vorliegende Arbeit zu verfassen und mir stets mit guten Ratschlägen und aufmunternden Worten halfen.

Mein tief empfundener Dank gilt schließlich meiner gesamten Familie und meinem Freundeskreis für die Unterstützung und die liebevollen Worte sowie insbesondere meinen Eltern, die mich mein Leben lang unterstützt haben.

Und last but definitely not least danke ich meinem Mann, der mich in dieser Zeit mit viel Liebe und Geduld stets motivierte und ohne dessen liebevolle Unterstützung die Arbeit ebenfalls nicht in dieser Form möglich gewesen wäre.

Heidelberg, 15.7.2022

Inhaltsverzeichnis

Abkürzungen

a.A.	andere Ansicht
Abs.	Absatz
AG	Aktiengesellschaft
AktG	Aktiengesetz
AktG RUS	Aktiengesetz der Russischen Föderation
Art.	Artikel
Aufl.	Auflage
BB	Betriebs-Berater
bzw.	beziehungsweise
DB	Der Betrieb (Zeitschrift)
CCZ	Corporate-Compliance-Zeitschrift
DRJV	Deutsch-Russische Juristenvereinigung e.V.
DRRZ	Deutsch-Russische Rechtszeitschrift
ECFR	European Company and Financial of Establishment (Zeitschrift)
EGRJuL	Einheitliches Staatliches Register der juristischen Personen
ff.	fortfolgende
FS	Festschrift
FZ	Föderales Gesetz (Federal´nyj Zakon)
GmbH	Gesellschaft mit beschränkter Haftung
GmbHG RUS	GmbH-Gesetz der Russischen Föderation
GmbHR	GmbHRundschau (Zeitschrift)
GWR	Gesellschafts- und Wirtschaftsrecht (Zeitschrift)
Hrsg.	Herausgeber
Kap.	Kapitel
KSzW	Kölner Schrift zum Wirtschaftsrecht (Zeitschrift)
m.w.N.	mit weiteren Nachweisen
N	Nummer
NJW	Neue juristische Wochenschrift
NN	Nummern
NZG	Neue Zeitschrift für Gesellschaftsrecht
OOO	Obščestvo s ograničennoj otvetstvennost´ju (GmbH russischen Rechts)
Pkt.	Punkt
RF	Russische Föderation

RIW	Recht der internationalen Wirtschaft (Zeitschrift)
Rn.	Randnummer
ROW	Recht in Ost und West: Zeitschrift für Ostrecht und Rechtsvergleichung
RUB	Russischer Rubel
RUS	Russland
u.a.	und andere
VDRW	Vereinigung für deutsch-russisches Wirtschaftsrecht
WiRO	Wirtschaft und Recht in Osteuropa (Zeitschrift)
ZeuP	Zeitschrift für Europäisches Privatrecht
ZfU	Zeitschrift für Umweltpolitik & Umweltrecht
ZGB	Zivilgesetzbuch
ZGB RUS	Zivilgesetzbuch der Russischen Föderation
ZGR	Zeitschrift für Unternehmens- und Gesellschaftsrecht
ZHR	Zeitschrift für das gesamte Handelsrecht und Wirtschaftsrecht

Einleitung

A. Hinführung

Russland ist mit dem Verstand nicht zu begreifen, mit der gewöhnlichen Elle nicht zu messen; Russland hat einen besonderen Charakter, an Russland kann man nur glauben.[1]

Der russische Markt war trotz der langanhaltenden und immer gravierender werdenden politischen Schwierigkeiten seit der Revolution auf dem Maidan in Kiew[2] und der andauernden Wirtschaftskrise[3] noch lange Zeit von Interesse für Investoren.[4] Nach wie vor halten viele namhafte deutsche Unternehmen an ihrer Investitionstätigkeit in Russland fest[5] und haben zumindest in den letzten Jahren erneut Standorte in der Russischen Föderation errichtet[6]. Hierfür bedienen sie sich insbesondere der Organisationsform des Konzerns und erwarten aufgrund der ihnen aus Deutschland und den europäischen Mitgliedstaaten bekannten juristischen Selbstständigkeit der Tochtergesellschaft eine entsprechende Haftungssegmentierung auf dem russischen Markt. Die russische Tochter soll das ausländische unbekannte Gebiet mit ihrem eigenen Vermögen und ihren eigenen Leitungsorganen unabhängig von ihrer deutschen Muttergesellschaft ergründen und das Unternehmen in Russland bekannt machen,[7] ohne dass bei dieser Unternehmung die Gefahr besteht, dass die Mutter für die Verpflichtungen der tausende Kilometer weit entfernten Tochtergesellschaft einstehen muss. Auf diese Weise kann der Investor durch den Einsatz einer russischen

---

1 *Tschutjew, Fjodor;* zitiert nach: *Schmitt*, Strategische Projekte, S. 13.

2 Politische Fragen sollen im Folgenden außer Betracht bleiben; einen guten Überblick über den rechtspolitischen Rahmen verschaffen jedoch *Steininger,* WiRO 2018, 46, 46 ff; *Wedde,* RIW 2018, 351, 351 f.; *ders.,* RIW 2019, 346, 346 f.

3 Vgl. auch *Zielke*, WiRO 2016, 225, 225.

4 Vgl. zum Interesse deutscher Investoren in Russland *Shkliarov*, Russland als Firmenstandort, S. 9; vgl. auch *Plagemann,* Die russische Aktiengesellschaft, S. 2.

5 *Schmeil-Moore*, WiRO 2018, 1, 1; *Wedde,* RIW 2018, 351, 351.

6 So etwa das Unternehmen BMW, vgl. russland.capital, BMW eröffnet Niederlassung in Kaliningrad, 12.1.2018, https://www.russland.capital/bmw-eroeffnet-niederlassung-in-kaliningrad.

7 Vgl. hierzu *Steininger/Oljenik*, Ost/Letter 1/2014, S. 1 bereits für die Repräsentanz, die allerdings keine selbstständige juristische Person darstellt.

Tochtergesellschaft auf dem russischen Markt Vertrauen schaffen und sein Risiko zugleich kalkulieren.[8]

Auch die Mehrheit aller russischen Gesellschaften ist Teil eines Konzernverbunds,[9] womit die Organisationsform des Konzerns ebenso für die russische Unternehmenspraxis von großer Bedeutung ist.[10] So hat der Konzern nicht nur grenzüberschreitend, sondern auch innerhalb der Grenzen der Russischen Föderation den entscheidenden Vorteil, dass einzelne Gliedgesellschaften, entsprechend dem deutschen Recht, aufgrund der Haftungstrennung grundsätzlich als „abgeschottete Risiko- und Haftungsräume" wirken.[11] Das bietet den Nutzen, dass russische Unternehmen bestimmte Unternehmensbereiche auf mehrere Tochtergesellschaften auslagern und die Haftungsgefahr auf diese beschränken können.

Ein Blick in die russischen gesellschaftsrechtlichen Bestimmungen verdeutlicht allerdings, dass die rechtliche Selbstständigkeit juristischer Personen und das Trennungsprinzip[12] zwar entsprechend dem deutschen Verständnis fest im russischen Recht verankert sind[13], eine Haftungstrennung dagegen nicht zwangsläufig damit verbunden werden kann. Vielmehr ordnen die wenigen russischen konzernrechtlichen Bestimmungen[14] unter anderem für Fälle, in denen die Muttergesellschaft ihre Tochtergesellschaft zu einem Rechtsgeschäft angewiesen hat oder einem solchen auch nur zugestimmt hat, die Einstandspflicht der Muttergesellschaft gegenüber den Gläubigern der Tochter an.[15] Liegen die

---

8 *Plagemann*, Die russische Aktiengesellschaft, S. 33.

9 Vgl. hierzu *Schramm*, Kieler Ostrechts-Notizen 3/2007, S. 14, wobei für Russland keine gesicherten Zahlen vorliegen; vgl. auch *Šitkina*, Pravovoe regulirovanie ėkonomičeskoj zavisimosti, Chozjajstvo i pravo 2010, N 8; *dies.*, in: Šitkina, Korporativnoe pravo. Učebnyj kurs, Tom 1, S. 460.

10 Ebenso *Telke*, Russisches Konzernrecht, S. 21.

11 *Hommelhoff*, ZGR 2019, 379, 380.

12 *Princip otdelenija*; vgl. hierzu auch *Andreev*, Ličnaja otvetstvennost´ učastnika chozjajstvennogo obščestva pered tret'imi licami, Graždanskoe pravo, 2017, N 1, S. 8.

13 Art. 56 Pkt. 2 ZGB RUS; vgl. auch *Frolova*, Investieren in der Russischen Föderation, S. 39; *Šitkina*, Osnovanija i pravovye posledstvija otnošenij dočernosti chozjajstvennych obščestv (Kommentarij k st. 6 Zakona ob OOO), Chozjajstvo i pravo 2020, N 7, S. 13; *dies.*, in: Šitkina, Korporativnoe pravo. Učebnyj kurs, Tom 2, S. 701.

14 Eine deutsche Übersetzung der relevanten Gesetzesauszüge befindet sich im Anhang.

15 *Lomakin*, Princip samostojatel'noj otvetstvennosti juridičeskogo lica: pravilo i isključenija, in: Vestnik graždanskogo prava, 2020, N 1 sieht hierin die gravierendste Ausnahme vom Prinzip der Haftungstrennung im russischen Recht. Eine weitere Ausnahme vom Trennungsprinzip lässt sich beispielsweise in Art. 60 Pkt. 3 ZGB RUS finden.

Haftungsvoraussetzungen vor, müssen die Gläubiger nicht zunächst versuchen, sich bei der Tochtergesellschaft – ihrem eigentlichen Vertragspartner – zu befriedigen,[16] sondern können die Leistung unmittelbar von der Muttergesellschaft verlangen.[17] Durch die Ermöglichung eines solchen Durchgriffs auf das Vermögen der Muttergesellschaft wird die vorgesehene Haftungstrennung der Gesellschaften durchbrochen und die Tochtergesellschaft verliert ihre Funktion als Haftungsschott[18]. Wenn die Muttergesellschaft jedoch das Risiko ihrer Auslandsaktivitäten oder bestimmter Unternehmensbereiche nicht mehr auf ihre Tochtergesellschaft auslagern kann, besteht die Gefahr, dass sie derartige Investitionen beschränkt oder sogar vollständig unterlässt.

Die Gefahr eines Haftungsdurchgriffs droht dabei insbesondere auch der deutschen Muttergesellschaft. So ist hinsichtlich internationaler Konzernstrukturen anerkannt, dass auf die beherrschte Gesellschaft stets ihr eigenes Personalstatut[19] und somit nach der in Russland gemäß Art. 1201 ZGB RUS geltenden Gründungstheorie auf in Russland gegründete Tochtergesellschaften russisches Recht anzuwenden ist.[20] Auch im Hinblick auf die Beziehung *zwischen* den in einem Abhängigkeitsverhältnis befindlichen Unternehmen ist zum Schutz der Minderheitsgesellschafter und Gläubiger der abhängigen Gesellschaft – als dem klassischen Schutz des Konzernrechts – stets das Recht der abhängigen Gesellschaft und damit ebenfalls das russische Recht anzuwenden.[21] Nach Art. 1202 Pkt. 2 ZGB RUS ist russisches Recht außerdem zwingend in Fragen betreffend die Haftung der Gesellschafter für die Verpflichtungen der juristischen Person und folglich insbesondere im Hinblick auf die Durchgriffshaftung anzuwenden.[22]

Doch trotz der in den letzten Jahren erfolgten Bemühungen der russischen Politik, den eigenen Markt insbesondere auch für ausländische Investoren

---

16 *Galander*, in: Galander, Russisches Wirtschaftsrecht, S. 160.

17 Art. 67.3 Pkt. 2 Abs. 2 ZGB RUS und Art. 323 Pkt. 1 ZGB RUS; vgl. auch *Mereminskaja*, Durchbrechung der Haftungsbeschränkung eines GmbH-Gesellschafters, S. 88.

18 Zur Tochtergesellschaft als Haftungsschott *Weller/Bauer*, ZeuP 2015, 6, 8.

19 *Steininger*, Geschäftsführer in Fesseln, Ost/Letter 2/2014, S. 15.

20 Vgl. auch *Barth/Kurochkin*, in: W/S/B, Gesellschaftsrecht des Auslands, Rn. 287.

21 *Raiser/Veil*, Recht der Kapitalgesellschaften, § 8 Rn. 37, S. 59; m.w.N.

22 Zum anwendbaren Recht auf die Konzernaußenhaftung vgl. auch *Kindler*, in: Münchener Kommentar BGB, Teil 10 Rn. 774 ff. Hinsichtlich der im russischen Ausland gegründeten Gesellschaften, die ihre Tätigkeit vorwiegend in der Russischen Föderation ausüben, legt Art. 1204 Pkt. 4 ZGB RUS für die Haftung der Gesellschafter für die Schulden der Gesellschaft darüber hinaus ausdrücklich fest, dass dem Gläubiger die Wahl zwischen russischem und ausländischem Recht zusteht.

attraktiver zu gestalten und mehr produzierende Industrie im eigenen Land anzusiedeln[23], erfolgte im Zuge einer Gesetzesreform des russischen Zivilgesetzbuches im Jahr 2014[24] eine weitere Verschärfung der konzernrechtlichen Haftungsregeln in Russland[25], die wie dargestellt auch deutsche Konzernmütter treffen kann. Denn während vor der Reform noch ein Weisungsrecht der Muttergesellschaft gegenüber ihrer Tochtergesellschaft erforderlich war, um einen Durchgriff auf das Vermögen der Tochtergesellschaft zu ermöglichen, wurde diese Tatbestandsvoraussetzung ersatzlos gestrichen. Darüber hinaus soll seit der Gesetzesreform bereits die bloße Zustimmung der Muttergesellschaft zu einem Rechtsgeschäft für einen Haftungsdurchgriff ausreichen. Warum sich Russland *erneut* für ein solch strenges Haftungsregime entschieden hat, während sich der Blickwinkel in der Europäischen Union vermehrt dem Konzernrecht als *enabling law* nähert[26] und ob die russischen Regeln tatsächlich „nicht überschaubare Haftungsrisiken" für die Konzernmutter[27] darstellen und eine dezentrale Konzernierung praktisch verhindern, soll in der vorliegenden Arbeit untersucht werden. Ebenso soll angesichts der strengen Haftungsregelungen der Frage nachgegangen werden, ob das russische Recht der Muttergesellschaft als Gegenstück zum Haftungsregime die Möglichkeit eröffnet, ihre Tochter nach ihren Vorstellungen zu leiten und ihre Handlungen zu bestimmen, um etwaige Haftungsrisiken zumindest gezielt steuern zu können. Sofern das russische Konzernrecht auch diesen Weg verhindert, läuft die Konzernmutter Gefahr, für Verbindlichkeiten einstehen zu müssen, deren Existenz sie unter Umständen nicht

---

23 Vgl. zu einzelnen Verbesserungsbemühungen *Steininger,* WiRO 2018, 46, 48; *Wedde,* RIW 2018, 351, 353.

24 Das russische Zivilgesetzbuch wurde in mehreren Teilen umfassend novelliert, vgl. hierzu auch *Schramm,* Die große ZGB-Novelle, Ost/Letter 1/2014, S. 1 ff. Die Änderung der konzernrechtlichen Bestimmungen im Zivilgesetzbuch erfolgte auf Grundlage des Föderalen Gesetzes Nr. 99-FZ vom 5.5.2014 (Verkündungsorgan: Sobranie Zakonodatel'sta Rossijskoj Federacii, 2014, No. 19, st. 2305) und trat am 01.09.2014 in Kraft.

25 Vgl. auch *Kindsvater,* WiRO 2014, 324, 327.

26 Vgl. zu diesem Begriff *Hommelhoff,* ZGR 2012, 535, 538; *Teichmann,* AG 2013, 184; *Dominke*, Einheitliche Gruppenleitung über die Binnengrenzen in Europa, S. 33 ff.

27 *Arzinger/Galander,* Russisches Wirtschaftsrecht, S. 53 (noch zur Gesetzeslage vor der erfolgten Gesetzesreform); vgl. auch *Galander,* in: Galander, Russisches Wirtschaftsrecht, S. 160; dagegen äußert *Suchanov*, Zakon ob obščestvach s ograničennoj otvetstvennost'ju, Chozjajstvo i pravo 1998, N 5 Bedenken hinsichtlich der tatsächlichen Bedeutung der Norm.

beeinflussen kann. Mangels einer Möglichkeit der Haftungsbeschränkung und Risikosteuerung wird jedoch auch ihr Interesse schwinden, unternehmerische Risiken einzugehen und innovative Investitionen zu tätigen.

B. Untersuchungsgegenstand

Da sich die meisten bislang erschienenen wissenschaftlichen Arbeiten auf dem Gebiet des russischen Konzernrechts und zu Fragen der Durchgriffshaftung im russischen Kapitalgesellschaftsrecht auf den Blickwinkel des Minderheiten- und Gläubigerschutzes konzentrieren[28], soll in der vorliegenden Untersuchung ein Schwerpunkt auf der Frage liegen, ob das russische Recht einen sicheren Rechtsrahmen bietet, der es der Muttergesellschaft ermöglicht, den Konzern zu leiten. Zur Beantwortung dieser Frage kommt es neben anderen Haftungsgefahren für die Konzernmutter entscheidend auf die Frage an, wann für sie tatsächlich das Risiko besteht, neben ihrer Tochtergesellschaft für deren Verbindlichkeiten einstehen zu müssen, und folglich auf die Frage, unter welchen Voraussetzungen im Einzelfall eine Durchbrechung der Vermögenstrennung erfolgt. Besonders zu berücksichtigen ist im Rahmen dieser Untersuchung die im September 2014 erfolgte Gesetzesreform, die zu einer Verschärfung der konzernrechtlichen Haftungsregeln führte. Die neu eingeführten Tatbestandsvoraussetzungen und die Auswirkungen der Änderungen auf die Praxis wurden bislang nur wenig diskutiert.[29] Die vorliegende Untersuchung setzt sich daher eingehend mit den einzelnen Voraussetzungen auseinander und versucht, Antworten auf offene Fragen zu finden und unbestimmte Rechtsbegriffe auszulegen.

Ebenso sollen die der Konzernmutter zur Verfügung stehenden Steuerungsmöglichkeiten untersucht werden, wobei insbesondere der Frage nachzugehen ist, ob der Muttergesellschaft das Recht zusteht, die russische Tochtergesellschaft im übergeordneten Konzerninteresse zu leiten und Weisungen an diese zu erteilen. Sofern die speziellen konzernrechtlichen Normen keine Antworten auf diese Fragen liefern können, sollen Vorgaben des allgemeinen russischen Gesellschafts- und Zivilrechts herangezogen werden. Zu berücksichtigen sind hierbei

---

28 Vgl. nur etwa *Telke,* Russisches Konzernrecht; *Heeg,* Die Finanz- und Haftungsverfassung russischer Kapitalgesellschaften; *Rabensdorf,* Die Durchgriffshaftung im deutschen und russischen Recht der Kapitalgesellschaften; *Mereminskaja,* Durchbrechung der Haftungsbeschränkung eines GmbH-Gesellschafters.

29 *Galander,* in: Galander, Russisches Wirtschaftsrecht, S. 160 führt etwa aus, es sei abzuwarten, wie die Rechtsprechung die neue Haftungsnorm auslegt.

das russische Zivilgesetzbuch[30], das allgemeine gesellschaftsrechtliche Vorschriften enthält[31], sowie das russische Aktiengesetz[32] und das GmbH-Gesetz[33]. So sind es auch im russischen Recht insbesondere die Kapitalgesellschaften,[34] namentlich die Aktiengesellschaft und die Gesellschaft mit beschränkter Haftung russischen Rechts,[35] die für die Konzernbildung von Bedeutung sind[36].

C. Gang der Untersuchung

Um einen Überblick über das russischen Konzernrecht zu erhalten und ein Verständnis für die hier geregelten Grundsätze zu entwickeln, die sich grundlegend vom deutschen Recht der Unternehmensgruppe unterscheiden, widmet sich der erste Teil dieser Arbeit einer Darstellung seiner Grundlagen. Hierzu gehört neben einer Untersuchung des grundsätzlichen russischen Verständnisses von einem *Konzern* – bzw. einem Mutter-Tochter-Verhältnis – auch eine Analyse der konzernspezifischen Regelungen. Zu untersuchen ist an dieser Stelle, was das russische Recht im Zusammenhang mit der Unternehmensgruppe regelt, wie

---

30 Zivilgesetzbuch der Russischen Föderation (Teil 1) vom 30.11.1994 Nr. 51-FZ; im Folgenden: „ZGB RUS", Verkündungsorgan: Sobranie Zakonodatel'sta RF, 5.12.1994, No. 32, st. 3301.

31 Das Zivilgesetzbuch enthält „vor die Klammer gezogene" Regelungen hinsichtlich juristischer Personen, *Arzinger/Galander*, Russisches Wirtschaftsrecht, S. 29.

32 Föderales Gesetz „über Aktiengesellschaften" Nr. 208-FZ vom 26.12.1995; im Folgenden: „AktG RUS", Verkündungsorgan: Sobranie Zakonodatel'sta RF, 1.1.1996, No. 1, st. 1.

33 Föderales Gesetz „Über die Gesellschaften mit beschränkter Haftung" Nr. 14-FZ vom 8.2.1998; im Folgenden: „GmbHG RUS", Verkündungsorgan: Sobranie Zakonodatel'sta RF, 16.2.1998, No. 7, st. 785.

34 Personengesellschaften (*tovariščestvo*) können keine Tochtergesellschaften russischen Rechts sein, vgl. auch *Šitkina*, Osnovanija i pravovye posledstvija otnošenij dočernosti chozjajstvennych obščestv (Kommentarij k st. 6 Zakona ob OOO), Chozjajstvo i pravo 2020, N 7, S. 6.

35 Es handelt sich hierbei um die *Akcionernoe obščestvo* (Aktiengesellschaft, AO) und die *Obščestvo s ograničennoj otvetstvennost'ju* (Gesellschaft mit beschränkter Haftung; OOO). Diese Gesellschaftsformen sind zwar vergleichbar mit der Aktiengesellschaft und der Gesellschaft mit beschränkter Haftung deutschen Rechts, stellen jedoch hiervon streng zu unterscheidende eigene Gesellschaftsformen dar.

36 Dies gilt auch für ausländische Investitionen in Russland; vgl. für die GmbH russischen Rechts *Heidemann*, GmbHR 2002, 732, 732; für die AG russischen Rechts vgl. *Plagemann*, Die russische Aktiengesellschaft, S. 1 und S. 3; *Frolova*, Investieren in der Russischen Föderation, S. 42; *Rodde/Abovski*, WiRO 2009, 33, 33.

umfangreich diese Regelungen sind und insbesondere, wie sich der Grundsatz der Durchgriffshaftung in das gesamte Regelungskonzept einfügt. Da dem russischen Gesellschafts- und Konzernrecht im Rahmen seiner Entwicklung 70 Jahre sozialistische Planwirtschaft und Kommunismus im Wege standen und sich das heutige Rechtssystem erst nach dem Zusammenbruch der Sowjetunion entwickeln konnte, ist darüber hinaus zu untersuchen, wie sich diese Besonderheit der russischen Rechtsentwicklung auf das heutige Rechtssystem ausgewirkt hat und welche Rechtsordnungen das russische Konzernrecht maßgeblich beeinflusst haben. So hatte der russische Gesetzgeber im Rahmen der Neuordnung des Rechtssystems die Möglichkeit, sowohl auf eigene Rechtsquellen als auch auf ausländische – bereits vollständig entwickelte – Vorschriften zurückzugreifen. Möglicherweise können aus den Erkenntnissen über die geschichtliche Entwicklung im Nachgang Aufschlüsse darüber gezogen werden, wie das heutige russische Konzernrecht zu verstehen und auszulegen ist.

Im zweiten Teil soll hieran anschließend die Durchgriffshaftung als grundlegender Teilaspekt des russischen Konzernrechts untersucht werden. Denn es ist gerade die Ermöglichung des Gläubigerdurchgriffs auf die Muttergesellschaft, die dazu führt, dass die Tochtergesellschaft ihre abschottende Wirkung verliert und eine Haftungs- und Risikosegmentierung, die so grundlegend für die Konzernführung ist, verhindert wird. Um die Ausmaße der Durchgriffshaftung zu verstehen und die Gesetzesänderungen nachvollziehen zu können, sollen daher in einem ersten Schritt die Tatbestandsvoraussetzungen untersucht und die Änderungen detailliert analysiert und bewertet werden. Insbesondere der Wegfall des Weisungsrechts der Muttergesellschaft gegenüber ihrer Tochter als Haftungsvoraussetzung führt dazu, dass scheinbar mehr Sachverhalte von der Konzernhaftung erfasst werden. So haben bislang viele Unternehmen die schriftliche Fixierung eines Weisungsrechts vermieden, um eine mögliche Haftung auszuschließen.[37] Stattdessen wurden alternative Herrschaftsinstrumente etabliert, die weitestgehend haftungsfrei durchgeführt werden konnten und eine Konzernleitung ermöglichen sollten. Ob diese alternativen Herrschaftsinstrumente nunmehr ebenfalls der Durchgriffshaftung unterliegen und damit im Zuge der Reform verhindert wurden, soll daher anschließend ebenfalls überprüft werden. Sofern dies der Fall ist, stellt sich im Anschluss die Frage, ob der Muttergesellschaft im russischen Recht eine Möglichkeit gegeben wird, die neu eröffneten Haftungsrisiken zu steuern. Hierfür ist eine Kontroll- und

37 *Šitkina*, O probleme „objazatel'nych ukazanij" osnovnogo obščestva dočernemu, Chozjajstvo i pravo 2006, Nr. 7.

Einflussmöglichkeit erforderlich, die es der Muttergesellschaft ermöglicht, auf die Handlungen ihrer Tochtergesellschaft Einfluss zu nehmen und diese zu kontrollieren, um Haftungsgefahren selbst steuern zu können. Aus diesem Grund schließt die vorliegende Arbeit im dritten Teil mit einer Untersuchung der Frage, ob bzw. welche Einflussnahme- und Kontrollmöglichkeiten zur Verfügung stehen, um das bestehende Risiko eines Durchgriffs kontrollieren und abschätzen zu können sowie um zu verhindern, dass die Tochtergesellschaft Geschäfte abschließt, für die die Muttergesellschaft eine Haftung übernehmen muss. Hierfür ist insbesondere zu untersuchen, ob und in welchem Umfang der Muttergesellschaft ein Weisungsrecht gegenüber ihrer Tochtergesellschaft zustehen kann. Da die Etablierung eines Weisungsrechts in der Vergangenheit zum Zwecke des Ausschlusses einer Haftung häufig vermieden wurde und eine etablierte Praxis daher bislang fehlt, ist auch diese Frage nicht abschließend geklärt. Insbesondere die Frage, ob die Muttergesellschaft ihre Tochter im übergeordneten Konzerninteresse leiten kann, soll daher eingehend untersucht werden. Abschließend folgt eine Bewertung des Gleichgewichts von Einflussnahme- und Kontrollmöglichkeiten sowie bestehenden Haftungsgefahren.

Teil 1 – Grundlagen des russischen Konzernrechts

A. Das heutige Recht der Unternehmensgruppe in den russischen Kodifikationen

Ein einheitliches, aufeinander abgestimmtes Konzernrecht und ein eigenständiger Abschnitt über Konzerne bzw. verbundene Unternehmen, vergleichbar mit den deutschen aktienrechtlichen Bestimmungen, fehlen in den russischen Gesetzeskodifikationen gänzlich.[38] Vielmehr lassen sich lediglich einzelne wenige Bestimmungen in unterschiedlichen Kodifikationen finden. Von Relevanz sind hierbei insbesondere das russische Zivilgesetzbuch sowie das russische Aktiengesetz und das GmbH-Gesetz, bei welchen es sich um Spezialgesetze für die einzelnen Kapitalgesellschaftsformen russischen Rechts handelt und die die Rahmengesetzgebung des Zivilgesetzbuches ausfüllen sollen[39]. Die einzelnen Kodifikationen enthalten zwar nahezu wortgleiche, sich im Detail jedoch voneinander unterscheidende Regelungen zu verbundenen Unternehmen. Aus ihrer bloßen Existenz geht jedoch hervor, dass das russische Recht Unternehmensverbindungen grundsätzlich zulässt.[40] Um darüber hinaus Antworten auf nicht in diesen konzernrechtlichen Bestimmungen geregelte Fragen zu erhalten, ist allerdings entsprechend den meisten Rechtsordnungen der Europäischen Union auf das allgemeine Gesellschafts- und Zivilrecht zurückzugreifen.[41] Doch auch die vorhandenen konzernrechtlichen Bestimmungen, die das Verhältnis der verbundenen Unternehmen klären sollen, lassen viele Fragen und Unklarheiten aufkommen.

---

38 Vgl. auch *Telke,* Russisches Konzernrecht, S. 43; *Plagemann,* Die russische Aktiengesellschaft, S. 41.

39 Vgl. Art. 87 Pkt. 3 ZGB RUS und Art. 96 Pkt. 3 Abs. 1 ZGB RUS.

40 Vgl. auch *Rabensdorf,* Die Durchgriffshaftung im deutschen und russischen Recht der Kapitalgesellschaften, S. 190; in Art. 6 Pkt. 1 AktG RUS und Art. 6 Pkt. 1 GmbHG RUS wird ausdrücklich zugelassen, dass eine Gesellschaft Tochtergesellschaften auf dem Staatsgebiet der Russischen Föderation haben kann.

41 So zu den Europäischen Mitgliedstaaten: *Dominke,* Einheitliche Gruppenleitung, S. 2; vgl. etwa zum englischen Recht: *Tholen,* Europäisches Konzernrecht, S. 78 f; *Windbichler*, NZG 2018, 1241, 1242.

I. Definition der Tochtergesellschaft und erfasste Unternehmensverbindungen

Auffällig ist zunächst, dass bereits eine Definition fehlt, die festlegt, wann ein Konzern bzw. ein verbundenes Unternehmen nach russischem Verständnis besteht. In der russischen Rechtspraxis wird im Zusammenhang mit verbundenen Unternehmen statt des Begriffs „Konzern“[42] vorwiegend der Terminus „*Holding*“[43] verwendet.[44] Anders als im deutschen Sprachgebrauch, in dem mit einer Holding eine Obergesellschaft beschrieben wird, deren betrieblicher Hauptzweck im Halten einer Beteiligung an einem oder an mehreren rechtlich selbstständigen Unternehmen gemeint ist[45] und in dem die Holding-Gesellschaft somit die Spitze eines Unternehmensverbundes darstellt, ist mit der Holding im russischen Sprachgebrauch der Verbund als solcher gemeint. Dennoch ist der Begriff der Holding trotz seiner weitgehenden Verbreitung in der russischen Literatur und Rechtsprechung[46] nicht legaldefiniert[47] und weder im russischen Zivilgesetzbuch noch in den Spezialgesetzen erwähnt[48]. Er stellt insoweit keinen definierten russischen Rechtsbegriff dar. Stattdessen besteht eine Vielzahl

---

42 Obwohl das deutsche Recht tatsächlich nicht an den Begriff „Konzern“, sondern an den Begriff der „verbundenen Unternehmen“ (§§ 15 ff., 291 ff., AktG) anknüpft und der eigentliche Konzern hiervon lediglich einen Unterfall bildet, wird in der Rechtspraxis dennoch einheitlich vom „Konzernrecht“ gesprochen, weshalb dieser Terminus hier als Vergleichspunkt dienen soll, vgl. zu dieser Thematik *Raiser/Veil*, Recht der Kapitalgesellschaften, § 58 Rn. 2.

43 *Cholding.*

44 *Telke,* Russisches Konzernrecht, S. 23; zu einer rechtsvergleichenden Analyse bzgl. des Konzerns und der Holding, vgl. *Šitkina*, Choldingi: Pravovoe regulirovanie i korporativnoe upravlenie, S. 70 ff; vgl. auch *dies.*, Pravovoe regulirovanie ėkonomičeskoj zavisimosti, Chozjajstvo i pravo 2010, N 8; laut *Rabensdorf,* Die Durchgriffshaftung im deutschen und russischen Recht der Kapitalgesellschaften, S. 159 ist der Begriff „Konzern“ im russischen Recht unbekannt.

45 *Lutter/Bayer,* in: Lutter/Bayer, Holding-Handbuch, § 1 Rn. 1.11.

46 Laut *Telke*, Russisches Konzernrecht, S. 23 wird in der Rechtsprechung insbesondere der Terminus „Holdinggesellschaft“ häufiger verwendet, m.w.N.

47 *Rabensdorf,* Die Durchgriffshaftung im deutschen und russischen Recht der Kapitalgesellschaften, S. 161; *Šitkina*, Choldingi: Pravovoe regulirovanie i korporativnoe upravlenie, S. 37; *dies.*, Choldingi: Pravovoe regulirovanie ėkonomičeskoj zavisimosti. Upravlenie v gruppach kompanij, S. 1; *Telke,* Russisches Konzernrecht, S. 23.

48 *Portnoj,* Pravovoe položenie choldingov v Rossii, S. 6.

unterschiedlicher Auslegungen des Begriffs in der russischsprachigen Literatur[49], wobei größtenteils ein Verbund zwischen einer herrschenden und einer oder mehrerer von dieser abhängigen juristischen Person unter einer Holding verstanden wird,[50] bei der die herrschende Gesellschaft in irgendeiner Weise – meist wirtschaftlich[51] – über die Angelegenheiten der abhängigen Gesellschaft entscheiden kann[52]. Darüber hinaus lassen sich in unterschiedlichen Rechtsgebieten gleich eine Reihe von selbstständigen Einzelregelungen[53] mit jeweils eigenen Termini[54] und zum Teil unterschiedlichen Bedeutungen[55] finden, was für erhebliche Rechtsunsicherheit sorgt. Es ist daher erforderlich, den Anwendungsbereich für das jeweils entscheidende Rechtsgebiet gesondert festzulegen.

Das vorliegend zu untersuchende russische Gesellschaftsrecht enthält statt der Definition eines Unternehmens*verbunds*, die Definition einer

---

49 So *Portnoj*, Pravovoe položenie choldingov v Rossii, S. 7; *Rabensdorf*, Die Durchgriffshaftung im deutschen und russischen Recht der Kapitalgesellschaften, S. 161.

50 *Telke*, Russisches Konzernrecht, S. 23.

51 *Bogatkov*, Cholding, S. 1.

52 Ähnlich *Rabensdorf*, Die Durchgriffshaftung im deutschen und russischen Recht der Kapitalgesellschaften, S. 161, vgl. hier zu unterschiedlichen Definitionsansätzen. Versuche, eine einheitliche Definition zu finden, unternehmen insbesondere *Portnoj*, Pravovoe položenie choldingov v Rossii, S. 6 ff.; *Šitkina*, Choldingi: Pravovoe regulirovanie ėkonomičeskoj zavisimosti. Upravlenie v gruppach kompanij, S. 1 ff.

53 Verschiedene Kontrollkonzepte sind etwa in Art. 61.10 InsolvenzG (Föderales Gesetz „über die Insolvenz (den Bankrott)" vom 26.10.2002 N 127-FZ, Art. 105.1 Steuergesetzbuch (Steuergesetzbuch der Russischen Föderation (Erster Teil) vom 31.07.1998 N 146-FZ und Art. 9 Wettbewerbsgesetz (Föderales Gesetz „zum Schutz des Wettbewerbs" vom 26.07.2006 N 135 FZ enthalten.

54 *Poljakova*, Gruppa kompanij: ponjatie, osobennosti pravovogo položenija, nennt beispielsweise die Unternehmensgruppe (*„gruppa kompanij"*), die Gruppe juristischer Personen (*„gruppa lic"*) und die Holding (*„cholding"*); *Šitkina*, Pravovoe regulirovanie ėkonomičeskoj zavisimosti, Chozjajstvo i pravo 2010, N 8; *Telke*, Russisches Konzernrecht, S. 43 – vgl. nur etwa die Begriffe „Tochtergesellschaft" (Art. 67.3 Pkt. 1 ZGB RUS; Art. 6 Pkt. 1 GmbHG RUS; Art. 6 Pkt. 1 AktG RUS) und „abhängige Gesellschaft" (Art. 6 Pkt. 4 Abs. 1 GmbHG RUS, Art. 6 Pkt. 4 Abs. 1 AktG RUS).

55 Ebenso zu weiteren Rechtsgebieten: *Barth/Kurochkin*, in: W/S/B, Gesellschaftsrecht des Auslands, Rn. 276; ähnlich im deutschen Recht, wo der Begriff der Abhängigkeit im Sinne des § 17 Abs. 1 AktG (D) Ähnlichkeit zu dem z.B. für das Bilanzrecht oder Kartellrecht verwendeten Begriff der Kontrolle ausweist, aber nicht deckungsgleich ist, so *Keßler*, in: Henssler/Strohn, Gesellschaftsrecht, § 17 Rn. 1; vgl. hierzu auch *Šitkina*, in: Šitkina, Korporativnoe pravo. Učebnyj kurs, Tom 1, S. 468.

„Tochtergesellschaft“[56] russischen Rechts. Diese lässt sich nahezu[57] wortgleich in den Art. 67.3 Pkt. 1 ZGB RUS, Art. 6 Pkt. 2 GmbHG RUS und Art. 6 Pkt. 2 AktG RUS finden.[58] Ob eine Gesellschaft als Tochtergesellschaft anzusehen ist und damit zugleich ein konzernrechtliches Beherrschungsverhältnis zwischen den Gesellschaften vorliegt, hängt hiernach davon ab, ob die Obergesellschaft[59], die *Möglichkeit* hat, die Entscheidungen der Tochtergesellschaft zu bestimmen.[60] Zur Begründung einer Beherrschungsmöglichkeit nennt das Gesetz drei unterschiedliche Möglichkeiten – namentlich eine beherrschende Beteiligung am Satzungskapital der Tochtergesellschaft, einen zwischen den Gesellschaften geschlossenen Vertrag sowie den Auffangtatbestand der Beherrschung „auf andere Weise“. Formale Kriterien, wie die Festlegung einer bestimmten Beteiligungshöhe, ab welcher von einer entsprechenden Beherrschungsmöglichkeit auszugehen ist,[61] lassen sich dem Gesetz indes nicht

---

56 *Dočernee obščestvo.*

57 Ein Unterschied zwischen den einzelnen Gesetzen besteht darin, dass das GmbHG RUS und das AktG RUS nicht von einer „Kapitalgesellschaft“ (*chozjajstvennoe obščestvo),* sondern lediglich von einer „Gesellschaft“ (*obščestvo*) sprechen und die Personengesellschaft nach der Kapitalgesellschaft nennen. Art. 6 Pkt. 2 GmbHG RUS und Art. 6 Pkt. 2 AktG RUS sind identisch.

58 Für die wörtliche Übersetzung vgl. Anhang.

59 Die eine Tochtergesellschaft beherrschende Gesellschaft wird im Gegensatz zum deutschen Recht nicht als Mutter-, sondern als *„Obergesellschaft“* (*Osnovnoe obščestvo)* bezeichnet. So auch *Heeg*, WiRO 2000, 1, 1; *Plagemann,* Die russische Aktiengesellschaft, S. 41. Im Folgenden wird daher auch in der vorliegenden Arbeit der Begriff „Obergesellschaft“ verwendet. *Rabensdorf,* Die Durchgriffshaftung im deutschen und russischen Recht der Kapitalgesellschaften, S. 156 übersetzt den Begriff dagegen mit „Hauptgesellschaft“.

60 *Bauer-Mitterlehner/Gerasin*, in: Winner, Haftungsrisiken für die Konzernmutter in Mittel- und Osteuropa, S. 457; *Heeg*, Die Finanz- und Haftungsverfassung russischer Kapitalgesellschaften, S. 281 weist ebenfalls darauf hin, dass die Übersetzung „die Möglichkeit hat, auf die Entscheidungen *Einfluss zu nehmen*“ von *Lenga/Wipplinger/Rommel*, WiRO 1995, 221, 232 und andere Übersetzungen nicht korrekt sind. Nicht erforderlich für das Vorliegen einer Konzernverbindung in diesem Sinne ist dagegen ein *Recht* der Obergesellschaft, der Tochtergesellschaft verbindliche *(An-)Weisungen zu erteilen*. Dieses in Art. 6 Pkt. 3 Abs. 2 GmbHG RUS und Art. 6 Pkt. 3 Abs. 2 AktG RUS genannte Merkmal ist lediglich die Voraussetzung für eine Haftung der Obergesellschaft für die Tochtergesellschaft und ist streng von der bloßen Definition der Tochtergesellschaft zu unterscheiden, so auch *Heeg*, Die Finanz- und Haftungsverfassung russischer Kapitalgesellschaften, S. 281 für Art. 105 Pkt. 2 Abs. 2 ZGB RUS a.F.

61 Vgl. im Gegensatz hierzu § 17 Abs. 2 AktG (D).

entnehmen.[62] Eine genaue Definition, die bestimmt, wann tatsächlich eine entsprechende Beherrschungs*möglichkeit* gegeben ist, fehlt ebenfalls.[63] Da es sich mithin um einen unbestimmten Rechtsbegriff handelt,[64] obliegt es den Gerichten festzustellen, ob im Einzelfall eine Tochtergesellschaft vorliegt.[65] Die unklare Rechtslage führt dazu, dass sich Unternehmen stets die Frage stellen müssen, ob ein Konzernsachverhalt nach russischem Verständnis vorliegt und die hieran anknüpfenden Rechtsfolgen Anwendung finden.[66]

Eine Obergesellschaft kann nach russischem Recht ausschließlich eine Wirtschaftspersonen- oder eine Kapitalgesellschaft sein.[67] Anders als im deutschen Recht[68] können nach russischem Verständnis damit ausschließlich juristische Personen Mitglieder einer entsprechenden konzernrechtlichen Verbindung sein.[69] Enkelgesellschaften werden gesetzlich ebenfalls nicht erfasst, womit

---

62 Vgl. auch *Heeg*, WiRO 2000, 1, 2, der ausführt, dass im Gegensatz hierzu die Aktienordnung Nr. 601 vom 25.12.1990 noch eine rein formale Betrachtungsweise vorsah, wonach ab einer Beteiligung von 50 % + einer Aktie eine Tochtergesellschaft vorlag; *Steininger/Olejnik*, Die GmbH und die russische OOO im Vergleich – Teil 1, WiRO 2017, 129, 133.

63 *Plagemann*, WiRO 2011, 231, 236; ebenso *Telke*, Russisches Konzernrecht, S. 27.

64 *Heeg*, WiRO 2000, 1, 2; *Plagemann*, WiRO 2011, 231, 236; *Rabensdorf*, Die Durchgriffshaftung im deutschen und russischen Recht der Kapitalgesellschaften, S. 163; *Steininger/Olejnik*, WiRO 2017, 129, 133.

65 *Plagemann*, WiRO 2011, 231, 235; *ders.*, Die russische Aktiengesellschaft, S. 224; *Rabensdorf*, Die Durchgriffshaftung im deutschen und russischen Recht der Kapitalgesellschaften, S. 163.

66 Relevant wird dies insbesondere bei der Frage, in welchen Fällen eine Durchgriffshaftung erfolgt. Ausführlich dazu, wann im Einzelfall ein Beherrschungsverhältnis vorliegt in Teil 2, Kapitel A.I.1.

67 Art. 67.3 Pkt. 1 ZGB RUS; Art. 6 Pkt. 2 GmbHG RUS; Art. 6 Pkt. 2 AktG RUS.

68 Nach deutschem Verständnis kann auch eine natürliche Person herrschendes Unternehmen sein, BGH, Urteil vom 13.10.1977, Az.: II ZR 123/76, NJW 1978, 104, 104; BGH, Urteil vom 23.09.1991, Az.: II ZR 135/90, NJW 1991, 3142, 3143; vgl. zum Unternehmensbegriff: *Emmerich*, in: Emmerich/Habersack, Konzernrecht, § 2 Rn. 5 ff.

69 Vgl. hierzu den ausdrücklichen Gesetzeswortlaut. Dass es sich auch bei Wirtschaftspersonengesellschaften um juristische Personen handelt, stellt Art. 50 Pkt. 2 ZGB RUS ausdrücklich klar; *Lomakin*, Princip samostojatel'noj otvetstvennosti juridičeskogo lica: pravilo i isključenija, in: Vestnik graždanskogo prava, 2020, N 1., S. 93–110; vgl. auch *Lomakin*, Kommerčeskie korporacii kak sub´´ekty korporativnych pravootnošenij: učebnoe posobie, S. 113 ff.; *Telke*, Russisches Konzernrecht, S. 24, m.w.N.; Diese Tatsache wird im Entwurf des Gesetzes „zur Änderung des 4. Kapitels des ersten Teils des Zivilgesetzbuches der Russischen Föderation (hinsichtlich der Definition von kontrollierenden und kontrollierten Personen und ihrer Haftung)“ kritisiert, abrufbar

mittelbare Unternehmensverbindungen zumindest keine ausdrückliche Konzernierungsform russischen Rechts darstellen.[70] Auch russische Tochtergesellschaften stellen rechtlich eigenständige, jedoch wirtschaftlich abhängige Gesellschaften dar[71] und unterscheiden sich damit von den russischen Filialen und Vertretungen.[72] Das grundlegende Merkmal der rechtlichen Selbstständigkeit der Gliedunternehmen entspricht damit auch dem deutschen Verständnis einer Unternehmensgruppe.[73]

II. Zur Strenge der konzernrechtlichen Haftungsregeln

Abgesehen von der Definitionsnorm beschränken sich die übrigen russischen konzernrechtlichen Vorgaben ausschließlich auf die Bestimmung der Haftung der Ober- und Tochtergesellschaft. Während die Tochtergesellschaft nach dem ausdrücklichen Wortlaut des Gesetzes nicht für Schulden ihrer Obergesellschaft haftet,[74] wird die Obergesellschaft gleich in mehreren Fällen mit einer Haftung gegenüber der Tochtergesellschaft selbst sowie gegenüber deren Gläubigern konfrontiert. Neben einer Durchgriffshaftung, aufgrund derer die Obergesellschaft gesamtschuldnerisch für die Verbindlichkeiten ihrer Tochtergesellschaft einstehen muss (1), ist eine subsidiäre Haftung der Obergesellschaft für Fälle einer von ihr verschuldeten Insolvenz der Tochtergesellschaft (2) vorgesehen. Darüber hinaus berechtigt das russische Recht auch die Gesellschafter einer russischen Tochtergesellschaft dazu, den Ersatz für Schäden von der Obergesellschaft zu verlangen, die der Tochter durch ihr Verhalten entstanden sind (3).

---

unter https://regulation.gov.ru/projects#npa=79694, zuletzt geprüft am 11.6.2020 (im Folgenden: „Entwurf"), ausführlich hierzu sogleich in Teil 1, Kap. B.III.2.

70 Vgl. hierzu allerdings Teil 2, Kap. A.I.1.d) und Teil 2, Kap. B.I.7; Ebenfalls kritisiert vom Entwurf eines Gesetzes „zur Änderung des 4. Kapitels des ersten Teils des Zivilgesetzbuches der Russischen Föderation (hinsichtlich der Definition von kontrollierenden und kontrollierten Personen und ihrer Haftung)", abrufbar unter https://regulation.gov.ru/projects#npa=79694, zuletzt geprüft am 11.6.2020 (im Folgenden: „Entwurf"), ausführlich hierzu sogleich Teil 1, Kap. B.III.2.

71 *Heeg*, WiRO 2000, 1, 1 f; *Plagemann*, WiRO 2011, 231, 235.

72 *Filialy i predstavitel'stva*; Art. 55 ZGB RUS, Art. 5 GmbHG RUS, Art. 5 AktG RUS; vgl. zur Übersetzung auch *Heeg*, WiRO 2000, 1, 1 f.; *Rabensdorf*, Die Durchgriffshaftung im deutschen und russischen Recht der Kapitalgesellschaften, S. 162 übersetzt die Begriffe als „Vertretungen und Niederlassungen".

73 Vgl. hierzu *Raiser/Veil*, Recht der Kapitalgesellschaften, § 58 Rn. 1.

74 Art. 67.3 Pkt. 2 Abs. 1 ZGB RUS; Art. 6 Pkt. 3 Abs. 1 GmbHG RUS; Art. 6 Pkt. 3 Abs. 1 AktG RUS.

Der im Jahr 2014 eingeführte[75] Art. 53.1 Pkt. 3 ZGB RUS bestimmt darüber hinaus die Haftung einer juristischen oder natürlichen Person, die die *faktische Möglichkeit*[76] hat, das Handeln einer anderen juristischen Person zu bestimmen, für Fälle, in denen sie nicht vernünftig und gewissenhaft[77] im Interesse der juristischen Person gehandelt hat (4). Damit bezieht sich die Vorschrift zwar – anders als Art. 67.3 ZGB RUS und die entsprechenden spezialgesetzlichen Regelungen – nicht explizit auf das Verhältnis zwischen Ober- und Tochtergesellschaft. Da sie jedoch ebenfalls auf die Möglichkeit abstellt, das Handeln einer anderen Person zu bestimmen und damit zugleich die Voraussetzungen für das Vorliegen eines Beherrschungsverhältnisses im Sinne der Art. 67.3 Pkt. 1 ZGB RUS, Art. 6 Pkt. 2 GmbHG RUS, Art. 6 Pkt. 2 AktG RUS erfüllt sind,[78] fallen konzernrechtliche Sachverhalte in den Anwendungsbereich der Haftungsvorschrift.[79]

1. Gesamtschuldnerische Haftung der Obergesellschaft für die Verbindlichkeiten ihrer Tochtergesellschaft

Die gesamtschuldnerische Haftung der Obergesellschaft für die Verbindlichkeiten ihrer Tochter, die einen Durchgriff auf das Vermögen der Obergesellschaft ermöglicht, wird einheitlich im Zivilgesetzbuch sowie in den Spezialgesetzen angeordnet, wobei sich die Regelungen im Detail jeweils unterscheiden.

---

75 Entsprechend der Änderung der konzernrechtlichen Bestimmungen im Zivilgesetzbuch erfolgte auch die Einführung des Art. 53.1 Pkt. 3 ZGR RUS auf Grundlage des Föderalen Gesetzes Nr. 99-FZ vom 5.5.2014.

76 *Faktičeskuju vozmožnost'*. Entsprechende Übersetzung auch *Kindsvater,* WiRO 2014, 324, 325.

77 *Razumno i dobrosovestno.* Zur Bedeutung dieser Begriffe sogleich.

78 Art. 53.1 Pkt. 3 ZGB RUS verlangt lediglich statt der in Art. 67.3 Pkt. 1 ZGB RUS geforderten Möglichkeit, die Entscheidungen einer anderen Gesellschaft zu bestimmen, die *faktische* Möglichkeit, die *Handlungen* einer anderen Gesellschaft zu bestimmen, womit sich die Vorschriften lediglich im Detail unterscheiden.

79 Vgl. beispielsweise auch *Schramm,* Zwischen Liberalisierung und Regulierung, Ost/Letter 1/2015, S. 11, der die Norm ebenfalls unter dem Punkt „Konzernrecht" anspricht; nach *Grišaev*, in: Grišaev/Bogačeva/Svit, Postatejnyj Kommentarij k Graždanskomu kodeksu Rossijskoj Federacii. Čast' pervaja, Art. 53.1 ZGB RUS sollen von der Norm insbesondere *shadow director* (*tenevoj direktor*) und damit Personen erfasst werden, die formell keine Mitglieder der Leitungsorgane der juristischen Person sind, aber aus einer Reihe von Gründen, hauptsächlich wirtschaftlicher Natur, Personen, die Mitglieder solcher Organe sind, Weisungen erteilen können.

Nach Art. 67.3 Pkt. 2 Abs. 2 ZGB RUS haftet eine Oberwirtschaftspersonengesellschaft oder Oberkapitalgesellschaft solidarisch mit der Tochtergesellschaft für Rechtsgeschäfte, die von dieser in Ausführung einer Weisung oder mit Zustimmung der Oberwirtschaftspersonengesellschaft oder Oberkapitalgesellschaft geschlossen wurden.[80] Eine Haftung soll allerdings nicht in Fällen eintreten, in denen die Oberwirtschaftspersonengesellschaft oder Oberkapitalgesellschaft auf der Allgemeinen Versammlung der Teilhaber der Tochtergesellschaft für die Genehmigung des Rechtsgeschäfts gestimmt hat oder das Rechtsgeschäft von einem Leitungsorgan der Oberkapitalgesellschaft genehmigt wurde, wenn die Notwendigkeit einer solchen Genehmigung in der Satzung der Tochter- und (oder) der Obergesellschaft vorgesehen ist.[81]

Die Regelungen in den Art. 6 Pkt. 3 Abs. 2 GmbHG RUS und Art. 6 Pkt. 3 Abs. 2 AktG RUS weichen hiervon ab. Nahezu wortgleich[82] soll hiernach eine Ober-(kapital-)gesellschaft (Personengesellschaft), die das Recht hat, der Tochtergesellschaft für sie verbindliche Weisungen zu geben, solidarisch mit der Tochtergesellschaft für Rechtsgeschäfte haften, die durch letztere unter Ausführung solcher Weisungen geschlossen wurden. Im Gegensatz zur zivilgesetzlichen Vorschrift, nach der bereits die faktische *Zustimmung* der Obergesellschaft für einen Haftungsdurchgriff genügt, setzen die Spezialgesetze somit ein *Recht* der Obergesellschaft gegenüber ihrer Tochter voraus, dieser für sie verbindliche Weisungen zu erteilen, um den Haftungsdurchgriff auszulösen. Ausnahmen sind im Gegensatz zu der Vorschrift im Zivilgesetzbuch nicht vorgesehen. Lediglich das Aktiengesetz sieht darüber hinaus die Einschränkung vor, wonach eine Obergesellschaft nur in dem Fall als berechtigt gilt, einer Tochtergesellschaft für sie verbindliche Weisungen zu erteilen, wenn dieses Recht in einem Vertrag mit der Tochtergesellschaft oder in deren Satzung geregelt ist. Damit entsprechen die Regelungen der Spezialgesetze weitestgehend derjenigen Fassung des Zivilgesetzbuches vor der Reform im Jahr 2014.[83] Eine entsprechende Anpassung des GmbHG RUS sowie des AktG RUS ist bis heute nicht erfolgt, was zu Unsicherheiten hinsichtlich der Frage führt, welche Voraussetzungen im Einzelfall

80 Vgl. die vollständige Übersetzung im Anhang.

81 Vgl. auch die vollständige Übersetzung im Anhang.

82 In Art. 6 Pkt. 3 Abs. 2 GmbHG RUS heißt es „Oberkapitalgesellschaft" (*osnovnoe chozjajstvennoe obščestvo*), in Art. 6 Pkt. 3 Abs. 2 AktG RUS dagegen lediglich „Obergesellschaft" (*osvnovnoe obščesvto*).

83 Art. 105 Pkt. 2 Abs. 2 ZGB RUS a.F. Dieser wurde im Zuge der Reform mit den dargestellten Änderungen in Art. 67.3 ZGB neu normiert.

tatsächlich vorliegen müssen, um eine Haftung auszulösen. Entsprechendes gilt für die unzähligen unbestimmten Rechtsbegriffe.

Für den Fall, dass die Voraussetzungen erfüllt sind, haftet die Obergesellschaft „solidarisch"[84] für sämtliche von der Tochtergesellschaft geschlossenen Geschäfte, womit die Gläubiger der Tochtergesellschaft unter den gesetzlich vorgeschriebenen Voraussetzungen unmittelbar auf die Obergesellschaft zugreifen können[85] und nicht zunächst den Versuch unternehmen müssen, sich bei der Tochtergesellschaft zu befriedigen[86].

2. *Subsidiäre Insolvenzhaftung der Obergesellschaft*

Als *das* zentrale Element für das System des Gläubigerschutzes sieht ein Teil der Literatur die subsidiäre Insolvenzhaftung, da sie nicht nur Schäden der Gläubiger ausgleichen, sondern auch einen präventiven Schutz aufgrund der Androhung einer Inanspruchnahme darstellen soll.[87] Auch auf das Bestandsinteresse der Gesellschaft soll mit Hilfe der Insolvenzhaftung besondere Rücksicht genommen werden.[88] Normiert ist sie in Art. 67.3 Pkt. 2 Abs. 3 ZGB RUS sowie in 6 Pkt. 3 Abs. 3 AktG RUS und Art. 6 Pkt. 3 Abs. 3 GmbHG RUS.[89] Hiernach haftet im Fall der Insolvenz (eines Bankrotts[90]) der Tochtergesellschaft die Oberwirtschaftspersonengesellschaft oder Oberkapitalgesellschaft subsidiär für deren Schulden, wenn die Insolvenz von ihr verschuldet wurde.[91]

84 *Solidarno*. Die gesamtschuldnerische Haftung wird in Art. 322 ff. ZGB RUS geregelt.

85 *Steininger/Olejnik*, Ost/Letter 1/2014, S. 4.; *Rabensdorf*, Die Durchgriffshaftung im deutschen und russischen Recht der Kapitalgesellschaften, S. 201.

86 *Galander*, in: Galander, Russisches Wirtschaftsrecht, S. 160.

87 *Mereminskaja*, WiRO 2002, 369, 370.

88 Ebenda.

89 Vergleichbare Bestimmungen lassen sich in Art. 3 Pkt. 3 GmbHG RUS und Art. 3 Pkt. 3 AktG RUS finden, die zusätzlich die subsidiäre Haftung der Gesellschafter im Falle der schuldhaften Verursachung einer Insolvenz der Gesellschaft normieren; so auch *Šitkina*, in: Šitkina, Korporativnoe pravo, S. 664 und für die GmbH russischen Rechts *Mereminskaja*, WiRO 2002, 369, 370. Auch im Insolvenzrecht ist eine entsprechende Haftung normiert, vgl. Art. 61.11 Pkt. 1 InsolvenzG (Föderales Gesetz „über die Insolvenz (den Bankrott)" vom 26.10.2002 N 127-FZ.

90 Im Gegensatz zum deutschen Recht, wo der Bankrott eine Insolvenzstraftat (§ 283 StGB) darstellt, wird der Begriff „Bankrott" im russischen Recht synonym zum Begriff „Insolvenz" verwendet, vgl. hierzu https://чалиев.рф/bankrotstvo/lection2-bankrotstvo-i-nesostoyatelnost.html, zuletzt geprüft am 17.7.2021. Vgl. auch InsolvenzG (Föderales Gesetz „über die Insolvenz (den Bankrott)" vom 26.10.2002 N 127-FZ.

91 Für die vollständige Übersetzung vgl. Anhang.

Da die – auch als „Existenzvernichtungshaftung"[92] – bezeichnete Einstandspflicht die Obergesellschaft nach dem ausdrücklichen Gesetzeswortlaut subsidiär[93] trifft, müssen die Gläubiger der Tochtergesellschaft, im Gegensatz zur solidarischen Durchgriffshaftung, zunächst versuchen, Befriedigung bei der Tochtergesellschaft zu erlangen.[94] Erst, wenn sich die Tochtergesellschaft weigert, die Forderung des Gläubigers zu befriedigen oder innerhalb einer angemessenen Frist nicht auf die Forderung reagiert, können sie gegen die Obergesellschaft vorgehen und von dieser Befriedigung verlangen.[95] Dennoch ist die Existenzvernichtungshaftung ebenso wie die solidarische Einstandspflicht nicht als Innenausgleich zwischen der Obergesellschaft und ihrer Tochter ausgestaltet, sondern eröffnet den Durchgriff der Gläubiger der Tochtergesellschaft auf das Vermögen der Obergesellschaft.[96] Auch die subsidiäre persönliche Haftung im Falle der Insolvenz wird daher in der deutschsprachigen Literatur zum russischen Recht als „Durchgriffshaftung", im Sinne einer Durchbrechung des Haftungsschirms der juristischen Person[97] bezeichnet.[98]

Voraussetzung der subsidiären Insolvenzhaftung ist neben dem Vorliegen eines Beherrschungsverhältnisses und der gerichtlich festgestellten Insolvenz der Tochtergesellschaft[99] auch die tatsächliche Einflussnahme durch die

---

92 Beispielsweise von *Telke,* Russisches Konzernrecht, S. 183.

93 *Subsidiarno.* Die subsidiäre Haftung wird in Art. 399 ZGB RUS geregelt.

94 Art. 399 Pkt. 1 Abs. 1 ZGB RUS; vgl. auch *Kuznecova,* in: Sannikova, Graždanskij kodeks Rossijskoj Federacii, Art. 67.3 ZGB, die Art. 399 ZGB in diesem Zusammenhang für anwendbar erklärt; vgl. auch *Telke,* Russisches Konzernrecht, S. 164; *Grišaev,* in: Grišaev/Bogačeva/Svit, Postatejnyj Kommentarij k Graždanskomu kodeksu Rossijskoj Federacii. Čast' pervaja, Art. 67.3 ZGB RUS.

95 Art. 399 Pkt. 1 Ziff. 2 ZGB RUS; vgl. auch Postanovlenie Plenuma VAS RF ot 12.07.2014 N 42 „O nekotorych voprosach razrešenija sporov, svjazannych s poručitel'stvom",Nr. 35.

96 Anders dagegen etwa die Existenzvernichtungshaftung aus § 826 BGB im deutschen Recht, die als Innenhaftung und eben nicht als Fall der Durchgriffshaftung zu verstehen ist, vgl. hierzu *Verse,* in: Henssler/Strohn, Gesellschaftsrecht, § 13 Rn. 64 m.w.N.

97 *Aukhatov,* Durchgriffs- und Existenzvernichtungshaftung im deutschen und russischen Sach- und Kollisionsrecht, S. 94 (bezieht sich allerdings auf Art. 56 Pkt. 3 Abs. 2 ZGB RUS a.F., Art. 3 Pkt. 3 GmbHG RUS; Art. 3 Pkt. 3 GmbHG RUS.

98 *Aukhatov,* Durchgriffs- und Existenzvernichtungshaftung im deutschen und russischen Sach- und Kollisionsrecht, S. 94; *Balayan,* WiRO 1995, 313; *Bauer,* WiRO 1995, 97, 98; *Heidemann,* GmbHR 2002, 732, 735; *Kruse,* Die personalistische Kapitalgesellschaft russischen Rechts, S. 357; *Mereminskaja,* Durchbrechung der Haftungsbeschränkung eines GmbH-Gesellschafters, S. 104; *dies.,* WiRO 2001, 369, 370; *Solotych,* Das Zivilgesetzbuch der Russischen Föderation, Erster Teil, S. 37 f.

99 *Plagemann,* Die russische Aktiengesellschaft, S. 226.

Obergesellschaft, welcher die entsprechende Mehrheitsbeteiligung, der Konzernierungsvertrag oder die sonstige faktische Abhängigkeit zugrunde liegt und die kausal[100] die Insolvenz der Tochtergesellschaft herbeigeführt hat.[101] Eine Beschränkung auf eine Weisung der Obergesellschaft oder ihre Zustimmung zu einem Rechtsgeschäft, wie sie für die solidarische Durchgriffshaftung vorgenommen wird, ist gesetzlich nicht vorgesehen. Vielmehr kann die Insolvenzhaftung durch jede denkbare Einflussnahme ausgelöst werden, wobei – im Falle einer Handlungspflicht[102] – auch ein Unterlassen der Obergesellschaft ausreicht[103], sofern in dessen Folge die Zahlungsunfähigkeit der Tochtergesellschaft eingetreten ist.

Darüber hinaus muss die Obergesellschaft die Insolvenz ihrer Tochter nach dem ausdrücklichen Gesetzeswortlaut verschuldet haben.[104] Nach Art. 401 Pkt. 1 Abs. 1 ZGB RUS, der eine allgemeine Definition des Verschuldensbegriffs enthält,[105] ist sowohl Vorsatz als auch Fahrlässigkeit vom Verschuldensbegriff umfasst.[106] Da das Gesetz keine weitere Differenzierung vornimmt, ist bereits einfache Fahrlässigkeit ausreichend.[107] Allerdings liegt nach Art. 401 Pkt. 1 Abs. 2 ZGB RUS kein Verschulden vor, wenn der Schuldner mit der nach der Art der Verbindlichkeit und der Verkehrssitte gebotenen Sorgfalt und Umsicht alle Maßnahmen zur ordnungsgemäßen Erfüllung der Verpflichtungen getroffen

100 Opredelenie VAS RF ot 26.11.2020 N VAS-15940/10 po delu N A48-400/2010; *Šitkina*, Osnovanija i pravovye posledstvija otnošenij dočernosti chozjajstvennych obščestv (Kommentarij k st. 6 Zakona ob OOO), Chozjajstvo i pravo 2020, N 7, S. 19; *dies.*, in: Šitkina, Korporativnoe pravo, S. 662; *Telke*, Russisches Konzernrecht, S. 170.

101 *Kavelina,* Otvetstvennost' osnovnogo obščestva pri nesostojatel'nosti dočernogo akcionernogo obščestva, Zakony Rossii: opyt, analiz, praktika 2007, N 7, S. 2; ausdrücklich auch *Rabensdorf,* Die Durchgriffshaftung im deutschen und russischen Recht der Kapitalgesellschaften, S. 210 m.w.N.; *Telke*, Russisches Konzernrecht, S. 170.

102 Vgl. zu dieser Einschränkung *Rabensdorf,* Die Durchgriffshaftung im deutschen und russischen Recht der Kapitalgesellschaften, S. 208 m.w.N.

103 *Telke*, Russisches Konzernrecht, S. 170 m.w.N.

104 *Po vine.*

105 *Heeg,* Die Finanz- und Haftungsverfassung russischer Kapitalgesellschaften, S. 293.

106 Art. 401 Pkt. 1 Abs. 1 ZGB RUS (*umysel ili neostorožnost'*); vgl. auch *Heeg*, Die Finanz- und Haftungsverfassung russischer Kapitalgesellschaften, S. 293; *Mereminskaja,* WiRO 2002, 369, 371; *Telke*, Russisches Konzernrecht, S. 183, m.w.N.

107 *Mereminskaja,* WiRO 2002, 369, 371. Hiernach liegt einfache Fahrlässigkeit vor, wenn „der Schuldner zwar Vorsicht und Vorsorge trifft, aber ungenügend, um die Rechtsverletzung zu vermeiden", m.w.N.

hat.[108] Handelt die Obergesellschaft somit unternehmerisch vertretbar, kann sie sich entlasten und haftet nicht.[109]

Eine spezielle Regelung ist allerdings für die Aktiengesellschaft russischen Rechts vorgesehen. Nach Art. 6 Pkt. 3 Abs. 3 AktG RUS gilt die Insolvenz (der Bankrott) einer Tochtergesellschaft nur in dem Fall als von der Obergesellschaft verschuldet, wenn die Obergesellschaft von ihrem Weisungsrecht und (oder) ihrer Möglichkeit, die von der Tochtergesellschaft zu treffenden Entscheidungen zu bestimmen, mit dem Ziel Gebrauch gemacht hat, die Tochtergesellschaft eine Handlung vornehmen zu lassen, wohl wissend[110], dass infolge dieser Handlung die Insolvenz (der Bankrott) der Tochtergesellschaft eintritt.[111] Damit setzt das Aktiengesetz im Gegensatz zum ZGB RUS und zum GmbHG RUS ausdrücklich ein *vorsätzliches* Handeln der Obergesellschaft hinsichtlich der Herbeiführung der Insolvenz voraus und lässt Fahrlässigkeit nicht genügen.[112] Bereits vor der Reform des Zivilgesetzbuches wurde dieser Widerspruch zwischen Aktiengesetz einerseits und den Regeln des GmbHG RUS und des Zivilgesetzbuches kritisiert.[113] Grund hierfür war insbesondere die Tatsache, dass die Haftungsnorm im Aktienrecht aufgrund der Einschränkung auf praktisch kaum relevante Fälle beschränkt war.[114] Aufgrund des umstrittenen Verhältnisses zwischen dem prinzipiell als höherrangig angesehenen Zivilgesetzbuch[115] und dem demgegenüber

---

108 Vgl. auch *Mereminskaja,* WiRO 2002, 369, 371; *Heeg*, Die Finanz- und Haftungsverfassung russischer Kapitalgesellschaften, S. 293 f. zur Unanwendbarkeit des Art. 401 Pkt. 3 ZGB RUS, der festlegt, dass bei unternehmerischem Handeln lediglich Umstände höherer Gewalt haftungsbefreiend wirken können sowie zur Beweislastverteilung.

109 Vgl. auch *Mereminskaja,* WiRO 2002, 369, 371.

110 *Zavedomo znaja.*

111 Vgl. für die vollständige Übersetzung dieses Artikels die Ausführungen im Anhang.

112 So auch *Heeg*, Die Finanz- und Haftungsverfassung russischer Kapitalgesellschaften, S. 295; *Telke*, Russisches Konzernrecht, S. 172.

113 Vgl. beispielsweise *Rabensdorf*, Die Durchgriffshaftung im deutschen und russischen Recht der Kapitalgesellschaften, S. 257 mit weiterer Kritik. Ebenfalls kritisch *Telke*, Russisches Konzernrecht, S. 173.

114 Vgl. beispielsweise *Rabensdorf*, Die Durchgriffshaftung im deutschen und russischen Recht der Kapitalgesellschaften, S. 257.

115 Das Zivilgesetzbuch hat nach russischem Verständnis trotz der Tatsache, dass es den Rang eines „normalen" Gesetzes hat, eine Vorrangstellung und geht als „erstes unter Gleichen" den anderen Gesetzen vor; vgl. hierzu ausführlich Teil 2, Kap. A.I.2.b); *Suchanov,* in: Interview mit Prof. Dr. Jewgenij A. Suchanov geführt von Tanja Galander, DRJV-Mitteilungen 59/2015, S. 28, 35; so auch *Farian,* Dingliche Nutzungsrechte an fremden Grundstücken im russischen Recht, S. 33; *Plagemann*, Die russische Aktiengesellschaft, S. 11 (ZGB als *„primus inter pares"*); vgl. *Becker*, Gesellschaftsrecht in

spezielleren russischen Aktiengesetz war darüber hinaus unklar, ob die aktienrechtliche Regelung aufgrund ihres Widerspruchs zum ZGB RUS überhaupt anwendbar sein sollte.[116] Diese Unsicherheit wurde auch im Zuge der Reform des ZGB nicht beseitigt. Eine Klarstellung ist nicht erfolgt. Die russische Rechtsprechung neigt allerdings dazu, die aktienrechtliche Einschränkung als Spezialregelung zum ZGB RUS vorrangig anzuwenden,[117] obschon der Gesetzgeber des ZGB RUS die Einschränkung des Aktiengesetzes offensichtlich nicht übernehmen wollte. Die Ansicht der Rechtsprechung ist allerdings nachvollziehbar, sofern man die aktienrechtliche Regelung nicht als Widerspruch, sondern als spezialgesetzliche Ergänzung zu den zivilrechtlichen Normen ansieht. So legte der russische Gesetzgeber im Zuge der Reform zwar zur Klarstellung fest, dass sämtliche Rechtsakte der Russischen Föderation bis zu ihrer Anpassung an die neu eingeführten Bestimmungen des ZGB RUS in der Weise und in dem Umfang gelten, wie sie nicht den Bestimmungen des ZGB RUS widersprechen.[118] Entsprechend der bisherigen Auslegung der aktienrechtlichen Bestimmung, wonach diese als spezialgesetzliche Ergänzung, nicht jedoch als Widerspruch anzusehen ist, hat die Klarstellung jedoch keinerlei Einfluss auf die bisherige Rechtslage. Wenn allerdings nach den Grundsätzen der aktienrechtlichen Regelung ein vorsätzliches Handeln der Obergesellschaft verlangt wird, erstaunt es nicht, dass Fälle, in denen die Obergesellschaft tatsächlich die subsidiäre Insolvenzhaftung für ihre Tochtergesellschaft trägt, nur selten sind[119].

Kritisiert wird darüber hinaus die für die Haftungsnorm vorgesehene Beweislastverteilung: So müssen die Gläubiger der Tochtergesellschaft darlegen und beweisen, dass die Obergesellschaft die Insolvenz der Tochter kausal herbeigeführt hat, um sie in Anspruch nehmen zu können.[120] Da es jedoch häufig

---

Rußland, S. 6 („*primat absoluten Charakters*"); vgl. auch *Rabensdorf*, Die Durchgriffshaftung im deutschen und russischen Recht, S. 33.

116 Zum Streit vgl. *Nübler/Trunk*, Einführung in die russisch-deutsche Rechtsterminologie, S. 88. Ausführlich hierzu auch in Teil 2, Kap. A.I.2.b).

117 So *Lomakin*, Princip samostojatel'noj otvetstvennosti juridičeskogo lica: pravilo i isključenija, in: Vestnik graždanskogo prava, 2020, N 1.

118 Art. 3 Pkt. 4 des Föderalen Gesetzes Nr. 99-FZ vom 05.05.2014; vgl. hierzu ausführlich Teil 2, Kap. A.I.2.b).

119 *Lomakin*, Princip samostojatel'noj otvetstvennosti juridičeskogo lica: pravilo i isključenija, in: Vestnik graždanskogo prava, 2020, N 1.

120 *Heeg*, Die Finanz- und Haftungsverfassung russischer Kapitalgesellschaften, S. 294; vgl. auch *Mereminskaja*, WiRO 2002, 369, 370; *Pestrikov*, Subsidiarnaja otvetstvennost´ učreditelej (učastnikov) i rukovoditelej dolžnika pri bankrotstve, Korporativnyj jurist 2009, N 4; *Šitkina*, Osnovanija i pravovye posledstvija otnošenij dočernosti

mehrere Geschäftsentscheidungen sind, die letztendlich zur Insolvenz der Gesellschaft führen,[121] ist ein entsprechender Nachweis für die Tochtergläubiger praktisch kaum möglich.[122] Dies ist insbesondere bei der qualifizierten Einflussnahme der Fall, wenn aufgrund der Häufigkeit und Intensität der Einflussnahme nicht mehr festgestellt werden kann, von wem und in welchem Umfang eine Einflussnahme erfolgt ist.[123] Dies gilt umso mehr, weil ein Teil der Geschäftsentscheidungen nicht von der Obergesellschaft, sondern von den Gesellschaftsorganen der Tochtergesellschaft selbst getroffen werden.[124] Dennoch hat sich der russische Gesetzgeber auch im Zuge der Reform des Zivilgesetzbuches dagegen entschieden, einen Anscheinsbeweis für die Haftungsvorschrift ausreichen zu lassen. Die praktische Relevanz der Vorschrift wird damit zu Recht bezweifelt.[125] Sofern die Insolvenzhaftung in der Praxis allerdings nur eine untergeordnete Rolle spielt, kann sie auch ihren eigentlichen Zweck, Schäden der Gläubiger auszugleichen und aufgrund der Androhung einer Inanspruchnahme einen präventiven Schutz zu bieten, nicht erfüllen.

3. *Schadensersatzanspruch der Tochtergesellschaft*

Zusätzlich zur Durchgriffshaftung sieht das russische Recht auch eine Innenhaftung zwischen Ober- und Tochtergesellschaft vor. Diese soll zum Schutz der Minderheitsgesellschafter der Tochtergesellschaft den Ersatz aller Schäden, die der Tochtergesellschaft entstanden sind, gewährleisten.[126] Nahezu wortgleich

---

chozjajstvennych obščestv (Kommentarij k st. 6 Zakona ob OOO), Chozjajstvo i pravo 2020, N 7, S. 19 f.;

121 *Telke*, Russisches Konzernrecht, S. 171; vgl. auch *Mereminskaja*, WiRO 2002, 369, 370, nach der die Insolvenz einer GmbH meistens nicht „monokausal zu erklären" ist.

122 *Mereminskaja*, WiRO 2002, 369, 370 sieht hierin eine der Hauptursachen für die fehlende Anwendung der Haftung in der russischen Rechtswirklichkeit; vgl. hierzu auch *Pestrikov*, Subsidiarnaja otvetstvennost´ učreditelej (učastnikov) i rukovoditelej dolžnika pri bankrotstve, Korporativnyj jurist 2009, N 4.

123 *Telke*, Russisches Konzernrecht, S. 171; entsprechend zum deutschen Recht vgl. auch BGH, Urteil vom 29.03.1993, Az.: II ZR 265/91, NJW 1993, 1200, 1202; *Bayer*, in: Münchener Kommentar AktG, § 18 Rn. 11; *Kölling*, NZG 2000, 8, 9.

124 *Telke*, Russisches Konzernrecht, S. 171.

125 Vgl. daher etwa *Telke*, Russisches Konzernrecht, S. 171 zu Verbesserungsvorschlägen.

126 *Lomakin*, in: Suchanov, Graždanskoe pravo. Učebnik. Tom I., S. 274; *Šitkina*, Osnovanija i pravovye posledstvija otnošenij dočernosti chozjajstvennych obščestv (Kommentarij k st. 6 Zakona ob OOO), Chozjajstvo i pravo 2020, N 7, S. 22; vgl. auch *Telke*, Russisches Konzernrecht, S. 151.

sind Gesellschafter bzw. Aktionäre einer Tochtergesellschaft nach Art. 67.3 Pkt. 3 ZGB RUS, Art. 6 Pkt. 3 Abs. 4 AktG RUS und Art. 6 Pkt. 3 Abs. 4 GmbHG RUS dazu berechtigt, von der Oberwirtschaftspersonengesellschaft oder Oberkapitalgesellschaft Ersatz für Schäden zu verlangen, die der Tochtergesellschaft durch ihr Handeln oder Unterlassen[127] entstanden sind.[128]

Damit wird den Minderheitsaktionären bzw. -gesellschaftern einer Tochtergesellschaft die Möglichkeit eröffnet, mittelbar im Interesse der Gesellschaft Ersatz für deren Verluste, nicht jedoch für ihre eigenen Verluste[129] zu verlangen.[130] Weder für die Aktionäre noch für die Gesellschafter einer GmbH russischen Rechts kommt es hierfür auf die Anteilshöhe an,[131] weshalb auch Klagen von Kleinstaktionären denkbar sind.[132] Die Tochtergesellschaft selbst ist dagegen nicht klagebefugt.[133]

Der Anspruch auf Schadensersatz gegen die Obergesellschaft besteht für all′ diejenigen Handlungen, durch die der Tochter ein Schaden entstanden ist und die auf der Mehrheitsbeteiligung, dem Konzernierungsvertrag bzw. der

---

127 Im AktG RUS und GmbHG RUS heißt es statt „durch ihr Handeln oder Unterlassen" lediglich „durch deren Schuld".

128 Vgl. auch den Anhang; Art. 105 Pkt. 2 ZGB RUS a.F. lautete noch: „Teilhaber (Aktionäre) einer Tochtergesellschaft sind berechtigt, von der Obergesellschaft (Oberpersonengesellschaft) Ersatz für Verluste zu verlangen, die der Tochtergesellschaft aus Verschulden letzterer entstanden sind, wenn durch Gesetze über Wirtschaftsgesellschaften nichts anders festgelegt ist.", so *Lenga/Wipplinger/Rommel*, in: Breidenbach/Institut für Ostrecht München, Handbuch WiRO Bd. III, RUS 200 ZGB Art. 105 Pkt. 2 ZGB.

129 Kritisch hierzu *Glazunov*, Otražennye ubitki v korporativnom prave, Vestnik ėkonomičeskogo pravosudija Rossijskoj Federacii 2020, N 2.

130 *Andreev*, Prava, objazannosti i otvetstvennosť učastnikov chozjajstvennogo obščestva, Graždanskoe pravo, 2016, N 1. S. 3–5; vgl. auch *Heeg*, Die Finanz- und Haftungsverfassung russischer Kapitalgesellschaften, S. 296.

131 *Jarkov*, Zaščita prav akcionerov po Zakonu „Ob akcionernych obščestvach" s pomošč'ju kosvennych iskov, Chozjajstvo i pravo 1997, NN 11, 12; *Šitkina*, Choldingi: Pravovoe regulirovanie i korporativnoe upravlenie, S. 329; *Telke*, Russisches Konzernrecht, S. 151 + S. 174 f.; *Heeg*, Die Finanz- und Haftungsverfassung russischer Kapitalgesellschaften, S. 297; *ders.*, WiRO 2000, 1, 4; *Plagemann*, Die russische Aktiengesellschaft, S. 227.

132 *Heeg*, Die Finanz- und Haftungsverfassung russischer Kapitalgesellschaften, S. 297.

133 *Heeg*, Die Finanz- und Haftungsverfassung russischer Kapitalgesellschaften, S. 297; *ders.*, WiRO 2000, 1, 4; *Plagemann*, Die russische Aktiengesellschaft, S. 227.

faktischen Abhängigkeit beruhen[134]. Als schädigende Handlung kommt insoweit nach dem ausdrücklichen Gesetzestext des Zivilgesetzbuches sowohl ein aktives Tun als auch ein Unterlassen der Obergesellschaft in Betracht. Noch vor der Gesetzesänderung im Jahr 2014 war diese Frage nicht eindeutig gesetzlich festgelegt. Nach Ansicht der Rechtsprechung sollte ein Unterlassen jedoch im Gegensatz zur Insolvenzhaftung *nicht* ausreichen.[135] Dieser Ansicht ist der russische Gesetzgeber mit einer Gesetzesänderung entgegengetreten. Insoweit trifft die Obergesellschaft nunmehr nicht nur ein Schädigungsverbot, sondern zugleich die Pflicht, Schäden von ihrer Tochtergesellschaft abzuwenden, wenn sie eine Haftung verhindern möchte.

Darüber hinaus ordnet das Gesetz nunmehr zwar kein ausdrückliches Verschuldenserfordernis in der Haftungsnorm selbst an, verzichtet indes nicht auf ein solches, sondern begründet es durch einen Rechtsverweis: So forderte Art. 105 Pkt. 3 ZGB RUS a.F. ausdrücklich eine „schuldhafte" Handlung der Obergesellschaft,[136] was jedoch nicht in den reformierten Art. 67.3 Pkt. 3 ZGB RUS übertragen wurde.[137] Stattdessen enthält Art. Art. 67.3 Pkt. 3 ZGB RUS, im Gegensatz zu seinem Vorgänger, Art. Art. 105 Pkt. 3 ZGB RUS a.F. einen Verweis auf Art. 1064 ZGB RUS und damit auf das russische Deliktsrecht.[138] Art. 1064 Pkt. Pkt. 2 S. 1 ZGB RUS normiert das Erfordernis eines Verschuldens des Schadensverursachers[139] und begründet ein entsprechendes Verschuldenserfordernis

---

134 *Šitkina*, Osnovanija i pravovye posledstvija otnošenij dočernosti chozjajstvennych obščestv (Kommentarij k st. 6 Zakona ob OOO), Chozjajstvo i pravo 2020, N 7, S. 22; ausführlich hierzu *Telke*, Russisches Konzernrecht, S. 153 m.w.N.

135 Zumindest für die AG russischen Rechts: Gemeinsamer Plenarbeschluss der Obersten Gerichte Nr. 6/8 vom 01.07.1996, Punkt 31; vgl. auch *Telke*, Russisches Konzernrecht S. 154.

136 Art. 105 Pkt. 3 ZGB RUS a.F. *„po ego vine"*; Vgl. zur alten Rechtslage auch *Telke*, Russisches Konzernrecht, S. 156.

137 Dies entspricht dem Vorschlag der Konzeption zur Entwicklung der Zivilgesetzgebung der Russischen Föderation, Vestnik VAS RF, N 11, 2009, III.4.1.7, wonach für die Haftung der Obergesellschaft nur im Falle der Insolvenzhaftung ein Verschulden erforderlich sein sollte; vgl. auch *Borisov*, Kommentarij k glave 4 časti pervoj Graždanskogo kodeksa RF „Juridičeskie lica", Art. 67.3 ZGB RUS.

138 Vgl. auch *Šitkina*, Osnovanija i pravovye posledstvija otnošenij dočernosti chozjajstvennych obščestv (Kommentarij k st. 6 Zakona ob OOO), Chozjajstvo i pravo 2020, N 7, S. 22; vgl. auch *Gutnikov*, Korporativnaja otvetstvennost' v graždanskom prave, S. 187 ff., der den Gesetzesverweis für unbegründet hält, da der Schadensersatz gesellschafts- und nicht deliktsrechtlich sei.

139 Vgl. hierzu auch *Kettler*, in: Nußberger, Einführung in das russische Recht, S. 143.

mithin auch für den Anspruch aus Art. 67.3 Pkt. Pkt. 3 ZGB RUS.[140] Darüber hinaus ordnet der Verweis ebenso auf die anwendbare Beweislastverteilung hinsichtlich des Verschuldens hin: Das Verschulden des Schädigers wird nach Art. 1064 Pkt. Pkt. 2 ZGB RUS vermutet, sodass das Nichtvorliegen von Schuld vom Schädiger zu beweisen ist.[141] Insoweit wird gesetzlich eine widerlegbare Verschuldensvermutung gegen den Schadensverursacher angeordnet.[142] Die anderslautenden Regelungen in den Spezialgesetzen wurden bislang nicht angepasst.[143]

Auch für den Anspruch auf Schadensersatz gegen die Obergesellschaft ist es indes erforderlich, dass die Handlung der Obergesellschaft kausal zum Schaden der Tochtergesellschaft führt.[144] Der Nachweis der Kausalität obliegt den Anspruchstellern. Schwierigkeiten kann diesen, entsprechend den Ausführungen zur Insolvenzhaftung, die Tatsache bereiten, dass der geltend gemachte Schaden nicht bereits durch eine Handlung der Obergesellschaft, sondern erst durch eine Handlung der Tochtergesellschaft, etwa der Beschlussfassung im Direktorenrat[145],

---

140 Vgl. hierzu auch *Lomakin*, in: Suchanov, Graždanskoe pravo. Učebnik. Tom I., S. 274; *Bojko*, Zaščita prav i interesov minoritarnyx učastnikov nepubličnogo obščesta v prave Rossii, Sša i Velikobritanii, Kap. 3, § 3.1; vgl. auch *Zankovskij/Moturenko*, Ob otvetstvennosti osnovnogo akcionernogo obščestva pered dočernim, Predprinimatel´skoe pravo 2017, N 4, der feststellt, dass sich durch die Gesetzesänderung aufgrund des Verweises keine grundlegende Veränderung ergeben hat.

141 *Šitkina*, Osnovanija i pravovye posledstvija otnošenij dočernosti chozjajstvennych obščestv (Kommentarij k st. 6 Zakona ob OOO), Chozjajstvo i pravo 2020, N 7, S. 22.

142 *Kettler*, in: Nußberger, Einführung in das russische Recht, S. 143.

143 Art. 6 Pkt. 3 Abs. 4 S. 2 AktG RUS setzt darüber hinaus auch für den Schadensersatz vorsätzliches Handeln der Obergesellschaft voraus. Vgl. hierzu die vollständige Übersetzung im Anhang. Zum Verhältnis des ZGB und des AktG RUS Teil 1, Kap. A.II.2. und Teil 2, Kap. A.I.2.b); kritisch zu dieser Tatsache *Bojko*, Zaščita prav i interesov minoritarnyx učastnikov nepubličnogo obščesta v prave Rossii, Sša i Velikobritanii, Kap. 3, § 3.1.

144 *Telke*, Russisches Konzernrecht, S. 154 m.w.N.

145 *Sovet direktorov*, Art. 64 ff. AktG RUS, Art. 32 Pkt. 2 GmbHG RUS. Der Direktorenrat wird in der deutschsprachigen Literatur häufig auch als „Aufsichtsrat" übersetzt. Es handelt sich hierbei – je nach Ausgestaltung – sowohl um ein (Mit-)Exekutiv- als auch um ein Aufsichtsorgan der AG russischen Rechts, das von der Aktionärsversammlung bestimmt wird. Seine Einrichtung ist ab einer Anzahl von über 50 Aktionären obligatorisch. Der Direktorenrat bestimmt die Ausrichtung der allgemeinen Geschäftstätigkeit der Gesellschaft und überwacht die Geschäftsführung. Er ist jedoch nicht zur Vertretung nach außen berechtigt; vgl. ausführlich *Plagemann*, Die russische

eintritt.[146] Dass diese Beschlussfassung auf die Einflussnahme der Obergesellschaft zurückzuführen ist, ist für die Anspruch stellenden Minderheitsgesellschafter bzw. -aktionäre kaum nachzuweisen.[147] Dies gilt insbesondere für den Fall, dass die Einflussnahme durch die Obergesellschaft auf informellem Weg, etwa durch Empfehlungen, erfolgt[148] sowie für Fälle einer qualifizierten Schädigung durch die Obergesellschaft, im Falle derer die einzelne Schädigung aufgrund der Häufigkeit und Intensität der Einflussnahme nicht mehr feststellbar ist.[149] Die Tatsache, dass die praktische Durchsetzung des Anspruchs auf Schadensersatz aus den dargestellten Gründen kaum möglich ist, wurde bereits vor der Reform kritisiert.[150] Eine grundlegende Veränderung ist nicht erfolgt.

Darüber hinaus steht die Entscheidung, ob die Minderheitsgesellschafter einen Anspruch gegenüber der Obergesellschaft geltend machen, zu ihrer freien Disposition.[151] Die Norm ordnet kein grundsätzliches Schädigungsverbot an, das stets zu einer Haftung der Obergesellschaft führen würde.[152] Insbesondere, wenn die Obergesellschaft alleinige Gesellschafterin der Tochtergesellschaft ist, kann sie eine entsprechende Haftung mithin vermeiden.[153]

Aktiengesellschaft, S. 96 ff. m.w.N.; *Rodde/Abovski,* WiRO 2009, 33, 40 f. In der Satzung einer GmbH russischen Rechts *kann* ebenfalls die Einrichtung eines Direktorenrates vorgesehen werden, Art. 32 Pkt. 2 Abs. 1 GmbHG RUS; vgl. auch *Galander,* in: Galander, Russisches Wirtschaftsrecht S. 93.

146 *Telke*, Russisches Konzernrecht, S. 154.

147 *Telke*, Russisches Konzernrecht, S. 154 f. m.w.N.

148 *Telke*, Russisches Konzernrecht, S. 155.

149 *Telke*, Russisches Konzernrecht, S. 155; entsprechend zum deutschen Recht vgl. *Bayer*, in: Münchener Kommentar AktG, § 18 Rn. 11; zur GmbH: *Kölling,* NZG 2000, 8, 9; BGH, Urteil vom 29.03.1993, Az.: II ZR 265/91, NJW 1993, 1200, 1202.

150 Vgl. etwa, *Telke*, Russisches Konzernrecht, S. 155, der die Zubilligung eines Anscheinsbeweises vorschlägt.

151 *Mereminskaja*, WiRO 2001, 369, 370; vgl. *Glazunov,* Otražennye ubitki v korporativnom prave, Vestnik ėkonomičeskogo pravosudija Rossijskoj Federacii 2020, N 2 dazu, dass eine Geltendmachung in der Praxis nur selten stattfindet, da Minderheitsgesellschafter häufig fürchten, dass der erhaltene Schadensersatz ohnehin nicht ihnen, sondern wiederum dem Mehrheitsgesellschafter zugutekommt, vgl. hierzu auch vgl. auch *Bojko*, Zaščita prav i interesov minoritarnyx učastnikov nepubličnogo obščesta v prave Rossii, Sša i Velikobritanii, Kap. 3, § 3.1.

152 *Mereminskaja*, WiRO 2001, 369, 370.

153 Darüber hinaus kann die Schadensersatzpflicht gemäß Art. 1064 Pkt. 3 ZGB RUS auch entfallen, wenn eine wirksame Einwilligung des Verletzten – mithin der Tochtergesellschaft – vorliegt.

4. *Haftung der Obergesellschaft als „Kontrollperson"*

Ergänzend zu der bereits im russischen Recht geregelten Organhaftung,[154] nach der Generaldirektoren,[155] Mitglieder des Direktorenrates und sonstige Mitglieder der Leitungsorgane der Gesellschaft dieser gegenüber haften, wenn sie nicht vernünftig und gewissenhaft im Interesse der Gesellschaft handeln[156], hat der russische Gesetzgeber die Haftung im Zuge der Reform in Art. 53.1 Pkt. 3 ZGB RUS auf einen weiteren Personenkreis erweitert.[157] Hiernach ist auch eine Person, die die faktische Möglichkeit hat, das Handeln einer juristischen Person zu bestimmen, einschließlich der Möglichkeit, den in den Punkten 1 und 2 des Artikels genannten Personen[158] Weisungen zu erteilen, verpflichtet, im Interesse der juristischen Person vernünftig und gewissenhaft[159] zu handeln und haftet für Schäden, die der juristischen Person durch ihr Verschulden entstehen. Die Generaldirektorenhaftung wurde mithin, wie dargestellt, unter anderem auf die Obergesellschaft, die nach russischem Verständnis als „Kontrollperson" angesehen wird[160],

154 Art. 53 Abs. 3 Pkt. 1 ZGB RUS; Art. 44 Pkt. 2 GmbHG RUS und Art. 71 Pkt. 2 Abs. 1 AktG RUS.

155 Hierbei handelt es sich um die Exekutivorgane russischer Gesellschaften; diese werden sowohl in der GmbH als auch in der AG russischen Rechts in der Regel als „Generaldirektoren" bezeichnet, vgl. *Schmitt/Prochorow*, in: Theiselmann, Governance International, S. 494. Vgl. Ausführungen zu Generaldirektoren im russischen Recht in Teil 2, Kap. B.I.2.a).

156 Vgl. ausführlich zur Generaldirektorenhaftung Teil 3, Kap. C.II.

157 So auch *Grišaev*, in: Grišaev/Bogačeva/Svit, Postatejnyj Kommentarij k Graždanskomu kodeksu Rossijskoj Federacii. Čast' pervaja, Art. 53.1 ZGB. Entsprechende Regelungen fehlen in den Spezialgesetzen vollständig, vgl. hierzu auch *Gutnikov*, Korporativnaja otvetstvennost´ učastnikov kommerčeskich operacij: problemy i perspektivy razvitija. Pravo. Žurnal Vyssej školy ėkonomiki 2019, N 1, S. 54; *Glazunov*, Otražennye ubitki v korporativnom prave, Vestnik ėkonomičeskogo pravosudija Rossijskoj Federacii 2020, N 2.

158 Gemeint sind Personen, die aufgrund Gesetzes, eines anderen Rechtsaktes oder der Satzung der Gesellschaft befugt sind, im Namen der juristischen Person zu handeln und Mitglieder der Kollegialorgane; vgl. die Übersetzung des Art. 53.1 ZGB RUS im Anhang.

159 *Razumno i dobrosovestno*. In der deutschsprachigen Literatur existieren mehrere unterschiedliche Übersetzungen hierzu; vgl. die Übersetzung im Anhang.

160 *Gutnikov*, Korporativnaja otvetstvennost' v graždanskom prave, S. 187 ff.; *ders.*, Graždansko-pravovaja otvetstvennost´ v otnošenijach, svjazannych s upravleniem juridičeskimi licami, S. 179.

erweitert.[161] Insoweit verfolgen die Art. 67.3 ZGB RUS und der neu eingeführte Art. 53.1 Pkt. 3 ZGB RUS den gleichen Ansatz.[162] Nicht weiter ausdrücklich gesetzlich festgelegt wurde allerdings, was im Einzelfall unter einem vernünftigen und gewissenhaften Handeln im Interesse der Gesellschaft zu verstehen ist und in welchen Fällen gegen diese Pflicht verstoßen wird.[163] Auch die Frage, ob das Interesse des Gesamtkonzerns im Rahmen der Bewertung des Interesses der Gesellschaft berücksichtigt werden darf,[164] wurde im Gesetz offengelassen und ist entsprechend der Generaldirektorenhaftung durch die Gerichte zu bestimmen.[165]

Verletzt die Obergesellschaft allerdings durch ihr Handeln pflichtwidrig ihre Pflicht, vernünftig und gewissenhaft im Interesse der Tochtergesellschaft zu handeln, so haftet sie für Schäden, die dieser hierdurch entstanden sind. Damit wird eine Pflicht der Obergesellschaft gegenüber ihrer Tochter begründet,[166] die dem russischen Gesellschaftsrecht zuvor unbekannt war[167]. Ein Ausschluss oder eine Beschränkung der Haftung ist nicht möglich.[168] Anspruchsberechtigt sind

---

161 Art. 53.1 Pkt. 3 ZGB RUS verlangt statt der in Art. 67.3 Pkt. 1 ZGB RUS geforderten Möglichkeit, die Entscheidungen einer anderen Gesellschaft zu bestimmen, die *faktische* Möglichkeit, die *Handlungen* einer anderen Gesellschaft zu bestimmen, womit sich die Vorschriften lediglich im Detail unterscheiden. Vgl. hierzu bereits oben Teil 1, A.II.

162 *Gutnikov*, Graždansko-pravovaja otvetstvennost´ v otnošenijach, svjazannych s upravleniem juridičeskimi licami, S. 179: Allerdings geht Art. 53.1 ZGB RUS in seinem Anwendungsbereich weiter als Art. 67.3 ZGB RUS, was auch an einem Vergleich mit Art. 3 GmbHG RUS und Art. 3 AktG RUS deutlich wird, die zwar die Insolvenzhaftung auch für Personen vorsehen, die eine Gesellschaft beherrschen, jedoch im Vergleich zum bestehenden Art. 67.3 ZGB RUS einer besonderen Regelung bedurften.

163 Vgl. allerdings zum Pflichtenprogramm des Generaldirektors, der entsprechend zu einem „vernünftigen und gewissenhaften Handeln" verpflichtet ist, Teil 3, Kap. C.II.2.

164 Hierzu ausführlich in Teil 3, Kap. B.III und Teil 3, Kap. C.II.2.

165 Hierzu ausführlich Teil 3, Kap. C.II.2.

166 Vgl. *Gutnikov*, Korporativnaja otvetstvennost´ učastnikov kommerčeskich operacij: problemy i perspektivy razvitija. Pravo. Žurnal Vyssej školy ėkonomiki 2019, N 1, S. 53: nämlich die „Treuepflicht" des Unternehmens, vernünftig und gewissenhaft im Interesse der juristischen Person zu handeln.

167 Vgl. *Mereminskaja*, WiRO 2002, 369, 370, wonach weder eine Treuepflicht der Gesellschafter untereinander, noch gegenüber der Gesellschaft gesetzlich verankert oder von der Rechtsprechung anerkannt wurde.

168 Art. 53.1 Pkt. 5 ZGB RUS; vgl. Übersetzung im Anhang.

nicht nur die Gesellschafter im Interesse der Gesellschaft[169] unabhängig von der Anteilshöhe, sondern im Gegensatz zum Anspruch auf Schadensersatz[170] auch die Gesellschaft selbst.[171] Die Gesellschaft und/oder der klagende Gesellschafter muss jedoch zunächst nachweisen, dass die Obergesellschaft nicht vernünftig oder gewissenhaft und nicht im Interesse der Tochtergesellschaft gehandelt hat.[172]

Da die Haftung der Obergesellschaft als Kontrollperson für unvernünftiges und ungewissenhaftes Handeln, das nicht im Interesse der Tochtergesellschaft liegt, sich somit mit der Haftung der Obergesellschaft für der Tochter verursachte Schäden deckt und aufgrund der angeordneten Treuepflicht sogar darüber hinausgeht, wird in der russischsprachigen Literatur richtigerweise angemerkt, dass der Anspruch auf Schadensersatz gegenüber der Obergesellschaft aus Art. 67.3 Pkt. 3 ZGB RUS mit der Einführung des Art. 53.1 Pkt. 3 ZGB RUS im Grunde obsolet geworden ist.[173]

---

169 Actio pro socio; im Russischen als „*kosvennyj isk*" bezeichnet; vgl. *Gutnikov*, Korporativnaja otvetstvennost´ učastnikov kommerčeskich operacij: problemy i perspektivy razvitija. Pravo. Žurnal Vysšej školy ėkonomiki 2019, N 1, S. 54; *Bojko*, Zaščita prav i interesov minoritarnyx učastnikov nepubličnogo obščesta v prave Rossii, Sša i Velikobritanii, Kap. 3, § 3.1.

170 Vgl. hierzu Teil 1, Kap. A.II.3.

171 *Gutnikov*, Korporativnaja otvetstvennost´ učastnikov kommerčeskich operacij: problemy i perspektivy razvitija. Pravo. Žurnal Vysšej školy ėkonomiki 2019, N 1, S. 54.

172 *Kindsvater*, WiRO 2014, 324, 325; *Gutnikov*, Korporativnaja otvetstvennost´ učastnikov kommerčeskich operacij: problemy i perspektivy razvitija. Pravo. Žurnal Vysšej školy ėkonomiki 2019, N 1, S. 53. Dies beruht auf der Tatsache, dass Art. 10 Pkt. 5 ZGB RUS einen Vermutungsgrundsatz für vernünftiges und gewissenhaftes Handeln aufstellt, vgl. hierzu *Bauer-Mitterlehner/Gerasin*, in: Winner, Haftungsrisiken für die Konzernmutter in Mittel- und Osteuropa, S. 466; vgl. auch *Rabensdorf*, Die Durchgriffshaftung im deutschen und russischen Recht der Kapitalgesellschaften, S. 65 und die Ausführungen zur Generaldirektorenhaftung in Teil 3, Kap. C.II.

173 *Gutnikov*, Korporativnaja otvetstvennost' v graždanskom prave, S. 187 ff.; *ders.*, Graždansko-pravovaja otvetstvennost´ v otnošenijach, svjazannych s upravleniem juridičeskimi licami, S. 184; *ders.*, Juridičeskaja otvetstvennost' v korporativnych otnošenijach, Vestnik graždanskogo prava, 2014, N 6; ebenso *Grišaev*, in: Grišaev/Bogačeva/Svit, Postatejnyj Kommentarij k Graždanskomu kodeksu Rossijskoj Federacii. Čast' pervaja, Art. 67.3 ZGB RUS; *Bojko*, Zaščita prav i interesov minoritarnyx učastnikov nepubličnogo obščesta v prave Rossii, Sša i Velikobritanii, Kap. 3, § 3.1, gibt zu bedenken, dass trotz der Überschneidungen keinerlei gesetzliche Vorgaben oder Gerichtspraxen zu der Frage existieren, wie sich die Normen zueinander verhalten; zustimmend *Šitkina*, Osnovanija i pravovye posledstvija otnošenij dočernosti

III. Weitere konzernspezifische Regelungen

Neben den Haftungsregelungen existieren weitere Bestimmungen im russischen Recht, die zwar keinen expliziten konzernrechtlichen Anwendungsbereich haben, sondern für sämtliche gesellschaftsrechtliche Sachverhalte gelten, jedoch insbesondere in konzernrechtlichen Sachverhalten Relevanz erhalten.

1. Gesetzliche Zustimmungserfordernisse für Großgeschäfte und Interessiertheitsgeschäfte

Solche konzernrechtlich relevanten Bestimmungen sind etwa die Regelungen über *Großgeschäfte*[174], die einheitlich für die AG und die GmbH russischen Rechts normiert sind.[175] Hierbei handelt es sich um Geschäfte, einzelne oder miteinander verbundene, die direkt oder indirekt zum Erwerb oder zur Veräußerung bzw. zur bloßen Möglichkeit der Veräußerung[176] von Vermögenswerten führen, deren Wert mindestens 25 Prozent des ermittelten Bilanzwertes der Gesellschaftsaktiva[177] beträgt. Erforderlich für den Abschluss von Großgeschäften ist

---

chozjajstvennych obščestv (Kommentarij k st. 6 Zakona ob OOO), Chozjajstvo i pravo 2020, N 7, S. 22.

174 *Krupnye sdelki.* Dieser Begriff wird unterschiedlich übersetzt, vgl. „Große Rechtsgeschäfte“: *Rabensdorf,* Die Durchgriffshaftung im deutschen und russischen Recht der Kapitalgesellschaften, S. 59; „Bedeutende Rechtsgeschäfte“: *Bauer-Mitterlehner/Gerasin*, in: Winner, Haftungsrisiken für die Konzernmutter in Mittel- und Osteuropa, S. 460; *Lenga/Wipplinger,* in: Breidenbach/Institut für Ostrecht München, Handbuch WiRO Bd. III, RUS 350), Art. 78 AktG; „Großgeschäft“: *Schmitt/Melnikov,* in: Breidenbach/Institut für Ostrecht München, Handbuch WiRO Bd. III, RUS, Kapitel D.I. Rn. 203, S. 42; „Großgeschäft“ auch *Plagemann,* Die russische Aktiengesellschaft, S. 85.

175 Art. 46 GmbHG RUS und in den Art. 78, 79 AktG RUS. Das ZGB RUS enthält hierzu keine Bestimmung.

176 *Kindsvater,* Update Wirtschaftsrecht, in: DRRZ 1/2017, S. 12: „u.a. Darlehen, Pfand, Bürgschaft“; vgl. auch Art. 46 Pkt. 1 Abs. 2 GmbHG RUS; Art. 78 Pkt. 1 Nr. 1 AktG RUS.

177 Bei der Ermittlung, ob ein Großgeschäft vorliegt, sind die letzten Buchhaltungswerte, nicht die Höhe des Stammkapitals entscheidend, Informacionnoe pis´mo Prezidiuma VAS RF ot 13.03.2001 N 62 („Obzor praktiki razmešenija sporob, svjazannych s zaključeniem chozjajstvennymi obščestvami krupnych sdelok i sdelok, v soveršenii kotorych imeetsja zainteresovannost´“), Pkt. 2; vgl. auch *Galander,* in: Galander, Russisches Wirtschaftsrecht, S. 98; *Mundry,* in: Breidenbach/Institut für Ostrecht München, Handbuch WiRO Bd. III, RUS, Kapitel C Rn. 152, S. 34.

die Zustimmung[178] der Gesellschafts- bzw. Aktionärsversammlung[179] oder des Direktorenrates[180].[181]

Damit kann die Bestimmung nicht nur im Rahmen der Konzernbildung Bedeutung erlangen, etwa wenn vor der Konzernierung zunächst die Zustimmung der entsprechenden Gesellschaftsorgane eingeholt werden muss, sondern auch bei der täglichen Konzernleitung. Denn, sofern die Obergesellschaft nicht Alleingesellschafterin der Tochtergesellschaft ist, ist es bei Vorliegen der Voraussetzungen erforderlich, die Zustimmungserfordernisse zu beachten und im Rahmen von Großgeschäften die erforderliche Zustimmung einzuholen. Auch für den Geschäftsleiter der Tochtergesellschaft können die Regelungen über Großgeschäfte zu einem Hindernis werden, wenn dieser von der Obergesellschaft zur Ausführung eines Großgeschäfts angewiesen wurde, vorab jedoch die Zustimmung der zuständigen Organe seiner Gesellschaft einholen muss. Die Tatsache, dass bereits die bloße *Möglichkeit* des Erwerbs oder der Veräußerung eines Vermögenswertes ausreicht, kann im Einzelfall zu Unklarheiten führen, ob eine Zustimmung des zuständigen Gesellschaftsorgans einzuholen ist und erhöht Unsicherheiten. Sofern die erforderliche Zustimmung nicht erteilt wurde, ist das Rechtsgeschäft entweder von der Gesellschaft oder einem Gesellschafter anfechtbar.[182] Das zunächst gültige

178 Die Zustimmung kann dabei im Voraus oder nachträglich erfolgen, vgl. Art. 46 Pkt. 3 Abs. 5 GmbHG; Art. 79 Pkt. 2 AktG RUS; Art. 157.1 Pkt. 3 ZGB RUS; vgl. hierzu auch *Plagemann,* Die russische Aktiengesellschaft, S. 85.

179 *Sobranie učastnikov bzw. sobranie akcionerov;* stellen entsprechend dem deutschen Recht das willensbildende Organ der Gesellschaft dar; vgl. hierzu *Hansson,* WiRO 2011, 97, 100 und Teil 2, Kap. A.I.1.a)aa) und bb).

180 *Sovet direktorov*; hierbei handelt es sich sowohl um ein (Mit-)Exekutiv- als auch um ein Aufsichtsorgan; vgl. hierzu bereits Teil 1, Kap. A.II.3.

181 Art. 46 Pkt. 3 Abs. 1 und 2 GmbHG RUS; Art. 79 Pkt. 1 AktG RUS. Vgl. hierzu *Bauer-Mitterlehner/Gerasin,* in: Winner, Haftungsrisiken für die Konzernmutter in Mittel- und Osteuropa, S. 461; *Plagemann,* Die russische Aktiengesellschaft, S. 86. Vgl. auch *Kindsvater,* Update Wirtschaftsrecht 2016, DRRZ 1/2017, S. 12, die hier weiter ausführt, dass eine Zustimmung auch für den Fall der bloßen Möglichkeit der Vermögensveräußerung (z.B. Darlehen, Pfand, Bürgschaft) erforderlich ist, ebenso für Geschäfte, die zur Verpflichtung der Gesellschaft führen, ihr Vermögen in vorübergehenden Besitz/Nutzung zu übergeben oder einem Dritten das Recht zur Nutzung des geistigen Eigentums zu gewähren. Ausgenommen sind *gewöhnliche* unternehmerische Tätigkeiten der Gesellschaft.

182 Art. 46 Pkt. 4 Abs. 1 GmbHG RUS; Art. 79 Pkt. 6 AktG RUS; vgl. auch *Plagemann,* Die russische Aktiengesellschaft, S. 86.

Rechtsgeschäft[183] kann im Falle einer erfolgreichen Anfechtungsklage vom Gericht für unwirksam erklärt werden.[184] Die Vertragspartei des Rechtsgeschäfts kann einer solchen Unwirksamkeitserklärung durch das Gericht nur entgegentreten, indem sie beweist, dass sie vom Fehlen der Genehmigung nichts wusste und nichts wissen konnte.[185]

Weitere Zustimmungserfordernisse[186] sind für das Rechtsgeschäft mit Interessiertheit[187] angeordnet. Ein solches liegt vor, wenn ein Mitglied des Direktorenrates, das Einzelexekutivorgan, ein Mitglied des Kollegialexekutivorgans oder eine Person, die das Recht hat, der Gesellschaft für sie verbindliche Weisungen zu erteilen, ein eigenes Interesse am Abschluss des Rechtsgeschäfts hat.[188] Damit werden auch Rechtsgeschäfte der russischen Tochtergesellschaft mit ihrer Obergesellschaft von den Interessiertheitsgeschäftsregeln erfasst.[189] Ein Interesse am Abschluss besteht beispielsweise dann, wenn die interessierte Personen oder eine ihr nahestehende[190] oder sie kontrollierende Person Partei oder Vermittler des Rechtsgeschäfts ist.[191]

Rechtsgeschäfte mit Interessiertheit setzen die Zustimmung der Gesellschafter-/Aktionärsversammlung oder des Direktorenrates[192] voraus, sofern eines

---

183 Vgl. *Bauer-Mitterlehner/Gerasin*, in: Winner, Haftungsrisiken für die Konzernmutter in Mittel- und Osteuropa, S. 465.

184 Art. 46 Pkt. 4 GmbHG RUS, Art. 79 Pkt. 6 AktG RUS.

185 Art. 46 Pkt. 5 GmbHG RUS, Art. 79 Pkt. 6.1 AktG RUS; vgl. auch *Schmitt/Melnikov*, in: Breidenbach/Institut für Ostrecht München, Handbuch WiRO Bd. III, RUS, Kapitel D.I. Rn. 209, S. 43.

186 Diese sind jedoch im Falle des Zusammentreffens subsidiär gegenüber den Zustimmungsregelungen für Großgeschäfte, Art. 46 Pkt. 6 GmbHG RUS; 79 Pkt. 5 AktG RUS, vgl. auch *Plagemann*, Die russische Aktiengesellschaft, S. 87.

187 *Zainteresovannost´*; Art. 81–84 AktG RUS, Art. 45 GmbHG RUS.

188 Art. 45 Pkt. 1 Abs. 1 GmbHG RUS, Art. 81 Pkt. 1 Abs. 1 AktG RUS.

189 *Bauer-Mitterlehner/Gerasin*, in: Winner, Haftungsrisiken für die Konzernmutter in Mittel- und Osteuropa, S. 463.

190 *Kindsvater*, Update Wirtschaftsrecht, in: DRRZ 1/2017, S. 12 (z.B. Kinder oder Ehepartner); *Breig*, WiRO 2019, 102, 104 (Verwandte).

191 Art. 45 Pkt. 1 Abs. 2 GmbHG RUS; Art. 81 Pkt. 1 Abs. 2 AktG RUS; vgl. auch *Weidemann*, in: Galander, Russisches Wirtschaftsrecht, S. 128.

192 Die Zuständigkeit für die Zustimmung zu Interessiertheitsgeschäften kann dem Direktorenrat in der Satzung übertragen werden. Hiervon ausgenommen sind solche Rechtsgeschäfte, im Rahmen derer der Wert des Vermögens, das Gegenstand des Rechtsgeschäfts ist, 10 Prozent des ermittelten Bilanzwertes der Gesellschaftsaktiva übersteigt, Art. 45 Pkt. 8 GmbHG RUS, Art. 83 Pkt. 4 AktG RUS. In diesen Fällen bleibt es folglich bei der Kompetenz der Gesellschafter- bzw. Aktionärsversammlung.

der Mitglieder der Gesellschaftsorgane oder Gesellschafter mit mindestens einem Prozent der Stamm-/Grundkapitalanteile bzw. der Stimmrechtsaktien die Zustimmung verlangt.[193] Hierdurch soll der Schutz vor Vermögensverschiebungen der Gesellschaft und vor der unkontrollierten Machtausübung des Mehrheitsgesellschafters erreicht werden.[194] Das Erfordernis einer Zustimmung kann unter Umständen bereits bei der Konzernbildung vorliegen, sofern etwa ein etwaiger Konzernierungsvertrag als Interessiertheitsgeschäft eingestuft wird. Auch im Rahmen der täglichen Konzernleitung, wenn sich der Geschäftsleiter der Tochtergesellschaft die Frage stellen muss, ob er vor dem Abschluss eines Rechtsgeschäfts mit der Obergesellschaft die Zustimmung der zuständigen Gesellschaftsorgane einholen muss, können die Regeln zu Interessiertheitsgeschäften relevant werden.

Im Ergebnis stellen die Zustimmungserfordernisse für Großgeschäfte sowie für Rechtsgeschäfte mit Interessiertheit allerdings Schutzvorschriften gegen die Schädigungen der Gesellschaft dar. Sofern sämtliche Gesellschafter bzw. der Mehrheitsgesellschafter einvernehmlich der Schädigung zustimmen, sind Gläubiger der Gesellschaft nicht vor dem Abschluss entsprechender Geschäfte durch die Gesellschaft geschützt.[195]

2. *Mitteilungspflichten*

Darüber hinaus ist der Erwerb von mehr als zwanzig Prozent des Satzungskapitals[196] bzw. der stimmberechtigten Aktien einer Gesellschaft[197] gemäß Art. 6 Pkt. 4 Abs. 2 AktG RUS und Art. 6 Pkt. 4 Abs. 2 GmbHG RUS zu

193 Art. 45 Pkt. 4 Abs. 2 GmbHG RUS; Art. 83 Pkt. 1 Abs. 2 AktG RUS; vgl. auch *Kindsvater,* Update Wirtschaftsrecht 2016, DRRZ 1/2017, S. 12 f.; auch hier kann die Zustimmung im Voraus oder nachträglich erfolgen, vgl. Art. 45 Pkt. 4 Abs. 1 GmbHG RUS; Art. 83 Pkt. 1 Abs. 1 AktG RUS; Art. 157.1 Pkt. 3 ZGB RUS; vgl. hierzu auch *Plagemann,* Die russische Aktiengesellschaft, S. 89.

194 *Bauer-Mitterlehner/Gerasin,* in: Winner, Haftungsrisiken für die Konzernmutter in Mittel- und Osteuropa, S. 462; vgl. auch *Breig,* Änderungen im russischen Aktiengesetz, Ost/Letter 3/2018, S. 6.

195 *Mereminskaja,* WiRO 2001, 369, 369 f.

196 Vgl. Übersetzung von: *Reinsch,* in: Breidenbach/Institut für Ostrecht München, Handbuch WiRO Bd. III, RUS GmbHG Art. 6 Pkt. 4 GmbHG.

197 Vgl. Übersetzung von: *Lenga/Wipplinger/Solotych,* in: Breidenbach/Institut für Ostrecht München, Handbuch WiRO Bd. III, RUS AktG, Art. 6 Pkt. 4 AktG.

veröffentlichen.[198] Die Gesellschaft, deren Anteile erworben wurden, wird in Art. 6 Pkt. 4 Abs. 1 GmbHG RUS und Art. 6 Pkt. 4 Abs. 1 AktG RUS in Abgrenzung zu der oben definierten „Tochtergesellschaft“[199] als *abhängige Gesellschaft* definiert.[200] Eine entsprechende Regelung war bis zu einer Gesetzesänderung wortgleich in Art. 106 ZGB RUS a.F. vorgesehen, wurde allerdings im Jahr 2014 aufgrund der fehlenden praktischen Relevanz der Norm[201] ersatzlos gestrichen.[202] Die Bedeutsamkeit der – noch nicht – gestrichenen entsprechenden Regelungen des Aktien- und GmbH-Gesetzes können mithin bezweifelt werden.

3. *Pflichtangebotsregelungen*

Aktienrechtlich sind darüber hinaus Pflichtangebotsregelungen für den Fall eines Erwerbes von mehr als 30 Prozent der Aktien einer Gesellschaft vorgesehen, Art. 84.2 Pkt. 1 AktG RUS. Von Bedeutung kann diese Regelung insbesondere bei der Konzernbildung für die Obergesellschaft sein.

IV. Zwischenresümee

Ein eigenständiger Abschnitt über verbundene Unternehmen und ein einheitliches, aufeinander abgestimmtes Konzernrecht fehlt mithin sowohl im russischen Zivilgesetzbuch als auch in den Spezialgesetzbüchern, die ergänzende Regelungen zur GmbH und zur Aktiengesellschaft russischen Rechts vorsehen. Vielmehr lassen sich in allen drei Gesetzbüchern neben einer einheitlichen Definition einer Tochtergesellschaft bzw. eines Beherrschungsverhältnisses, wonach eine Gesellschaft dann als Tochtergesellschaft angesehen wird, wenn eine andere (Ober-) Gesellschaft – kraft einer beherrschenden Beteiligung an ihrem Satzungskapital, gemäß einem zwischen ihnen geschlossenen Vertrag oder auf andere

---

198 Vgl. auch *Bauer-Mitterlehner/Gerasin*, in: Winner, Haftungsrisiken für die Konzernmutter in Mittel- und Osteuropa, S. 484; *Telke*, Russisches Konzernrecht, S. 30.

199 Auch nach *Heeg*, Die Finanz- und Haftungsverfassung russischer Kapitalgesellschaften, S. 283 müssen diese Stufen der Abhängigkeit zwingend voneinander unterschieden werden.

200 *Zavisimoe obščestvo. Bauer-Mitterlehner/Gerasin*, in: Winner, Haftungsrisiken für die Konzernmutter in Mittel- und Osteuropa, S. 484.

201 *Bauer-Mitterlehner/Gerasin*, in: Winner, Haftungsrisiken für die Konzernmutter in Mittel- und Osteuropa, S. 484; zur mangelnden Notwendigkeit der Norm aufgrund ohnehin bestehender Publizitätspflicht im Wettbewerbsrecht vgl. auch *Telke*, Russisches Konzernrecht, S. 30.

202 Durch das Föderale Gesetz Nr. 99-FZ vom 5.5.2014.

Weise – die Möglichkeit hat, von dieser Gesellschaft zu treffende Entscheidungen zu bestimmen, insbesondere Vorschriften zur Haftung der Obergesellschaft finden. Auffällig sind insbesondere die Regelungen zur Haftung im Wege des Durchgriffs auf das Vermögen der Obergesellschaft, die die gesamtschuldnerische Haftung der Obergesellschaft für Fälle vorsehen, in denen die Tochtergesellschaft Rechtsgeschäfte in Ausführung einer Weisung oder mit Zustimmung der Obergesellschaft geschlossen hat. Darüber hinaus ist eine subsidiäre Haftung der Obergesellschaft gegenüber den Gläubigern der Tochtergesellschaft vorgesehen, wenn diese die Insolvenz der Tochtergesellschaft schuldhaft verursacht hat. Auch eine Verschuldenshaftung gegenüber der Tochtergesellschaft, die gewährleisten soll, dass alle der Tochtergesellschaft durch das Verschulden der Obergesellschaft entstandenen Schäden ersetzt werden sowie die – neu eingeführte – Haftung der „Kontrollperson", die Schäden ausgleichen soll, sofern die Obergesellschaft nicht vernünftig und gewissenhaft im Interesse ihrer Tochter gehandelt hat, lassen sich hier finden. Hinsichtlich der Art des Einflusses der Obergesellschaft wird nicht unterschieden. Sämtliche Ansprüche sind dabei als Schutz gegenüber den Gläubigern oder gegenüber der Tochtergesellschaft ausgestaltet. Minderheitsgesellschaftern steht dagegen kein unmittelbarer Anspruch auf Ersatz ihrer eigenen Schäden zu. Ihre Interessen sollen lediglich mittelbar durch den Ersatz von Schäden ihrer Gesellschaft sichergestellt werden.[203]

Im Übrigen existieren in den allgemeinen gesellschaftsrechtlichen Vorschriften Zustimmungserfordernisse für Großgeschäfte und Rechtsgeschäfte mit Interessiertheit sowie Mitteilungspflichten und Pflichtangebotsregelungen. Abgesehen von diesen Regelungen, die konzernrechtliche Relevanz haben, sind im russischen Gesellschafts- und Zivilrecht[204] keine Bestimmungen vorhanden, die Aufschluss über das Verhältnis einer Ober- und Tochtergesellschaft russischen Rechts geben.[205] Insbesondere fehlen gesetzliche Aussagen darüber, ob eine Tochtergesellschaft im Interesse des Gesamtkonzerns geführt werden darf oder ob ausschließlich das Tochtereigeninteresse berücksichtigungsfähig ist.

203 Dies wird kritisiert von *Gutnikov*, Korporativnaja otvetstvennost´ učastnikov kommerčeskich operacij: problemy i perspektivy razvitija. Pravo. Žurnal Vysšej školy ėkonomiki 2019, N 1, S. 63. Grund für die Kritik ist, dass eine Kompensation des Schadens gegenüber der Tochtergesellschaft nicht zugleich eine Kompensation der Schäden der Minderheitsgesellschafter bedeutet.

204 Weitere Rechtsgebiete sollen in dieser Betrachtung nicht berücksichtigt werden. Vgl. jedoch etwa für das Steuerrecht *Telke*, Russisches Konzernrecht, S. 31–40; *Zielke*, WiRO 2016, 225 ff; für das Kartellrecht *Telke*, Russisches Konzernrecht, S. 41.

205 So auch *Telke*, Russisches Konzernrecht, S. 43.

Der neu eingeführte Art. 53.1 Pkt. 3 ZGB RUS enthält insoweit keine eindeutige Bestimmung. Auch klare Aussagen darüber, ob die Obergesellschaft ihrer Tochter und deren Geschäftsleitern ausdrückliche Weisungen erteilen darf, fehlen. Die vorhandenen Bestimmungen erwecken vielmehr den Eindruck, dass die Konzernierung als solche nach russischem Recht zwar erlaubt, jedoch nicht gewünscht ist. Im Vordergrund steht stets die Schutzfunktion des Konzernrechts, was insbesondere an den strengen Haftungsvorschriften deutlich wird. Die Interessen der Obergesellschaft oder der Geschäftsleiter der Tochter scheinen dagegen für den russischen Gesetzgeber keine Bedeutung zu haben. Vorschriften im Sinne des Konzernrechts als *enabling law*, wie sie im europäischen Rechtsraum zunehmend gefordert werden und die der Konzernspitze einen sicheren Rechtsrahmen bieten sollen[206], sucht man vergeblich. Vielmehr wählt das russische Recht an dieser Stelle einen völlig gegensätzlichen Ansatz und regelt lediglich eine Seite des Konzernrechts – die Schutzfunktion – in erheblichem Maße, während das Konzernrecht im Sinne eines Organisationsrechts[207] offenbar keinerlei Beachtung findet.

Darüber hinaus ergeben sich durch zahlreiche unbestimmte Rechtsbegriffe und Unklarheiten, die auch im Zuge der Reform nicht aufgelöst wurden, sowie die sich im Einzelfall unterscheidenden Regelungen im Zivilgesetzbuch und den Spezialgesetzen viele Unsicherheiten im Hinblick auf das russische Konzernrecht.

B. Besonderheiten des russischen Konzernrechts aufgrund der Kodifikationsgeschichte

Die soeben dargestellten Besonderheiten des russischen Konzernrechts und insbesondere die Strenge der hier anzutreffenden Haftungsregeln könnten auf die Besonderheiten seiner Entstehungsgeschichte zurückzuführen sein. Denn während sich in anderen Rechtsordnungen – nicht zuletzt in Deutschland – der Konzentrationsprozess überwiegend unbeschränkt entwickeln konnte,[208] fand in Russland mit dem Ausbruch der Oktoberrevolution im Jahr 1917 und der

206 Vgl. hierzu etwa *Weller/Bauer*, ZEuP 2015, 6, 26.

207 Zu diesen beiden Perspektiven des Konzernrechts vgl. *Lutter*, in: Druey, Das St. Galler Konzernrechtsgespräch, S. 225, 232; *Hommelhoff*, KSzW 2014, 63, 63; *ders.*, ZGR 2012, 535, 538; *Dominke*, Einheitliche Gruppenleitung über die Binnengrenzen in Europa, S. 3 f.; *Weller/Bauer*, ZeuP 2015, 6, 22.

208 Für die Entwicklung in Deutschland vgl. *Dettling*, Die Entstehungsgeschichte des Konzernrechts im Aktiengesetz von 1965, S. 49 ff.; *Habersack*, in: Emmerich/Habersack, Konzernrecht, § 1 Rn. 5 ff.; *Hommelhoff*, Die Konzernleitungspflicht, S. 2 ff.

anschließenden Phase des Kriegskommunismus ein Einbruch statt, der jegliche freie unternehmerische Entwicklung einschränkte. Diese Phase der politischen Diktatur und staatlich kontrollierten Wirtschaft prägen das heutige Russland noch heute.[209] So startete Russland erst, nachdem die Sowjetunion und damit die kommunistische Herrschaftsordnung beinahe 70 Jahre später zusammengebrochen war, den Versuch, das Privatrecht neu zu ordnen und den übrigen Rechtsordnungen gleichzuziehen. Wie Russland dieser Versuch gelang und von welchen Rechtsordnungen es dabei beeinflusst wurde, soll im Folgenden untersucht werden. Antworten auf diese Fragen und die Untersuchung des Ursprungs der russischen konzernrechtlichen Bestimmungen sollen bei der Nachvollziehbarkeit der Strenge des russischen Konzernrechts sowie der Auslegung der aktuellen Vorschriften helfen.

I. Vom aufgezwungenen Zarenrecht bis zum völligen Fehlen von Kapitalgesellschaften in der Sowjetunion

1. *Entwicklung des russischen Konzernrechts vom Zarenreich bis zum Ausbruch der Oktoberrevolution*

Grundsätzlich unterschied sich die Privat- und Eigentumsordnung Russlands vor der bolschewistischen Oktoberrevolution noch nicht grundlegend von derjenigen der anderen europäischen Staaten.[210] Allerdings entwickelte sich die unternehmerische Betätigung in Form von Gesellschaften hier zunächst schleppend. Zur Bildung von Handelskompagnien nach westlichem Vorbild, den Vorläufern der Aktiengesellschaften, musste Zar Peter der Große die russische Kaufmannschaft im Jahr 1699 explizit auffordern[211]. Sein Versuch, die wirtschaftlichen Vorteile der Handelskompagnien, die ihm aus seinen Reisen im westlichen Ausland begegnet waren, auch in Russland durchzusetzen, scheiterten allerdings zunächst am fehlenden Wissen der Russen und der angesichts der Größe des Landes sowie der relativ geringen Besiedelungsstruktur und der ungünstigen klimatischen Bedingungen wenig entwickelten Wirtschaft.[212] Erst

---

209 *Shkliarov*, Russland als Firmenstandort, S. 36.

210 *Knerer*, Rechtliche Möglichkeiten privatwirtschaftlicher Betätigung in Sowjetrussland und der Sowjetunion, S. 4.

211 *Lüdemann*, Das Recht der Aktiengesellschaft in Rußland, S. 21; *Zavadskij*, in: Borchardt, Die Handelsgesetze des Erdballs, S. XII.

212 Ausführlich hierzu bei *Lüdemann*, Das Recht der Aktiengesellschaft in Rußland, S. 21 ff.; vgl. hierzu auch *Zavadskij*, in: Borchardt, Die Handelsgesetze des Erdballs, S. XI f.

nach und nach wurden einzelne Handelskompagnien auf dem Gebiet des Russischen Reichs gegründet,[213] für welche indes jeweils nicht übertragbare Einzelregelungen galten.[214] Erst im Jahr 1835 erfolgte eine erste allgemeine Kodifikation eines Aktiengesetzes im sogenannten *Svod Zakonov*[215], einer Zusammenstellung von Einzelgesetzen[216]. Sie orientierte sich, wie schon die ursprüngliche Einführung der Handelskompagnien, am kontinentaleuropäischen Rechtskreis.[217] Enthalten waren in der Urfassung des *Svod Zakonov* allerdings lediglich drei Artikel zur Aktiengesellschaft sowie vereinzelte weitere Vorschriften zum Gesellschaftsrecht[218], allerdings noch keine Bestimmungen zu Unternehmensverbindungen. Auch Entwürfe für die Novellierung eines neuen Zivilgesetzbuches um die Jahrhundertwende orientierten sich am westeuropäischen und insbesondere am deutschen Vorbild und beinhalteten ebenfalls Regelungen zur Aktiengesellschaft,[219] nicht jedoch zur GmbH russischen Rechts sowie zu Unternehmensverbindungen. Insbesondere der GmbH nach deutschem Vorbild stand der vorrevolutionäre russische Gesetzgeber aufgrund der damit verbundenen Haftungstrennung trotz des starken Einflusses der Gesellschafter sehr skeptisch gegenüber und lehnte aus diesem Grund die Aufnahme der GmbH als Gesellschaftsform ab.[220] Aufgrund des Ausbruchs des Ersten Weltkrieges sollten die Entwürfe jedoch ohnehin zu keinem erfolgreichen Abschluss kommen.[221]

---

213 Zur Entwicklung *Lüdemann,* Das Recht der Aktiengesellschaft in Rußland, S. 31 ff.

214 *Lüdemann,* Das Recht der Aktiengesellschaft in Rußland, S. 43.

215 *Lüdemann*, Das Recht der Aktiengesellschaft in Rußland, S. 46; *Primaczenko,* Kieler Ostrechts-Notizen 3/2007, S. 6.

216 Wörtlich übersetzt bedeutet *Svod Zakonov* „Gesetzessammlung"; zur Entstehung und Zusammensetzung des *Svod Zakonov* vgl. *Zavadskij,* in: Borchardt, Die Handelsgesetze des Erdballs, S. VI f.; vgl. auch *Butler,* Soviet Law, S. 21 und 242 „Digests of Laws"; *Bauer-Mitterlehner/Gerasin*, in: Winner, Haftungsrisiken für die Konzernmutter in Mittel- und Osteuropa, S. 426.

217 *Primaczenko,* Kieler Ostrechts-Notizen 3/2007, S. 6; vgl. auch *Klemm*, Die Entwicklung des russischen Rechts der Kapitalgesellschaften, S. 151; *Becker*, Gesellschaftsrecht in Rußland, S. 2.

218 *Lüdemann*, Das Recht der Aktiengesellschaft in Rußland, S. 46; vgl. auch *Oda*, Russian Commercial Law, S. 105.

219 *Primaczenko,* Kieler Ostrechts-Notizen 3/2007, S. 6; *Bauer-Mitterlehner/Gerasin*, in: Winner, Haftungsrisiken für die Konzernmutter in Mittel- und Osteuropa, S. 426; vgl. auch *Lüdemann,* Das Recht der Aktiengesellschaft in Rußland, S. 75 ff.

220 *Lomakin,* Princip samostojatel'noj otvetstvennosti juridičeskogo lica: pravilo i isključenija, in: Vestnik graždanskogo prava, 2020, N 1., S. 93–110.

221 *Bauer-Mitterlehner/Gerasin*, in: Winner, Haftungsrisiken für die Konzernmutter in Mittel- und Osteuropa, S. 426; vgl. auch *Primaczenko,* Kieler Ostrechts-Notizen 3/

Trotz der nur schleppenden Umsetzung und der fehlenden Kodifikation eines Konzernrechts waren nicht nur bloße Aktiengesellschaften[222], sondern auch Verbindungen zwischen selbstständigen Wirtschaftsgesellschaften auf der Grundlage von ökonomischer Abhängigkeit oder Kontrolle in der Praxis bereits in der vorrevolutionären Zeit in Russland verbreitet.[223] Durch die Einbeziehung von Unternehmen in einen Verbund sollte die Konkurrenz ausgeschaltet und das Kapital effektiv verwaltet werden.[224]

2. Entwicklung des Konzernrechts während der Phase des Kommunismus

Mit der anschließenden Periode des Kriegskommunismus zwischen 1917 und 1921 fand indes eine völlige Umgestaltung der Rechtsordnung in Russland statt.[225] Ein neuer sowjetischer Staat im Sinne der marxistischen Weltordnung sollte entstehen.[226] Zu diesem Zwecke wurde das diesem Weltbild widersprechende Privateigentum Schritt für Schritt verstaatlicht und das sozialistische Staatseigentum geschaffen.[227] Bis zum Jahr 1920 befand sich sämtliches „kapitalistische" Privateigentum im Zuge entschädigungsloser Enteignungen im Staatseigentum.[228] Auch sämtliche Produktionsmittel befanden sich anschließend einheitlich in der Hand des Staates.[229] In diesen Zeiten staatlicher Planwirtschaft

---

2007, S. 6; *Solotych,* Das Zivilgesetzbuch der Russischen Föderation, Erster Teil, S. 15; *Oda,* Russian Commercial Law, S. 65.

222 Vgl. *Primaczenko,* Kieler Ostrechts-Notizen 3/2007, S. 5 ff zur Geschichte der Aktiengesellschaften und Handelskompagnien im russischen Zarenreich.

223 Ausführlich hierzu und zu Syndikaten im damaligen Russland *Rabensdorf,* Die Durchgriffshaftung im deutschen und russischen Recht der Kapitalgesellschaften, S. 40 m.w.N.

224 *Rabensdorf,* Die Durchgriffshaftung im deutschen und russischen Recht der Kapitalgesellschaften, S. 40 m.w.N.

225 *Knerer,* Rechtliche Möglichkeiten privatwirtschaftlicher Betätigung in Sowjetrussland und der Sowjetunion, S. 4.

226 Ebenda.

227 Hierzu ausführlich *Knerer,* Rechtliche Möglichkeiten privatwirtschaftlicher Betätigung in Sowjetrussland und der Sowjetunion, S. 4 f.; vgl. auch *Bauer-Mitterlehner/Gerasin,* in: Winner, Haftungsrisiken für die Konzernmutter in Mittel- und Osteuropa, S. 427.

228 *Knerer,* Rechtliche Möglichkeiten privatwirtschaftlicher Betätigung in Sowjetrussland und der Sowjetunion, S. 6; Vgl. hier ausführlich zur Nationalisierung der Wirtschaft.

229 *Bauer-Mitterlehner/Gerasin,* in: Winner, Haftungsrisiken für die Konzernmutter in Mittel- und Osteuropa, S. 427.

gab es für private Kapitalgesellschaften keinen Raum.[230] Mit dem Ende der NEP[231] 1928 war das Aktienrecht faktisch aufgehoben.[232] Zugelassen wurden ausschließlich staatliche Unternehmen und Genossenschaften.[233] Auch gesetzliche Regelungen zum Aktien- oder Gesellschaftsrecht waren der sowjetischen Rechtsordnung spätestens mit der Einführung einer neuen Fassung des Zivilgesetzbuches im Jahr 1964 unbekannt.[234] Als Rechtssubjekte existierten zu dieser Zeit lediglich staatliche Organisationen, in denen das Recht der operativen Verwaltung vorherrschte.[235] Folge dieser sozialistischen Lage war, dass auch privatrechtliche Unternehmensverbindungen in Russland in der wirtschaftlichen Praxis zumindest zur Zeit der Sowjetunion bis zum Anfang der 90er Jahre nicht mehr anzutreffen waren.[236] Konzernstrukturen im weiteren Sinne waren allenfalls in den planwirtschaftlichen Beziehungen zwischen übergeordneten Organen und Betrieben zu finden.[237] Erfolgten etwa Änderungen der Betriebspläne

230 *Seiffert*, ZeuP 1999, 931, 932; *Chanturia*, WiRO 2009, 97, 97; vgl. auch *Oda*, Russican Commercial Law, S. 106.

231 *Novaja ėkonomičeskaja politika* (Neue Ökonomische Politik).

232 *Horn*, in: Horn u. a., Die Neugestaltung des Privatrechts in Mittelosteuropa und Osteuropa, S. 39; *Primaczenko*, Kieler Ostrechts-Notizen 3/2007, S. 7, vgl. auch *Lüdemann*, Das Recht der Aktiengesellschaft in Rußland, S. 112; vgl. auch *Becker*, Gesellschaftsrecht in Rußland, S. 2; *Wedde*, VDRW-Mitteilungen 33–34/2007, S. 40, 41.

233 *Horn*, in: Horn u. a., Die Neugestaltung des Privatrechts in Mittelosteuropa und Osteuropa, S. 39; *Primaczenko*, Kieler Ostrechts-Notizen 3/2007, S. 7, vgl. auch *Lüdemann*, Das Recht der Aktiengesellschaft in Rußland, S. 112; vgl. auch *Becker*, Gesellschaftsrecht in Rußland, S. 2; *Wedde*, VDRW-Mitteilungen 33–34/2007, S. 40, 41.

234 *Bauer-Mitterlehner/Gerasin*, in: Winner, Haftungsrisiken für die Konzernmutter in Mittel- und Osteuropa, S. 427: allerdings wurden in das erste Zivilgesetzbuch der Sowjetzeit von 1922 noch umfangreiche Regelungen zur Aktiengesellschaft aufgenommen. Erst 1964 wurden diese Regelungen in der neuen Fassung des Zivilgesetzbuches gestrichen; *Primaczenko*, Kieler Ostrechts-Notizen 3/2007, S. 7; vgl. auch *Wedde*, VDRW-Mitteilungen 33–34/2007, S. 40, 41; vgl. auch *Kruse*, Die personalistische Kapitalgesellschaft russischen Rechts, S. 37 f.

235 *Seiffert*, ZeuP 1999, 931, 932; *Bauer-Mitterlehner/Gerasin*, in: Winner, Haftungsrisiken für die Konzernmutter in Mittel- und Osteuropa, S. 427; *Laptew*, in: Such/Laptew, Sowjetisches Wirtschaftsrecht, S. 46 f.

236 *Rabensdorf*, Die Durchgriffshaftung im deutschen und russischen Recht der Kapitalgesellschaften, S. 40.

237 *Bauer-Mitterlehner/Gerasin*, in: Winner, Haftungsrisiken für die Konzernmutter in Mittel- und Osteuropa, S. 427; vgl. außerdem *Bilinsky*, Das sowjetische Wirtschaftsrecht, S. 571 f. zu Wirtschaftsvereinigungen im Sowjetrecht; *Zankovskij/Moturenko*,

und entstanden hierdurch Verluste, so musste das Ministerium oder die Industrievereinigung als übergeordnetes Organ zur Entschädigung Mittel aus einer eigens dafür angelegten Reserve zur Verfügung stellen.[238] Somit existierte zumindest im Hinblick auf die Haftung der übergeordneten Organisation für einen Betrieb eine Art Mutter-Tochter-Verhältnis,[239] tatsächliche Konzernstrukturen fehlten indes.

Im Vergleich hierzu konnte sich in Deutschland[240] die bereits nach dem deutsch-französischen Krieg und der Reichsgründung von 1871 erfolgte erste „Konzentrationswelle“ ungehindert fortsetzen. Bereits in Folge der ersten Welle entstanden schon vor 1914 mächtige und weitverzweigte Konzerne.[241] Eine weitere Konzentrationswelle folgte bereits nach dem Ende des Ersten Weltkrieges[242] und setzte sich auch in den folgenden Jahren – trotz kurzzeitiger Rückschläge wie der geplanten „Dekonzentration“ durch die Alliierten nach 1945 – fort.[243] Im Jahr 1965 erfolgte mit der Kodifikation des Aktiengesetzes auch die gesetzliche Regelung eines Konzernrechts. Als rechtsstaatlicher Hintergrund für die Entwicklung eines eigenständigen Konzernrechts in Deutschland im Jahre 1965 war somit allerdings das *tatsächliche* Vorhandensein von Konzernstrukturen.[244]

Ob otvetstvennosti osnovnogo akcionernogo obščestva pered dočernim, Predprinimatel´skoe pravo 2017, N 4.

238 *Bauer-Mitterlehner/Gerasin*, in: Winner, Haftungsrisiken für die Konzernmutter in Mittel- und Osteuropa, S. 427; *Laptew*, in: Such/Laptew, Sowjetisches Wirtschaftsrecht, S. 39.

239 *Bauer-Mitterlehner/Gerasin*, in: Winner, Haftungsrisiken für die Konzernmutter in Mittel- und Osteuropa, S. 427; vgl. auch *Zankovskij/Moturenko*, Ob otvetstvennosti osnovnogo akcionernogo obščestva pered dočernim, Predprinimatel´skoe pravo 2017, N 4.

240 Zur Entwicklung des Konzernwesens in Deutschland (insbesondere Darstellungen zu den insgesamt vier Phasen des Konzentrationswesens bis zum Erlass des Aktiengesetzes von 1965 und den erheblichen Schwankungen, denen die Wirtschaftsordnung in Deutschland unterworfen war, vgl. ausführlich *Dettling*, Die Entstehungsgeschichte des Konzernrechts im Aktiengesetz von 1965, S. 49 ff. Vergleichend hierzu auch zu den Konzernierungswellen im US-amerikanischen Recht: *Ebke*, in: Mestmäcker/Behrens, Das Gesellschaftsrecht der Konzerne im internationalen Vergleich, S. 283 f.

241 *Habersack*, in: Emmerich/Habersack, Konzernrecht, § 1 Rn. 5 ff.; vgl. auch *Lenel*, Ursachen der Konzentration, S. 229 ff.; *Spindler*, Recht und Konzern, S. 96 ff.

242 Ausführlich hierzu *Habersack*, in: Emmerich/Habersack, Konzernrecht, § 1 Rn. 13 ff.; vgl. auch *Hommelhoff*, Die Konzernleitungspflicht, S. 19 ff.

243 *Habersack*, in: Emmerich/Habersack, Konzernrecht, § 1 Rn. 6.

244 Vgl. *Drygala/Staake/Szalai*, Kapitalgesellschaftsrecht, § 29 Rn. 8.

So waren ein unternehmerisch tätiger Mehrheitsgesellschafter sowohl in der AG als auch in der GmbH ebenso wie wechselseitige Beteiligungen verbreitet anzutreffen, während die kapitalmarktorientierte AG mit der Beteiligung einer Vielzahl geringfügiger beteiligter Aktionäre mehr Ausnahme als Regelfall war.[245] Während der deutsche Gesetzgeber das tatsächliche Vorhandensein von Konzernverbindung somit als Regelfall vorgefunden und hierauf reagiert hat[246], fand eine entsprechende Entwicklung in Russland zu jener Zeit überhaupt nicht statt. Hier bestand folglich auch kein Bedürfnis nach einer entsprechenden gesetzlichen Regelung.

II. Anschließender Umbruch und Übergang zu einer neuen Rechtsordnung

Nachdem in der Sowjetunion jahrzehntelang vollständig auf Kapitalgesellschaften verzichtet worden war, begann mit der Perestrojka und dem Ende der UdSSR eine Umorientierung und damit auch eine Wiederzulassung von Kapitalgesellschaften.[247] In diesem Zusammenhang wird daher von einer „zweiten Geburt" des Gesellschaftsrechts in Russland gesprochen.[248] Ziel war es zunächst, das staatliche Eigentum wieder zu privatisieren, wofür es notwendig war, insbesondere die Gesellschaftsform der Aktiengesellschaft wieder einzuführen.[249] Um dieses Ziel zu erreichen, erfolgte in einer ersten Phase eine ganze Flut von Verordnungen und Erlassen durch den Präsidenten und die Regierung, wobei eine gesetzliche Grundlage fehlte.[250] Erst in einer zweiten Phase wurden die zwei

---

245 *Drygala/Staake/Szalai*, Kapitalgesellschaftsrecht, § 29 Rn. 11; ausführlich zur Entwicklung der Unternehmenskonzentration in Deutschland *Habersack*, in: Emmerich/Habersack, Konzernrecht, § 1 Rn. 5 ff.

246 *Drygala/Staake/Szalai*, Kapitalgesellschaftsrecht, § 29 Rn. 11.

247 *Knerer*, Rechtliche Möglichkeiten privatwirtschaftlicher Betätigung in Sowjetrussland und der Sowjetunion, S. 108.

248 So *Yumashev*, ROW 1993, 97, 97; vgl. auch *Primaczenko*, Kieler Ostrechts-Notizen 3/2007, S. 7.

249 *Primaczenko*, Kieler Ostrechts-Notizen 3/2007, S. 7; vgl. auch *Rabensdorf*, Die Durchgriffshaftung im deutschen und russischen Recht der Kapitalgesellschaften, S. 27.

250 *Holloch*, in: Schroeder, Die neuen Kodifikationen in Rußland, S. 39; *Rabensdorf*, Die Durchgriffshaftung im deutschen und russischen Recht der Kapitalgesellschaften, S. 27; *Primaczenko*, Kieler Ostrechts-Notizen 3/2007, S. 7; vgl. auch *Küpper*, Einführung in die Rechtsgeschichte Osteuropas, S. 681.

ersten Teile des russischen Zivilgesetzbuches sowie das Gesetz über Aktiengesellschaften und das Gesetz über Gesellschaften mit beschränkter Haftung erlassen.[251]

1. Erste Phase: Verordnungen und Erlasse durch die Regierung

Zu Beginn der Transformationsphase und damit noch einige Monate vor dem endgültigen Zerfall der Sowjetunion wurde die Verordnung über Aktiengesellschaften und Gesellschaften mit beschränkter Haftung vom 19.6.1990 (Aktienverordnung Nr. 590) erlassen.[252] Damit wurde ein Regelwerk[253] für die Kapitalgesellschaften geschaffen, das dem kontinentaleuropäischen Modell ähnlich war[254] und nicht nur Normen zur Aktiengesellschaft, sondern ebenso zur Gesellschaft mit beschränkter Haftung russischen Rechts[255] sowie allgemeine Normen zu Kapitalgesellschaften enthielt[256]. Vorschriften zu verbundenen Unternehmen fehlten allerdings vollständig. Aufgrund der im Nachgang

251 Vgl. hierzu *Primaczenko*, Kieler Ostrechts-Notizen 3/2007, S. 7.

252 Verordnung des Ministerrats der UdSSR vom 19.06.1990 N 590 „Über die Bestätigung der Verordnung über Aktiengesellschaften und Gesellschaften mit beschränkter Haftung sowie der Verordnung über Wertpapiere“, abgedruckt bei Konsul´tantPljus. Eine deutsche Übersetzung findet sich bei *Schultze-Willebrand*, UdSSR: Recht der Aktiengesellschaften und der Gesellschaften mit beschränkter Haftung, S. 9–33; vgl. hierzu auch *Primaczenko*, Kieler Ostrechts-Notizen 3/2007, S. 7; *Rabensdorf*, Die Durchgriffshaftung im deutschen und russischen Recht der Kapitalgesellschaften, S. 27; *Knerer*, Rechtliche Möglichkeiten privatwirtschaftlicher Betätigung in Sowjetrussland und der Sowjetunion, S. 111–121 und S. 124–126.

253 Ob es sich dabei um ein „in sich abgeschlossenes“ Regelwerk handelte, wird unterschiedlich bewertet. *Heeg*, Die Finanz- und Haftungsverfassung russischer Kapitalgesellschaften, S. 2 sowie *Rabensdorf*, Die Durchgriffshaftung im deutschen und russischen Recht der Kapitalgesellschaften, S. 27 sind der Auffassung es handelte sich erstmals – seit dem ZGB von 1923 – um ein abgeschlossenes Regelwerk. *Knerer*, Rechtliche Möglichkeiten, S. 111 vertritt die Ansicht, es sei kein abgeschlossenes Gesetzeswerk, sondern eine vorläufige Regelung.

254 *Heeg*, Die Finanz- und Haftungsverfassung russischer Kapitalgesellschaften, S. 2; *Knerer*, Rechtliche Möglichkeiten, S. 117; *Yumashev*, ROW 1993, 97, 105; *Primaczenko*, Kieler Ostrechts-Notizen 3/2007, S. 7.

255 Pkte. 64–81 der Aktienverordnung Nr. 590; vgl. auch *Schultze-Willebrand*, UdSSR: Recht der Aktiengesellschaften und der Gesellschaften mit beschränkter Haftung, S. 22–26; *Heeg*, Die Finanz- und Haftungsverfassung russischer Kapitalgesellschaften, S. 2.

256 Pkte. 1–29 der Aktienverordnung Nr. 590; vgl. auch *Schultze-Willebrand*, UdSSR: Recht der Aktiengesellschaften und der Gesellschaften mit beschränkter Haftung, S. 9–14.

folgenden Zeit des Zusammenbruchs der Sowjetunion und der parallelen Gesetzgebung der einzelnen Mitgliedstaaten blieb die Aktienverordnung Nr. 590 allerdings ohnehin nicht allzu lange in Kraft.[257] Bereits kurze Zeit später traten das Unternehmensgesetz[258], das das Gesellschaftsrecht rahmengesetzlich regelte sowie die Aktienordnung Nr. 601[259], als ausfüllender Normativakt, in Kraft.[260] Im Unternehmensgesetz wurden unter anderem die Aktiengesellschaft und die GmbH russischen Rechts legaldefiniert und rudimentär geregelt.[261] Darüber hinaus sah Art. 13 Pkt. 1 Unternehmensgesetz vor, dass sich Unternehmen in Verbänden, Assoziationen, Konzernen[262], branchenübergreifenden, regionalen und anderen Zusammenschlüssen vereinigen können.[263] Einzelne, dem Unternehmen zugehörige Unternehmen sollten ihre Selbstständigkeit und die Rechte

---

257 Vgl. ausführlich dazu bei *Rabensdorf*, Die Durchgriffshaftung im deutschen und russischen Recht der Kapitalgesellschaften, S. 28; *Heeg*, Die Finanz- und Haftungsverfassung russischer Kapitalgesellschaften, S. 3.

258 Gesetz der Russischen Sozialistischen Föderativen Sowjetrepublik „Über Unternehmen und unternehmerische Tätigkeit" vom 25.12.1990; vollständig in deutscher Übersetzung abgedruckt bei *Ebinal/Mitjuschkin*, Das Rußland-Geschäft, S. 27 ff.; sowie bei *Lenga/Rautenberg*, WiRO 1992, 78 ff.; vgl. hierzu auch *Heeg*, Die Finanz- und Haftungsverfassung russischer Kapitalgesellschaften, S. 3: Ein Unternehmensgesetz gab es auch auf Unionsebene – das Gesetz der UdSSR vom 4. Juni 1990 „Über Unternehmen" – seiner Ansicht nach ist dieses bezeichnend für die Periode der Parallelgesetzgebung. Vgl. hierzu auch *Lüdemann*, Das Recht der Aktiengesellschaft in Rußland, S. 117; *Primaczenko*, Kieler Ostrechts-Notizen 3/2007, S. 7; *Lenga/Rautenberg*, WiRO 1992, 78 ff.

259 Verordnung des Ministerrates der RSFSR vom 25.12.1990 Nr. 601 „Über die Bestätigung der Verordnung der Aktiengesellschaften", im Folgenden: „AktVO Nr. 601". Deutsche Übersetzung bei *Ebinal/Mitjuschkin*, Das Rußland-Geschäft, S. 75 ff.; *Klemm*, RIW 1992, 189, S. 193 ff.; vgl. hierzu auch *Rabensdorf*, Die Durchgriffshaftung im deutschen und russischen Recht der Kapitalgesellschaften, S. 28; *Heeg*, Die Finanz- und Haftungsverfassung russischer Kapitalgesellschaften, S. 3; Primaczenko, Kieler Ostrechts-Notizen 3/2007, S. 8; *Schwartz*, WiRO 1993, 14 ff.

260 *Heeg*, Die Finanz- und Haftungsverfassung russischer Kapitalgesellschaften, S. 3.

261 Vgl. Art. 11 Unternehmensgesetz (Genossenschaft mit beschränkter Haftung) und Art. 12 Unternehmensgesetz (Offene Aktiengesellschaft), eine Übersetzung der jeweiligen Normen lässt sich bei *Ebinal/Mitjuschkin*, Das Rußland-Geschäft, S. 34 f. finden; vgl. auch *Heeg*, Die Finanz- und Haftungsverfassung russischer Kapitalgesellschaften, S. 3.

262 *„sojuzy, associacii, koncerny"*.

263 Vgl. Übersetzung bei *Ebinal/Mitjuschkin*, Das Rußland-Geschäft, S. 35.

einer juristischen Person dabei behalten.[264] Angaben darüber, wann eine solche Vereinigung vorliegt, lassen sich hier jedoch nicht finden. Auch Ausführungen dazu, wann die Konzernspitze für ihre Tochtergesellschaft haftet, wurden nicht geregelt.

Während die Aktienverordnung Nr. 590 allerdings noch dem kontinentaleuropäischen Modell ähnelte, orientierte sich der Gesetzgeber der Russischen Föderativen Sowjetrepublik[265] beim Erlass des Unternehmensgesetzes und der AktVO Nr. 601 mit Hilfe von US-amerikanischen Beratungsfirmen[266] am angloamerikanischen Rechtssystem[267], was insbesondere an der Einführung der geschlossenen Aktiengesellschaft in Anlehnung an das amerikanische Modell der *close corporation* deutlich wird[268]. Dieser dem russischen Recht ansonsten unbekannte amerikanische Einschlag mit Rechtsinstituten, die sich nicht in das bestehende Recht einfügen wollten, wurden häufig kritisiert.[269] Auch eine Regelung hinsichtlich Unternehmensverbindungen, wonach rein formal ab einer Beteiligung von 50 % + einer Aktie eine Tochtergesellschaft vorliegen sollte,

---

264 Art. 13 Pkt. 2 (S. 1) Unternehmensgesetz, Übersetzung bei *Ebinal/Mitjuschkin,* Das Rußland-Geschäft, S. 35.

265 *Primaczenko,* Kieler Ostrechts-Notizen 3/2007, S. 7 f.; vgl. auch *Klemm,* RIW 1992, 189, 189.

266 *Heeg,* Die Finanz- und Haftungsverfassung russischer Kapitalgesellschaften, S. 5; *Rabensdorf,* Die Durchgriffshaftung im deutschen und russischen Recht der Kapitalgesellschaften, S. 28.

267 *Kruse,* Die personalistische Kapitalgesellschaft russischen Rechts, S. 59; *Primaczenko,* Kieler Ostrechts-Notizen 3/2007, S. 8; *Klemm,* Die Entwicklung des russischen Rechts der Kapitalgesellschaften, S. 149 f.; vgl. auch *Yumashev,* ROW 1993, 97, 97; Zur AktVO Nr. 601 vgl. auch *Heeg,* Die Finanz- und Haftungsverfassung russischer Kapitalgesellschaften, S. 4; *Klemm,* Die Entwicklung des russischen Rechts der Kapitalgesellschaften, S. 94 f.

268 Vgl. *Klemm,* Die Entwicklung des russischen Rechts der Kapitalgesellschaften, S. 150; vgl. auch *Kruse,* Die personalistische Kapitalgesellschaft russischen Rechts, S. 59; *Primaczenko,* Kieler Ostrechts-Notizen 3/2007, S. 8; *Yumashev,* ROW 1993, 97, 105. Es handelt sich hierbei um die Aktiengesellschaft geschlossenen Typs (gAG), in Art. 11 des Gesetzes wird diese der GmbH gleichgesetzt; vgl. zur problematischen Abgrenzbarkeit zur GmbH russischen Rechts *Seiffert,* ZeuP 1999, 931, 932.

269 Vgl. hierzu *Heeg,* Die Finanz- und Haftungsverfassung russischer Kapitalgesellschaften, S. 5; *Rabensdorf,* Die Durchgriffshaftung im deutschen und russischen Recht der Kapitalgesellschaften, S. 28 f.

ohne hieran rechtliche Folgen zu knüpfen[270], wurde im Nachgang nicht von der russischen Gesetzgebung übernommen.

2. *Zweite Phase: Erlass des Zivilgesetzbuches und der Spezialgesetze unter dem Einfluss fremder Rechtsordnungen*

Aufgrund der Vielzahl von Verordnungen und Rechtsakten, die in großer Zeitnot[271] nach dem Zusammenbruch der Sowjetunion erlassen wurden, bestand zunächst große Unsicherheit und Unklarheit im Hinblick auf das russische Kapitalgesellschaftsrecht.[272] Um diese zu beseitigen, wurden Arbeiten an einem neuen Zivilgesetzbuch aufgenommen.[273] Hierbei musste der russische Gesetzgeber den Schritt von einem streng regulierten sowjetischen Rechtssystem zu der gewollten liberalen Marktwirtschaft wagen[274] und das Privatrecht damit vollständig neu ordnen. Das sozialistische Recht konnte damit nicht als Grundlage dienen.[275] Ein Rückgriff auf die *vor*sozialistischen Kodifikationen hätte dagegen zugleich einen Rückgriff auf den Rechtsstand vor dem Ausbruch der bolschewistischen

---

270 Art. 150, 151 AktO Nr. 601, Übersetzung bei *Ebinal/Mitjuschkin,* Das Rußland-Geschäft, S. 92; vgl. auch *Heeg,* WiRO 2000, 1, 2. Da ein einheitliches Konzernrecht in den USA nicht existierte, wurde diese Regelung allerdings nicht aus dem angloamerikanischen Rechtskreis entnommen. Zum US-amerikanischen Konzernrecht vgl. *Ebke,* in: Mestmäcker/Behrens, Das Gesellschaftsrecht der Konzerne im internationalen Vergleich, S. 285. Vgl. insbesondere S. 298 dazu, dass eine 51 %ige Beteiligung im amerikanischen Konzernrecht gerade nicht allein ausschlaggebend ist.

271 Vgl. hierzu *Janez Kranjc,* in: Tomuschat, Europäische Integration und nationale Rechtskulturen, S. 34; ihr folgend *Heeg,* Die Finanz- und Haftungsverfassung russischer Kapitalgesellschaften, S. 1.

272 *Rogojine,* RIW 2007, 441, 441 (enorme Zahl von Wirtschaftsgesetzen, die oft unklar und widersprüchlich waren.); vgl. auch *Rabensdorf,* Die Durchgriffshaftung im deutschen und russischen Recht der Kapitalgesellschaften, S. 29.

273 *Primaczenko,* Kieler Ostrechts-Notizen 3/2007, S. 8; vgl. auch *Rabensdorf,* Die Durchgriffshaftung im deutschen und russischen Recht der Kapitalgesellschaften, S. 29.

274 Vgl. hierzu auch *Bauer-Mitterlehner/Garasin,* in: Winner, Haftungsrisiken für die Konzernmutter, S. 428 f.

275 Wobei die Verfasser des neuen ZGB selbstverständlich wie alle Juristen der ehemaligen Sowjetunion im sowjetischen Recht ausgebildet wurden und damit auch ausschließlich dieses beherrschten, weshalb auch das neue ZGB von dieser Rechtspraxis beeinflusst wurde, vgl. *Arnold,* RIW 1995, 897, 899.

Oktoberrevolution von 1917 bedeutet und konnte bereits aufgrund ihres Alters nicht als alleinige Grundlage herangezogen werden.[276]

Eine solche Neukodifikation eines völlig auf neuen Werten beruhenden Rechts, im Rahmen deren keine Möglichkeit zum Rückgriff auf vorhandene Kodifikationen besteht, unterscheidet sich deutlich von den Kodifikationstätigkeiten anderer Rechtsordnungen.[277] Da Russland sich nichtsdestotrotz vorgenommen hatte, die eigenen Rechtstraditionen im Gesetzgebungsverfahren einzubeziehen und die Ausarbeitung des neuen Gesetzes nicht vollständig ohne die Berücksichtigung der nationalen Rechtsdenkmäler stattfinden zu lassen,[278] sollte zunächst eine Auswertung der vorsozialistischen Kodifikationen erfolgen. Die Auswertung diente als erster Schritt auf dem Weg zu einem neuen russischen Recht.[279] Das neue Zivilrecht sollte damit im Grundsatz an die eigene russische Rechtsentwicklung anknüpfen.[280] Ziel war es, sich zwar auf die eigenen Rechtstraditionen zu stützen, zugleich jedoch Regelungen zu schaffen, die an die modernen Gegebenheiten angepasst werden sollten.[281] Die Zivilrechtskodifikationen anderer Staaten ganz oder teilweise zu übernehmen, kam für die Russische Föderation grundsätzlich nicht in Betracht und stand zu keinem Zeitpunkt zur Diskussion.[282]

Da Russland allerdings den aktuellen internationalen Gesetzgebungsstand erreichen wollte, von dessen Entwicklung es jahrelang abgeschnitten war, mussten ausländische Kodifikationen dennoch zumindest untersucht und passende Vorbilder aus fremdem Recht entnommen werden.[283] Dieser, auch in anderen

---

276 Vgl. *Küpper*, Einführung in die Rechtsgeschichte Osteuropas, S. 682; ihm folgend auch *Primaczenko*, Kieler Ostrechts-Notizen 3/2007, S. 5; *Rabensdorf*, Durchgriffshaftung, S. 29.

277 Vgl. ausführlich hierzu *Schroeder*, in: Schroeder, Die neuen Kodifikationen in Rußland, S. 9; vgl. auch *Solotych*, Das Zivilgesetzbuch der Russischen Föderation, Teil 1, S. 15.

278 So *Lüdemann*, Das Recht der Aktiengesellschaft in Rußland, S. 131 zum Aktienrecht.

279 *Lüdemann*, Das Recht der Aktiengesellschaft in Rußland, S. 132 zum Aktienrecht.

280 *Solotych*, in: Schroeder, Die neuen Kodifikationen in Rußland, S. 27.

281 *Solotych*, Das Zivilgesetzbuch der Russischen Föderation, Teil 1, 1996, S. 19.

282 *Arnold*, RIW 1995, 897, 901; vgl. auch *Lüdemann*, Das Recht der Aktiengesellschaft in Rußland, S. 131 f. m.w.N.

283 *Lüdemann*, Das Recht der Aktiengesellschaft in Rußland, S. 132 zum Aktienrecht; vgl. auch *Laptev*, Korporativnoe pravo: pravovaja organizacija korporativnych sistem, Vorwort, zur Übernahme ausländischer Bestimmungen in das russische Gesellschaftsrecht.

Rechtsordnungen gewöhnliche und altbekannte Weg der Rechtsentstehung,[284] war in Russland indes von einer großen Zeitnot geprägt,[285] sodass eine wissenschaftlich fundierte rechtsvergleichende Arbeit kaum möglich war[286]. Da gerade keine vollständige oder auch nur teilweise Übernahme fremden Rechts erfolgen sollte[287], lie, sich die Zivilgesetzbuch-Redaktion – bestehend aus herausragenden Rechtspersönlichkeiten jener Zeit[288] – zunächst lediglich von ausländischen Experten beraten und unterstützen[289]. Maßgeblich waren hier insbesondere amerikanische, deutsche[290] und niederländische Experten.[291] Trotz der ausländischen Beratung und Unterstützung spricht etwa *Heeg* von der Entwicklung eines „eigenständige[n] und sehr originelle[n] Gesetzbuch[es]",[292] wobei erneut die kontinentaleuropäischen Rechtsdoktrin einen maßgeblichen Einfluss hatte.[293] Auch *Solotych* betont, dass das niederländische und deutsche Recht zwar Einfluss auf den Inhalt des neuen russischen Zivilgesetzbuches hatten, jedoch keine

---

284 Hierzu *Janez Kranjc,* in: Tomuschat, Europäische Integration und nationale Rechtskulturen, S. 33.

285 Vgl. hierzu ausführlich *Schroeder,* in: Schroeder, Die neuen Kodifikationen in Rußland, S. 13. Grund hierfür war insbesondere der Wille der verschiedenen mit Kodifikationsarbeiten beauftragten und miteinander konkurrierenden Teilgruppen, den Vorrang zu erhalten.

286 Vgl. auch *Lüdemann,* Das Recht der Aktiengesellschaft in Rußland, S. 132.

287 Vgl. *Lüdemann,* Das Recht der Aktiengesellschaft in Rußland, S. 131 zum Aktienrecht.

288 *Heeg,* Die Finanz- und Haftungsverfassung russischer Kapitalgesellschaften, S. 9 m.w.N.; ausführlich zu den einzelnen Mitarbeitern auch *Lüdemann,* Das Recht der Aktiengesellschaft in Rußland, S. 125.

289 *Bauer-Mitterlehner/Garasin,* in: Winner, Haftungsrisiken für die Konzernmutter, S. 429.

290 Die zentrale Institution hierfür war in Deutschland die „Stiftung für internationale rechtliche Zusammenarbeit e.V. (IRZ)", vgl. hierzu *Lüdemann,* Das Recht der Aktiengesellschaft in Rußland, S. 133; *Schroeder,* in: Schroeder, Die neuen Kodifikationen in Rußland, 1997, S. 16.

291 *Bauer-Mitterlehner/Garasin,* in: Winner, Haftungsrisiken für die Konzernmutter, S. 429; *Rabensdorf,* Die Durchgriffshaftung im deutschen und russischen Recht der Kapitalgesellschaften, S. 30; *Lüdemann,* Das Recht der Aktiengesellschaft in Rußland, S. 133.

292 *Heeg,* Die Finanz- und Haftungsverfassung russischer Kapitalgesellschaften, S. 10; vgl. auch *Arnold,* RIW 1995, 897, 901 „ein selbstständig erarbeitetes, eigenständiges und Besonderheiten aufweisendes Gesetzbuch".

293 *Primaczenko,* Kieler Ostrechts-Notizen 3/2007, S. 8; vgl. auch *Lüdemann,* Das Recht der Aktiengesellschaft in Rußland, S. 133; *Klemm,* Die Entwicklung des russischen Rechts der Kapitalgesellschaften, S. 155.

Rezeption im eigentlichen Sinne stattfand und das Zivilgesetzbuch vielmehr an die eigene russische Rechtsentwicklung anknüpfte.[294] Völlig neue Elemente wurden zumeist dann aus fremdem Recht übernommen, wenn das russische Recht für bestimmte Regelungsprobleme selbst keine Lösungsansätze bot oder wenn sich die Elemente auch aus der eigenen russischen Entwicklung hätten ergeben können.[295]

Der anfängliche Schwerpunkt der Vergleichsarbeiten auf das amerikanische *corporate law* wurde trotz der umfangreichen Unterstützungsbemühungen der Vereinigten Staaten bald verworfen, nachdem die ZGB-Entwurfskommission zur Auffassung gelangte, dass das amerikanische Recht aufgrund seiner langen Rechtsprechungstradition strukturell nicht zur Modernisierung des russischen Zarenrechts, das kontinentaleuropäisch geprägt war,[296] geeignet sei.[297]

Traditionell suchte Russland daher erneut Unterstützung von vor allem westeuropäischen Staaten.[298] Die Kommission wandte sich dabei insbesondere dem deutschen und dem niederländischen Recht zu[299] und wurde von beiden Staaten tatkräftig unterstützt,[300] wobei der Einfluss der niederländischen Berater vergleichsweise größer war[301].

Insbesondere im Hinblick auf das Konzernrecht war das niederländische Recht maßgeblich. Vor allem die strengen Haftungsregeln[302] wurden – trotz

---

294 *Solotych,* in: Schroeder, Die neuen Kodifikationen in Rußland, S. 27.

295 *Solotych,* in: Schroeder, Die neuen Kodifikationen in Rußland, S. 27, die jedoch die Prognose äußerte, dass sich in Russland aufgrund des eigentümlichen Rechtsdenkens oder aufgrund der spezifischen alltäglichen Lebensumstände eine eigene, für den westeuropäischen Betrachter oft urerwartete Dogmatik und Rechtsprechung entwickeln würde.

296 *Knieper*, RIW 1993, S. 907, 907; vgl. auch *Arnold,* RIW 1995, 897, 901.

297 Ausführlich hierzu *Lüdemann,* Das Recht der Aktiengesellschaft in Rußland, S. 132 f. m.w.N.; vgl. auch *Knieper*, RIW 1993, S. 907, 907.

298 *Arnold,* RIW 1995, 897, 901.

299 *Lüdemann,* Das Recht der Aktiengesellschaft in Rußland, S. 133.

300 Die zentrale Institution hierfür war in Deutschland die „Stiftung für internationale rechtliche Zusammenarbeit e.V. (IRZ)", vgl. hierzu und ausführlich zu den Beratungsprogrammen beider Länder *Lüdemann,* Das Recht der Aktiengesellschaft in Rußland, S. 133; *Schroeder,* in: Schroeder, Die neuen Kodifikationen in Rußland, 1997, S. 16; für die Niederlande vgl. auch *Oda,* Russian Commercial Law, S. 67.

301 *Solotych,* Das Zivilgesetzbuch der Russischen Föderation, S. 15; *Lüdemann,* Das Recht der Aktiengesellschaft in Rußland, S. 134; vgl. auch *Knieper*, WiRO 1994, 233, 235; *Oda*, Russian Commercial Law, S. 67.

302 Art. 105 Pkt. 2 und 3 ZGB RUS a.F.

der Bemühungen des russischen Gesetzgebers, eine eigene Rechtsordnung zu schaffen – aus den Parallelvorschriften aus dem neuen niederländischen Zivilgesetzbuch übernommen.[303] Da bislang nur wenige Änderungen der russischen konzernrechtlichen Vorschriften vorgenommen wurden, entsprechen diese bis heute weitestgehend dem ursprünglichen niederländischen Vorbild.[304] Infolge der bloßen Übernahme konnten die Regelungen allerdings nicht mehr mit der niederländischen Rechtstheorie und Rechtsprechung, aus welcher der tatsächliche Sinn der einzelner Normen entnommen werden kann, verbunden werden, weshalb der Gegenstand einer Auslegung der Vorschriften lediglich deren Wortlaut sein kann.[305] Erfahrungen aus Rechtsprechung und Lehre, die der Schließung von Regelungslücken im Hinblick auf die niederländischen gesetzlichen Bestimmungen dienten, konnten dagegen nicht übernommen werden.[306] Zwangsläufig musste sich daher auf lange Sicht eine andere Entwicklung der übernommenen Rechtsätze entwickeln als in den Niederlanden.[307]

Dass sich die russische Gesetzgebungskommission das niederländische Recht zum Vorbild nahm, obwohl dieses nach wie vor über kein systematisch kodifiziertes Konzernrecht verfügte[308] und nicht etwa das deutsche Konzernrecht,

---

303 *Nieuwe Burgerlijk Wetboek,* Art. 2:138; *Lüdemann,* Das Recht der Aktiengesellschaft in Rußland, S. 146.
Art. 2:138 Abs. 1 BW regelt zwar ausdrücklich die gesamtschuldnerische Haftung von Vorstandsmitgliedern gegenüber Gläubigern der Gesellschaft. Da im niederländischen Recht jedoch auch juristische Personen Vorstandsmitglieder einer anderen juristischen Person sein können, kann die Konzernspitze im Einzelfall selbst als Vorstandsmitglied kategorisiert werden, wodurch sie von der Durchgriffshaftung betroffen ist. Darüber hinaus kann die Konzernspitze als „Quasi-Vorstandsmitglied" im Sinne des Art. 2:138 Abs. 8 BW qualifiziert werden, was ebenfalls zu einer Anwendbarkeit der Haftungsregel führt, vgl. hierzu ausführlich *Bavelaar,* Der konzernrechtliche Gläubigerschutz nach deutschem und niederländischem Recht, S. 243 ff.

304 Für eine Übersicht zu den konzernrechtlichen Vorschriften vgl. oben Teil 1, Kap. A.I. und II.; zu den erfolgten Reformänderungen vgl. Teil 1, Kap. A.IV.1.

305 Vgl. zu diesem allgemeinen Grundsatz auch *Janez Kranjc,* in: Tomuschat, Europäische Integration und nationale Rechtskulturen, S. 39.

306 Zu den Regelungslücken und dazu, dass nur kleine Teile des Konzernrechts in den Niederlanden kodifiziert sind, *Slagter,* ZGR 1992, 1, 6.

307 Vgl. hierzu allgemein *Janez Kranjc,* in: Tomuschat, Europäische Integration und nationale Rechtskulturen, S. 39.

308 *Lennarts,* in: Hommelhoff/Lutter/Teichmann, Konzerngovernance, S. 121. Laut *Slagter,* ZGR 1992, 1, 1 befand sich das niederländische Konzernrecht zu jener Zeit zwischen den „Extremen" eines ausgedehnten und systematischen Konzernrechts,

das, wie bereits 1992 von *Kulagin* festgestellt, neben Brasilien das zu jener Zeit überhaupt als einzige umfangreich kodifiziert war[309], kann auf mehrere Gründe zurückgeführt werden.[310] So verfügten die Niederlande nicht nur über das zu jener Zeit modernste Gesetzbuch,[311] dieses wurde auch speziell für die russische Gesetzgebungskommission ins Russische übersetzt.[312] Darüber hinaus bestanden zu bedeutenden niederländischen Rechtsgelehrten bereits seit längerem enge persönliche Kontakte.[313] Nicht zu unterschätzen ist ebenso die Tatsache, dass die Niederlande aufgrund der lediglich geringen Größe und geographischen „Randlage" nicht im Verdacht standen, wirtschaftlich oder politisch motivierten Rechtsimperialismus zu betreiben.[314] Auch die Tatsache, dass das niederländische Recht, entsprechend der russischen Rechtstradition, keine Trennung zwischen Zivil- und Handelsrecht vornahm, mag als weiterer Beweggrund anzusehen sein.[315]

Das so entstandene und schließlich 1994/1995 in Kraft getretene russische Zivilgesetzbuch[316] beinhaltete schließlich neben den konzernrechtlichen Vorschriften auch allgemeine Regelungen zur Aktiengesellschaft und zur GmbH russischen Rechts.[317] Diese waren jedoch lediglich als Rahmengesetzgebung zu verstehen und sollten durch die Spezialgesetze ausgefüllt werden.[318] Diese

---

wie dem deutschen und dem kaum entwickelten Konzernrecht anderer europäischer Länder.

309 *Kulagin*, Predprinimatel´stvo i pravo: opyt Zapada, S. 50.

310 Zu diesen ausführlich *Lüdemann,* Das Recht der Aktiengesellschaft in Rußland, S. 134.

311 Neben dem italienischen Recht, vgl. auch *Oda,* Russian Commercial Law, S. 67.

312 *Lüdemann,* Das Recht der Aktiengesellschaft in Rußland, S. 134; vgl. auch *Solotych*, Das Zivilgesetzbuch der Russischen Föderation – Erster Teil, S. 15.

313 *Lüdemann,* Das Recht der Aktiengesellschaft in Rußland, S. 134; vgl. auch *Janez Kranjc,* in: Tomuschat, Europäische Integration und nationale Rechtskulturen, S. 34, die bereits hervorhob, dass auch persönliche Bekanntschaften – insbesondere in Fällen von Zeitnot – eine entscheidende Rolle bei der Rezeption ausländischer Rechtssätze spielen können.

314 *Lüdemann,* Das Recht der Aktiengesellschaft in Rußland, S. 134.

315 *Solotych*, Das Zivilgesetzbuch der Russischen Föderation – Erster Teil, S. 15.

316 Zivilgesetzbuch der Russischen Föderation (Teil 1) vom 30.11.1994 Nr. 51-FZ.

317 Art. 87 ff., Art. 96 ff. ZGB RUS a.F.; *Primaczenko,* Kieler Ostrechts-Notizen 3/2007, S. 8

318 *Rabensdorf,* Die Durchgriffshaftung im deutschen und russischen Recht der Kapitalgesellschaften, S. 30; *Heeg,* Die Finanz- und Haftungsverfassung russischer Kapitalgesellschaften, S. 8; *Lüdemann,* Das Recht der Aktiengesellschaft in Rußland, S. 129; *Primaczenko,* Kieler Ostrechts-Notizen 3/2007, S. 8; vgl. auch Art. 87 Pkt. 3 ZGB RUS für die GmbH russischen Rechts und Art. 96 Pkt. 3 Abs. 1 ZGB RUS für die AG russischen Rechts.

Vorgehensweise entsprach der Grundlagengesetzgebung des sowjetischen Rechts.[319]

Die Spezialgesetze traten im Nachgang in Form des Aktiengesetzes am 1.1.1996[320] und in Form des GmbH-Gesetzes am 1.3.1998[321] in Kraft. Während jedoch das GmbHG weiterhin am kontinentaleuropäischen Rechtskreis[322] und insbesondere am deutschen Recht der GmbH[323] orientiert war, wurde das AktG aus dem US-amerikanischen Recht importiert[324]. Insbesondere die Professoren *Black* und *Kraakman* konnten sich mit einem „self-enforcing model of corporate law"[325] durchsetzen,[326] was allerdings stark kritisiert wurde[327]. Denn statt einer Rechtsordnung, die sich den eigenen historischen und wirtschaftlichen Entwicklungen der Unternehmenspraxis anpasste,[328] wurde versucht, im Anschluss zum streng regulierten sowjetischen Rechtssystem ein Recht zu implementieren, das vorher nicht bekannte umfassende Freiheiten zur Selbstregulierung unter weitgehendem Ausschluss des Staates gewährte[329] und sich nur mit Schwierigkeiten

---

319 *Lüdemann,* Das Recht der Aktiengesellschaft in Rußland, S. 129 m.w.N.

320 Föderales Gesetz „über Aktiengesellschaften" Nr. 208-FZ vom 26.12.1995, Verkündungsorgan: Sobranie Zakonodatel'sta RF, 1.1.1996, No. 1, st. 1.

321 Föderales Gesetz „Über die Gesellschaften mit beschränkter Haftung" Nr. 14-FZ vom 8.2.1998, Verkündungsorgan: Sobranie Zakonodatel'sta RF, 16.2.1998, No. 7, st. 785.

322 *Primaczenko,* Kieler Ostrechts-Notizen 3/2007, S. 8.

323 *Heeg,* Die Finanz- und Haftungsverfassung russischer Kapitalgesellschaften, S. 14, das deutsche Recht stellt hiernach das „Mutterrecht" der GmbH dar.

324 *Chanturia,* WiRO 2009, 97, 98; nach *Heeg,* Die Finanz- und Haftungsverfassung russischer Kapitalgesellschaften, S. 1 wird das russische Aktienrecht „als Modellfall für die Übernahme eines „fremden" Gesetzesentwurfs in ein Rechtssystem betrachtet"; *Primaczenko,* Kieler Ostrechts-Notizen 3/2007, S. 9; vgl. zur Ausarbeitung des AktG RUS auch *Lüdemann,* Das Recht der Aktiengesellschaft in Rußland, S. 137

325 *Black/Kraakmann,* Harvard Law Review 109 (1996), S. 1911 ff. Zu den Merkmalen eines self-enforcing models gehört unter anderem, dass strenge Sanktionen *de jure* angedroht werden, die Wahrscheinlichkeit, dass diese tatsächlich angewendet werden jedoch *de facto* niedrig ist. Ausführlich zu den Merkmalen auch *Chanturia,* WiRO 2009, 97, 98 ff.

326 *Black/Kraakmann,* Harvard Law Review 109 (1996), S. 1911; vgl. auch *Heeg,* Die Finanz- und Haftungsverfassung russischer Kapitalgesellschaften, S. 12.

327 So *Chanturia,* WiRO 2009, 97, 97, der hierzu ausführt, dass die Länder bei der Erstellung neuer Gesetze „nicht besonders erfolgreich beraten wurden".

328 Vgl. *Chanturia,* WiRO 2009, 97, 98.

329 *Chanturia,* WiRO 2009, 97, 97 f. m.w.N.

dem am kontinentaleuropäisch orientierten Zivilgesetzbuch anpasste[330]. Demgegenüber konnte eine Anpassung des GmbHG aufgrund der Orientierung am gleichen Rechtskreis einfacher erfolgen. Zwar wurden zur Anpassung zusätzlich viele Regelungen aus dem AktG übernommen,[331] jedoch hält sich das russische GmbHG enger an die Regelungen des Zivilgesetzbuches.[332] Die konzernrechtlichen Einzelbestimmungen wurden mit teilweisen Ergänzungen[333] fast wortgleich aus dem Zivilgesetzbuch in das AktG RUS als auch das GmbHG RUS übernommen.[334] Darüber hinaus wurden die Zustimmungserfordernisse für Geschäfte mit Interessiertheit und Großgeschäfte sowie Mitteilungs- und Pflichtangebotsregelungen in das AktG RUS und das GmbHG RUS eingeführt.[335] Weitere konzernrelevante Regelungen wurden weder in das Zivilgesetzbuch noch in die Spezialgesetze aufgenommen.[336]

III. Das heutige russische Konzernrecht

1. Reformversuche des Konzernrechts und erfolgte Reform

Auch Jahre nach der Auflösung der Sowjetunion wurde das russische Gesellschafts- und insbesondere das übernommene Konzernrecht nicht neu konzipiert und an die eigene russische Rechtstradition angepasst. Zwar wurde im Jahr 1995 das so genannte Finanz-Industrie-Gruppen-Gesetz[337] zur Regelung von Unternehmenszusammenschlüssen erlassen, dieses enthielt allerding lediglich

330 Vgl. auch *Heeg*, Die Finanz- und Haftungsverfassung russischer Kapitalgesellschaften, S. 12; *Primaczenko*, Kieler Ostrechts-Notizen 3/2007, S. 9.

331 *Seiffert*, ZeuP 1999, 931, 939; *Rabensdorf*, Die Durchgriffshaftung im deutschen und russischen Recht der Kapitalgesellschaften, S. 35.

332 *Rabensdorf*, Die Durchgriffshaftung im deutschen und russischen Recht der Kapitalgesellschaften, S. 35.

333 Zu den Widersprüchen und Unsicherheiten, die hierdurch entstanden vgl. ausführlich Teil 2, Kap. A.I.2.b).

334 Jeweils in Art. 6 GmbHG RUS und Art. 6 AktG RUS. Vgl. hierzu die deutsche Übersetzung im Anhang.

335 Hierzu bereits in Teil 1, Kap. A.III.

336 Insoweit entsprach die damalige Regelung nahezu dem heutigen Recht, das bereits in Teil 1, Kap. A.III. dargestellt wurde.

337 Föderales Gesetz N 190-FZ vom 30.11.1995 „Über Finanz- und Industriegruppen"; vgl. hierzu auch *Telke*, Russisches Konzernrecht, S. 25. Allgemein zu Finanz- und Industriegruppen: *Plagemann*, Die russische Aktiengesellschaft, S. 41; *Zielke/Zielke*, WiRO 1999, 124 ff.; *Krüßmann*, WiRO 1996, 447 ff.

Verfahrensvorschriften[338] und trat mangels praktischer Relevanz[339] bereits im Jahr 2007 außer Kraft[340]. Auch im Jahr 2002 wurde mit dem Ziel, bestehende Rechtslücken zu schließen, der Versuch unternommen, ein neues Konzernrecht zu schaffen[341]. Der entsprechende Gesetzesentwurf enthielt allerdings entsprechend dem Finanz-Industrie-Gruppen-Gesetz ausschließlich Verfahrensvorschriften und ließ materiell-rechtliche Fragen zum Verhältnis zwischen Ober- und Tochtergesellschaft außer Acht.[342] Ähnlich dem Finanz-Industrie-Gruppen-Gesetz war der Gesetzesentwurf daher wenig erfolgreich und wurde letztlich nicht verabschiedet.[343]

Aufgrund sich häufender Kritik[344] am bestehenden Zivilgesetzbuch wurde schließlich jedoch im Jahr 2009 eine Konzeption für eine Neufassung des gesamten ZGB vom Forschungszentrum für Privatrecht beim Präsidenten der Russischen Föderation[345] ausgearbeitet.[346] Von der Konzeption eingeschlossen waren ebenso wesentliche Änderungen des Gesellschaftsrechts[347] sowie die vorgenommene Verschärfung der bestehenden konzernrechtlichen Vorschriften[348]. Ziel der Reform war es unter anderem, die Regelungen für Rechtsanwender und Betroffene verständlicher und zugänglicher zu machen.[349] Auf ganzen 140 Seiten sollten zum Zwecke der Verbesserung des Investitionsklimas sowohl die eigenen als auch die ausländischen Erfahrungen aus Rechtsprechung und Praxis

338 *Telke*, Russisches Konzernrecht, S. 25.

339 So *Telke*, Russisches Konzernrecht, S. 25.

340 Auf Grundlage des Föderalen Gesetzes N 115-FZ vom 22.6.2007.

341 Föderalen Gesetzesentwurf Nr. 99049555-2 vom 7.6.2002 „Über Holdings".

342 Hierzu und zu weiterer Kritik am Gesetzesentwurf *Šitkina*, Choldingi: Pravovoe regulirovanie i korporativnoe upravlenie, S. 273 f.; vgl. auch *Telke*, Russisches Konzernrecht, S. 25.

343 *Telke*, Russisches Konzernrecht, S. 26.

344 Beispielsweise *Dobrovol´skij,* Analiz i kommentarij korporativnogo zakonodatel´stva i sudebnoj praktiki, S. III; vgl. auch *Chanturia*, WiRO 2009, 97, 97.

345 *Sovet Issledovatel´skogo centra častnogo prava pri Prezidente Rossijskoj Federacii.*

346 Konzeption zur Entwicklung der Zivilgesetzgebung der Russischen Föderation, Vestnik VAS RF, N 11, 2009; *Bauer-Mitterlehner/Gerasin*, in: Winner, Haftungsrisiken für die Konzernmutter in Mittel- und Osteuropa, S. 425.

347 Ausführlich hierzu *Suchanov,* Moderne Entwicklungen im russischen Gesellschaftsrecht, VDRW-Mitteilungen 42–43/2009, S. 4 ff.; *Bauer-Mitterlehner/Gerasin*, in: Winner, Haftungsrisiken für die Konzernmutter in Mittel- und Osteuropa, S. 425.

348 Vgl. hierzu bereits Teil 1, Kap. B.III.2 und ausführlich in Teil 2, Kap. A.I.2, 3.

349 *Gutnikov*, Korporativnaja otvetstvennost´ učastnikov kommerčeskich operacij: problemy i perspektivy razvitija. Pravo. Žurnal Vysšej školy ėkonomiki 2019, N 1, S. 47.

sowie der aktuelle Entwicklungsstand berücksichtigt werden.[350] Die Konzeption wurde schließlich durch die Entscheidung des Präsidenten vom 7.10.2009 bestätigt.[351] Am 1.3.2013 trat der erste Teil des Gesetzes „Über die Änderung der Kapitel 1, 2, 3 und 4 des Ersten Teils des ZGB" in Kraft.[352] Eine Änderung der ehemaligen konzernrechtlichen Grundnorm Art. 105 ZGB RUS a.F. erfolgte im Anschluss durch das Föderale Gesetz Nr. 99-FZ vom 05.05.2014. Allerdings ließ die Neukonzeption ein umfassendes zusammenhängendes Konzernrecht vermissen. Art. 105 ZGB RUS a.F. wurde lediglich mit einigen Verschärfungen in Art. 67.3 ZGB RUS verschoben und im Grundsatz beibehalten.[353]

Ein Vorschlag, wonach die gesamtschuldnerische Haftung von Ober- und Tochtergesellschaft gänzlich abgeschafft und stattdessen eine lediglich subsidiäre Haftung der kontrollierenden Person eingeführt werden sollte,[354] wurde von der Gesetzgebungskommission abgelehnt.[355] Auch Pläne, den Begriff des verbundenen Unternehmens zur Beseitigung von Unsicherheiten einheitlich mittels eines Beispielkatalogs zu regeln,[356] wurden nicht umgesetzt. Die gesamte

350 *Bauer-Mitterlehner/Gerasin*, in: Winner, Haftungsrisiken für die Konzernmutter in Mittel- und Osteuropa, S. 429.

351 Vgl. ausführlich zum Gesetzgebungsverfahren *Bauer-Mitterlehner/Gerasin*, in: Winner, Haftungsrisiken für die Konzernmutter in Mittel- und Osteuropa, S. 425.

352 *Bauer-Mitterlehner/Gerasin*, in: Winner, Haftungsrisiken für die Konzernmutter in Mittel- und Osteuropa, S. 426.

353 *Schramm*, Zwischen Liberalisierung und Regulierung, Ost/Letter 1/2015, S. 12; *Borisov*, Kommentarij k glave 4 časti pervoj Graždanskogo kodeksa RF „Juridičeskie lica", Art. 67.3 ZGB RUS; vgl. auch *Šitkina*, Osnovanija i pravovye posledstvija otnošenij dočernosti chozjajstvennych obščestv (Kommentarij k st. 6 Zakona ob OOO), Chozjajstvo i pravo 2020, N 7, S. 6; Art. 105 Pkt. 2 ZGB a.F. lautete noch: „Eine Obergesellschaft (Oberpersonengesellschaft), die das Recht hat, einer Tochtergesellschaft für sie verbindliche Weisungen zu geben, unter anderem durch einen Vertrag mit ihr, haftet mit der Tochtergesellschaft solidarisch für Rechtsgeschäfte, die die Tochtergesellschaft in Ausführung dieser Weisungen abgeschlossen hat.", so *Lenga/Wipplinger/Rommel*, in: Breidenbach/Institut für Ostrecht München, Handbuch WiRO Bd. III, RUS 200 ZGB Art. 105 Pkt. 2 ZGB.

354 Konzeption zur Entwicklung der Zivilgesetzgebung der Russischen Föderation, Vestnik VAS RF, N 11, 2009, III.1.8.

355 *Gutnikov*, Korporativnaja otvetstvennost´ učastnikov kommerčeskich operacij: problemy i perspektivy razvitija. Pravo. Žurnal Vysšej školy ėkonomiki 2019, N 1, S. 58.

356 Entwurf des Föderalen Gesetzes N 47538-6 „Über die Änderung des Ersten, Zweiten, Dritten und Vierten Teils des Zivilgesetzbuches der Russischen Föderation, Art. 53.3; vgl. hierzu auch *Plagemann*, Die russische Aktiengesellschaft, S. 10 und S. 47.

Umsetzung der Zivilgesetzbuchreform gestaltete sich insgesamt langwieriger und umständlicher als geplant[357] und ging mit erheblichen Meinungsverschiedenheiten speziell im Hinblick auf das Gesellschaftsrecht einher.[358] Viele Pläne blieben im Ergebnis unrealisiert. Eine Neukonzeption der Spezialgesetze steht darüber hinaus noch aus.[359]

2. *Geplante Reformen*

Im Anschluss an die bereits umgesetzte Reform hat das Ministerium für wirtschaftliche Entwicklung der Russischen Föderation[360] einen neuen Gesetzesentwurf entwickelt und am 05. April 2018 veröffentlicht.[361] Der Entwurf sieht die Einführung allgemeiner Regeln für die Haftung von „Personen, die eine juristische Person kontrollieren"[362] sowie die vollständige Streichung des Art. 67.3 ZGB RUS vor.[363] Statt des konzernrechtlichen Art. 67.3 ZGB RUS sollen hiernach zur Ergänzung der in Art. 53.1 ZGB RUS geregelten „Managerhaftung"[364] die Art. 53.3 ZGB RUS und Art. 53.4 ZGB RUS eingeführt werden, die eine umfangreiche Definition einer kontrollierenden Person enthalten[365] und deren Pflicht festlegen, vernünftig und gewissenhaft im Interesse der kontrollierten

357 So *Plagemann*, Die russische Aktiengesellschaft, S. 6.

358 *Plagemann*, Die russische Aktiengesellschaft, S. 8.

359 *Suchanov*, in: Interview mit Prof. Dr. Jewgenij A. Suchanov geführt von Tanja Galander, DRJV-Mitteilungen 59/2015, S. 28, 35.

360 *Ministerstvo ėkonomičeskogo razvitija Rossijskoj Federacii (Minėkonomrazvitija).* Das Ministerium stellt das Sprachrohr für Investoren, insbesondere aus dem angelsächsischen Kreis dar und steht in direkter Konkurrenz zum Forschungszentrum für Privatrecht beim Präsidenten der Russischen Föderation, vgl. auch *Piskunov*, Korporativnoe soglašenie – ėto bomba pod ves´ naš oborot, Interv´ju s E.A. Suchanovym, Zakon 2014, N 7.

361 Zum Gesetzgebungsverfahren, insbesondere zur Gesetzesinitiative und zur vorherigen Veröffentlichung von Gesetzesentwürfen auf dem offiziellen frei zugänglichen Internetportal https://regulation.gov.ru vgl. https://www.gtai.de/gtai-de/trade/recht/recht-kompakt/russland/recht-kompakt-russland-167110, zuletzt geprüft am 18.1.2021; vgl. hierzu auch *Andreeva*, Russlands langer Weg in den Rechtsstaat, S. 141 f.

362 *Lica, kontrolirujuščie juridičeskoe lico.*

363 Entwurf eines Gesetzes „zur Änderung des 4. Kapitels des ersten Teils des Zivilgesetzbuches der Russischen Föderation (hinsichtlich der Definition von kontrollierenden und kontrollierten Personen und ihrer Haftung)", abrufbar unter https://regulation.gov.ru/projects#npa=79694, zuletzt geprüft am 11.6.2021 (im Folgenden: „Entwurf").

364 Hierzu vgl. oben Teil 1, Kap. A.II.4.

365 Art. 53.3 Pkt. 1 des Entwurfs.

Person zu handeln[366]. Verletzt die kontrollierende Person schuldhaft ihre Pflicht, kann die kontrollierte juristische Person die Entschädigung für ihr durch das Verschulden der Kontrollperson entstandene Verluste verlangen.[367]

Damit wiederholen die vorgeschlagenen Gesetzesartikel die bereits in Art. 53.1 Pkt. 3 ZGR RUS enthaltene Regelung und erweitern sie zusätzlich in umfangreicher Weise.[368] So hat bereits die einleitende Definition einer kontrollierenden Person in Art. 53.3 Pkt. 1 des Entwurfes das Ziel, jede mögliche Art der Kontrolle abzudecken, um sie einer Haftung unterwerfen zu können. Eine juristische oder natürliche[369] Person soll hiernach unter anderem dann eine kontrollierende Person sein, wenn sie das Recht hat, Handlungen einer anderen juristischen Person zu bestimmen oder deren Leitungsorgan oder die Mehrheit der Besetzung eines Kollegialorgans zu bestimmen.[370] Dabei sollen nach dem ausdrücklichen Wortlaut des Entwurfs sowohl direkte als indirekte sowie selbstständige oder gemeinsam mit anderen – ebenfalls explizit aufgezählten – Personen ausgeübte Kontrollmöglichkeiten erfasst sein. Damit wiederholt der Entwurf im Grunde den Kontrollbegriff des Art. 53.1 Pkt. 3 ZGB RUS und dehnt ihn in einer unübersichtlichen und langwierigen Weise aus. Die ebenfalls bereits in Art. 53.1 Pkt. 3 ZGB RUS normierte Pflicht zum vernünftigen und gewissenhaften Handeln im Interesse der juristischen Person, wird dagegen lediglich wiederholt und nicht weiter erläutert.[371] Hinsichtlich der Haftung der kontrollierenden Person legt Art. 53.4 Pkt. 1 des Entwurfes, unter Verweis auf Art. 53.1 Pkt. 3 ZGB RUS, zusätzlich fest, dass der schuldhaft von der kontrollierten Person verursachte Schaden sowohl von der kontrollierten Person als auch von deren Gesellschaftern geltend gemacht werden kann und eröffnet damit die Möglichkeit einer mittelbaren Klage nach russischem Recht. Im Anschluss werden die Grundsätze einer gesamtschuldnerischen Haftung aufgestellt.[372]

Begründet wird der Gesetzesentwurf mit den nach Ansicht des Ministeriums bestehenden Unzulänglichkeiten des Art. 67.3 ZGB RUS. Kritisiert wird insbesondere die Tatsache, dass die konzernrechtliche Norm nach Ansicht der

---

366 Art. 53.3 Pkt. 3 des Entwurfs.

367 Art. 53.4 Pkt. 1 des Entwurfs.

368 Laut *Gutnikov*, Korporativnaja otvetstvennost' v graždanskom prave, S. 244 ff. wiederholt das neue Gesetzesprojekt Art. 67.3 Pkt. 3 ZGB RUS und dehnt diesen auf sämtliche kontrollierende Personen aus.

369 Der Entwurf spricht ohne Differenzierung lediglich von „*lico*" („Person").

370 Art. 53.3 Pkt. 1 des Entwurfs.

371 Art. 53.3 Pkt. 3 des Entwurfs.

372 Vgl. Art. 53.4 Pkt. 2 des Entwurfs.

Verfasser nicht sämtliche Personen umfasse, die eine Unternehmenskontrolle tatsächlich ausüben können, weshalb der Gesetzesentwurf insbesondere den Versuch unternimmt, all´ diejenigen Personen zu benennen, die nach eigener Ansicht eine haftungsbegründende Kontrollposition darstellen können und berücksichtigt nach eigener Ansicht sämtliche Lücken und Mängel der bestehenden Vorschrift[373]. Die Sinnhaftigkeit des Gesetzesentwurfes wird in der juristischen Fachwelt derzeit aktiv diskutiert.[374] Bezweifelt wird etwa von *Gutnikov* der Nutzen des Entwurfs angesichts der bereits in Art. 53.1 Pkt. 3 ZGB RUS enthaltenen entsprechenden, jedoch allgemein gehaltenen, Regelung.[375]

Wie *Šitkina* anmerkt, wurde ein vergleichbarer Entwurf allerdings bereits während der Reform des Zivilgesetzbuches in den Jahren 2012 bis 2014 veröffentlicht, jedoch aufgrund des Widerstands der Unternehmerlobby sowie aus technisch-juristischen Unzulänglichkeiten[376] abgelehnt.[377] Eine entsprechende Reaktion ist, angesichts der bestehenden Kritik, auch hinsichtlich des neu formulierten Entwurfes, zu erwarten.[378] Dennoch soll im Folgenden an den entsprechenden Stellen auszugsweise geprüft werden, ob die vom Ministerium für wirtschaftliche Entwicklung der Russischen Föderation angeführte Kritik an den

---

373 Begründung zum Entwurf eines Gesetzes „zur Änderung des 4. Kapitels des ersten Teils des Zivilgesetzbuches der Russischen Föderation (hinsichtlich der Definition von kontrollierenden und kontrollierten Personen und ihrer Haftung)“, abrufbar unter https://regulation.gov.ru/projects#npa=79694, zuletzt geprüft am 11.6.2021.

374 *Šitkina*, Otvetstvennost´faktičeski kontrolirujuščich lic v korporativnom prave, Zakon 2018, N 7.

375 *Gutnikov*, Korporativnaja otvetstvennost´ učastnikov kommerčeskich operacij: problemy i perspektivy razvitija. Pravo. Žurnal Vyssej školy ėkonomiki 2019, N 1, 46, 60 f.; *ders.*, Korporativnaja otvetstvennost' v graždanskom prave, S. 244 ff.; *ders.*, Graždansko-pravovaja otvetstvennost´ v otnošenijach, svjazannych s upravleniem juridičeskimi licami, S. 310.

376 *Gutnikov*, Graždansko-pravovaja otvetstvennost´ v otnošenijach, svjazannych s upravleniem juridičeskimi licami, S. 178.

377 *Šitkina*, Otvetstvennost´faktičeski kontrolirujuščich lic v korporativnom prave, Zakon 2018, N 7; gemeint ist der Entwurf des Föderalen Gesetzes N 47538-6 „Über die Änderung des Ersten, Zweiten, Dritten und Vierten Teils des Zivilgesetzbuches der Russischen Föderation, Art. 53.3; wobei Art. 53.4 Pkt. 1 dieser Entwurfsfassung darüber hinaus eine gesamtschuldnerische Haftung vorsah und die Streichung des Art. 67.3 ZGB RUS nicht vorgesehen war.

378 *Šitkina*, Otvetstvennost´faktičeski kontrolirujuščich lic v korporativnom prave, Zakon 2018, N 7.

bestehenden russischen konzernrechtlichen Bestimmungen begründet ist und ob der vorgeschlagene Entwurf zu der erhofften Verbesserung führen würde.

C. Resümee

Das russische Konzernrecht ist lediglich rudimentär sowohl im russischen Zivilgesetzbuch als auch in den das ZGB ausfüllenden Spezialgesetzbüchern zur GmbH und Aktiengesellschaft russischen Rechts geregelt. Hier lässt sich jedoch jeweils lediglich eine Definition einer Tochtergesellschaft sowie Haftungs- und Einstandspflichten für die Obergesellschaft finden. Ohne eine Unterscheidung hinsichtlich der Intensität der Einflussnahme muss die Obergesellschaft hiernach bei Vorliegen der Voraussetzungen auch gegenüber den Gläubigern der Tochtergesellschaft als zusätzliche Schuldnerin zur Verfügung stehen. Die russischen konzernrechtlichen Bestimmungen erfüllen damit nicht die Funktion eines sicheren Rechtsrahmens für die Obergesellschaft (*enabling law*), sondern kommen durch strenge Haftungsvorschriften ausschließlich einer Schutzfunktion gegenüber Gläubigern und der Tochtergesellschaft nach.

Erklärt werden kann dies mit der besonderen Entstehungsgeschichte der russischen gesetzlichen Regelungen, die sich, anders als etwa das deutsche Konzernrecht, nicht über Jahre hinweg natürlich entwickeln konnten, sondern erst nach dem Ende der Sowjetunion und der kommunistischen Herrschaftsordnung aus einer ausländischen Rechtsordnung adaptiert wurden. So waren Konzernverbindungen in der Russischen Föderation in den beinahe 70 Jahren der Planwirtschaft, in denen sich sämtliches „kapitalistisches" Privateigentum im Zuge entschädigungsloser Enteignungen im Staatseigentum befand,[379] schlicht nicht vorhanden. Erst mit der sogenannten Perestrojka und dem Ende der UdSSR fand eine Umorientierung und damit auch eine Wiederzulassung von Kapitalgesellschaften statt.[380]

Nach einer anfänglichen Zeit der Unsicherheit und Unklarheit, die aufgrund einer Flut von erlassenen Rechtsakten und Verordnungen entstand, wagte Russland den Schritt zu einer liberalen Marktwirtschaft und orientierte sich beim Entwurf eines neuen Konzernrechts an den Vorschriften des niederländischen Gesetzbuches, das zu jener Zeit nicht nur das modernste Gesetzbuch

379 *Knerer*, Rechtliche Möglichkeiten privatwirtschaftlicher Betätigung in Sowjetrussland und der Sowjetunion, S. 6.

380 *Knerer*, Rechtliche Möglichkeiten privatwirtschaftlicher Betätigung in Sowjetrussland und der Sowjetunion, S. 108.

darstellte, sondern auch ins Russische übersetzt worden war. Die Übernahme fremder Rechtsvorschriften führte jedoch dazu, dass deren eigentlicher Sinn sowie Erfahrungen aus Rechtsprechung und Lehre nicht zur Auslegung herangezogen werden konnten. Da sich insbesondere die Haftungsvorschriften als zu streng erwiesen, führten sie in der Folge zu einer Reihe von Umgehungsversuchen durch russische Unternehmen. Diesen wurde jedoch nicht mit Lockerungen, sondern – im Zuge der aktuellsten russischen Gesetzbuchreformen im Jahr 2014 – mit weiteren Einschränkungen durch den russischen Gesetzgeber begegnet. Die Folgen dieser Gesetzesänderungen sollen bei der weiteren Untersuchung geprüft werden.

Teil 2 – Reform der konzernrechtlichen Haftungsregeln – Endgültiger Wegfall der Haftungstrennung im Konzern?

A. Haftungsvoraussetzungen für die Obergesellschaft als Damoklesschwert?

Neben der grundsätzlichen Strenge des russischen Konzernrechts und der Vielzahl unterschiedlicher Haftungsregelungen[381] ist es insbesondere die Ermöglichung des Durchgriffs auf das Vermögen der Obergesellschaft, die die Organisationsform des Konzerns in besonderem Maße gefährdet. Trotz der weitreichenden Folgen, die die Durchgriffshaftung für die Obergesellschaft hat, sind die einzelnen Tatbestandsvoraussetzungen, die das Gesetz vorsieht, nicht eindeutig und beinhalten teilweise unbestimmte Rechtsbegriffe. Die im Jahr 2014 erfolgte Verschärfung des Haftungssystems im Konzernrecht im Rahmen der Vorschriften des ZGB RUS[382] und die sich hieraus ergebenden neuen Tatbestandsvoraussetzungen und Unterschiede zu den – bislang nicht reformierten und damit weitestgehend der alten Fassung des ZGB RUS entsprechenden – Spezialgesetzen, führte darüber hinaus zu weiteren Unsicherheiten. Denn während vor der Reform noch ein Weisungsrecht der Obergesellschaft gegenüber ihrer Tochtergesellschaft erforderlich war, um einen Durchgriff auf das Vermögen der Tochtergesellschaft zu ermöglichen, wurde diese Tatbestandsvoraussetzung zumindest im Wortlaut des Zivilgesetzbuches ersatzlos gestrichen. Auch soll seit der Gesetzesreform die Zustimmung der Obergesellschaft zu einem Rechtsgeschäft für einen Haftungsdurchgriff ausreichen.

Eine Untersuchung der einzelnen gesetzlichen Voraussetzungen, insbesondere unter Berücksichtigung der erfolgten Gesetzesänderung, soll Aufschluss darüber bringen, wann im Einzelfall tatsächlich ein Durchgriff auf das Vermögen der Obergesellschaft droht und wie weitreichend die einzelnen Haftungsvoraussetzungen sind. Nur wenn geklärt ist, wie schnell tatsächlich ein Durchgriff erfolgen kann, kann beurteilt werden, welche Auswirkungen die Haftungsvorschriften auf die Organisationsform des Konzerns haben. Darüber hinaus soll

381 Für eine Übersicht aller konzernrechtlichen Haftungsvorschriften vgl. Teil 1, Kap. A. II.

382 Hierzu bereits ausführlich in Teil 1, Kap. B.III.1.

auf Grundlage des Vergleichs einzelner Voraussetzungen untersucht werden, ob die Haftungsverschärfung zu einem faktischen Wegfall der Haftungstrennung im Konzern geführt hat.

I. Voraussetzungen für die Durchgriffshaftung auf das Vermögen der Obergesellschaft

Anknüpfungspunkt für die Anwendung der haftungsrechtlichen Normen ist das Vorliegen eines Beherrschungsverhältnisses. Insoweit soll untersucht werden, wann ein solches vorliegt und ob die im Rahmen der Begründung zum Entwurf des Gesetzes „zur Änderung des 4. Kapitels des ersten Teils des Zivilgesetzbuches der Russischen Föderation hinsichtlich der Definition von kontrollierenden und kontrollierten Personen und ihrer Haftung“[383] geäußerte Kritik, wonach aufgrund der gegenwärtigen Regelung nicht nur unklar ist, wann ein Beherrschungsverhältnis vorliegt, sondern auch viele Rechtsverhältnisse, die kontrollierend sind, nicht erfasst werden,[384] berechtigt ist.

Ob darüber hinaus neben der tatsächlichen Einflussnahme der Obergesellschaft auf ihre Tochter ein Weisungsrecht der Obergesellschaft vorliegen muss oder ob diese Voraussetzungen im Zuge der Reform weggefallen ist, geht aufgrund der abweichenden Regelungen in den Spezialgesetzen nicht eindeutig aus dem Gesetzeswortlaut hervor und soll daher im Folgenden ebenso wie die Frage nach den Konsequenzen eines möglichen Wegfalls dieser Haftungsvoraussetzung untersucht werden. Darüber hinaus soll geklärt werden, ob die gesetzlich vorgesehenen Ausnahmetatbestände, die einen Durchgriff auf die Obergesellschaft verhindern sollen, ausreichend sind, um die Obergesellschaft zu schützen und ob eine Inanspruchnahme der Obergesellschaft in den verbleibenden Fällen gerechtfertigt ist.

1. Vorliegen eines Beherrschungsverhältnisses

Um zu einer Anwendbarkeit der haftungsrechtlichen Vorschriften zu gelangen, ist wie dargestellt zunächst das Vorliegen einer Tochtergesellschaft im Sinne der

383 Hierzu bereits oben in Teil 1, Kap. B.III.2., abrufbar unter https://regulation.gov.ru/projects#npa=79694, zuletzt geprüft am 11.6.2021 (im Folgenden: „Entwurf“).

384 Ähnliche Kritik am gegenwärtigen Zustand äußert auch *Šitkina*, Osnovanija i pravovye posledstvija otnošenij dočernosti chozjajstvennych obščestv (Kommentarij k st. 6 Zakona ob OOO), Chozjajstvo i pravo 2020, N 7, S. 13. Ein weiterer Kritikpunkt im Rahmen der Begründung des Entwurfs ist etwa die Tatsache, dass mittelbare und gemeinsam mit anderen ausgeübte Kontrolle nicht umfasst werde.

Art. 67.3 Pkt. 1 ZGB RUS, Art. 6 Pkt. 2 GmbHG RUS sowie Art. 6 Pkt. 2 AktG RUS und damit zugleich das Vorliegen eines Beherrschungsverhältnisses notwendig. Erforderlich ist hierfür nach dem Wortlaut der genannten Vorschriften die *Möglichkeit* der (Ober-)Gesellschaft, die zu treffenden Entscheidungen einer anderen Gesellschaft, der Tochter, zu bestimmen.[385] Als Grundlage der Beherrschungsmöglichkeit nennt das Gesetz eine beherrschende Beteiligung am Satzungskapital (a), einen zwischen den Gesellschaften geschlossenen Vertrag (b) sowie eine „andere Weise" (c) und ermöglicht es damit, den Anwendungsbereich möglichst weit zu fassen und sämtliche Unternehmensverbindungen zu berücksichtigen. Da die Definition einer Tochtergesellschaft auch für die neue zivilgesetzliche Regelung beibehalten wurde,[386] ergeben sich insoweit keine Änderungen zur Gesetzeslage vor der Reform und zu den Spezialgesetzen.

a) Bindung kraft vorherrschender Beteiligung

Die in Russland meist verbreitetste Form der Konzernierung besteht in der Bindung kraft vorherrschender Beteiligung.[387] Gesetzliche Vorgaben, ab welcher Beteiligungshöhe diese *vorherrschend* im Sinne der Normen ist, existieren allerdings nicht. Hierbei handelt es sich vielmehr um einen unbestimmten Rechtsbegriff.[388] Insbesondere fehlt etwa eine Vermutungsregelung im Sinne des § 17 Abs. 2 AktG (D). Auch Rechtsprechung und Literatur sind hinsichtlich der Frage nach einer konkret festgelegten Beteiligungshöhe zurückhaltend.[389] Ausreichend

385 Nicht erforderlich für das Vorliegen einer Konzernverbindung in diesem Sinne ist dagegen ein *Recht* der Obergesellschaft, der Tochtergesellschaft verbindliche *(An-) Weisungen zu erteilen*. Dieses in Art. 6 Pkt. 3 Abs. 2 GmbHG RUS und Art. 6 Pkt. 3 Abs. 2 AktG RUS genannte Merkmal ist lediglich die Voraussetzung für eine Haftung der Obergesellschaft für die Tochtergesellschaft und ist streng von der bloßen Definition der Tochtergesellschaft zu unterscheiden; vgl. hierzu bereits oben in Teil 1, A.I. sowie *Heeg*, Die Finanz- und Haftungsverfassung russischer Kapitalgesellschaften, S. 281; *Bauer-Mitterlehner/Gerasin*, in: Winner, Haftungsrisiken für die Konzernmutter in Mittel- und Osteuropa, S. 457.

386 Vgl. auch *Grišaev*, in: Grišaev/Bogačeva/Svit, Postatejnyj Kommentarij k Graždanskomu kodeksu Rossijskoj Federacii. Čast' pervaja, Art. 67.3 ZGB RUS.

387 *Šitkina*, Osnovanija i pravovye posledstvija otnošenij dočernosti chozjajstvennych obščestv (Kommentarij k st. 6 Zakona ob OOO), Chozjajstvo i pravo 2020, N 7, S. 6.

388 *Heeg*, WiRO 2000, 1, 2; *Plagemann*, WiRO 2011, 231, 236; *Rabensdorf*, Die Durchgriffshaftung im deutschen und russischen Recht der Kapitalgesellschaften, S. 163; *Steininger/Olejnik*, WiRO 2017, 129, 133.

389 Vgl. etwa *Lomakin*, in: Suchanov, Graždanskoe pravo. Učebnik. Tom I., S. 273; *Šitkina*, Osnovanija i pravovye posledstvija otnošenij dočernosti chozjajstvennych obščestv

ist jedenfalls eine Beteiligungshöhe, die die *Möglichkeit* schafft, die Entscheidungen der Zielgesellschaft zu bestimmen,[390] wohingegen ein konkretes *Recht* der Gesellschaft, der Tochtergesellschaft verbindliche *Weisungen zu erteilen* gerade nicht erforderlich ist.[391] Ebenso ist eine konkrete Einflussnahme, anders als für den tatsächlichen Haftungsdurchgriff, für das bloße Vorliegen eines Beherrschungsverhältnisses nicht erforderlich.[392] Die Möglichkeit, Entscheidungen der Zielgesellschaft auf Grundlage einer Beteiligung an dieser zu bestimmen, erhält die Obergesellschaft durch Ausübung ihrer Stimmrechte im Rahmen der Gesellschafter- bzw. Aktionärsversammlung. Hierfür ist ein Kapitalanteil erforderlich, der die Vorherbestimmung des Abstimmungsergebnisses in der Gesellschafter- bzw. Aktionärsversammlung ermöglicht.[393] Nicht zwingend erforderlich ist dagegen – im Gegensatz zum deutschen Gesellschaftsrecht –, dass eine Stellung vorliegt, die es ermöglicht, einen maßgeblichen Einfluss insbesondere auf die *Personal*politik auszuüben und die maßgebenden Gesellschaftsorgane mit den „eigenen Leuten" zu besetzen.[394] Die Personalentscheidungsgewalt ist nach russischem Verständnis vielmehr lediglich ein Element unter mehreren, um ein Beherrschungsverhältnis zu begründen, solange grundsätzlich die Möglichkeit besteht, die Entscheidungen der Tochtergesellschaft zu bestimmen. Welche

---

(Kommentarij k st. 6 Zakona ob OOO), Chozjajstvo i pravo 2020, N 7, S. 7; vgl. auch *Telke*, Russisches Konzernrecht, S. 45; ausführlich zu unterschiedlichen Meinungen in Literatur und Rechtsprechung *Rabensdorf*, Die Durchgriffshaftung im deutschen und russischen Recht der Kapitalgesellschaften,, S. 163 ff.

390 *Heeg*, Die Finanz- und Haftungsverfassung russischer Kapitalgesellschaften, S. 281; *Bauer-Mitterlehner/Gerasin*, in: Winner, Haftungsrisiken für die Konzernmutter in Mittel- und Osteuropa, S. 457.

391 *Heeg*, Die Finanz- und Haftungsverfassung russischer Kapitalgesellschaften, S. 281 für Art. 105 Pkt. 2 Abs. 2 ZGB a.F.; *Rabensdorf*, Die Durchgriffshaftung im deutschen und russischen Recht der Kapitalgesellschaften, S. 172. Das Recht, verbindliche Weisungen zu erteilen war bis zur Reform des Zivilgesetzesbuches auch in Art. 105 Pkt. 2 Abs. 2 ZGB RUS a.F. Voraussetzung für die Haftung der Obergesellschaft. Art. 67.3 Pkt. 2 Abs. 2 ZGB RUS nennt diese Voraussetzung nicht mehr.

392 Vgl. auch zum entsprechenden deutschen Verständnis der „Abhängigkeit" und zugleich zur Betitelung als „abstrakter Gefährdungstatbestand": *Raiser/Veil*, Recht der Kapitalgesellschaften, § 59 Rn. 15; vgl. auch *Kropff*, Aktiengesetz von 1965, S. 31.

393 *Heeg*, WiRO 2000, 1, 2.

394 So zum deutschen Recht vgl. OLG Düsseldorf, Beschluss vom 7.5.2008, Az.: VI-Kart 1/07 (V), WuW 2008, 997, 999 f.; *Bayer*, in: Münchener Kommentar AktG, § 17 Rn. 26 f.; *Emmerich*, in: Emmerich/Habersack, Konzernrecht, § 17 Rn. 6 f.; *Grigoleit*, in: Grigoleit, Aktiengesetz, § 17 Rn. 7.

Beteiligungshöhe hierfür notwendig ist, hängt vom Aufbau und der Struktur der jeweiligen Gesellschaft nach russischem Recht ab.

aa) Erforderliche vorherrschende Beteiligung in der GmbH russischen Rechts

Entsprechend dem deutschen Recht ist die Gesellschafterversammlung[395] auch nach russischem GmbH-Recht das „willensbildende" Organ[396] und stellt im Verhältnis zum Exekutivorgan, das für die laufende Geschäftsführung zuständig ist,[397] und dem fakultativen Direktorenrat sowie der ebenfalls fakultativen Revisionskommission[398] zugleich das höchste Organ[399] der GmbH russischen Rechts dar. Zu ihren Zuständigkeiten gehören unter anderem die Bestimmung der grundlegenden Richtungen der Tätigkeit der Gesellschaft, die Änderung der Satzung, die Wahl von Gesellschaftsorganen und die Entscheidung über die Liquidation der Gesellschaft.[400] Im Rahmen der Gesellschafterversammlung haben alle Gesellschafter das Recht, anwesend zu sein, an der Erörterung von Tagesordnungspunkten teilzunehmen und bei der Beschlussfassung abzustimmen.[401] Je nach Entscheidung sind jedoch auch nach russischem Recht unterschiedliche Stimmenmehrheiten für die jeweilige Beschlussfassung erforderlich. Sofern das Gesetz nichts Gegenteiliges vorsieht, bestimmt sich die Zahl der Stimmen eines Gesellschafters dabei proportional zu seinem Anteil am Stammkapital und somit zu seiner Beteiligungshöhe.[402]

---

395 *Sobranie učastnikov.*

396 *Hansson,* WiRO 2011, 97, 100.

397 Ebenda.

398 *Revizionnaja komissija.* Für Gesellschaften mit mehr als fünfzehn Gesellschaftern ist die Bildung einer Revisionskommission allerdings verbindlich, Art. 32 Pkt. 6 Abs. 1 GmbHG RUS. Bei der Revisionskommission handelt es sich um eine interne Wirtschaftsprüfung bzw. um ein Kontrollorgan, das die Finanz- und Wirtschaftätigkeit der Gesellschaft überwacht, vgl. hierzu *Plagemann,* Die russische Aktiengesellschaft, S. 107 sowie Teil 2, Kap. A.I.1.a)bb).

399 Art. 32 Pkt. 1 Abs. 1 GmbHG RUS, Art. 65.3 Pkt. 1 Abs. 1 ZGB RUS; *Hansson,* WiRO 2011, 97, 100; *Mundry,* in: Breidenbach/Institut für Ostrecht München, Handbuch WiRO Bd. III, RUS, Kapitel C Rn. 129, S. 29; *Steininger/Olejnik,* WiRO 2017, 172, 173; *Heidemann,* GmbHR 2002, 723, 734.

400 Vgl. ausführlich Art. 33 Pkt. 2 GmbHG RUS.

401 Art. 32 Pkt. 1 Abs. 2 GmbHG RUS.

402 Art. 32 Pkt. 1 Abs. 4 GmbHG RUS; *Steininger/Olejnik,* WiRO 2017, 172, 173; *Heidemann,* GmbHR 2002, 723, 735.

Hält eine Obergesellschaft eine einhundertprozentige Beteiligung an der Tochtergesellschaft, ist es ihr möglich, auch über sämtliche Entscheidungen der Tochter-GmbH zu bestimmen. Hierzu gehören insbesondere weitreichende Entscheidungen wie die Reorganisation oder die Liquidation der Gesellschaft.[403] Eine Anteilshöhe von zwei Dritteln der Gesamtzahl der Stimmen ermöglicht es einer Obergesellschaft, die Satzung der Gesellschaft zu ändern[404] und damit auch die Kompetenzen der Gesellschaftsorgane per Satzung zu bestimmen[405]. Doch auch eine Mehrheitsbeteiligung in Höhe von über 50 Prozent am Stammkapital und damit über 50 Prozent der Stimmrechte erlauben es, in der Gesellschafterversammlung über wesentliche Fragen der Gesellschaft zu entscheiden.[406] So eröffnet eine Mehrheitsbeteiligung am Stammkapital grundsätzlich die Möglichkeit, die GmbH bei der Ausrichtung des Unternehmens maßgeblich zu führen[407] und die von der GmbH zu treffenden Entscheidungen zu bestimmen. Für die hieraus resultierende Konzernverbindung genügt folglich im Regelfall eine einfache Mehrheit am Stammkapital.[408] Auch die russischen Gerichte gehen, zumindest in der Regel, ab einer Beteiligung von 50 Prozent am Satzungskapital von einem Beherrschungsverhältnis im Sinne der Normen aus.[409] Allerdings

---

403 Art. 33 Pkt. 2 Unterpkt. 11, 37 Pkt. 8 Abs. 2 GmbHG RUS, *Steininger/Oljenik*, Wenn die Tochter in die Pubertät kommt, Ost/Letter 1/2014, S. 4.

404 Art. 33 Pkt. 2 Unterpkt. 2, 37 Pkt. 8 Abs. 1 GmbHG RUS, *Steininger/Oljenik*, Wenn die Tochter in die Pubertät kommt, Ost/Letter 1/2014, S. 4.

405 Vgl. *Telke*, Russisches Konzernrecht, S. 60.

406 Art. 37 Pkt. 8 Abs. 3 GmbHG RUS zur Erforderlichkeit der einfachen Mehrheit für „übrige Entscheidungen"; *Telke*, Russisches Konzernrecht, S. 60; ähnlich auch *Steininger/Oljenik*, Wenn die Tochter in die Pubertät kommt, Ost/Letter 1/2014, S. 4.

407 *Steininger/Olejnik*, Wenn die Tochter in die Pubertät kommt, Ost/Letter 1/2014, S. 3 f.

408 Vgl. auch *Telke*, Russisches Konzernrecht, S. 60; *Rabensdorf*, Die Durchgriffshaftung im deutschen und russischen Recht der Kapitalgesellschaften, S. 163 ff. zu weiteren in der Literatur vertretenen Meinungen hierzu.

409 Postanovlenie Sed´mogo arbitražnogo apelljacionnogo suda ot 3.7.2014 po delu No. A27-17633/2013; vgl. auch *Šitkina*, Osnovanija i pravovye posledstvija otnošenij dočernosti chozjajstvennych obščestv (Kommentarij k st. 6 Zakona ob OOO), Chozjajstvo i pravo 2020, N 7, S. 7; *Šitkina,* in: Šitkina, Korporativnoe pravo, S. 186; *Šitkina*, „Snjatie korporativnoj vuali" v rossijskom prave: pravovoe regulirovanie i praktika primenenija, Chozjajstvo i pravo 2013, N 2; *Steininger/Oljenik*, Wenn die Tochter in die Pubertät kommt, Ost/Letter 1/2014, S. 5 f.; *Plagemann,* Die russische Aktiengesellschaft, S. 43. Diese Tatsache wird in der Begründung zum Entwurf des Gesetzes „zur Änderung des 4. Kapitels des ersten Teils des Zivilgesetzbuches der Russischen Föderation (hinsichtlich der Definition von kontrollierenden und kontrollierten Personen und ihrer Haftung)", abrufbar unter https://regulation.gov.ru/projects#npa=79694,

sind die Gerichte dazu angehalten, das Vorliegen eines Beherrschungsverhältnisses im Sinne der Normen für jeden Einzelfall separat und situationsbedingt[410] zu bestimmen[411] und hierbei die Gesamtheit aller Umstände zu bewerten[412]. Zu berücksichtigen sind dabei insbesondere konkrete Kompetenzverteilung und die Ausgestaltung der Mehrheitserfordernisse in der Satzung der jeweiligen GmbH,[413] sodass bereits bei geringeren Beteiligungen – und damit im Falle einer Minderheit der Stimmen – im Einzelfall ein Beherrschungsverhältnis vorliegen kann.[414]Auch die Verteilung der Beteiligungsanteile kann dazu führen, dass ein geringerer prozentualer Gesellschaftsanteil zu einer „beherrschenden Beteiligung" im Sinne der konzernrechtlichen Vorschrift führt.[415] Wie in der russischsprachigen Literatur richtig feststellt, kommt es für die Beurteilung des Vorliegens eines Beherrschungsverhältnisses somit nicht auf ein quantitatives, sondern vielmehr auf ein qualitatives Kriterium des Vorliegens einer Beherrschungsmöglichkeit an, was die Beziehung von Ober- und Tochtergesellschaft zu einer dynamischen macht.[416] Eine starre prozentuale Grenze existiert insoweit

---

zuletzt geprüft am 11.6.2020 („Entwurf", vgl. hierzu bereits Teil 1, Kap. B.III.2.) kritisiert. Außerdem wird hier unter Verweis auf ausländische Rechtsordnungen dafür plädiert, nicht die Mehrheit der Anteile, sondern die Mehrheit der Stimmrechte zu berücksichtigen.

410 So *Šitkina*, Osnovanija i pravovye posledstvija otnošenij dočernosti chozjajstvennych obščestv (Kommentarij k st. 6 Zakona ob OOO), Chozjajstvo i pravo 2020, N 7, S. 7.

411 *Telke*, Russisches Konzernrecht, S. 59.

412 *Lomakin*, Kommerčeskie korporacii kak sub´´ekty korporativnych pravootnošenij: učebnoe posobie, S. 113 ff.; *Šitkina*, Osnovanija i pravovye posledstvija otnošenij dočernosti chozjajstvennych obščestv (Kommentarij k st. 6 Zakona ob OOO), Chozjajstvo i pravo 2020, N 7, S. 7; *dies.*, „Snjatie korporativnoj vuali" v rossijskom prave: pravovoe regulirovanie i praktika primenenija, Chozjajstvo i pravo 2013, N 2; vgl. auch *Steininger/Oljenik*, Wenn die Tochter in die Pubertät kommt, Ost/Letter 1/2014, S. 6.

413 *Telke*, Russisches Konzernrecht, S. 61.

414 *Steininger/Oljenik*, Wenn die Tochter in die Pubertät kommt, Ost/Letter 1/2014, S. 6; vgl. auch *Oda*, Russian Commercial Law, S. 125 f. m.w.N.

415 *Lomakin*, Kommerčeskie korporacii kak sub´´ekty korporativnych pravootnošenij: učebnoe posobie, S. 113 ff.; *Šitkina*, Osnovanija i pravovye posledstvija otnošenij dočernosti chozjajstvennych obščestv (Kommentarij k st. 6 Zakona ob OOO), Chozjajstvo i pravo 2020, N 7, S. 6; *dies.*, Osnovanija ustanovlenija choldingovych otnošenij, Predprinimatel´skoe pravo 2005, N 2.

416 So *Lomakin*, in: Suchanov, Graždanskoe pravo. Učebnik. Tom I., S. 273; *Lomakin*, Kommerčeskie korporacii kak sub´´ekty korporativnych pravootnošenij: učebnoe

nicht.[417]

bb) Erforderliche vorherrschende Beteiligung in der AG russischen Rechts

Auch innerhalb der Aktiengesellschaft russischen Rechts ist die Aktionärsversammlung[418] im Verhältnis zum Exekutivorgan[419], dem Direktorenrat[420] und der Revisionskommission[421] das höchste Gesellschaftsorgan.[422] In ihren Zuständigkeitsbereich fallen unter anderem Satzungsänderungen, Umstrukturierungen und die Liquidation der AG, die Erhöhung oder die Herabsetzung des Grundkapitals sowie die Wahl und die Abberufung der Gesellschaftsorgane.[423] Für derartige Entscheidungen – insbesondere die Änderungen der Satzung, die Umwandlung sowie die Liquidation der Gesellschaft und den Erwerb eigener Aktien – ist eine Stimmenmehrheit von drei Vierteln der an der Aktionärsversammlung teilnehmenden Aktionäre erforderlich.[424] Allerdings genügt für die meisten Beschlüsse der Aktionärsversammlung in der AG russischen Rechts bereits die einfache Mehrheit der an der Versammlung teilnehmenden

---

posobie, S. 113 ff.: „*Takim obrazom, otnošenija „osnovnoe obščestvo (tovariščestvo) – dočernee obščestvo" dostatočno dinamičny i ich naličie v slučae vozniknovenija spora dolžno ustanavlivat´sja sudom primenitel´no k konkretnym obstojatel´stvam dela.*"

417 *Šitkina*, Osnovanija i pravovye posledstvija otnošenij dočernosti chozjajstvennych obščestv (Kommentarij k st. 6 Zakona ob OOO), Chozjajstvo i pravo 2020, N 7, S. 7; *Šitkina*, in: Šitkina, Korporativnoe pravo. Učebnyj kurs, Tom 1, S. 470.

418 *Sobranie akcionerov;* Art. 47 ff. AktG RUS.

419 *Ispolnitel"nyj organ;* Art. 69 AktG RUS.

420 *Sovet direktorov*; Art. 64 ff. AktG RUS.

421 *Revizionnaja komissija*; Art. 85 ff. AktG RUS. Hierbei handelt es sich um eine interne Wirtschaftsprüfung bzw. um ein Kontrollorgan, das die Finanz- und Wirtschaftätigkeit der AG russischen Rechts überwacht, vgl. hierzu *Plagemann,* Die russische Aktiengesellschaft, S. 107.

422 Art. 47 Pkt. 1 Abs. 1 AktG RUS; vgl. auch *Barth/Kurochkin,* in: W/S/B, Gesellschaftsrecht des Auslands, Rn. 50. Zur entsprechenden *früheren* deutschen Ansicht hierzu vgl. *Hoffmann,* in: Spindler/Stilz, AktG, § 118 Rn. 6.

423 Art. 48 Pkt. 1 AktG RUS; vgl. auch *Barth/Kurochkin,* in: W/S/B, Gesellschaftsrecht des Auslands, Rn. 53; *Schmitt/Melnikov,* in: Breidenbach/Institut für Ostrecht München, Handbuch WiRO Bd. III, RUS, Kapitel D.I. Rn. 162, S. 34; *Telke*, Russisches Konzernrecht, S. 45; vgl. auch *Plagemann,* Die russische Aktiengesellschaft, S. 84.

424 Art. 49 Pkt. 4 Abs. 1 AktG RUS, *Barth/Kurochkin,* in: W/S/B, Gesellschaftsrecht des Auslands, Rn. 59. Vgl. *Plagemann,* Die russische Aktiengesellschaft, S. 90 f. ausführlich zur Beschlussfähigkeit und Stimmberechtigungen der Aktionäre.

Aktionäre, welche Inhaber von stimmberechtigten Aktien sind.[425] Berechtigt, an der Aktionärsversammlung teilzunehmen und über die Tagesordnungspunkte abzustimmen, sind sämtliche Inhaber von Stammaktien,[426] auch wenn es sich hierbei um eine ausländische juristische Person handelt.[427] Dabei gewährt jede Stimmrechtsaktie eine Stimme.[428] Um beschlussfähig zu sein, müssen allerdings mindestens 50 Prozent der Aktien und bei der Wiederholung mindestens 30 Prozent der Aktien vertreten sein.[429] Ob eine Obergesellschaft die Möglichkeit hat, die Entscheidungen der Tochter-AG zu bestimmen, hängt somit entscheidend von der Aktionärsanzahl und dem gewöhnlichen Abstimmungsverhalten der Aktionäre ab.[430] Grundsätzlich erforderlich sind allerdings 25 Prozent der Stimmen, wenn davon auszugehen ist, dass mindestens 50 Prozent der Aktionäre anwesend und hiervon 50 Prozent der Stimmen zustimmen müssen.[431]

Die für die Beschlussfassung erforderlichen Mehrheiten sind ausschließlich in den ausdrücklich gesetzlich vorgesehenen Fällen abdingbar.[432] Auch

---

425 Hierzu Art. 49 Pkt. 2 Abs. 1 AktG RUS; *Barth/Kurochkin,* in: W/S/B, Gesellschaftsrecht des Auslands, Rn. 59.

426 *Barth/Kurochkin,* in: W/S/B, Gesellschaftsrecht des Auslands, Rn. 50; vgl. hierzu auch *Rodde/Abovski,* WiRO 2009, 33, 33 ff.

427 *Barth/Kurochkin,* in: W/S/B, Gesellschaftsrecht des Auslands, Rn. 50.

428 *Barth/Kurochkin,* in: W/S/B, Gesellschaftsrecht des Auslands, Rn. 59. Dagegen gewähren Vorzugsaktien in der Regel kein Stimmrecht, *Barth/Kurochkin,* in: W/S/B, Gesellschaftsrecht des Auslands, Rn. 36.

429 Art. 58 Pkt. 1 Abs. 1 AktG RUS; Art. 58 Pkt. 3 Abs. 2 AktG RUS; vgl. auch *Plagemann,* Die russische Aktiengesellschaft, S. 91; *Barth/Kurochkin,* in: W/S/B, Gesellschaftsrecht des Auslands, Rn. 58; *Schmitt/Melnikov,* in: Breidenbach/Institut für Ostrecht München, Handbuch WiRO Bd. III, RUS, Kapitel D.I. Rn. 165, S. 35. Gemäß Art. 58 Pkt. 3 Abs. 2 AktG RUS kann die Satzung der AG russischen Rechts auch ein niedrigeres Quorum vorsehen, wenn die Zahl der Aktionäre 500.000 übersteigt. Zur Einberufung und dem Ablauf einer Aktionärsversammlung vgl. Art. 47 ff. AktG RUS und *Plagemann,* Die russische Aktiengesellschaft, S. 91 ff.; *Rodde/Abovski,* WiRO 2009, 33, 40.

430 Vgl. *Rabensdorf,* Die Durchgriffshaftung im deutschen und russischen Recht der Kapitalgesellschaften, S. 165.

431 So *Plagemann,* Die russische Aktiengesellschaft, S. 91. Teilweise wird davon ausgegangen, dass ab einer Beteiligung von ca. 20 Prozent der stimmberechtigten Aktien von einer Beherrschung auszugehen ist, so *Plagemann,* Die russische Aktiengesellschaft, S. 224; *Balayan,* WiRO 1995, 313, 314 geht davon aus, dass ab einer 20-prozentigen Beteiligung von einem Beherrschungsverhältnis auszugehen ist.

432 *Plagemann,* Die russische Aktiengesellschaft, S. 91; vgl. auch *Schmitt/Melnikov,* in: Breidenbach/Institut für Ostrecht München, Handbuch WiRO Bd. III, RUS, Kapitel D.I. Rn. 163, S. 34; vgl. auch *Bauer-Mitterlehner,* WiRO 2001, 342, 344.

im Rahmen der AG russischen Rechts kommt es somit für die Frage nach dem Vorliegen eines Beherrschungsverhältnisses im Sinne der konzernrechtlichen Normen entscheidend auf den Einzelfall und die Zusammensetzung der Beteiligungen ab. Dass der russische Gesetzgeber bei der Normierung der Art. 67.3 Pkt. 1 ZGB RUS sowie Art. 6 Pkt. 2 AktG RUS von der einst formalen Regelung der Art. 150, 151 Aktienordnung Nr. 601 vom 25.12.1990 für Aktiengesellschaften russischen Rechts abgerückt ist, wonach ab einer Beteiligung von 50 % + einer Aktie eine Tochtergesellschaft vorlag[433], führte somit dazu, dass in jedem Fall eine einzelfallgerechte Beurteilung durch die Gerichte erfolgen kann. Allerdings herrscht in dieser Konsequenz auch eine große Unsicherheit, was insbesondere angesichts der weitreichenden Haftungsfolgen problematisch ist.

Indes sind die Kompetenzen der Aktionärsversammlung einer öffentlichen Aktiengesellschaft russischen Rechts[434] im Gegensatz zur Gesellschafterversammlung einer GmbH abschließend gesetzlich geregelt und können zumindest nicht erweitert werden.[435] Beschlüsse der Aktionärsversammlung, die nicht in ihre Zuständigkeit fallen, sind nichtig.[436] Grund für die abschließende Kompetenzregelung ist die Tatsache, dass Verwaltung und Geschäftspolitik der öffentlichen Aktiengesellschaft nicht von der freien Handelbarkeit der Aktien sowie der unbegrenzten Gesellschafterzahl und dem daraus resultierenden ständig wechselnden Gesellschafterbestand beeinflusst werden soll.[437] Die Aktionärsversammlung soll nicht in die Kompetenzen anderer Organe eingreifen können.[438] In der Folge können zumindest konkrete Satzungsbestimmungen im Gegensatz zur GmbH russischen Rechts somit auch keine Auswirkungen auf das Vorliegen eines Beherrschungsverhältnisses haben.

---

433 Hierzu in Teil 1, Kap. B.II.1.

434 *Publičnoe akcionernoe obščestvo*. Eine Aktiengesellschaft ist nach russischem Verständnis öffentlich, wenn ihre Aktien öffentlich platziert oder öffentlich gehandelt werden oder wenn die Satzung und die Firma einen Hinweis darauf enthalten, dass es sich um eine öffentliche Aktiengesellschaft handelt, Art. 66.3 Pkt. 1 ZGR RUS.

435 Art. 48 Pkt. 3 AktG RUS; vgl. auch *Barth/Kurochkin,* in: W/S/B, Gesellschaftsrecht des Auslands, Rn. 53; *Schmitt/Melnikov,* in: Breidenbach/Institut für Ostrecht München, Handbuch WiRO Bd. III, RUS, Kapitel D.I. Rn. 162, S. 34; *Telke*, Russisches Konzernrecht, S. 46.

436 *Barth/Kurochkin,* in: W/S/B, Gesellschaftsrecht des Auslands, Rn. 54.

437 So auch *Telke*, Russisches Konzernrecht, S. 46.

438 Vgl. so zum deutschen Recht *Hoffmann,* in: Spindler/Stilz, AktG, § 119 Rn. 1.

b) *Bindung aufgrund eines zwischen den Gesellschaften geschlossenen Vertrages*

Eine weitere, ausdrücklich im Gesetz genannte Möglichkeit, die zu einem haftungsbegründenden Beherrschungsverhältnis führen kann, liegt im Abschluss eines entsprechenden Vertrages mit der Tochtergesellschaft, welcher der Obergesellschaft die Möglichkeit verschafft, ihre Entscheidungen zu bestimmen. Weitere gesetzliche Regelungen und Vorgaben bestehen allerdings auch für diesen Fall der Konzernierung nicht,[439] was in der Begründung zum Entwurf des Gesetzes „zur Änderung des 4. Kapitels des ersten Teils des Zivilgesetzbuches der Russischen Föderation hinsichtlich der Definition von kontrollierenden und kontrollierten Personen und ihrer Haftung"[440] aufgrund der hierdurch entstehenden Rechtsunsicherheit ebenfalls kritisiert wird[441]. Aufgrund der weiten Formulierung des Gesetzes könnten somit sowohl die in Deutschland bekannten Beherrschungs- und Gewinnabführungsverträge gemeint sein als auch sonstige Verträge[442], durch die sich die (Tochter-)Gesellschaft dazu verpflichtet, Weisungen der (Ober-)Gesellschaft zu befolgen[443]. Ebenso können jedoch auch sämtliche anderen Verträge – nicht zwingend gesellschaftsrechtlicher Natur –, die die Möglichkeit eröffnen, die Entscheidungen der Tochtergesellschaft zu bestimmen, unter den Wortlaut der Norm subsumiert werden. Ein ausdrückliches vertragliches Weisungsrecht der Obergesellschaft wird gerade nicht vorausgesetzt.[444] Das Gesetz ordnet in Art. 161 Pkt. 1 Nr. 1 ZGB RUS lediglich an, dass ein zwischen Unternehmen geschlossener Vertrag stets schriftlich erfolgen muss. Darüber hinaus wird in der Literatur gefordert, dass der Vertrag nicht zu einer Einschränkung der Rechtsfähigkeit der Tochtergesellschaft führen darf.[445]

---

439 *Telke*, Russisches Konzernrecht, S. 53 und 62 f.; vgl. auch *Šitkina*, Osnovanija i pravovye posledstvija otnošenij dočernosti chozjajstvennych obščestv (Kommentarij k st. 6 Zakona ob OOO), Chozjajstvo i pravo 2020, N 7, S. 7.

440 Hierzu Teil 1, Kap. B.III.2.

441 Vgl. hierzu Pkt. 3 der Begründung des „Entwurfs"; vgl. hierzu Teil 1, Kap. B.III.2.

442 *Lomakin*, in: Suchanov, Graždanskoe pravo. Učebnik. Tom I., S. 273: („*obyčnyj graždansko-pravovoj dogovor*").

443 *Telke*, Russisches Konzernrecht, S. 53 m.w.N.

444 Vgl. *Telke*, Russisches Konzernrecht, S. 55 m.w.N.

445 *Lomakin*, in: Suchanov, Graždanskoe pravo. Učebnik. Tom I., S. 273; *Lomakin*, Kommerčeskie korporacii kak sub´´ekty korporativnych pravootnošenij: učebnoe posobie, S. 113 ff; beispielhaft nennt *Lomakin*, dass der Tochtergesellschaft durch den Beherrschungsvertrag nicht etwa die Freiheit genommen werden darf, Entscheidungen über ihre Liquidation oder Reorganisation zu treffen, da die Tochtergesellschaft *de jure* eine eigenständige juristische Person ist.

Da somit eine Vielzahl von Verträgen in Betracht kommt, sollen einige in der Praxis gängige Verträge sowie die Anforderungen, die an entsprechende Konzernierungsverträge zu stellen sind, im Folgenden untersucht werden. Dabei bestehen keine signifikanten Unterschiede zwischen dem Vertragsabschluss mit einer Tochter-GmbH und dem mit einer Tochter-AG[446], weshalb die Darstellung einheitlich erfolgt.

aa) Beherrschungs- und Gewinnabführungsverträge

Beherrschungs- und Gewinnabführungsverträge wurden nicht nur ausführlich vom deutschen Gesetzgeber geregelt,[447] sondern erfreuen sich auch in der deutschen Unternehmenspraxis großer Beliebtheit, stellen sie doch die beiden wichtigsten Unternehmensverträge dar[448]. Unklar ist allerdings, ob auch der russische Gesetzgeber im Rahmen der Normierung der Art. 67.3 Pkt. 1 ZGB RUS sowie Art. 6 Pkt. 2 GmbHG RUS und Art. 6 Pkt. 2 AktG RUS Beherrschungsverträge in diesem Sinne erfassen wollte. Zumindest weitergehende, dem deutschen Recht entsprechende, Regelungen sucht man in der russischen Gesetzgebung vergeblich[449] und auch in der russischen Praxis werden entsprechende Verträge – möglicherweise gerade aufgrund der fehlenden gesetzlichen Regelung – kaum von Unternehmen abgeschlossen.[450] Dabei verleihen Beherrschungsverträge nach deutschem Verständnis dem herrschenden Unternehmen das Recht, Weisungen

---

446 vgl. *Telke*, Russisches Konzernrecht, S. 63.

447 §§ 291 ff. AktG (D) bzw. §§ 291 ff. AktG (D) i.V.m. § 30 GmbHG (D).

448 *Emmerich*, in: Emmerich/Habersack, Konzernrecht, § 11 Rn. 2; *Steininger/Oljenik*, Wenn die Tochter in die Pubertät kommt, Ost/Letter 1/2014, S. 7.

449 *Steininger/Olejnik*, WiRO 2017, 172, 174; ausdrücklich für Beherrschungsverträge: *Steininger/Oljenik*, Wenn die Tochter in die Pubertät kommt, Ost/Letter 1/2014, S. 8, Für Gewinnabführungsverträge vgl. S. 10, m.w.N.; vgl. auch *Lomakin*, Kommerčeskie korporacii kak sub´´ekty korporativnych pravootnošenij: učebnoe posobie, S. 113 ff.

450 *Šitkina*, Choldingi: Pravovoe regulirovanie ėkonomičeskoj zavisimosti: Upravlenie v gruppach kompanij, S. 115; *dies.*, Pravovoe regulirovanie ėkonomičeskoj zavisimosti, Chozjajstvo i pravo 2010, N 8; *dies.*, Osnovanija ustanovlenija choldingovych otnošenij, Predprinimatel´skoe pravo 2005, N 2; *dies.*, in: Šitkina, Korporativnoe pravo. Učebnyj kurs, Tom 1, S. 473; vgl. auch *Steininger/Olejnik*, WiRO 2017, 172, 174; für Beherrschungsverträge: *Steininger/Oljenik*, Wenn die Tochter in die Pubertät kommt, Ost/Letter 1/2014, S. 8; *Rabensdorf*, Durchgriffshaftung, S. 167; *Steininger/Olejnik*, WiRO 2017, 172, 174; *Steininger/Oljenik*, Wenn die Tochter in die Pubertät kommt, Ost/Letter 1/2014, S. 10 f.

an den Vorstand der abhängigen Gesellschaft auszusprechen,[451] wobei sogar für die abhängige Gesellschaft *nachteilige* Weisungen möglich sind, wenn sie den Belangen des herrschenden Unternehmens oder eines konzernverbundenen Unternehmens dienen.[452] Im Rahmen eines Gewinnabführungsvertrages verpflichtet sich das abhängige Unternehmen darüber hinaus, seinen gesamten Gewinn auch über das in der Satzung vorgesehene Stammkapital hinaus[453] an das herrschende Unternehmen oder ein anderes Konzernunternehmen abzuführen.[454] Aufgrund der Vorteile[455] und der Beliebtheit des Abschlusses entsprechender Unternehmensverträge zwischen deutschen Unternehmen, stellt sich die Frage, ob der Abschluss entsprechender Verträge auch nach russischem Recht trotz fehlender gesetzlicher Regelung zulässig ist[456] und insbesondere, ob der Abschluss entsprechender Verträge zu einem Beherrschungsverhältnis nach russischem Recht und seinen haftungsrechtlichen Folgen führt.

(1) Zulässigkeit von Beherrschungs- und Gewinnabführungsverträgen im russischen Recht

Sowohl in der russisch- als auch in der deutschsprachigen Literatur zum russischen Recht wird die Frage nach der Zulässigkeit von Beherrschungsverträgen allerdings unterschiedlich beantwortet.[457] Zweifel an der Zulässigkeit bestehen

---

451 § 308 Abs. 1 S. 1 AktG (D); *Raiser/Veil*, Recht der Kapitalgesellschaften, 58 Rn. 2.

452 § 308 Abs. 1 S. 2 AktG (D); vgl. hierzu auch *Raiser/Veil*, Recht der Kapitalgesellschaften, § 62 Rn. 1.

453 *Steininger/Oljenik*, Wenn die Tochter in die Pubertät kommt, Ost/Letter 1/2014, S. 7; *Steininger/Olejnik*, WiRO 2017, 172, 174.

454 § 291 Abs. 1 S. 1 Alt. 2 AktG (D); *Raiser/Veil*, Recht der Kapitalgesellschaften, § 62 Rn. 8.

455 *Steininger/Olejnik*, WiRO 2017, 172, 174 nennt die Ermöglichung einer modernen Konzern- oder Holdingstruktur, die etwa die zentrale Steuerung der Verwaltung und Finanzierung von Projektgesellschaften durch die Muttergesellschaft ermöglicht, wodurch das Risiko von Ansprüchen gegen die Tochtergesellschaft verringert werden sowie durch die Zentralisierung bestimmter Aufgaben in der Konzernstruktur auch Kosten gespart werden können.

456 Vgl. zu dieser Frage auch *Steininger/Oljenik*, Wenn die Tochter in die Pubertät kommt, Ost/Letter 1/2014, S. 8.

457 Für deren Zulässigkeit: *Steininger/Olejnik*, WiRO 2017, 172, 174; *Steininger/Oljenik*, Wenn die Tochter in die Pubertät kommt, Ost/Letter 1/2014, S. 10; auch *Lomakin*, Kommerčeskie korporacii kak sub´´ekty korporativnych pravootnošenij: učebnoe posobie, S. 113 ff. geht von der Zulässigkeit aus, wenn er Verträge, die in Deutschland als Beherrschungsverträge zu werten sind, als Verträge im Sinne der Norm ansieht;

insbesondere aufgrund der Ausprägung des russischen Rechtsverständnisses an den Grundsätzen der Normimperativität und des Gesetzespositivismus[458], der sich in einem bereits für das sowjetische und sogar vorsowjetische Recht typischen positivistisch-formalistischen Ansatz[459] äußert[460]. So galt – und gilt wohl nach wie vor[461] – im russischen Recht der Grundsatz, wonach jedes Abweichen von dem Inhalt gesetzlicher Normen unzulässig ist, sofern es nicht doch ausdrücklich erlaubt ist.[462] Auch Ergänzungen zu gesetzlichen Normen sollen hiernach unzulässig sein.[463] Diese Grundsätze gelten aufgrund der weitergehenden Schutzinteressen in besonderem Maße für das russische Gesellschaftsrecht.[464] Vor diesem Hintergrund vertritt etwa *Rabensdorf* die Ansicht,

---

dagegen: *Rabensdorf*, Die Durchgriffshaftung im deutschen und russischen Recht der Kapitalgesellschaften, S. 167.

458 Hierzu ausführlich bereits *Allenhöfer*, Gesellschaftervereinbarungen bei Kapitalgesellschaften, S. 174 ff.; *Plagemann*, WiRO 2011, 231, 231; vgl. auch *Nußberger*, in: Nußberger, Einführung in das russische Recht, S. 8 (Richter als „Subsumtionsautomat").

459 *Kruse*, Die personalistische Kapitalgesellschaft russischen Rechts, S. 69; vgl. auch *Solotych*, Das Zivilgesetzbuch der Russischen Föderation, 1996, S. 20.

460 *Solotych*, Das Zivilgesetzbuch der Russischen Föderation, 1996, S. 19; vgl. auch *Allenhöfer*, Gesellschaftervereinbarungen bei Kapitalgesellschaften, S. 175; *Kruse*, Die personalistische Kapitalgesellschaft russischen Rechts, S. 69; *Pashchenko*, in: Nußberger, Einführung in das russische Recht, S. 209.

461 Zur Frage, ob die Theorie der Normimperativität noch die herrschende Meinung darstellt kritisch *Allenhöfer*, Gesellschaftervereinbarungen bei Kapitalgesellschaften, S. 180 und S. 192 ff. unter Verweis auf den Beschluss Nr. 16 des Plenums des Obersten Arbitragegerichts „Über die Vertragsfreiheit und ihre Grenzen" vom 14.3.2014 (Postanovlenie Plenuma VAS RF ot 14.03.2014 N 16 „O svobode dogovora i ee dpredelach"), nach dem sich die pauschale Annahme der Imperativität zivilrechtlicher Normen verbietet.

462 *Solotych*, Das Zivilgesetzbuch der Russischen Föderation, 1996, S. 20; ausführlich hierzu *Kruse*, Die personalistische Kapitalgesellschaft russischen Rechts, S. 69 f.; *Pashchenko*, in: Nußberger, Einführung in das russische Recht, S. 209; *Kettler*, Eigentumsvorbehalt und Sicherungsübereignung an beweglichen Sachen im Recht der RF, S. 54; *Plagemann*, Die russische Aktiengesellschaft, S. 91; *Seiffert*, ZEuP 1999, 931, 936; *Göckeritz/Wedde*, Das neue russische GmbH-Recht, S. 17 f.; vgl. auch *Allenhöfer*, Gesellschaftervereinbarungen bei Kapitalgesellschaften, S. 177.

463 *Allenhöfer*, Gesellschaftervereinbarungen bei Kapitalgesellschaften, S. 175; differenzierend *Kruse*, Die personalistische Kapitalgesellschaft russischen Rechts, S. 73 f.

464 *Allenhöfer*, Gesellschaftervereinbarungen bei Kapitalgesellschaften, S. 175.

dass Beherrschungsverträge „dem Grunde nach" in Russland unzulässig seien, solange keine gesetzlichen Regelungen zur Begründung und Ausgestaltung vorlägen.[465]

Allerdings ist neben dieser positivistischen und formalistischen Ausprägung[466] auch die Vertragsfreiheit[467] ein Grundprinzip des russischen Rechts[468] und steht im klaren Widerspruch zur rechtspositivistischen Auffassung.[469] Sie ist, im Gegensatz zum Gesetzespositivismus,[470] nicht nur mehrfach im Zivilgesetzbuch normiert,[471] sondern kann auch auf die russischen verfassungsrechtlichen Grundlagen gestützt werden, womit es den Rang eines Grundrechts einnimmt[472]. Ausdrücklich sieht etwa Art. 1 Pkt. 1 ZGB RUS vor, dass die Vertragsfreiheit zu den Grundsätzen der Zivilgesetzgebung gehört.[473] Art. 1 Pkt. 2 ZGB RUS legt darüber hinaus fest, dass natürliche und juristische Personen frei

---

465 *Rabensdorf*, Die Durchgriffshaftung im deutschen und russischen Recht der Kapitalgesellschaften, S. 167 vgl. auch *Mereminskaja*, Durchbrechung der Haftungsbeschränkung eines GmbH-Gesellschafters, S. 60, die vertritt, dass sämtliche schuldrechtlichen Verträge mit organschaftlichem Charakter im russischen Recht gesetzeswidrig sind. Unternehmens- und Organisationsverträge seien dem russischen Recht hiernach grundsätzlich fremd. Diese Ansicht ist jedoch spätestens seit der Anerkennung von Gesellschaftervereinbarungen im russischen Recht veraltet und abzulehnen. – So stellen Beherrschungsverträge eben keine Schuldverträge, sondern gesellschaftsrechtliche Organisationsverträge dar, die satzungsgleich den rechtlichen Status der beherrschten Gesellschaft ändern, vgl. hierzu zum deutschen Recht BGH, Urteil vom 14.12.1987, Az.: II ZR 170/87, NJW 1988, 1326, 1326; BGH, Beschluss vom 24.10.1988, Az.: II ZB 7/88, NJW 1989, 295, 296; vgl. auch *Servatius*, in: MHLS, GmbHG, Systematische Darstellung 4, Rn. 53 m.w.N.

466 *Solotych*, Das Zivilgesetzbuch der Russischen Föderation, 1996, S. 19.

467 *Svoboda dogovora.*

468 *Solotych*, Das Zivilgesetzbuch der Russischen Föderation, 1996, S. 20; *Allenhöfer*, Gesellschaftervereinbarungen bei Kapitalgesellschaften, S. 175; *Arnold*, RIW 1995, 897, 904; *Berger*, Die Bindung der Bürger an die Grundrechte, S. 143 f.

469 Aus diesem Grund vertritt etwa *Allenhöfer*, Gesellschaftervereinbarungen bei Kapitalgesellschaften, S. 202, dass eine Ansicht, wonach jede vertragliche Regelung eine gesetzliche Grundlage benötige, *contra legem* sei.

470 *Allenhöfer*, Gesellschaftervereinbarungen bei Kapitalgesellschaften, S. 177.

471 In Art. 1 Pkt. 1, 2 ZGB RUS; Art. 421 ZGB RUS.

472 Ausführlich hierzu (insbesondere zur Geltung und Reichweite) *Berger*, Die Bindung der Bürger an die Grundrechte, S. 148; *Allenhöfer*, Gesellschaftervereinbarungen bei Kapitalgesellschaften, S. 167 f.

473 Vgl. hierzu auch die deutsche Übersetzung von *Solotych*, Das Zivilgesetzbuch der Russischen Föderation, 1996, S. 77.

in der Begründung eigner Rechte und Pflichten durch Verträge sowie in der Bestimmung beliebiger nicht rechtswidriger Vertragsbestimmungen sind.[474] Die Vertragsfreiheit etabliert dabei nicht nur die Freiheit zum Abschluss von Verträgen sowie zur freien Wahl eines Vertragspartners, sondern auch die Freiheit, einzelne Vertragsbedingungen zu bestimmen.[475] Darüber noch hinausgehend legt der die Vertragsfreiheit konkretisierende[476] Art. 421 Pkt. 2 ZGB RUS ausdrücklich fest, dass natürliche sowie juristische Personen Verträge abschließen können, die nicht durch das Gesetz oder andere Rechtsakte vorgesehen sind.[477] Als eines der Grundprinzipien des russischen Zivilrechts gilt die Vertragsfreiheit dabei auch für gesellschaftsrechtliche Verträge, wie Gründungsverträge oder die Feststellung der Satzung.[478] Unter Berufung auf diesen fest verankerten Grundsatz der Vertragsfreiheit wird von anderen Literaturstimmen die grundsätzliche Zulässigkeit auch von Gewinnabführungs- und Beherrschungsverträgen nach russischem Recht ausdrücklich bejaht.[479] Dies gilt insbesondere aufgrund der Art. 67.3 Pkt. 1 ZGB RUS; Art. 6 Pkt. 2 GmbHG RUS und Art. 6 Pkt. 2 AktG RUS, die selbst explizit den Abschluss eines Vertrages vorsehen, der einer Gesellschaft die Möglichkeit verschafft, die Entscheidungen einer anderen Gesellschaft zu bestimmen. Warum ein solcher Vertrag nicht auch ein mit dem deutschen Recht vergleichbarer Gewinnabführungs- oder Beherrschungsvertrag sein sollte, sei nicht ersichtlich.[480] Dieser Meinung ist zuzustimmen. Spätestens

474 Vgl. hierzu auch die deutsche Übersetzung bei *Solotych,* Das Zivilgesetzbuch der Russischen Föderation, 1996, S. 77; vgl. auch *Berger,* Die Bindung der Bürger an die Grundrechte, S. 144.

475 *Oda*, Russian Commercial Law, S. 272; vgl. auch *Berger,* Die Bindung der Bürger an die Grundrechte, S. 145.

476 *Berger,* Die Bindung der Bürger an die Grundrechte, S. 145.

477 Deutsche Übersetzung bei *Lenga/Wipplinger/Rommel,* in: Breidenbach/Institut für Ostrecht München, Handbuch WiRO Bd. III, RUS 200, Art. 421 ZGB RUS.

478 Ausführlich hier *Allenhöfer*, Gesellschaftervereinbarungen bei Kapitalgesellschaften, S. 196.

479 *Steininger/Olejnik*, WiRO 2017, 172, 174 (in der russischen Literatur wohl nicht unumstritten); *Steininger/Oljenik*, Wenn die Tochter in die Pubertät kommt, Ost/Letter 1/2014, S. 10; a.A. *Rabensdorf,* Durchgriffshaftung, S. 167, die die Meinung vertritt, dass Beherrschungsverträge „dem Grunde nach" in Russland unzulässig sind, solange keine gesetzlichen Regelungen zur Begründung und Ausgestaltung vorliegen.

480 Vgl. auch *Steininger/Olejnik*, WiRO 2017, 172, 174; *Steininger/Oljenik*, Wenn die Tochter in die Pubertät kommt, Ost/Letter 1/2014, S. 9; auch *Telke,* Russisches Konzernrecht, S. 53 f. zählt Beherrschungs- und Gewinnabführungsverträge hierunter.

seit der Zulassung von Gesellschaftervereinbarungen im russischen Recht,[481] ist davon auszugehen, dass gesellschaftsrechtliche Organisationsverträge trotz ihrer weitreichenden Folgen im russischen Recht grundsätzlich zugelassen sind. In diesem Fall unterfallen sie dem Anwendungsbereich der Vertragsfreiheit und sind damit auch nach russischem Recht zulässig.

(2) Anforderungen an Beherrschungs- und Gewinnabführungsverträge

Unabhängig von der grundsätzlichen Frage der Zulässigkeit, darf die Vertragsgestaltung im Einzelfall allerdings nicht dem geltenden Recht widersprechen.[482] So bestimmt etwa Art. 422 Pkt. 1 ZGB RUS ausdrücklich, dass ein Vertrag den für die Vertragsparteien zwingenden Vorschriften entsprechen muss, die durch ein Gesetz oder andere Rechtsvorschriften bestimmt sind und zur Zeit des Vertragsabschlusses gelten[483] und stellt damit die unmittelbare Schranke der Vertragsfreiheit zum Zwecke des Schutzes von Interessen der Öffentlichkeit auf.[484] Zu beachten sind somit die durch die russische Verfassung, das Zivilgesetzbuch und insbesondere die Spezialgesetze gesetzten Schranken.[485] Verstößt der Vertrag gegen die hier vorgesehenen Bestimmungen, ist er – sofern er das öffentliche Interesse oder die Rechte und rechtlich geschützten Interessen Dritter verletzt – nichtig.[486] Darüber hinaus bestimmt das russische Recht in Art. 169 ZGB RUS die Nichtigkeit eines gegen die guten Sitten verstoßenden Vertrages, sodass die Vertragsfreiheit auch diesbezüglich eine Grenze findet.[487]

---

481 Eingeführt durch das Föderale Gesetz Nr. 312-FZ vom 30.12.2008 in Art. 8 Pkt. 3 GmbHG RUS; durch das Föderale Gesetz Nr. 115-FZ vom 03.06.2009 in Art. 32.1 AktG RUS und durch das Föderale Gesetz N 99-FZ vom 05.05.2014 in Art. 67.2 ZGB RUS.

482 Gemäß Art. 422 Pkt. 2 ZGB RUS muss ein Vertrag den „imperativen" Normen entsprechen, so auch *Schramm,* in: Nußberger, Einführung in das russische Recht, S. 150; Vgl. für Beherrschungsverträge auch: *Steininger/Oljenik*, Wenn die Tochter in die Pubertät kommt, Ost/Letter 1/2014, S. 8.

483 Vgl. hierzu auch die deutsche Übersetzung bei *Solotych,* Das Zivilgesetzbuch der Russischen Föderation, 1996, S. 233 und *Allenhöfer*, Gesellschaftervereinbarungen bei Kapitalgesellschaften, S. 173.

484 *Berger,* Die Bindung der Bürger an die Grundrechte, S. 146 f.

485 *Allenhöfer*, Gesellschaftervereinbarungen bei Kapitalgesellschaften, S. 173.

486 Art. 168 Pkt. 2 ZGB RUS; vgl. auch *Allenhöfer*, Gesellschaftervereinbarungen bei Kapitalgesellschaften, S. 173.

487 Vgl. auch *Allenhöfer*, Gesellschaftervereinbarungen bei Kapitalgesellschaften, S. 173.

Um darüber hinaus die Unabhängigkeit der einzelnen Gesellschaftsorgane zu gewährleisten, ist im Hinblick auf den Abschluss eines Beherrschungsvertrages außerdem die Zustimmung der Gesellschafter-/Aktionärsversammlungen beider Gesellschaften erforderlich.[488] Dabei ist davon auszugehen, dass jeweils die einfache Mehrheit der Stimmen ausreicht,[489] da eine qualifizierte Mehrheit gemäß Art. 37 Pkt. 8 Abs. 3 GmbHG RUS und Art. 48 Pkt. 2 Abs. 1 AktG RUS ausschließlich erforderlich ist, sofern eine solche im Gesetz bzw. im Falle der GmbH zusätzlich in der Satzung vorgesehen ist[490]. Auch ist im Hinblick auf Gewinnabführungsverträge zu berücksichtigen, dass das gesetzliche Mindeststammkapital der Gesellschaften zum Schutz der Gesellschaftsgläubiger gemäß Art. 20 Pkt. 1 Abs. 3 GmbHG RUS bzw. Art. 29 Pkt. 1 Abs. 4 AktG RUS nicht unterschritten werden darf,[491] da andernfalls die Liquidation der Gesellschaft droht.[492] Eine § 30 Abs. 1 S. 2 GmbHG (D) bzw. § 57 Abs. 1 S. 2 AktG (D) entsprechende Regelung fehlt.[493] Da das Mindeststammkapital jedoch mit RUB 10.000,00[494] bzw. etwa EUR 140,00 für die GmbH und RUB 100.000,00 und damit etwa EUR 1.400,00 für die AG russischen Rechts[495] vergleichsweise gering ist, ergeben sich hieraus keine Schwierigkeiten.[496] Darüber hinaus sind unentgeltliche Zuwendungen zwischen gewerblichen Organisationen grundsätzlich gemäß Art. 575 Pkt. 1 Ziff. 4 ZGB RUS unzulässig.[497] Dieser Grundsatz gilt indes

---

488 *Šitkina*, Choldingi: Pravovoe regulirovanie ėkonomičeskoj zavisimosti: Upravlenie v gruppach kompanij, S. 116; vgl. auch für die GmbH russischen Rechts *Steininger/Oljenik*, Wenn die Tochter in die Pubertät kommt, Ost/Letter 1/2014, S. 8 f.

489 So auch *Steininger/Oljenik*, Wenn die Tochter in die Pubertät kommt, Ost/Letter 1/2014, S. 8.

490 Für die GmbH: *Hansson,* WiRO 2011, 97, 102; *Steininger/Oljenik*, Wenn die Tochter in die Pubertät kommt, Ost/Letter 1/2014, S. 8.

491 Vgl. für die GmbH russischen Rechts auch *Steininger/Olejnik*, WiRO 2017, 172, 174; *Steininger/Oljenik*, Wenn die Tochter in die Pubertät kommt, Ost/Letter 1/2014, S. 10.

492 Für die GmbH russischen Rechts Art. 90 Pkt. 4 ZGB RUS bzw. Art. 30 Pkt. 4 GmbHG RUS, vgl. hierzu auch *Galander,* in: Galander, Russisches Wirtschaftsrecht, S. 71 f.; für die AG russischen Rechts Art. 99 Pkt. 4 AktG RUS bzw. Art. 35 Pkt. 6 AktG RUS; vgl. hierzu auch *Weidemann,* in: Galander, Russisches Wirtschaftsrecht, S. 111.

493 Vgl. *Steininger/Olejnik*, WiRO 2017, 172, 174; *Steininger/Oljenik*, Wenn die Tochter in die Pubertät kommt, Ost/Letter 1/2014, S. 10.

494 Art. 14 Pkt. 1 Abs. 2 GmbHG RUS.

495 Art. 26 AktG RUS; für die nicht börsennotierte AG russischen Rechts beträgt das Mindestkapital gemäß Art. 26 AktG RUS ebenfalls RUR 10.000,00 (ca. EUR 140,00).

496 *Steininger/Olejnik*, WiRO 2017, 172, 174; *Steininger/Oljenik*, Wenn die Tochter in die Pubertät kommt, Ost/Letter 1/2014, S. 10.

497 *Steininger/Oljenik*, Wenn die Tochter in die Pubertät kommt, Ost/Letter 1/2014, S. 10.

nicht, wenn der Zuwendung nicht der Wille, einen anderen zu bereichern, sondern eine wirtschaftliche Beziehung zugrunde liegt.[498]

Aufgrund des drohenden Verlustes wirtschaftlicher Selbstständigkeit der Tochter, ohne den gleichzeitigen Erhalt von Ausgleichs- und Abfindungsansprüchen im Gegenzug, wird vereinzelt zum Schutz der Tochtergesellschaft gefordert, dass inhaltlich sämtliche Details wie z.B. Rechte, Pflichten und die Haftung beider Gesellschaften ausführlich im Vertrag geregelt werden müssen.[499] Da sich hierfür jedoch keine Stütze im Gesetz finden lässt und die Gesellschafter- bzw. Aktionärsversammlungen beider Gesellschaften nach der hier vertretenen Auffassung ohnehin dem Abschluss eines Unternehmensvertrags zustimmen müssen, kann dieser weiten Forderung nicht zugestimmt werden.

Sofern unter Berücksichtigung dieser Anforderungen ein Beherrschungs- oder Gewinnabführungsvertrag nach deutschem Verständnis mit einer russischen Gesellschaft geschlossen wird, ermöglicht ein solcher, die Entscheidungen dieser Gesellschaft zu bestimmen, und begründet damit ein Konzernierungsverhältnis im Sinne der Art. 67.3 Pkt. 1 ZGB RUS sowie Art. 6 Pkt. 2 GmbHG RUS und Art. 6 Pkt. 2 AktG RUS. Dies gilt sowohl für Beherrschungsverträge, die die Erteilung von Weisungen ermöglichen[500] sowie den Einfluss der Obergesellschaft auf den Managementprozess der Tochtergesellschaft und ihre Produktions-, Geschäfts-, Finanz- und anderen Aktivitäten bestimmen[501], als auch für Gewinnabführungsverträge, die die Möglichkeit eröffnen, den gesamten oder teilweisen Gewinn des beherrschten Unternehmens abzuführen[502].

Aufgrund der sich hieraus ergebenden verschärften Haftungsfolgen, der dargestellten Unsicherheiten im Hinblick auf die Zulässigkeit entsprechender Verträge im russischen Recht sowie der Tatsache, dass Gewinnabführungsverträge im Gegensatz zum deutschen Steuerrecht[503] keinerlei Steuervorteile mit sich

---

498 Entscheidung des Präsidiums des Obersten Arbitragegerichts der Russischen Föderation vom 04.12.2012 N 8989/12 in der Sache N A28-5775/2011-223/12; vgl. auch *Steininger/Oljenik*, Wenn die Tochter in die Pubertät kommt, Ost/Letter 1/2014, S. 10.

499 *Rabensdorf*, Die Durchgriffshaftung im deutschen und russischen Recht der Kapitalgesellschaften, S. 167.

500 Vgl. auch *Telke*, Russisches Konzernrecht, S. 53. Zu der Frage, inwieweit es nach russischem Recht im Einzelfall zulässig ist, ein Weisungsrecht gegenüber der Tochtergesellschaft zu vereinbaren, vgl. Teil 3, Kap. B.II.

501 *Lomakin*, Kommerčeskie korporacii kak sub´´ekty korporativnych pravootnošenij: učebnoe posobie, S. 113 ff.

502 *Telke*, Russisches Konzernrecht, S. 54; vgl. zu Gewinnabführungsverträgen auch *Šitkina*, Choldingi: Pravovoe regulirovanie i korporativnoe upravlenie, S. 155 ff.

503 Vgl. hierzu *Emmerich*, in: Emmerich/Habersack, Konzernrecht, § 12 Rn. 1.

bringen[504], ist ihre Bedeutung im russischen Recht allerdings gering. Es stellt sich daher die Frage, welche Verträge der russische Gesetzgeber bei der Normierung der Art. 67.3 Pkt. 1 ZGB RUS sowie Art. 6 Pkt. 2 GmbHG RUS und Art. 6 Pkt. 2 AktG RUS im Sinn hatte.

bb) Gesellschaftervereinbarungen als Mittel der Konzernierung?

In der Literatur wird darauf hingewiesen, dass der Abschluss von Gesellschaftervereinbarungen zum Zwecke der Konzernierung im Vergleich zum Abschluss von Beherrschungs- oder Gewinnabführungsverträgen zwischen russischen Unternehmern verbreiteter sei.[505] Entsprechende Vereinbarungen könnten somit ebenfalls einen Vertrag im Sinne der Art. 67.3 Pkt. 1 ZGB RUS sowie Art. 6 Pkt. 2 GmbHG RUS und Art. 6 Pkt. 2 AktG RUS darstellen und die Möglichkeit eröffnen, eine andere Gesellschaft vertraglich an sich zu binden und auf diesem Wege die von ihr zu treffenden Entscheidungen zu bestimmen. Sie könnten folglich ein Konzernierungsverhältnis nach russischem Verständnis begründen und eine Durchgriffshaftung auslösen. Nachdem Gesellschaftervereinbarungen – nach einem langjährigen Zeitraum der Rechtsunsicherheit[506] – seit 2008 bzw. 2009 und 2014[507] auch gesetzlich normiert und für Gesellschafter aller Arten von Wirtschaftsgesellschaften[508] zugelassen sind,[509] dürften sie nun zumindest von noch größerem Interesse sein.

Gesetzlich definiert ist die Gesellschaftervereinbarung als Vertrag, in dem sich die Gesellschafter verpflichten, ihre Rechte aus der Mitgliedschaft auf eine bestimmte Art und Weise auszuüben.[510] Hierzu gehören, neben einer Vielzahl möglicher Erscheinungsformen,[511] auch Vereinbarungen darüber, wie

---

504 *Telke,* Russisches Konzernrecht, S. 54.

505 *Telke,* Russisches Konzernrecht, S. 54 und S. 63.

506 Vgl. hierzu ausführlich *Radike,* Rechtsvergleich von Gesellschaftervereinbarungen in Gesellschaften mit beschränkter Haftung nach russischem und englischem Recht, Ost/Letter 3/2018, S. 2 f.

507 Eingeführt in Art. 8 Pkt. 3 GmbHG RUS durch das Föderale Gesetz Nr. 312-FZ vom 30.12.2008; in Art. 32.1 AktG RUS durch das Föderale Gesetz Nr. 115-FZ vom 3.6.2009 und in Art. 67.2 ZGB RUS durch das Föderale Gesetz Nr. 99-FZ vom 5.5.2014.

508 *Schramm,* Zwischen Liberalisierung und Regulierung, Ost/Letter 1/2015, S. 10.

509 Art. 8 Pkt. 3 GmbHG RUS, Art. 32.1 AktG RUS; Art. 67.2 ZGB RUS.

510 Vgl. ausführlich zu den leichten Formulierungsunterschieden zwischen den einzelnen Normen: *Allenhöfer,* Gesellschaftervereinbarungen bei Kapitalgesellschaften, S. 25.

511 *Allenhöfer,* Gesellschaftervereinbarungen bei Kapitalgesellschaften, S. 26; vgl. auch *Plagemann,* Die russische Aktiengesellschaft, S. 134.

Gesellschafter im Rahmen der Gesellschafter- bzw. Aktionärsversammlung abstimmen[512] oder wie die Unternehmensentscheidungen der Gesellschaft nach außen koordiniert werden sollen.[513] So kann beispielsweise ein bestimmtes Abstimmverhalten bei der Wahl von Gesellschaftsorganen vereinbart werden.[514] Nicht möglich ist dagegen die Verpflichtung einer Vertragspartei, gemäß den Weisungen eines Gesellschaftsorgans abzustimmen oder die Vereinbarung über die Änderung der Struktur oder der Kompetenzen von Gesellschaftsorganen.[515] Allerdings darf durch die Vereinbarung durchaus in die innere Organisationsstruktur der Gesellschaft eingegriffen werden, indem sich die Parteien dazu verpflichten, auf einer Gesellschafterversammlung für eine entsprechende Satzungsänderung zu stimmen.[516] Der Abschluss von Stimmbindungsverträgen kann folglich große Einflussmöglichkeiten auf die Leitung der Gesellschaft zur Folge haben.[517] Aufgrund dieser Einflussmöglichkeiten ist somit auch das Entstehen eines Abhängigkeitsverhältnisses im Sinne der russischen konzernrechtlichen Bestimmungen zu bejahen.[518] Sofern die Obergesellschaft bereits

512 *Allenhöfer,* Gesellschaftervereinbarungen bei Kapitalgesellschaften, S. 26; *Kindsvater,* WiRO 2014, 324, 325; *Telke,* Russisches Konzernrecht, S. 54 bzw. 63; *Plagemann,* Die russische Aktiengesellschaft, S. 134. Es handelt sich hierbei um Stimmbindungsvereinbarungen, vgl. zu diesem Begriff auch *Radike,* Rechtsvergleich von Gesellschaftervereinbarungen in Gesellschaften mit beschränkter Haftung nach russischem und englischem Recht, Ost/Letter 3/2018, S. 9; Stimmbindungsverträge sind auch nach deutschem Verständnis ein spezieller Fall von Gesellschaftervereinbarungen, vgl. hierzu *Trölitzsch,* in: Ziemons/Jaeger/Pöschke, BeckOK GmbHG, § 53 Anhang Gesellschaftervereinbarungen, vor Rn. 1.

513 Vgl. auch *Allenhöfer,* Gesellschaftervereinbarungen bei Kapitalgesellschaften, S. 26 f.; *Kindsvater,* WiRO 2014, 324, 325.

514 *Telke,* Russisches Konzernrecht, S. 54 m.w.N.

515 Art. 67.2 Pkt. 2 Abs. 1 ZGB RUS; vgl. auch *Kindsvater,* WiRO 2014, 324, 325; *Radike,* Rechtsvergleich von Gesellschaftervereinbarungen in Gesellschaften mit beschränkter Haftung nach russischem und englischem Recht, Ost/Letter 3/2018, S. 10: andernfalls droht die Nichtigkeit der Vereinbarung nach Art. 168 ZGB RUS.

516 Art. 67.2 Pkt. 2 Abs. 3 ZGB RUS; vgl. auch *Schramm,* Zwischen Liberalisierung und Regulierung, Ost/Letter 1/2015, S. 10.

517 So auch *Radike,* Rechtsvergleich von Gesellschaftervereinbarungen in Gesellschaften mit beschränkter Haftung nach russischem und englischem Recht, Ost/Letter 3/2018, S. 9; *Piskunov,* Korporativnoe soglašenie – ėto bomba pod ves´ naš oborot, Interv´ju s E.A. Suchanovym, Zakon 2014, N 7; vgl. auch *Schramm,* Zwischen Liberalisierung und Regulierung, Ost/Letter 1/2015, S. 10.

518 Für die GmbH russischen Rechts vgl. auch *Šitkina,* Osnovanija i pravovye posledstvija otnošenij dočernosti chozjajstvennych obščestv (Kommentarij k st. 6 Zakona ob

Gesellschafterin der Tochtergesellschaft ist, kann sie folglich durch den Abschluss einer Gesellschaftervereinbarung mit anderen Gesellschaftern beherrschenden Einfluss gewinnen.[519]

Durch den Abschluss einer Gesellschaftervereinbarung kann nach russischem Recht darüber hinaus eine einfache Personengesellschaft[520] entstehen.[521] Die Gründung einer solchen, nicht öffentlichen Personengesellschaft russischen Rechts durch Gesellschaftervereinbarung ist bereits dann möglich, wenn ein gemeinsamer Zweck vereinbart wird.[522] Da die einfache Personengesellschaft jedoch keine juristische Person ist und weder eine Wirtschaftspersonen- noch eine Kapitalgesellschaft darstellt, kann sie zwar faktisch die Funktionen einer Obergesellschaft übernehmen,[523] aber nicht selbst Obergesellschaft im Sinne des Art. 67.3 Pkt. 1 ZGB RUS sein.[524]

Darüber hinaus ist auch die Einführung einer neuen Form von Gesellschaftervereinbarungen[525] in Art. 67.2 Pkt. 9 ZGB RUS von Interesse für den

---

OOO), Chozjajstvo i pravo 2020, N 7, S. 8. Dieses kann auch nach deutschem Verständnis konzernrechtlich sein, vgl. hierzu *Trölitzsch,* in: Ziemons/Jaeger/Pöschke, BeckOK GmbHG, § 53 Anhang Gesellschaftervereinbarungen, Rn. 24 m.w.N.

519 Zu den Voraussetzungen im deutschen Recht vgl. auch *Trölitzsch,* in: Ziemons/Jaeger/Pöschke, BeckOK GmbHG, § 53 Anhang Gesellschaftervereinbarungen, Rn. 24.

520 *Prostoe tovariščestvo,* Art. 1041 ff. ZGB RUS.

521 *Telke,* Russisches Konzernrecht, S. 54; vgl. auch *Radike,* Rechtsvergleich von Gesellschaftervereinbarungen in Gesellschaften mit beschränkter Haftung nach russischem und englischem Recht, Ost/Letter 3/2018, S. 6; *Allenhöfer*, Gesellschaftervereinbarungen bei Kapitalgesellschaften, S. 239 (in Form der „stillen Gesellschaft". Art. 1054 ZGB RUS).

522 *Radike,* Rechtsvergleich von Gesellschaftervereinbarungen in Gesellschaften mit beschränkter Haftung nach russischem und englischem Recht, Ost/Letter 3/2018, S. 6; *Allenhöfer*, Gesellschaftervereinbarungen bei Kapitalgesellschaften, S. 239 (zur „stillen Gesellschaft").

523 *Telke,* Russisches Konzernrecht, S. 54 m.w.N.

524 Auch im deutschen Recht ist die durch die Gesellschaftervereinbarung gebildete Innen-GbR regelmäßig nicht als herrschendes Unternehmen anzusehen, so *Trölitzsch,* in: Ziemons/Jaeger/Pöschke, BeckOK GmbHG, § 53 Anhang Gesellschaftervereinbarungen, Rn. 24 m.w.N.

525 Sog. *Kvazikorporativnyj dogovor*; so *Šitkina*, Osnovanija i pravovye posledstvija otnošenij dočernosti chozjajstvennych obščestv (Kommentarij k st. 6 Zakona ob OOO), Chozjajstvo i pravo 2020, N 7, S. 8; *Šitkina,* in: Šitkina, Korporativnoe pravo. Učebnyj kurs, Tom 1, S. 474.

Abschluss von Konzernierungsverträgen.[526] Hiernach kommen als Vertragsparteien von Gesellschaftervereinbarung neben den Gesellschaftern und der Gesellschaft als solcher[527] nach dem ausdrücklichen Gesetzeswortlaut auch „Gläubiger und andere Dritte"[528] in Betracht.[529] Auf diese Weise kann eine Obergesellschaft, auch ohne direkte Beteiligung am Tochterunternehmen einen gewissen Grad an Kontrolle über sie erlangen, sofern ein oder mehrere Gesellschafter ganz oder teilweise auf die Ausübung ihre Gesellschafterrechte verzichten.[530]

Ein häufig genannter Vorteil von Gesellschaftervereinbarung ist neben der im Gegensatz zu Beherrschungsverträgen gesetzlich ausdrücklich geregelten Zulässigkeit die Tatsache, dass ihr Inhalt der Öffentlichkeit und Dritten gegenüber nicht offengelegt werden muss.[531] So werden Gesellschaftervereinbarungen häufig gerade der Geheimhaltung wegen geschlossen.[532] Dieser Grundsatz gilt indes nur für die GmbH[533] und auch nur bezüglich des *Inhalts* der Vereinbarung. Denn über die Existenz selbst ist die Gesellschaft spätestens 15 Tage nach

526 *Šitkina*, Osnovanija i pravovye posledstvija otnošenij dočernosti chozjajstvennych obščestv (Kommentarij k st. 6 Zakona ob OOO), Chozjajstvo i pravo 2020, N 7, S. 8; *Šitkina*, in: Šitkina, Korporativnoe pravo. Učebnyj kurs, Tom 1, S. 474.

527 *Radike*, Rechtsvergleich von Gesellschaftervereinbarungen in Gesellschaften mit beschränkter Haftung nach russischem und englischem Recht, Ost/Letter 3/2018, S. 10; vgl. auch *Allenhöfer*, Gesellschaftervereinbarungen bei Kapitalgesellschaften, S. 250.

528 Art. 67.2 Pkt. 9 ZGB RUS, wobei dieser Vertrag keinen korporativen Vertrag im eigentlichen Sinne darstellt, sondern lediglich entsprechend behandelt wird, *Allenhöfer*, Gesellschaftervereinbarungen bei Kapitalgesellschaften, S. 252; *Radike*, Rechtsvergleich von Gesellschaftervereinbarungen in Gesellschaften mit beschränkter Haftung nach russischem und englischem Recht, Ost/Letter 3/2018, S. 11; *Schramm*, Zwischen Liberalisierung und Regulierung, Ost/Letter 1/2015, S. 10 (Art. 67.2 Pkt. 9 ZGB).

529 Nicht möglich ist indes der Abschluss einer Gesellschaftervereinbarungen durch die Gesellschaftsorgane selbst, da diesen die nötige Rechtsfähigkeit fehlt, *Radike*, Rechtsvergleich von Gesellschaftervereinbarungen in Gesellschaften mit beschränkter Haftung nach russischem und englischem Recht, Ost/Letter 3/2018, S. 10.

530 *Šitkina*, Osnovanija i pravovye posledstvija otnošenij dočernosti chozjajstvennych obščestv (Kommentarij k st. 6 Zakona ob OOO), Chozjajstvo i pravo 2020, N 7, S. 8.

531 Vgl. *Radike*, Rechtsvergleich von Gesellschaftervereinbarungen in Gesellschaften mit beschränkter Haftung nach russischem und englischem Recht, Ost/Letter 3/2018, S. 9.

532 *Radike*, Rechtsvergleich von Gesellschaftervereinbarungen in Gesellschaften mit beschränkter Haftung nach russischem und englischem Recht, Ost/Letter 3/2018, S. 9.

533 Vgl. auch *Telke*, Russisches Konzernrecht, S. 63, m.w.N.

Abschluss der Vereinbarung zu unterrichten.[534] Andernfalls droht ein Schadensersatzanspruch der übrigen Gesellschafter.[535] Sofern die Gesellschaftervereinbarung von Gesellschaftern einer öffentlichen[536] Aktiengesellschaft geschlossen wurde, muss darüber hinaus jedoch auch der Inhalt nach dem im AktG RUS festgelegten Rahmen offengelegt werden.[537]

cc) Einbeziehung rein schuldrechtlicher Verträge?

Im Hinblick auf die nicht weiter einschränkende Formulierung der Art. 67.3 Pkt. 1 ZGB RUS sowie der Art. 6 Pkt. 2 GmbHG RUS und Art. 6 Pkt. 2 AktG RUS, wonach ein Beherrschungsverhältnis gemäß einem zwischen den Gesellschaften geschlossenen Vertrag begründet werden kann, ohne dass hierzu weitere Ausführungen vorgenommen werden und der Tatsache, dass aufgrund der in Russland vorherrschenden Theorie des Gesetzespositivismus dem Wortlaut der Norm eine absolute Bedeutung beigemessen wird[538], stellt sich die Frage, ob anders als im deutschen Recht auch schuldrechtliche Verträge, die eine rein wirtschaftliche Machtstellung ermöglichen, ein Beherrschungsverhältnis nach russischem Verständnis begründen können[539].

In der Tat wird sowohl in der russisch- als auch deutschsprachigen Literatur zum russischen Recht[540] davon ausgegangen, dass auch rein schuldrechtliche

534 Art. 8 Pkt. 3 Abs. 2 GmbHG RUS; Art. 32.1 Pkt. 4.1 AktG RUS; Art. 67.2 Pkt. 4 Abs. 1 ZGB RUS, wobei das ZGB RUS keinen Zeitraum nennt, innerhalb dessen die Gesellschaft zu unterrichten ist; vgl. auch *Radike,* Rechtsvergleich von Gesellschaftervereinbarungen in Gesellschaften mit beschränkter Haftung nach russischem und englischem Recht, Ost/Letter 3/2018, S. 9; vgl. auch *Kindsvater,* WiRO 2014, 324, 325.

535 *Kindsvater,* WiRO 2014, 324, 325.

536 *Publičnoe akcionernoe obščestvo*. Eine Aktiengesellschaft ist nach russischem Verständnis öffentlich, wenn ihre Aktien öffentlich platziert oder öffentlich gehandelt werden oder wenn die Satzung und die Firma einen Hinweis darauf enthalten, dass es sich um eine öffentliche Aktiengesellschaft handelt, Art. 66.3 Pkt. 1 ZGR RUS; vgl. auch *Weidemann,* in: Galander, Russisches Wirtschaftsrecht, S. 104; vgl. hierzu bereits Teil 2, Kap. A.I.1.a)bb).

537 Art. 67.2 Pkt. 4 Abs. 2 ZGB RUS; Art. 32.1 Pkt. 5.1 AktG RUS; *Kindsvater,* WiRO 2014, 324, 325.

538 Hierzu ausführlich *Allenhöfer,* Gesellschaftervereinbarungen bei Kapitalgesellschaften, S. 176 f. sowie in Teil 2, Kap. A.I.1.b)aa).

539 Zu dieser Frage auch *Rabensdorf,* Die Durchgriffshaftung im deutschen und russisch en Recht der Kapitalgesellschaften, S. 170.

540 Soweit ersichtlich, fehlt eine entsprechende Rechtsprechung zu dieser Frage. So auch bereits *Rabensdorf,* Die Durchgriffshaftung im deutschen und russisch en Recht der

Verträge solche im Sinne der Konzernvorschriften sein können[541] und Beherrschungsverhältnisse auf Grundlage eines Vertrages zwischen den Gesellschaften sogar „üblicherweise“ aufgrund „gewöhnlicher zivilrechtlicher Verträge“ entstehen[542]. Einschränkend wird lediglich gefordert, dass die schuldrechtliche Vereinbarung nicht rechtswidrig sein dürfe.[543] In Betracht kommen insoweit nach Ansicht der Literatur beispielsweise Franchiseverträge[544], sofern der Franchisenehmer (und damit die Tochtergesellschaft) durch den Vertrag wesentlich von den Lieferungen des Franchisegebers (der Obergesellschaft) abhängig gemacht wird und hierdurch eine erhebliche Einflussnahme auf den Franchisenehmer ermöglicht wird.[545] Aber auch Lizenzverträge[546] über die Nutzung von Marken und Know-how – sofern der Lizenznehmer hinsichtlich Rechtsgeschäften im Rahmen der lizensierten Tätigkeit auf die Zustimmung des Lizenzgebers angewiesen ist[547] – und Kaufverträge über Waren, Schulungsverträge, Werkverträge

---

Kapitalgesellschaften, S. 172; vgl. allerdings *Balayan*, WiRO 1995, 313, 314, die ausführt, dass russische Richter in der Literatur die Meinung vertreten, dass rein wirtschaftliche Verflechtungen ein Beherrschungsverhältnis begründen können.

541 Vgl. auch *Mereminskaja,* Durchbrechung der Haftungsbeschränkung eines GmbH-Gesellschafters, S. 60; vgl. auch *Tichomirov,* in: Tichomirov, Kommentarij k Federal´nomu zakonu „ob obščestvach c ograničennoj otvetstvennost´ju“, Art. 6 GmbHG RUS, S. 64.

542 *Lomakin*, Kommerčeskie korporacii kak sub´´ekty korporativnych pravootnošenij: učebnoe posobie, S. 113 ff., vgl. auch *Šitkina*, Osnovanija i pravovye posledstvija otnošenij dočernosti chozjajstvennych obščestv (Kommentarij k st. 6 Zakona ob OOO), Chozjajstvo i pravo 2020, N 7, S. 10.

543 *Tichomirov,* in: Tichomirov, Kommentarij k Federal´nomu zakonu „ob obščestvach c ograničennoj otvetstvennost´ju“, Art. 6 GmbHG RUS, S. 64; *Mereminskaja,* Durchbrechung der Haftungsbeschränkung eines GmbH-Gesellschafters, S. 60; *Plagemann,* Die russische Aktiengesellschaft, S. 43.

544 *Mazur,* in: Abramova/Averčenko/Bajguševa, Kommentarij k Graždanskomu kodeksu Rossijskoj Federacii, Čast pervaja, Art. 105 Pkt. 4; *Šitkina,* Osnovanija ustanovlenija choldingovych otnošenij, Predprinimatel´skoe pravo 2005, N 2; vgl. auch *Galander,* in: Galander, Russisches Wirtschaftsrecht, S. 159; *Telke*, Russisches Konzernrecht, S. 55.

545 *Telke*, Russisches Konzernrecht, S. 55.

546 *Steininger/Oljenik*, Wenn die Tochter in die Pubertät kommt, Ost/Letter 1/2014, S. 12; *Heeg,* WiRO 2000, 1, 2; *Steininger/Oljenik*, Wenn die Tochter in die Pubertät kommt, Ost/Letter 1/2014, S. 12; *Plagemann,* Die russische Aktiengesellschaft, S. 224; *Balayan* WiRO 1995, 313, 314. Gegen eine vorschnelle Bejahung: *Rabensdorf,* Durchgriffshaftung, S. 170 aber m.w.N. für Gegenansicht.

547 *Mereminskaja,* Durchbrechung der Haftungsbeschränkung eines GmbH-Gesellschafters, S. 62.

für die Installation von Software oder auch Darlehensverträge[548] über einen langen Zeitraum und einen hohen Betrag sowie Finanzierungs-[549] und Treuhandverträge[550] kommen in Betracht.[551] Denkbar sind auch Zulieferverträge wie Just-in-time-Vereinbarungen oder umfangreiche Kreditbeziehungen mit weitreichenden Kontrollrechten.[552] Dabei können diese Verträge entweder einzeln oder als „Geflecht"[553] als Konzernierungsvertrag kategorisiert werden. Welcher Vertrag als Konzernierungsvertrag eingestuft werden kann, bleibt einer Einzelfallprüfung überlassen. In Betracht kommt insoweit jeder Vertragstyp,[554] sofern er nicht rechtwidrig ist.[555] So haben etwa weder Rechtsprechung noch Literatur allgemeine Fallgruppen definiert, die Anhaltspunkte über die Kategorisierung als Konzernierungsvertrag geben könnten.[556] Ungeklärt ist darüber hinaus nach wie vor, in welchem Umfang auch die indirekte Möglichkeit, Einfluss auf Gesellschaftsorgane zu nehmen, ausreicht, um ein Konzernierungsverhältnis zu begründen[557]. Eine Einschränkung, wonach die Möglichkeit, die Entscheidungen der anderen Gesellschaft zu beeinflussen, auf einem gesellschaftsrechtlichen

548 *Steininger/Oljenik*, Wenn die Tochter in die Pubertät kommt, Ost/Letter 1/2014, S. 12; bzw. „Kreditverträge"; *Balayan*, WiRO 1995, 313, 314; auch *Mereminskaja*, Durchbrechung der Haftungsbeschränkung eines GmbH-Gesellschafters, S. 63; vgl. auch *Rabensdorf*, Die Durchgriffshaftung im deutschen und russischen Recht der Kapitalgesellschaften, S. 170.

549 *Mazur*, in: Abramova/Averčenko/Bajguševa, Kommentarij k Graždanskomu kodeksu Rossijskoj Federacii, Čast pervaja, Art. 105 Pkt. 4; vgl. auch *Galander*, in: Galander, Russisches Wirtschaftsrecht, S. 159; *Plagemann*, Die russische Aktiengesellschaft, S. 224; *Balayan* WiRO 1995, 313, 314.

550 *Šitkina*, Osnovanija i pravovye posledstvija otnošenij dočernosti chozjajstvennych obščestv (Kommentarij k st. 6 Zakona ob OOO), Chozjajstvo i pravo 2020, N 7, S. 10.

551 *Steininger/Oljenik*, Wenn die Tochter in die Pubertät kommt, Ost/Letter 1/2014, S. 12.; vgl. zur tatsächlichen Abhängigkeit, die durch entsprechende Verträge entstehen kann *Emmerich*, in Emmerich/Habersack, Aktien- und GmbH-Konzernrecht, § 17 Rn. 15.

552 Vgl. hierzu *Emmerich*, in Emmerich/Habersack, Aktien- und GmbH-Konzernrecht, § 17 Rn. 15.

553 *Steininger/Oljenik*, Wenn die Tochter in die Pubertät kommt, Ost/Letter 1/2014, S. 11.

554 *Telke*, Russisches Konzernrecht, S. 55; vgl. auch *Mozolin/Judenkov*, in: Abova/Beljaeva/Gendzechadze, Kommentarij k Graždanskomu kodeksu Rossijskoj Federacii, Časti pervoj, Art. 105 ZGB RUS.

555 *Tichomirov*, in: Tichomirov, Kommentarij k Federal´nomu zakonu „ob obščestvach c ograničennoj otvetstvennost´ju", Art. 6 GmbHG RUS, S. 64; *Mereminskaja*, Durchbrechung der Haftungsbeschränkung eines GmbH-Gesellschafters, S. 60.

556 *Telke*, Russisches Konzernrecht, S. 63, m.w.N.

557 *Telke*, Russisches Konzernrecht, S. 55.

Einfluss gegründet sein[558] oder durch einen solchen – beispielsweise in Form einer Gesellschafterstellung[559] – verstärkt werden muss, besteht nicht. Auch wird in der Literatur im Hinblick auf Beherrschungsverträge nicht etwa gefordert, dass sich die Beherrschung auf das Unternehmen als Ganzes beziehen müsse, womit auch der Einfluss in einzelnen Geschäftsbereichen im Sinne einer punktuellen Austauschbeziehung im Einzelfall denkbar sein kann.[560] Erforderlich ist allerdings, dass die zu treffenden Entscheidungen durch die herrschende Gesellschaft insgesamt und nicht lediglich bezogen auf *einzelne* Handlungen aus dem zivilrechtlichen Vertrag bestimmt werden.[561]

Die Bindung entsteht bei entsprechenden Verträgen häufig „de facto" durch ihre Ausführung.[562] Für die Obergesellschaft bedeutet das, dass sie zwar sowohl weitreichende Möglichkeiten hat, um einen Konzern aufzubauen, jedoch auch häufig unbeabsichtigt den Konzernregeln und damit auch den russischen Konzernhaftungsregeln[563] und dem Durchgriff auf ihr Vermögen unterliegt.

(1) Vergleich zum deutschen Recht

Gerade die Tatsache, dass auch rein schuldrechtliche Verträge unter die konzernrechtlichen Vorschriften zu fassen sein können, stellt einen erheblichen Unterschied zum deutschen Konzernrecht dar. So existiert zwar auch im

---

558 *Rabensdorf,* Die Durchgriffshaftung im deutschen und russischen Recht der Kapitalgesellschaften, S. 170.

559 Dazu, dass die Beherrschung nicht etwa an eine Gesellschafterstellung gebunden ist *Mereminskaja,* Durchbrechung der Haftungsbeschränkung eines GmbH-Gesellschafters, S. 62.

560 Anders im deutschen Recht, vgl. dazu *Soudry/Löb,* GWR 2011, 127, 129; *Bayer,* in: Münchener Kommentar AktG, § 17 Rn. 24; *Koch,* in: *Hüffer/Koch,* AktG, § 17 Rn. 7; *Ulmer,* ZGR 1978, 457, 461; vgl. auch BGH, Beschluß vom 17.3.1997, Az.: II ZB 3/96, NJW 1997, 1855, 1856; a.A.: *Dierdorf,* Herrschaft und Abhängigkeit einer AG auf schuldvertraglicher und tatsächlicher Grundlage, 1978, S. 88 ff.

561 Postanovlenie FAS Severo-Zpadnogo okruga ot 15.5.2002 po delu N A56/17968/01; vgl. auch *Šitkina,* Osnovanija i pravovye posledstvija otnošenij dočernosti chozjajstvennych obščestv (Kommentarij k st. 6 Zakona ob OOO), Chozjajstvo i pravo 2020, N 7, S. 10.

562 *Šitkina,* Choldingi: Pravovoe regulirovanie ėkonomičeskoj zavisimosti. Upravlenie v gruppach kompanij, S. 123; *Šitkina,* Osnovanija ustanovlenija choldingovych otnošenij, Predprinimatel´skoe pravo 2005, N 2; vgl. auch *Steininger/Oljenik,* Wenn die Tochter in die Pubertät kommt, Ost/Letter 1/2014, S. 12.

563 So auch *Telke,* Russisches Konzernrecht, S. 55; ausführlich zu den Konzernhaftungsregeln in Teil 1, Kap. A.II.

deutschen Recht keine gesetzliche Klarstellung zu der Frage, ob auch schuldrechtliche Verträge ein Konzernrechtsverhältnis begründen können und § 17 Abs. 1 AktG (D) definiert abhängige Unternehmen lediglich als rechtlich selbstständige Unternehmen, auf die ein anderes Unternehmen unmittelbar oder mittelbar einen beherrschenden Einfluss nehmen kann. Allerdings wird vorwiegend vertreten, dass ein beherrschender Einfluss im Sinne des § 17 Abs. 1 AktG (D) gesellschaftsrechtlich bedingt oder zumindest vermittelt sein muss.[564] Außergesellschaftsrechtliche Bindungen können einen für sich nicht ausreichenden gesellschaftsrechtlichen Einfluss höchstens verstärken und hierdurch eine Abhängigkeit begründen.[565] Eine rein wirtschaftliche Einflussnahme ist dagegen nicht ausreichend, sodass externe Abhängigkeiten, beispielsweise in Folge von Kredit- oder Lieferbeziehungen, nach deutschem Verständnis nicht zu einer Einflussnahme im Sinne des § 17 Abs. 1 AktG (D) führen.[566] Erforderlich ist vielmehr, dass eine in die Innenstruktur der AG eingreifende Einflussmöglichkeit vorliegt.[567]

Entgegen dieser heute herrschenden Meinung wurde allerdings auch in Deutschland lange Zeit vertreten, dass auch eine rein tatsächliche Abhängigkeit aufgrund schuldrechtlicher Verträge zu einer konzernrechtlichen Abhängigkeit führen können soll,[568] beispielsweise „wenn das abhängige Unternehmen auf einen monopolistischen Anbieter oder Nachfrager angewiesen ist und sich

---

564 BGH, Urteil vom 26.03.1984, Az.: II ZR 171/83, NJW 1984, 1893, 1896; *Raiser/Veil*, Recht der Kapitalgesellschaften, § 59 Rn. 23; *Koch*, in: *Hüffer/Koch*, AktG, § 17 Rn. 8; *Bayer*, in: Münchener Kommentar AktG, § 17 Rn. 29; *Emmerich*, in Emmerich/Habersack, Aktien- und GmbH-Konzernrecht, § 17 Rn. 15; einschränkend *Schall*, in: *Spindler/Stilz*, AktG, § 17 Rn. 20 ff.

565 BGH, Urteil vom 26.03.1984, Az.: II ZR 171/83, NJW 1984, 1893, 1896; *Raiser/Veil*, Recht der Kapitalgesellschaften, § 59 Rn. 24; zu dieser sog. „kombinierten Beherrschung“ vgl. auch *Emmerich*, in: Emmerich/Habersack, Aktien- und GmbH-Konzernrecht, § 17 Rn. 16; *Emmerich*, in: Emmerich/Habersack, Konzernrecht, § 3 Rn. 21; *Bayer*, in: Münchener Kommentar AktG, § 17 Rn. 31 ff.; einschränkend *Koch*, in: *Hüffer/Koch*, AktG, § 17 Rn. 8.

566 BGH, Urteil vom 26.03.1984, Az.: II ZR 171/83, NJW 1984, 1893, 1896; *Koch*, in: *Hüffer/Koch*, AktG, § 17 Rn. 8; *Bayer*, in: Münchener Kommentar AktG, § 17 Rn. 22.

567 *Koch*, in: *Hüffer/Koch*, AktG, § 17 Rn. 8.

568 Vgl. etwa *Dierdorf*, Herrschaft und Abhängigkeit einer AG auf schuldvertraglicher und tatsächlicher Grundlage, S. 38 ff., S. 154 ff.; *Buschbeck-Bülow*, BB 1989, 352 ff.; vgl. zum Meinungsstand auch *Schall*, in: Spindler/Stilz, AktG, § 17 Rn. 20 m.w.N.; *Prühs*, DB 1972, 2001, 2001 ff.

dessen Diktat beugen muss".[569] Dies konnte aufgrund der – dem russischen Recht entsprechenden – offenen Formulierung des deutschen Gesetzgebers, der eine abschließende Aufzählung der Grundlagen eines Beherrschungsverhältnisses aufgrund der Vielzahl möglicher Gestaltungsformen für unmöglich angesehen hat[570] und der bejahenden amtlichen Begründung zu § 17 Abs. 1 AktG (D)[571], auch gut begründet werden. Nach dieser Ansicht sollte daher auch die tatsächliche Abhängigkeit unter die Legaldefinition des § 17 Abs. 1 AktG (D) fallen.[572] Eine einschränkende Interpretation, die fordere, dass die Beherrschung auch gesellschaftsrechtlich begründet sei, widerspreche nach dieser Ansicht dagegen dem erklärten Willen des Gesetzgebers.[573] Aufgrund der Tatsache, dass Aktionäre sowie Gläubiger gegenüber einer tatsächlichen Einflussnahme genauso machtlos seien wie gegenüber dem Erwerb einer Mehrheitsbeteiligung und der hieraus resultierenden Abhängigkeit, wurde lange Zeit vertreten, dass eine solche Auslegung gerechtfertigt sei.[574]

Im Anschluss an ein richtungsweisendes Urteil des BGH vom 26.03.1984[575] setzte sich in Deutschland indes die gegenteilige Meinung durch. Gefordert wurde im Anschluss vorwiegend eine gesellschaftsrechtlich vermittelte Einflussmöglichkeit, um ein Beherrschungsverhältnis im Sinne des § 17 Abs. 1 AktG (D) zu begründen.[576] Wie *Raiser* richtig feststellt, ist dieser Meinung deshalb zuzustimmen, weil das Konzernrecht nicht darauf zugeschnitten ist, vor „rücksichtslos ausgeübter Macht im Rahmen vertraglich geordneter Austauschbeziehungen" zu schützen, sondern rein gesellschaftsrechtlich geprägt ist[577] und insbesondere dem Schutz von Minderheitsaktionären innerhalb der abhängigen

---

569 Vgl. etwa *Prühs,* DB 1972, 2001, 2005.

570 Vgl. *Kropff,* Aktiengesetz von 1965, S. 31.

571 *Kropff,* Aktiengesetz von 1965, S. 31; vgl. auch *Prühs,* DB 1972, 2001, 2002; *Herrfeld,* Die Abhängigkeit des Franchisenehmers, S. 423; *Raiser,* Recht der Kapitalgesellschaften, 2. Aufl., 1992, § 51 Rn. 20.

572 *Prühs,* DB 1972, 2001, 2002.

573 *Prühs,* DB 1972, 2001, 2005.

574 *Prühs,* DB 1972, 2001, 2005.

575 BGH, Urteil vom 26.03.1984, Az.: II ZR 171/83, NJW 1984, 1893.

576 So *Raiser/Veil,* Recht der Kapitalgesellschaften, § 59 Rn. 23; *Bayer,* in: Münchener Kommentar AktG, § 17 Rn. 29; *Koch,* in: *Hüffer/Koch,* AktG, § 17 Rn. 8; *Emmerich,* in Emmerich/Habersack, Aktien- und GmbH-Konzernrecht, § 17 Rn. 15; einschränkend *Schall,* in: Spindler/Stilz, AktG, § 17 Rn. 20 ff.; kritisch aber beispielsweise *Soudry/Löb,* GWR 2011, 127 ff. für „moderne Vertragssysteme" wie Just-in-time-Verträge.

577 *Raiser/Veil,* Recht der Kapitalgesellschaften, § 59 Rn. 23.

Gesellschaft vor nachteiligen Einwirkungen auf deren Unternehmensführung dienen soll[578].

Ausreichenden Schutz vor der Ausübung fremder wirtschaftlicher Macht bieten jedoch bereits die Vorschriften des allgemeinen Zivil- und Wettbewerbsrechts.[579] Diese können unter Umständen sogar umfangreichere und wirksamere Abwehrmöglichkeiten darstellen als die Vorschriften der §§ 311 ff. AktG[580]. Gerade die Vorschriften des Wettbewerbsrechts schützen etwa die Wettbewerbsordnung,[581] die beschränkt werden kann, wenn monopolistische Anbieter durch den Abschluss entsprechender Verträge, andere Unternehmen von sich abhängig machen. Nicht erforderlich ist in solchen Fällen dagegen die Heranziehung des Konzernrechts, das lediglich den rechtlichen Rahmen prägen soll, in dem Konzerne errichtet und tätig werden können[582] und nicht auf externe Abhängigkeiten zugeschnitten ist[583]. Die Einbeziehung nichtgesellschaftlicher Einflüsse – etwa durch externe Austauschbeziehungen wie Liefer-, Lizenz- oder Kreditverträge – würde dagegen zu tief in das Marktgeschehen eingreifen und damit über das Ziel der konzernrechtlichen Vorschriften hinausschießen.[584]

(2) Übertragbarkeit der deutschen Grundsätze auf das russische Recht

Der Schutz vor der Ausübung fremder wirtschaftlicher Macht[585] ist allerdings auch im russischen Recht umfangreich durch das Wettbewerbsschutzgesetz[586] geschützt, das alle vertikalen Vereinbarungen[587] untersagt, sofern sie zur

578 BGH, Urteil vom 26.03.1984, Az.: II ZR 171/83, NJW 1984, 1893, 1896.

579 *Raiser/Veil*, Recht der Kapitalgesellschaften, § 59 Rn. 23; *Köhler*, NJW 1978, 2473, 2478; BGH, Urteil vom 26.03.1984, Az.: II ZR 171/83, NJW 1984, 1893, 1897.

580 BGH, Urteil vom 26.03.1984, Az.: II ZR 171/83, NJW 1984, 1893, 1897.

581 *Raiser*, Recht der Kapitalgesellschaften, 2. Aufl., 1992, § 50 Rn. 10.

582 *Raiser*, Recht der Kapitalgesellschaften, 2. Aufl., 1992, § 50 Rn. 10.

583 *Koch*, in: *Hüffer/Koch*, AktG, § 17 Rn. 8.

584 BGH, Urteil vom 26.03.1984, Az.: II ZR 171/83, NJW 1984, 1893, 1896.

585 So die Formulierung auch bei BGH, Urteil vom 26.03.1984, Az.: II ZR 171/83, NJW 1984, 1893, 1896.

586 Föderales Gesetz „Über den Schutz des Wettbewerbs“ Nr. 135-FZ vom 26.7.2006; im Folgenden: „WbSG RUS“, Verkündungsorgan: Sobranie Zakonodatel'sta RF, 31.7.2006, No. 31, st. 3434; vgl. darüber hinaus *Grabbert*, Rechtsvergleich des deutschen und russischen Kartellrechts, S. 5 f. zu den Rechtsquellen des russischen Kartellrechts.

587 *Vertikal'noe soglašenie;* vgl. Art. 4 Pkt. 19 und Art. 11 Pkt. 2 WbSG RUS; vgl. *Grabbert*, Rechtsvergleich des deutschen und russischen Kartellrechts, S. 42 für eine deutschsprachige Erläuterung dieses Begriffs.

Verzerrung des freien Wettbewerbs geeignet sind.[588] Sofern folglich eine Obergesellschaft den Versuch unternimmt, eine Tochtergesellschaft dadurch an sich zu binden, dass sie ihre Preise diktiert,[589] fallen auch entsprechende Konzernierungsverträge unter dieses Kartellverbot.[590] Darüber hinaus erfordert der Erwerb von Kontrolle über ein anderes Unternehmen durch einen Vertrag, beispielsweise einen Treuhand- oder Joint-Venture-Vertrag oder die Übernahme der Geschäftsführung eines Unternehmens nach russischem Recht die Zustimmung der russischen Wettbewerbskontrolle.[591]

Auch im Hinblick auf das russische Zivilrecht ist der gewährte Schutz vor einer rücksichtslosen und schädigenden Ausübung von Macht dem deutschen Schutz weitestgehend gleichzusetzen. Insbesondere sind etwa nach Art. 169 ZGB RUS Rechtsgeschäfte, die zu einem Zweck vorgenommen werden, der offensichtlich den Grundlagen der Rechtsordnung und der Sittlichkeit widerspricht, nichtig.[592] Bei Art. 169 ZGB RUS handelt es sich um eine Regelung, die weitestgehend § 138 BGB (D) entspricht[593] und damit ein wirksames Hilfsmittel gegen die sittenwidrige Ausübung von Macht eines Vertragspartners darstellen kann. Eine § 242 BGB (D) entsprechende Regelung, nach der die Grundsätze von Treu und Glauben zu berücksichtigen sind, war dem russischen Recht zwar lange Zeit fremd[594], wurde jedoch ebenfalls im Zuge der Reform in das russische ZGB eingeführt[595]. Gemäß dem mit § 242 BGB (D) vergleichbaren Art. 1 Pkt. 3 ZGB RUS sollen hiernach „die Teilnehmer privatrechtlicher Beziehungen bei der Begründung, der Ausübung und dem Schutz bürgerlicher Rechte und der Erfüllung bürgerlicher Pflichten *in gutem Gewissen (dobrosovestno)* handeln".[596] Hierdurch wird

---

588 *Telke*, Russisches Konzernrecht, S. 55; vgl. auch Art. 11 Pkt. 2 WbSG RUS.

589 Art. 11 Pkt. 2 Abs. 1 WbSG RUS.

590 *Telke*, Russisches Konzernrecht, S. 55.

591 Vgl. Art. 28 WbSG RUS; *Rogojine*, RIW 2007, 441, 442; *Plagemann*, Die russische Aktiengesellschaft, S. 44; vgl. ausführlich auch *Knaul/Tscherenew*, WiRO 2006, 267, 268.

592 Vgl. auch die Übersetzung von *Solotych*, Das Zivilgesetzbuch der Russischen Föderation, Erster Teil, S. 150.

593 So auch *Solotych*, Das Zivilgesetzbuch der Russischen Föderation, Erster Teil, S. 43.

594 Vgl. *Solotych*, Das Zivilgesetzbuch der Russischen Föderation, Erster Teil, S. 21, die ausführt, dass Treu und Glauben dem russischen Rechtsdenken fremd sind.; vgl. auch *Kurzynsky-Singer*, Russisches Zivilgesetzbuch, EuP 2009, http://hwb-eup2009.mpipriv.de/index.php/Russisches_Zivilgesetzbuch, zuletzt geprüft am 11.7.2021.

595 Durch das Föderale Gesetz Nr. 302-FZ vom 30.12.2012; vgl. hierzu auch *Schramm*, Die große ZGB-Novelle, Ost/Letter 1/2014, S. 3.

596 Vgl. hierzu *Schramm*, Die große ZGB-Novelle, Ost/Letter 1/2014, S. 3.

den Richtern die Einschränkung von Rechtsmissbrauch sowie die Bestimmung gegenseitiger Rechte und (Neben-)Pflichten von Vertragsparteien ermöglicht.[597] Auch zuvor waren im ZGB RUS allerdings bereits Anknüpfungen an Vernunft und Gerechtigkeit sowie an die Redlichkeit bzw. an die Grundätze von Treu und Glauben zu finden.[598] Art. 10 Pkt. 1 ZGB RUS normierte insoweit bereits vor der Reform explizit ein „Verbot von Rechtsmissbrauch sowie das Verbot des unlauteren Wettbewerbs und des Missbrauchs einer marktbeherrschenden Stellung".[599] Bereits vor der Reform und der ausdrücklichen Einführung des Grundsatzes von Treu und Glauben, waren den Handlungen somit gesetzliche Grenzen im Hinblick auf das Prinzip von Treu und Glauben gesetzt.

Darüber hinaus normieren Art. 3 Pkt. 3 GmbHG RUS und Art. 3 Pkt. 3 AktG RUS unabhängig von dem Vorliegen eines konzernrelevanten Rechtsverhältnisses die subsidiäre Haftung von Personen, die einer Gesellschaft verbindliche Weisungen erteilen oder deren Handlungen auf andere Weise bestimmen können, gegenüber den Gläubigern, sofern durch das Verschulden der beherrschenden Person die Insolvenz der Gesellschaft eintritt. Mithin existiert im russischen Recht darüber hinaus eine mit § 826 BGB (D) vergleichbare Existenzvernichtungshaftung.

Vor diesem Hintergrund ist auch im russischen Recht die Einbeziehung von nichtgesellschaftlichen, also reinen Schuldverträgen in die konzernrechtlichen Vorschriften mit den umfangreichen und für die Konzernmutter schwerwiegenden Folgen nicht überzeugend. Auch *Rabensdorf* ist der Meinung, dass eine solche Einbeziehung über das Ziel hinausschieße und daher abzulehnen sei.[600] Es dürfe nicht jede Einwirkung des Geschäftspartners im Rahmen der laufenden Tätigkeit grundsätzlich ein Konzernierungsverhältnis begründen.[601] Vielmehr müssten zur wirtschaftlichen Machtstellung weitere Merkmale hinzukommen, um ein konzernrechtliches Verhältnis zu begründen, wofür die Intensität, der

---

597 *Schramm,* Die große ZGB-Novelle, Ost/Letter 1/2014, S. 3, führt außerdem aus, dass noch einstweilen offen ist, wie die russischen Gerichte diese Vorschrift handhaben werden.

598 Vgl. hierzu *Solotych,* Das Zivilgesetzbuch der Russischen Föderation, Erster Teil, S. 21.

599 Hierzu *Solotych,* Das Zivilgesetzbuch der Russischen Föderation, Erster Teil, S. 21.

600 *Rabensdorf,* Die Durchgriffshaftung im deutschen und russischen Recht der Kapitalgesellschaften, S. 171.

601 *Rabensdorf,* Die Durchgriffshaftung im deutschen und russischen Recht der Kapitalgesellschaften, S. 171; vgl. auch *Šitkina,* Choldingi: Pravovoe regulirovanie i korporativnoe upravlenie, S. 163.

Zeitraum sowie der Zweck der Bindung zu untersuchen sei.[602] Auch *Mereminskaja* befürchtet eine „unvertretbar ausgedehnte[...] Anwendung der konzernrechtlichen Vorschrift" und bezeichnet es als „unbefriedigend", dass jede Einwirkung des Geschäftspartners auf einige von dem Vertragspartner zu treffende Entscheidungen ein Konzernierungsverhältnis darstellen soll.[603] Sie fordert die Aufstellung weiterer Merkmale, die festlegen sollen, wann eine Beherrschung im Sinne der konzernrechtlichen Vorschriften vorliegt, um Rechtsunsicherheiten zu vermeiden und nennt beispielhaft eine „umfassende[...] wirtschaftliche[...] Ausrichtung einer Gesellschaft auf die andere Gesellschaft" von nicht nur vorübergehender Dauer.[604] Hiernach soll etwa ein Lizenzvertrag dann ein Beherrschungsverhältnis begründen können, wenn die Lizenznehmerin „sich hauptsächlich der lizensierten Tätigkeit widmet".[605]

Diese Meinung verdient insbesondere aufgrund der erfolgten Gesetzesänderungen im Zuge der Reform Zustimmung. So wurden nicht nur Regelungen, wie der Grundsatz von Treu und Glauben, die einen ausreichenden Schutz für die Vertragspartner vor der Ausübung fremder wirtschaftlicher Macht sichern, in das russische Recht aufgenommen. Die Folgen im Falle einer Einbeziehung in die konzernrechtlichen Regelungen wurden auch drastisch verschärft. So konnte die Einbeziehung rein schuldrechtlicher Verträge bereits vor der Reform nicht überzeugen und ist nach der erfolgten Verschärfung erneut unverhältnismäßig.

Zwar besteht im Hinblick auf rein schuldrechtliche externe Abhängigkeiten gleichermaßen die Gefahr, dass das abhängige Unternehmen sich dem Diktat des stärkeren Vertragspartners beugen muss. Allerdings bestehen im Rahmen eines Vertragsverhältnisses weit geringere Rücksichtnahmepflichten[606] als innerhalb eines gesellschaftsrechtlichen Abhängigkeitsverhältnisses. Für solche bestehen, wie dargelegt, ausreichende Ausweichmöglichkeiten in anderen Rechtsgebieten.[607] Diese sollen den Schutz der schwächeren Vertragspartei gewährleisten.

---

602 *Rabensdorf*, Die Durchgriffshaftung im deutschen und russischen Recht der Kapitalgesellschaften, S. 171, m.w.N.

603 *Mereminskaja,* Durchbrechung der Haftungsbeschränkung eines GmbH-Gesellschafters, S. 62 f.

604 *Mereminskaja,* Durchbrechung der Haftungsbeschränkung eines GmbH-Gesellschafters, S. 63.

605 *Mereminskaja,* Durchbrechung der Haftungsbeschränkung eines GmbH-Gesellschafters, S. 63.

606 *Schall*, in: Spindler/Stilz, AktG, § 17 Rn. 22.

607 Vgl. auch *Schall*, in: Spindler/Stilz, AktG, § 17 Rn. 22, der allerdings Ausnahmen zulassen will.

Nicht gerechtfertigt ist es dagegen, den Gläubigern einen zusätzlichen Schuldner zur Verfügung zu stellen und einen Durchgriff auf das Vermögen des mächtigeren Vertragspartners zu gewähren.[608] *De lege ferenda* ist daher eine entsprechende Ergänzung der russischen konzernrechtlichen Regelungen aufzunehmen, um zu verhindern, dass die Vorschrift derart extensiv ausgelegt wird.

dd) Weitere Beherrschungsverträge

Im Ergebnis kann jeder beliebige Vertrag ein Konzernierungsverhältnis nach russischem Verständnis begründen, sofern er einer Partei die Möglichkeit eröffnet, die Entscheidungen der anderen Partei zu bestimmen. Denkbar sind dabei auch Verträge, deren Hauptziel nicht in der Begründung eines Beherrschungsverhältnisses liegt, die eine Beherrschung jedoch aufgrund der Vertragsbestimmungen nach sich ziehen.[609] Ob auch Geschäftsführungs- und Verwaltungsverträge[610] mit anderen Unternehmen geeignet sind, ein Beherrschungsverhältnis zu begründen, ist nicht eindeutig geklärt.[611] Denkbar sind jedoch Vereinbarungen, die der Obergesellschaft die Möglichkeit eröffnen, die Organe der Tochtergesellschaft zu besetzen.[612] Erforderlich ist hierfür jedoch neben einer vertraglichen Vereinbarung die entsprechende Satzungsänderung der Tochtergesellschaft,

608 Im deutschen Recht wird diesbezüglich die Meinung vertreten, dass die konzernrechtlichen Vorschriften vor allem Minderheitsaktionäre innerhalb der abhängigen Gesellschaft gegen nachteilige Einwirkungen auf deren Unternehmensführung schützen sollen, die sich aus einer Ausnutzung spezifisch gesellschaftsrechtlicher Möglichkeiten ergeben können und aus diesem auch mit gesellschaftsrechtlichen Mitteln zu bekämpfen seien. Ziel sei nicht, die Gefahren zu bannen, die jedem auf dem Markt auftretenden Unternehmen – nicht nur einer Kapitalgesellschaft – von der Ausübung fremder wirtschaftlicher Macht drohen, vgl. BGH, Urteil vom 26.03.1984, Az.: II ZR 171/83, NJW 1984, 1893, 1896 f.

609 *Šitkina*, Osnovanija i pravovye posledstvija otnošenij dočernosti chozjajstvennych obščestv (Kommentarij k st. 6 Zakona ob OOO), Chozjajstvo i pravo 2020, N 7, S. 10.

610 Art. 69 Pkt. 1 Abs. 3 AktG RUS bzw. Art. 42 GmbHG RUS.

611 Bejahend *Heeg*, WiRO 2000, 1, 2 m.w.N.; ihm folgend *Plagemann*, Die russische Aktiengesellschaft, S. 224; wohl auch *Mereminskaja*, Durchbrechung der Haftungsbeschränkung eines GmbH-Gesellschafters, S. 62; laut *Galander*, in: Galander, Russisches Wirtschaftsrecht, S. 159 lehnt die russische Rechtsprechung dies im Ergebnis ab.

612 *Plagemann*, Die russische Aktiengesellschaft, S. 43, vgl. hierzu auch einschränkend *Mereminskaja*, Durchbrechung der Haftungsbeschränkung eines GmbH-Gesellschafters, S. 62.

womit es sich bei dieser Beherrschungsvariante im Ergebnis ohnehin um eine satzungsmäßige Kompetenzübertragung handelt.[613]

c) Bindung „auf andere Weise"

Neben der Konzernierung kraft vorherrschender Beteiligung und aufgrund eines zwischen den Gesellschaften geschlossenen Vertrages nennt der russische Gesetzgeber eine dritte Möglichkeit der Konzernbildung, wonach die Entscheidungen der Tochtergesellschaft auf „andere" Weise bestimmt werden sollen. Da bezüglich dieser „generalklauselartigen Auffangnorm"[614] erneut lediglich Art. 67.3 ZGB RUS und Art. 6 Pkt. 2 GmbHG RUS bzw. Art. 6 Pkt. 2 AktG RUS als gesetzliche Grundlage dienen und weitere gesetzliche Vorgaben und Konkretisierungen fehlen[615], kommen insoweit Sonderrechte aller Art in Betracht, die der (Ober-)Gesellschaft die Einflussnahme über das übliche Maß hinaus ermöglichen.[616] Aufgrund der Tatsache, dass grundsätzlich alle Sonderrechte zugleich auf einer vertraglichen Grundlage beruhen, gestaltet sich die Abgrenzung zur Bindung durch einen zwischen den Gesellschaften geschlossenen Vertrag schwierig.[617] Fallgruppen der sonstigen faktischen Abhängigkeit existieren aus diesem Grund nur wenige.[618] Zu nennen sind die folgenden:

aa) Doppelmandatschaft bzw. personelle Verflechtung zwischen Ober- und Tochtergesellschaft

In Betracht kommt eine Bindung auf der Grundlage von personellen Verflechtungen.[619] Hierbei werden Mitglieder der Gesellschaftsorgane der (Ober-)

613 *Plagemann,* Die russische Aktiengesellschaft, S. 43.

614 *Plagemann,* Die russische Aktiengesellschaft, S. 44; vgl. auch *Mereminskaja,* Durchbrechung der Haftungsbeschränkung eines GmbH-Gesellschafters, S. 63 f.

615 Vgl. auch *Rabensdorf,* Die Durchgriffshaftung im deutschen und russischen Recht der Kapitalgesellschaften, S. 173.

616 *Telke,* Russisches Konzernrecht, S. 55 f.

617 *Telke,* Russisches Konzernrecht, S. 56; vgl. auch *Šitkina*, Choldingi: Pravovoe regulirovanie i korporativnoe upravlenie, S. 165.

618 *Telke,* Russisches Konzernrecht, S. 56.

619 *Tichomirov,* in: Tichomirov, Kommentarij k Federal´nomu zakonu „ob obščestvach c ograničennoj otvetstvennost´ju", Art. 6 GmbHG RUS, S. 64 f.; vgl. auch *Šitkina*, Osnovanija i pravovye posledstvija otnošenij dočernosti chozjajstvennych obščestv (Kommentarij k st. 6 Zakona ob OOO), Chozjajstvo i pravo 2020, N 7, S. 12; *Rabensdorf,* Die Durchgriffshaftung im deutschen und russischen Recht der Kapitalgesellschaften, S. 173, vgl. auch *Heeg*, Die Finanz- und Haftungsverfassung russischer Kapitalgesellschaften, S. 288; *Heeg*, WiRO 2000, 1, 3; *Mereminskaja,* Durchbrechung

Gesellschaft auch in den Organen der (Tochter-)Gesellschaft eingesetzt.[620] Möglich ist etwa die Einsetzung des Geschäftsführers einer deutschen Gesellschaft oder des Generaldirektors einer russischen Gesellschaft als Generaldirektor der russischen Tochtergesellschaft[621] oder die Besetzung des Direktorenrates der Gesellschaft mit abhängigen Personen[622]. Erforderlich ist allerdings in der Regel die Besetzung des geschäftsführenden Organs mit mehr als der Hälfte der Mitglieder[623], um tatsächlich die Möglichkeit zu erhalten, die Entscheidungen der Zielgesellschaft zu bestimmen. Eine Mehrheitsbeteiligung an der Gesellschaft selbst ist bei dieser Gestaltung dagegen nicht zwingend notwendig,[624] sodass nicht zwangsläufig zugleich die Konzernierungsform der vorherrschenden Beteiligung vorliegen muss.

Durch die Konstruktion der Doppelmandatschaft kann die Obergesellschaft darüber hinaus nicht nur Personalressourcen sparen und zugleich den Verwaltungsaufwand reduzieren,[625] sondern die Mitglieder auch nach ihren Vorstellungen lenken und hierdurch Einfluss auf die beherrschte Gesellschaft

der Haftungsbeschränkung eines GmbH-Gesellschafters, S. 64; *Plagemann,* Die russische Aktiengesellschaft, S. 44; *Telke,* Russisches Konzernrecht, S. 56, m.w.N. Zu den Vor- und Nachteilen einer solchen Konstruktion vgl. Teil 2, Kap. B.I.3.

620 *Telke,* Russisches Konzernrecht, S. 56, m.w.N.; vgl. *Dominke*, Einheitliche Gruppenleitung über die Binnengrenzen in Europa, S. 176, m.w.N.

621 *Steininger,* Geschäftsführer in Fesseln, Ost/Letter 2/2014, S. 14. Grundsätzlich kann das Amt von natürlichen Personen besetzt werden, auch wenn diese keine Gesellschafter sind, *Rabensdorf,* Die Durchgriffshaftung im deutschen und russischen Recht der Kapitalgesellschaften, S. 173.

622 Vgl. *Tichomirov,* in: Tichomirov, Kommentarij k Federal´nomu zakonu „ob obščestvach c ograničennoj otvetstvennost´ju", Art. 6 GmbHG RUS, S. 64 f.; *Telke,* Russisches Konzernrecht, S. 57; vgl. auch *Steininger/Oljenik,* Wenn die Tochter in die Pubertät kommt, Ost/Letter 1/2014, S. 6 (mit Gesellschaftern); *Heeg,* Die Finanz- und Haftungsverfassung russischer Kapitalgesellschaften, S. 288; *Heeg,* WiRO 2000, 1, 3; vgl. auch *Šitkina,* Choldingi: Pravovoe regulirovanie i ėkonomičeskoj zavisimosti: Upravlenie v gruppach kompanij, Moskau. 2008, S. 309 (mit Vertretern).

623 Vgl. hierzu *Šitkina,* Osnovanija i pravovye posledstvija otnošenij dočernosti chozjajstvennych obščestv (Kommentarij k st. 6 Zakona ob OOO), Chozjajstvo i pravo 2020, N 7, S. 12. Vgl. jedoch auch *Telke,* Russisches Konzernrecht, S. 57, der ausführt, dass eine feste Rechtsprechung oder Literaturmeinung dazu, ab welchem Intensitätsgrad eine Doppelmandatschaft zur Beherrschung führt, nicht existiert.

624 *Telke,* Russisches Konzernrecht, S. 56.

625 Vgl. *Steininger,* Geschäftsführer in Fesseln, Ost/Letter 2/2014, S. 14.

ausüben.[626] Die (Ober-)gesellschaft kann die Doppelmandatsträger etwa durch Prestige- und Vergütungszuwächse positiv motivieren[627] und so zum gewünschten Verhalten lenken. Auch die Ausübung von Druck durch die beherrschende Gesellschaft ist möglich, wenn diese etwa mit nachteiligen Folgen für den Fall der Widersetzung von Weisungen droht.[628]

Da auf diese Weise somit eine Einflussnahme auf die abhängige Gesellschaft eröffnet wird, können Doppelmandatschaften bzw. personelle Verflechtungen zwischen den Gesellschaften ein Beherrschungsverhältnis im Sinne der Art. 67.3 ZGB RUS und Art. 6 Pkt. 2 GmbHG RUS bzw. Art. 6 Pkt. 2 AktG RUS begründen.[629]

bb) Ausübung von Druck und faktischer Kontrolle über die Tochtergeschäftsführung

Die Konzernbildung durch Bindung der Tochtergesellschaft auf sonstige Weise kann darüber hinaus mittels Kontrollausübung über die Tochtergeschäftsführung erfolgen. Insbesondere wird in der Literatur im Hinblick auf die Konzernierung „auf sonstige Weise" die Ausübung von Druck auf den Generaldirektor der Tochtergesellschaft beispielhaft genannt, die der Obergesellschaft die erforderliche Möglichkeit verschaffen kann, die Entscheidungen der (Tochter-)Gesellschaft zu bestimmen.[630] Neben der Möglichkeit, eine strikte Berichtspflicht

626 *Rabensdorf,* Die Durchgriffshaftung im deutschen und russischen Recht der Kapitalgesellschaften, S. 173. Zu weiteren Vorteilen vgl. Teil 2, Kap. B.I.3.

627 *Theisen,* Der Konzern, S. 224; *Dominke,* Einheitliche Gruppenleitung über die Binnengrenzen in Europa, S. 177.

628 *Telke,* Russisches Konzernrecht, S. 56; vgl. auch *Šitkina*, Pravovoe regulirovanie ėkonomičeskoj zavisimosti, Chozjajstvo i pravo 2010, N 8; hierzu ausführlich in Teil 2, Kap. B.I.3.

629 Vgl. auch *Šitkina*, Osnovanija i pravovye posledstvija otnošenij dočernosti chozjajstvennych obščestv (Kommentarij k st. 6 Zakona ob OOO), Chozjajstvo i pravo 2020, N 7, S. 12; vgl. auch die Gerichtsentscheidung Postanovlenie Arbitražnogo suda Dal´nevostočnogo okruga ot 16.8.2016 N F03-3638/2016 po delu N A51-273/2015, in der ein Beherrschungsverhältnis angenommen wurde, weil der Generaldirektor beider Gesellschaften identisch war.

630 *Heeg,* Die Finanz- und Haftungsverfassung russischer Kapitalgesellschaften, S. 288; *Heeg,* WiRO 2000, 1, 3; *Rabensdorf,* Die Durchgriffshaftung im deutschen und russischen Recht der Kapitalgesellschaften, S. 175; *Plagemann,* Die russische Aktiengesellschaft, S. 45; vgl. auch zum deutschen Recht zur kombinierten Beherrschung durch wirtschaftliches Druckpotential *Bayer,* in: Münchener Kommentar AktG, § 17 Rn. 31 f.

des Generaldirektors gegenüber der Obergesellschaft einzuführen,[631] kommt zur Druckausübung auch die Befristung seiner Tätigkeit[632] oder die Beschränkung seines Handlungsspielraums durch den Arbeitsvertrag[633] in Betracht. Durch derartige Handlungen zur Erzeugung von Druck und Drohung auf das Geschäftsführungsorgan kann im Einzelfall eine Einflussnahme entstehen, die dazu führt, dass sich der Generaldirektor der Tochtergesellschaft zwar nicht ausdrücklich vertraglich, aber zumindest rein faktisch dazu genötigt sieht, nach dem Willen der Konzernspitze zu handeln, um für ihn negative Konsequenzen zu vermeiden. Hierdurch kann die Annahme eines Beherrschungsverhältnisses im Sinne der russischen konzernrechtlichen Vorschriften begründen werden.[634]

cc) Obergesellschaft als „Externe Verwalterin“ der Tochter

In Betracht kommt zur Begründung einer sonstigen faktischen Abhängigkeit darüber hinaus der Einsatz der (Ober-)gesellschaft als „Externe Verwalterin“[635] der Tochter.[636] Die Obergesellschaft übernimmt in diesem Fall faktisch das Management der Tochtergesellschaft,[637] stellt selbst jedoch kein Organ der Gesellschaft dar[638]. So können nach russischem Recht die Befugnisse des Generaldirektors

631 *Steininger/Oljenik*, Wenn die Tochter in die Pubertät kommt, Ost/Letter 1/2014, S. 13 f.

632 *Steininger/Oljenik*, Wenn die Tochter in die Pubertät kommt, Ost/Letter 1/2014, S. 13, m.w.N.

633 Zu beachten ist allerdings, dass sich der Arbeitsvertrag des Generaldirektors nach russischem Recht stets an der Satzung der Gesellschaft orientieren muss und aus der Satzung zu entwickeln ist, so *Steininger/Oljenik*, Wenn die Tochter in die Pubertät kommt, Ost/Letter 1/2014, S. 13; zur Möglichkeit entsprechende Bestimmungen im Arbeitsvertrag des Generaldirektors einer GmbH russischen Rechts zu treffen vgl. *Borisov*, Kommentarij k Federal´nomu zakonu ot 8 fevralja 1998 G N 14-FZ „Ob obščestvach s ograničennoj otvetstvennost´ju“, Art. 40 Ziff. 4.

634 So etwa *Heeg*, Die Finanz- und Haftungsverfassung russischer Kapitalgesellschaften, S. 288.

635 *Upravljajuščaja organizacija/Upravljajuščij*, vgl. Art. 69 Pkt. 1 Abs. 3 AktG RUS bzw. Art. 42 GmbHG RUS.

636 *Schramm*, Zwischen Liberalisierung und Regulierung, Ost/Letter 1/2015, S. 11; *Bajračenko*, Upravlenie choldingom: porjadok zaključenija dogovorov upravlenija, Korporativnyj jurist, 2009, Nr. 10; *Telke*, Russisches Konzernrecht, S. 57: In der Praxis wird dieses Modell häufig angewandt, wobei der Externe Verwalter oft zugleich den Mehrheitsanteil an der Tochtergesellschaft hält.

637 *Steininger/Olejnik*, WiRO 2017, 172, 174.

638 *Telke*, Russisches Konzernrecht, S. 57 m.w.N.

einer Gesellschaft nicht nur auf eine natürliche, sondern auch auf eine juristische Person übertragen werden.[639] Die Übertragung der Kompetenzen erfolgt nach Maßgabe eines Beschlusses der Gesellschafter- bzw. Aktionärsversammlung.[640]

Der Obergesellschaft wird in ihrer Funktion als Externe Verwalterin die Möglichkeit eröffnet, unmittelbar in die laufende Verwaltung der Tochtergesellschaft einzugreifen.[641] Vertreten wird daher die Ansicht, der Einsatz der Obergesellschaft als Externe Verwalterin der Tochtergesellschaft begründe eine Konstruktion, die mit einem Beherrschungsvertrag nach deutschem Verständnis vergleichbar sei.[642] Da ihr hierdurch, zumindest für den Zeitraum, in dem sie Externe Verwalterin ist, auch die Möglichkeit eröffnet wird, die von der Tochtergesellschaft zu treffenden Entscheidungen zu bestimmen, dürfte ein Beherrschungsverhältnis im Sinne der Art. 67.3 ZGB RUS und Art. 6 Pkt. 2 GmbHG RUS bzw. Art. 6 Pkt. 2 AktG RUS hiernach zu bejahen sein.[643]

Allerdings trifft die Externe Verwalterin einer Gesellschaft die gesetzliche Pflicht, in deren Interesse zu handeln.[644] Ein übergeordnetes Gruppeninteresse

---

639 Art. 42 Pkt. 1 GmbHG RUS; Art. 69 Pkt. 1 Abs. 3 AktG RUS; Art. 65.3 Pkt. 3 Abs. 1 ZGB RUS; *Schramm,* Zwischen Liberalisierung und Regulierung, Ost/Letter 1/2015, S. 11; *Barth/Kurochkin,* in: W/S/B, Gesellschaftsrecht des Auslands, Rn. 250 (für die GmbH) und Rn. 82, S. 17 (für die AG). Für die GmbH: *Steininger/Oljenik,* Wenn die Tochter in die Pubertät kommt, Ost/Letter 1/2014, S. 13; für die AG: *Telke,* Russisches Konzernrecht, S. 57; vgl. außerdem *Telke*, Russisches Konzernrecht, S. 58 zu der These, dass eine juristische Person jedoch nicht zum Generaldirektor oder Mitglied des Direktorenrates ernannt werden kann, weshalb nur der Einsatz als Externer Verwalter in Betracht kommt.

640 Art. 67.1 Pkt. 2 Nr. 2 ZGB RUS; *Barth/Kurochkin,* in: W/S/B, Gesellschaftsrecht des Auslands, Rn. 250 (für die GmbH) und Rn. 82 (für die AG); *Schramm,* Zwischen Liberalisierung und Regulierung, Ost/Letter 1/2015, S. 11.

641 Vgl. *Telke*, Russisches Konzernrecht, S. 58 m.w.N.

642 So zumindest *Schramm,* Zwischen Liberalisierung und Regulierung, Ost/Letter 1/2015, S. 11.

643 Vgl. *Mereminskaja,* Durchbrechung der Haftungsbeschränkung eines GmbH-Gesellschafters, S. 85. Diese Auffassung würde grundsätzlich auch dem im russischen Recht vorherrschenden Grundsatz des Gesetzespositivismus entsprechen. Anders dagegen im deutschen Recht, wo aufgrund der geforderten Beständigkeit des Beherrschungsverhältnisses keine Beherrschung im Sinne des § 17 AktG vorliegt, wenn das abhängige Unternehmen sich dem herrschenden Einfluss einfach entziehen kann, vgl. hierzu *Schall* in Spindler/Stilz, AktG, § 17 Rn. 19 m.w.N.

644 Art. 53 Pkt. 3 ZGB RUS; *Schramm,* Zwischen Liberalisierung und Regulierung, Ost/Letter 1/2015, S. 11. Diese Pflicht trifft allerdings auch die Obergesellschaft im Allgemeinen.

darf von ihr in ihrer Funktion als Externe Verwalterin nicht berücksichtigt werden.[645] Verletzt sie durch vorsätzliches Handeln diese Pflicht, haftet sie der Gesellschaft für den hierdurch entstandenen Schaden.[646]

Darüber hinaus kann die beeinflusste (Tochter-)Gesellschaft die eingesetzte Externe Verwalterin nicht nur selbst einsetzen, sondern auch jederzeit und ohne Angabe von Gründen abberufen.[647] Auch ist die Externe Verwalterin der Gesellschafterversammlung sowie dem Direktorenrat untergeordnet.[648] Mangels Abhängigkeitsverhältnisses wird daher bezweifelt, dass überhaupt eine Konzernierung nach russischem Verhältnis entsteht oder gefordert, dass weitere abhängigkeitsbegründende Merkmale hinzukommen müssten.[649]

Völlig zurecht lehnen die russische Rechtsprechung[650] und Literatur[651] das Vorliegen eines Beherrschungsverhältnisses ab. So ist beim Einsatz einer Gesellschaft als Externe Verwalterin entscheidend, *wie* diese zu ihrer Stellung gekommen ist. Sofern die vermeintliche Tochtergesellschaft, die im Grunde nicht Teil eines Konzernverbundes ist, selbst den Entschluss fasst, eine andere juristische

645 *Schramm*, Zwischen Liberalisierung und Regulierung, Ost/Letter 1/2015, S. 11.

646 Art. 53.1 Pkt. 1 ZGB RUS; vgl. auch *Šitkina*, Osnovanija i pravovye posledstvija otnošenij dočernosti chozjajstvennych obščestv (Kommentarij k st. 6 Zakona ob OOO), Chozjajstvo i pravo 2020, N 7, S. 9.

647 Art. 33 Pkt. 2 Abs. 4 GmbHG RUS; Art. 69 Pkt. 4 Abs. 1 AktG RUS; *Telke*, Russisches Konzernrecht, S. 58; *Šitkina*, Osnovanija i pravovye posledstvija otnošenij dočernosti chozjajstvennych obščestv (Kommentarij k st. 6 Zakona ob OOO), Chozjajstvo i pravo 2020, N 7, S. 10, *dies.*, Osnovanija ustanovlenija choldingovych otnošenij, Predprinimatel´skoe pravo 2005, N 2.

648 Art. 32 Pkt. 4 GmbHG RUS, Art. 69 Pkt. 1 AktG RUS; *Šitkina*, Osnovanija i pravovye posledstvija otnošenij dočernosti chozjajstvennych obščestv (Kommentarij k st. 6 Zakona ob OOO), Chozjajstvo i pravo 2020, N 7, S. 9; *dies.*, in: Šitkina, Korporativnoe pravo. Učebnyj kurs, Tom 1, S. 474; *dies.*, Osnovanija ustanovlenija choldingovych otnošenij, Predprinimatel´skoe pravo 2005, N 2.

649 *Telke*, Russisches Konzernrecht, S. 58.

650 Vgl. etwa Postanovlenie Arbitražnogo suda Severo-Kavkazskogo okruga ot 31.1.2017 N F08-10279/2016 po delu N A 63-1044/2016.

651 Dass kein Konzernierungsverhältnis begründet wird, vertritt etwa *Šitkina*, Osnovanija i pravovye posledstvija otnošenij dočernosti chozjajstvennych obščestv (Kommentarij k st. 6 Zakona ob OOO), Chozjajstvo i pravo 2020, N 7, S. 9; *Šitkina*, in: Šitkina, Korporativnoe pravo. Učebnyj kurs, Tom 1, S. 474; *Šitkina*, Osnovanija ustanovlenija choldingovych otnošenij, Predprinimatel´skoe pravo 2005, N 2. Laut *Telke*, Russisches Konzernrecht, S. 58 ist das die überwiegende Meinung; a.A. *Mereminskaja*, Durchbrechung der Haftungsbeschränkung eines GmbH-Gesellschafters, S. 85.

Person zur Externen Verwalterin zu benennen und ihr die Geschäftsführung überlässt, erlangt die Externe Verwalterin keinerlei Kontrolle über sie.[652] Ihr Einsatz als Externe Verwalterin kann jederzeit durch die Gesellschaft selbst beendet werden. Entscheidet demgegenüber die Obergesellschaft, die Geschäftsführung der Tochtergesellschaft in der Funktion als Externe Verwalterin zu übernehmen oder überträgt sie diese Aufgabe einer verbundenen Gesellschaft, so handelt es sich hierbei lediglich um eine Art der Konzernverwaltung.[653] Voraussetzung für diese Art der Konzernführung ist indes ein bereits ohnehin bestehendes Beherrschungsverhältnis.[654] Dieses wird mithin nicht erst durch den Einsatz als Externe Verwalterin begründet.

dd) Weitere Fallgruppen der Konzernierung auf sonstige Weise

Neben den bereits genannten Fallgruppen kommen zwar grundsätzlich aufgrund der fehlenden näheren Definition und der daraus resultierenden Unbestimmtheit und Weite der Generalklausel[655] eine Vielzahl weiterer Bindungsmöglichkeiten in Betracht.[656] Genannt wird in der Literatur etwa die Aufgabenverteilung bezüglich der unternehmerischen Kernbereiche (z.B. Finanzverwaltung, Personalmanagement, Buchhaltung, Einkauf, Vertrieb, Transport und Marketing[657]), auf deren Grundlage eine wirtschaftliche Abhängigkeit entstehen kann.[658] Auch die satzungsmäßige Einräumung des Rechts, der Tochtergesellschaft verbindliche Weisungen erteilen zu dürfen, soweit dies nach russischem Recht zulässig

---

652 So auch *Šitkina,* Pravovoe regulirovanie ėkonomičeskoj zavisimosti. Upravlenie v gruppach kompanij, Moskau 2008, S. 122; *dies.,* Osnovanija ustanovlenija choldingovych otnošenij, Predprinimatel´skoe pravo 2005, N 2.

653 *Šitkina,* Pravovoe regulirovanie ėkonomičeskoj zavisimosti. Upravlenie v gruppach kompanij, Moskau 2008, S. 122; *dies.,* Osnovanija ustanovlenija choldingovych otnošenij, Predprinimatel´skoe pravo 2005, N 2.

654 *Šitkina,* Pravovoe regulirovanie ėkonomičeskoj zavisimosti. Upravlenie v gruppach kompanij, Moskau 2008, S. 122; *dies.,* Osnovanija ustanovlenija choldingovych otnošenij, Predprinimatel´skoe pravo 2005, N 2.

655 Vgl. *Rabensdorf,* Die Durchgriffshaftung im deutschen und russischen Recht der Kapitalgesellschaften, S. 173.

656 Vgl. auch *Rabensdorf,* Die Durchgriffshaftung im deutschen und russischen Recht der Kapitalgesellschaften, S. 175; vgl. auch *Mereminskaja,* Durchbrechung der Haftungsbeschränkung eines GmbH-Gesellschafters, S. 66.

657 *Telke,* Russisches Konzernrecht, S. 58 f. m.w.N.

658 *Telke,* Russisches Konzernrecht, S. 59; vgl. auch *Šitkina,* Osnovanija ustanovlenija choldingovych otnošenij, Predprinimatel´skoe pravo 2005, N 2.

ist,[659] soll eine Konzernierung auf sonstige Weise darstellen.[660] Ebenso wird das Innehaben eines Veto-Rechts genannt, sofern dieses durch eine entsprechende Anzahl von Mitgliedern im Direktorenrat vermittelt wird, die unter dem Einfluss der Obergesellschaft stehen und auf der Grundlage ihres Veto-Rechts den Abschluss von Rechtsgeschäften der Gesellschaft verhindern können.[661] Indes gilt auch im Hinblick auf diese Einflussmöglichkeiten, dass es für die Frage, ob sie eine Beherrschung auf sonstige Weise auslösen, darauf ankommt, *wie* die Obergesellschaft zu ihrer Stellung bzw. ihrem Einfluss gekommen ist. Ein Veto-Recht etwa kann darüber hinaus zwar eingrenzende Wirkung entfalten, für sich genommen jedoch keinen Einfluss auf eine andere Gesellschaft begründen. Auch die Einräumung eines Weisungsrechts in der Satzung setzt zumeist voraus, dass die Obergesellschaft bereits eine Einflussmöglichkeit – etwa durch die beherrschende Stellung in der Gesellschafter- bzw. Aktionärsversammlung – innehat. In diesen Fällen ist die Beherrschung indes nicht auf sonstige Weise, sondern bereits zuvor durch eine vorherrschende Beteiligung entstanden. Nur für den Fall, dass die Beherrschung tatsächlich nicht auf eine vorherrschende Beteiligung oder auf einen Vertrag zurückzuführen ist, greift der Auffangtatbestand der Konzernierung auf sonstige Weise.

d) Weitere Voraussetzungen für das Beherrschungsverhältnis

Trotz der weitreichenden Folgen sind abgesehen von der Möglichkeit, die von einer anderen Gesellschaft zu treffenden Entscheidungen zu bestimmen, keine weiteren Voraussetzungen erforderlich, um ein Beherrschungsverhältnis nach

---

659 Vgl. hierzu ausführlich in Teil 3, Kap. B.II. Hinsichtlich Satzungsbestimmungen legen die Art. 11 Pkt. 3 Abs. 11 AktG RUS und Art. 12 Pkt. 2 Abs. 11 GmbHG RUS lediglich fest, dass solche nicht im Widerspruch zum geltenden Recht stehen dürfen, vgl. hierzu auch *Allenhöfer*, Gesellschaftervereinbarungen bei Kapitalgesellschaften, S. 77.

660 *Tichomirov*, in: Tichomirov, Kommentarij k Federal′nomu zakonu „ob obščestvach c ograničennoj otvetstvennost′ju", Art. 6 GmbHG RUS, S. 65; *Lomakin*, in: Suchanov, Graždanskoe pravo. Učebnik. Tom I., S. 273; vgl. auch *Lomakin*, Kommerčeskie korporacii kak sub′′ekty korporativnych pravootnošenij: učebnoe posobie, S. 113 ff.; Laut *Heeg*, WiRO 2000, 1, 3 liegt in diesem Fall unzweifelhaft eine Mutter-/Tochterbeziehung vor; ebenso *Heeg*, Die Finanz- und Haftungsverfassung russischer Kapitalgesellschaften, S. 288; *Plagemann*, Die russische Aktiengesellschaft, S. 224; vgl. auch *Rabensdorf*, Die Durchgriffshaftung im deutschen und russischen Recht der Kapitalgesellschaften, S. 174.

661 Vgl. hierzu ausführlich *Schmitt/Melnikov*, in: Breidenbach/Institut für Ostrecht München, Handbuch WiRO Bd. III, RUS, Kapitel D.I. Rn. 224, S. 46 f.

russischem Verständnis zu begründen. Unklar ist insbesondere, ob bereits eine *mittelbare* Einflussmöglichkeit ausreicht, sodass die Beherrschungsmöglichkeit einer Großmuttergesellschaft auf ihre Enkelgesellschaft ausreichend sein kann. Insoweit fehlt eine gesetzliche Sonderregelung für diesen Fall und die bestehenden konzernrechtlichen Regelungen erfassen die Haftung der Großmuttergesellschaft nicht.[662] Sofern die Großmuttergesellschaft allerdings - trotz Zwischenschaltung einer weiteren Gesellschaft - *unmittelbar* Einfluss auf die zu treffenden Entscheidung der Enkelin nehmen kann, ist sie ohnehin zugleich Obergesellschaft im Sinne der Art. 67.3 ZGB RUS und Art. 6 Pkt. 2 GmbHG RUS bzw. Art. 6 Pkt. 2 AktG RUS und muss bei Vorliegen der weiteren Voraussetzungen selbst die haftungsrechtlichen Folgen tragen.[663]

Ein Beherrschungsverhältnis erfordert insbesondere nicht, dass diejenige Gesellschaft, die die Möglichkeit hat, die von einer anderen zu treffenden Entscheidungen zu bestimmen, eine anderweitige wirtschaftliche Interessenbindung hat, die aufgrund ihrer Art und Intensität die ernsthafte Besorgnis begründet, sie könne deshalb ihren aus der Mitgliedschaft folgenden Einfluss zum Nachteil der Gesellschaft geltend machen.[664] Gerade die Tatsache, dass ein Unternehmensaktionär als Mehrheitsaktionär neben seinen Beteiligungsinteressen auch anderweitige Interessen verfolgt, begründet allerdings die besondere Gefahr der negativen Einflussnahme in hohem Maße,[665] weshalb für diese Fälle der besondere Schutz für Minderheitsgesellschafter und Gläubiger gerechtfertigt wäre.

Die Mehrheitsbeteiligung als solche, die nach russischem Verständnis bereits genügen soll, begründet dagegen noch keine erhöhte Gefahr, da grundsätzlich davon auszugehen ist, dass der Mehrheitsgesellschafter im Regelfall das Interesse seiner Gesellschaft zugleich als sein eigenes erachtet[666] und die

---

662 *Šitkina,* Pravove regulirovanie choldingovych obʹedinenij, S. 29; *Telke,* Russisches Konzernrecht, 164; vgl. auch *Telke,* Russisches Konzernrecht, S. 164; *Galander,* in: Galander, Russisches Wirtschaftsrecht, S. 161.

663 Vgl. auch *Arzinger/Galander,* Russisches Wirtschaftsrecht, S. 54; vgl. hierzu auch Teil 2, Kap. B.I.7.

664 Vgl. zu dieser Besonderheit im deutschen Konzernrecht BGH, Urteil vom 13.10.1977 - II ZR 123/76 - Rn. 10 (juris); BGH, Urteil vom 16.2.1981 - II ZR 168/79 - Rn. 13 (juris); *Bayer,* in: Münchener Kommentar AktG, § 15 Rn. 13 m.w.N.

665 Vgl. *Lächler,* Das Konzernrecht der Europäischen Gesellschaft (SE), S. 35, *Kropff,* Aktiengesetz von 1965, S. 373.

666 *Bayer,* in: Münchener Kommentar AktG, § 15 Rn. 14; *Emmerich,* in Emmerich/ Habersack, Aktien- und GmbH-Konzernrecht, § 17 Rn. 12; vgl. auch *Kropff,* BB 1965, 1281, 1285.

Gesellschafterinteressen parallel zu denen der Gläubiger laufen[667]. Nach deutschem Verständnis genügt sie daher noch nicht, um ein Beherrschungsverhältnis auszulösen.[668] Im Unterschied zum deutschen Recht[669] können nach russischem Verständnis jedoch ohnehin ausschließlich juristische Personen Mitglieder einer entsprechenden konzernrechtlichen Verbindung sein,[670] weshalb in der Regel auch anderweitige wirtschaftlichen Interessen, namentlich die Interessen der Gesellschaft selbst, vom beherrschenden Unternehmen verfolgt werden.

Ebenso wenig erforderlich ist für ein Beherrschungsverhältnis im russischen Sinne eine gefestigte Beziehung[671] von einer bestimmten Dauer oder Intensität zwischen Ober- und Tochtergesellschaft.[672] Ein haftungsauslösendes Beherrschungsverhältnis kann vielmehr bereits im Hinblick auf *einzelne* Rechtsgeschäfte, in denen die Obergesellschaft im *Einzelfall* die Möglichkeit hat, die Entscheidungen der Tochtergesellschaft zu bestimmen, bejaht werden.[673] Dies erweitert den Anwendungsbereich der konzernrechtlichen Regelungen in erheblicher Weise und stellt einen großen Unterschied zum deutschen Verständnis

---

667 Vgl. hierzu auch *Lächler*, Das Konzernrecht der Europäischen Gesellschaft (SE), S. 34 ff.

668 *Bayer*, in: Münchener Kommentar AktG, § 15 Rn. 14; *Emmerich*, in Emmerich/Habersack, Aktien- und GmbH-Konzernrecht, § 17 Rn. 12; vgl. auch *Kropff*, BB 1965, 1281, 1285.

669 Nach deutschem Verständnis kann auch eine natürliche Person herrschendes Unternehmen sein, BGH, Urteil vom 13.10.1977, Az.: II ZR 123/76, NJW 1978, 104, 104; BGH, Urteil vom 23.09.1991, Az.: II ZR 135/90, NJW 1991, 3142, 3143; vgl. zum Unternehmensbegriff: *Emmerich,* in: Emmerich/Habersack, Konzernrecht, § 2 Rn. 5 ff.

670 Vgl. hierzu den ausdrücklichen Gesetzeswortlaut; *Lomakin,* Princip samostojatel'noj otvetstvennosti juridičeskogo lica: pravilo i isključenija, in: Vestnik graždanskogo prava, 2020, N 1., S. 93–110; vgl. auch *Lomakin*, Kommerčeskie korporacii kak sub´´ekty korporativnych pravootnošenij: učebnoe posobie, S. 113 ff.; *Šitkina,* in: Šitkina, Korporativnoe pravo. Učebnyj kurs, Tom 1, S. 464; *Telke*, Russisches Konzernrecht, S. 24, m.w.N.; vgl. hierzu bereits oben Teil 1, Kap. A.I.

671 *Rabensdorf,* Die Durchgriffshaftung im deutschen und russischen Recht der Kapitalgesellschaften, S. 172.

672 *Mereminskaja,* Durchbrechung der Haftungsbeschränkung eines GmbH-Gesellschafters, S. 84.

673 Vgl. Gemeinsamer Plenarbeschluss der Obersten Gerichte Nr. 6/8 vom 01.07.1996, Punkt 31 zur entsprechenden Vorschrift Art. 105 Pkt. 2 Abs. 2 ZGB RUS a.F.; vgl. auch *Mereminskaja,* Durchbrechung der Haftungsbeschränkung eines GmbH-Gesellschafters, S. 84; *Heeg,* WiRO 2000, 1, 3.

der konzernrechtlichen Abhängigkeit dar. So ist zwar auch für das Bestehen einer Abhängigkeit im Sinne des § 17 Abs. 1 AktG (D) nicht erforderlich, dass eine beherrschende Einflussnahme von einer gewissen Dauer und damit kontinuierlich besteht.[674] Auch eine lediglich vorübergehende Beteiligung kann insoweit ausreichen.[675] Die Einflussnahme muss allerdings zumindest beständig und damit verlässlich sein.[676] Rein situationsbedingte Umstände wie beispielsweise eine zufällige Hauptversammlungsmehrheit reichen dagegen nicht aus.[677] Ebenso ist es für die Abhängigkeit nach deutschem Verständnis erforderlich, dass diese umfassend ist und eine gewisse Breite erreicht, während eine punktuelle Einflussmöglichkeit nicht ausreicht.[678] Genügend soll indes der Einfluss auf wesentliche unternehmerische Teilfunktionen sein,[679] womit zumindest keine zu hohen Anforderungen an die Beständigkeit der Einflussnahme zu stellen sind.[680] Allerdings müssen jedenfalls zufällige Einflusspositionen ausscheiden und eine gewisse „Mindestsicherung" des Einflusses vorliegen.[681]

Eine entsprechende Mindestsicherung wird im russischen Recht gerade nicht gefordert. Die Tatsache, dass das Beherrschungsverhältnis bereits im Hinblick auf *einzelne* Rechtsgeschäfte entstehen kann, führt zu Rechtsunsicherheiten und einer nicht gerechtfertigten Gefahr für solche Unternehmen oder Gesellschafter bzw. Aktionäre, die lediglich einen minimalen Einfluss auf eine andere Gesellschaft ausüben können. Auch würde es hiernach bereits ausreichen, dass sich rein zufällig eine Einflussnahme beispielsweise eine Stimmenmehrheit in Aktionärs- oder Gesellschafterversammlung – etwa aufgrund eines temporären

674 *Bayer*, in: Münchener Kommentar AktG, § 17 Rn. 13; *Koch*, in: *Hüffer/Koch*, AktG, § 17 Rn. 7; *Schall*, in: Spindler/Stilz, AktG, § 17 Rn. 19.

675 *Koch*, in: *Hüffer/Koch*, AktG, § 17 Rn. 7

676 *Emmerich*, in Emmerich/Habersack, Aktien- und GmbH-Konzernrecht, § 17 Rn. 13; *Koch*, in: *Hüffer/Koch*, AktG, § 17 Rn. 7; *Schall*, in: Spindler/Stilz, AktG, § 17 Rn. 19.

677 *Schall*, in: Spindler/Stilz, AktG, § 17 Rn. 19; vgl. auch OLG Düsseldorf, Beschluß vom 8.11.2004 – I-19 W 9/03 AktE – Rn. 56 (juris); *Emmerich*, in Emmerich/Habersack, Aktien- und GmbH-Konzernrecht, § 17 Rn. 12; *Koch*, in: *Hüffer/Koch*, AktG, § 17 Rn. 6; *Hirschmann*, in: Hölters, AktG, § 17 Rn. 3; *Ulmer*, ZGR 1978, 457, 461; *Grigoleit*, in: Grigoleit, Aktiengesetz, § 17 Rn. 8.

678 *Koch*, in: *Hüffer/Koch*, AktG, § 17 Rn. 7; *Ulmer*, ZGR 1978, 457, 461; *Hirschmann*, in: Hölters, Aktiengesetz, § 17 Rn. 3; a.A. *Emmerich*, in Emmerich/Habersack, Aktien- und GmbH-Konzernrecht, § 17 Rn. 9.

679 *Koch*, in: *Hüffer/Koch*, AktG, § 17 Rn. 7.

680 Dies fordert auch *Grigoleit*, in: Grigoleit, Aktiengesetz, § 17 Rn. 8.

681 Vgl. hierzu *Grigoleit*, in: Grigoleit, Aktiengesetz, § 17 Rn. 8.

Stimmverbots eines Mitaktionärs[682] – ergibt, auf die das beherrschende Unternehmen keinen Einfluss hat.[683] Eine solche zufällige Einflussnahme im Hinblick auf einzelne Rechtsgeschäfte darf allerdings nicht so weit führen, dass hierdurch ein Beherrschungsverhältnis begründet wird und erhöhte Haftungsrisiken drohen. Dies resultiert in einem übermäßig weiten, kaum noch zu kontrollierenden Anwendungsbereich der konzernrechtlichen Regeln, der nicht nur für eine potenzielle Obergesellschaft, sondern auch für Gläubiger und potenzielle abhängige Gesellschaften zu einer erheblichen Rechtsunsicherheit führt.

Nicht erforderlich ist für ein Beherrschungsverhältnis darüber hinaus – und hier entspricht das russische Recht dem deutschen Recht[684] –, dass der Einfluss tatsächlich ausgeübt wurde. Die tatsächliche Einflussnahme ist viel mehr Voraussetzung dafür, dass faktisch ein Haftungsdurchgriff auf die Obergesellschaft stattfindet.[685] Ebenfalls ist kein Recht erforderlich, der Tochtergesellschaft für sie verbindliche Weisungen auszusprechen.[686]

e) Zwischenresümee

Ein Beherrschungsverhältnis nach russischem Verständnis und damit der Anknüpfungspunkt für die konzernrechtlichen Haftungsvorschriften liegt nach Art. 67.3 Pkt. 1 ZGB RUS, Art. 6 Pkt. 2 GmbHG RUS sowie Art. 6 Pkt. 2 AktG RUS vor, wenn die (Ober-)Gesellschaft die *Möglichkeit* erhält, die zu treffenden Entscheidungen einer anderen Gesellschaft zu bestimmen. Als Grundlage der Beherrschungsmöglichkeit benennt das Gesetz eine beherrschende Beteiligung am Satzungskapital, einen zwischen den Gesellschaften geschlossenen Vertrag sowie eine „andere Weise". Insbesondere durch die dritte Variante wird der Anwendungsbereich möglichst weit gefasst, wodurch grundsätzlich sämtliche

---

682 Anders nach deutschem Verständnis, vgl. hierzu *Koch,* in: *Hüffer/Koch,* AktG, § 17 Rn. 6; *Hirschmann,* in: Hölters, Aktiengesetz, § 17 Rn. 3; *Emmerich,* in: Emmerich/Habersack, Konzernrecht, § 3 Rn. 24.

683 *Šitkina,* in: Šitkina, Korporativnoe pravo. Učebnyj kurs, Tom 1, S. 462.

684 Zum deutschen Recht *Kropff,* Aktiengesetz von 1965, S. 31.

685 Hierzu ausführlich Teil 2, Kap. A.I.3.

686 Hierzu bereits Teil 2, Kap. A.I.1.a)aa); *Heeg,* Die Finanz- und Haftungsverfassung russischer Kapitalgesellschaften, S. 281 für Art. 105 Pkt. 2 Abs. 2 ZGB a.F.; *Rabensdorf,* Die Durchgriffshaftung im deutschen und russischen Recht der Kapitalgesellschaften, S. 172. Das Recht, verbindliche Weisungen zu erteilen war bis zur Reform des Zivilgesetzesbuches auch in Art. 105 Pkt. 2 Abs. 2 ZGB RUS a.F. Voraussetzung für die Haftung der Obergesellschaft. Art. 67.3 Pkt. 2 Abs. 2 ZGB RUS nennt diese Voraussetzung nicht mehr.

Grundlagen einer Beherrschung erfasst werden können. Die abschließende Benennung sämtlicher Grundlagen wäre entsprechend dem deutschen Recht auch kaum möglich gewesen.[687] Auch auf Vermutungsregelungen verzichtet das russische Recht allerdings vollständig und beschränkt sich darauf, im Einzelfall gesondert unter Berücksichtigung aller Umstände das Vorliegen eines Beherrschungsverhältnisses zu untersuchen.

Hinsichtlich einer Beherrschung aufgrund einer Beteiligung am Satzungskapital wird die Möglichkeit, die von einer anderen Gesellschaft zu treffenden Entscheidungen zu bestimmen, allerdings sowohl im Hinblick auf die GmbH als auch auf die AG russischen Rechts in der Regel ab einer Beteiligung von 50 Prozent angenommen, wobei es jeweils auf das Abstimmverhalten im Einzelfall ankommt. Auch im Falle einer geringeren Beteiligung ist es mithin möglich, dass ein russisches Gericht eine Beherrschung im Sinne der konzernrechtlichen Vorschriften bejaht.

Auch hinsichtlich der Beherrschung aufgrund eines Vertrages zwischen den Gesellschaften trifft das russische Gesetz keine weiteren Angaben. Die aus dem deutschen Konzernrecht bekannten Beherrschungs- und Gewinnabführungsverträge sind nach der hier vertretenen Auffassung auch nach russischem Recht zulässig und führen aufgrund der weitreichenden Möglichkeiten, die Entscheidungen der abhängigen Gesellschaft zu bestimmen, zu einem Beherrschungsverhältnis im Sinne der konzernrechtlichen Regelungen. Entsprechende Verträge werden in Russland allerdings wegen der sich aufgrund des Fehlens einer gesetzlichen Regelung ergebenden Rechtsunsicherheit nicht abgeschlossen. Ein verbreiteteres Mittel der Konzernierung sind dagegen Gesellschaftervereinbarungen, wobei beispielsweise Stimmbindungsverträge oder Verträge darüber, wie Unternehmensentscheidungen der Gesellschaft nach außen koordiniert werden sollen, in Betracht kommen. Auch rein schuldrechtliche Verträge, wie Franchise-, Lizenz- oder Darlehensverträge, die die tatsächliche Ausübung von Macht ermöglichen, indes nicht gesellschaftsrechtlich bedingt oder zumindest vermittelt sind, sollen – im Gegensatz zum deutschen Recht – nach überwiegender Ansicht ein Beherrschungsverhältnis begründen können. Darüber hinaus können aufgrund der Aufnahme der Variante „auf andere Weise“ in den Gesetzestext, alle Sonderrechte sonstiger Art wie Doppelmandatschaften bzw. personelle Verflechtungen oder Kontrollausübung durch Druck zu einem Beherrschungsverhältnis führen.

---

687 Hierzu vgl. auch *Kropff*, Aktiengesetz von 1965, S. 31.

Die offene Formulierung der Art. 67.3 Pkt. 1 ZGB RUS, Art. 6 Pkt. 2 GmbHG RUS und Art. 6 Pkt. 2 AktG RUS ermöglicht es somit, möglichst umfassend sämtliche Grundlagen der Beherrschung zu erfassen und in die konzernrechtlichen Regelungen einzubeziehen, wodurch jeder Einzelfall, in dem eine Einflussnahme auf ein anderes Unternehmen vorliegt, berücksichtigt werden kann. Allerdings führt eine derart weite Fassung dazu, dass auch Beherrschungsverhältnisse erfasst werden, für die die gesetzlich angeordneten haftungsrechtlichen Folgen nicht gerechtfertigt sind. Dies trifft sowohl für rein tatsächliche Abhängigkeitsverhältnisse zu, die nicht gesellschaftsrechtlich bedingt sind, als auch für Einflussmöglichkeiten im Hinblick auf *einzelne* Rechtsgeschäfte, in denen die Obergesellschaft lediglich im Einzelfall die Möglichkeit hat, die Entscheidungen der Tochtergesellschaft zu bestimmen. Die Einbeziehung solcher Einflussmöglichkeiten greift allerdings in nicht gerechtfertigter Weise in das Marktgeschehen ein und begründet eine hohe Rechtsunsicherheit für Geschäftspartner und gegebenenfalls Gesellschafter und Aktionäre, die stets der Gefahr einer gesamtschuldnerischen Haftung für Geschäfte einer anderen Gesellschaft, die in einzelnen Fällen zur „Tochtergesellschaft" wird, ausgesetzt werden. Nicht jede Einwirkung auf den Geschäftspartner darf jedoch ein Konzernierungsverhältnis begründen und den Gläubigern einen zusätzlichen Schuldner zur Verfügung zu stellen, mit dem sie selbst keine Rechtsgeschäfte abgeschlossen haben. Stattdessen kann sich der abhängige Geschäftspartner ausreichend über die Regelungen des russischen Wettbewerbs- und Zivilrechts schützen.

Trotz dieser weiten Auslegung der Art. 67.3 Pkt. 1 ZGB RUS, Art. 6 Pkt. 2 GmbHG RUS und Art. 6 Pkt. 2 AktG RUS in der russischen Praxis, hat der russische Gesetzgeber auch im Zuge der Reform keine Anpassung vorgenommen, die eine ungerechtfertigte Einbeziehung von Einflussmöglichkeiten beschränken würde. Eine solche wäre aber insbesondere deshalb erforderlich gewesen, weil die russische Rechtspraxis nach wie vor an ihrem positivistischen Ansatz festhält und die Gefahr einer zu sehr am Wortlaut orientierten Auslegung droht. In einem solchen Fall müssen jedoch der Gesetzeswortlaut in der Weise angepasst werden, dass eine Auslegung, die über das Ziel hinausschießt, verhindert werden kann. Insbesondere das ausdrückliche Erfordernis einer gesellschaftsrechtlich vermittelten oder bestärkenden Einflussmöglichkeit, die eine gewisse Beständigkeit aufweist, ist *de lege ferenda* wünschenswert. Dies gilt umso mehr, da durch die erfolgte Verschärfung der konzernrechtlichen Regelungen ein tatsächlicher Haftungsdurchgriff noch schneller als zuvor eintreten kann. Insoweit hilft es auch nicht weiter, dass das Beherrschungsverhältnis als solches noch keine direkte Haftung auslöst, weil hierfür zusätzlich eine tatsächliche Einflussnahme erforderlich ist. Denn bereits die Einbeziehung in die konzernrechtlichen Regeln als solche, die durch die Bejahung eines Beherrschungsverhältnisses in diesem Sinne entsteht, wird die Gefahr des Haftungsdurchgriffs bereits ungemein erhöht. Ausreichend ist im Falle der Bejahung eines Beherrschungsverhältnisses die Einflussnahme durch einen Vertragspartner, mit dem rein schuldrechtliche Beziehungen bestehen, um den Gläubigern einen Durchgriff auf dessen Vermögen zu ermöglichen. Eine solche Auslegung berücksichtigt jedoch weder Intensität, Zeitraum noch Zweck der Abhängigkeit.

Unter Berücksichtigung dieser Ergebnisse kann der Kritik des Entwurfes des Gesetzes „zur Änderung des 4. Kapitels des ersten Teils des Zivilgesetzbuches der Russischen Föderation hinsichtlich der Definition von kontrollierenden und kontrollierten Personen und ihrer Haftung[688] nicht zugestimmt werden. Anders als in der Begründung des Entwurfes angeführt, werden auch offensichtliche Beherrschungssituationen von der geltenden Norm berücksichtigt. Im Gegenteil lassen sich aufgrund der weiten Fassung des Gesetzes kaum Beherrschungssituationen finden, die nicht unter die gesetzliche Definition einer Tochtergesellschaft zu fassen wären.[689] Zugestimmt werden muss dem Entwurf allerdings in der Hinsicht, dass die Liste der möglichen Beherrschungsverhältnisse derart weit ist, dass Unklarheit hinsichtlich derjenigen Personen besteht, die tatsächlich unter die Norm fallen. Dieser Problematik sollte allerdings nicht mit einer ausgedehnten und starren Regelung entgegengetreten werden, die jegliche flexible Einzelfalllösung behindert, sondern mit einem sicheren und durchdachten Umgang mit der Norm im Einzelfall,[690] wobei wie dargestellt eine Anpassung erfolgen sollte, die verhindert, dass eine Auslegung möglich ist, die über das Ziel hinausschießt.

2. *Wegfall des Erfordernisses eines Weisungsrechts der Obergesellschaft?*

Sowohl das russische Aktiengesetz als auch das GmbH-Gesetz unterwerfen ausdrücklich ausschließlich diejenigen Obergesellschaften einer Haftung, die das

688 Hierzu bereits oben in Teil 1, Kap. B.III.2., abrufbar unter https://regulation.gov.ru/projects#npa=79694, zuletzt geprüft am 11.6.2021.

689 Zutreffend ist allerdings, dass nach der geltenden Gesetzesfassung lediglich Wirtschaftspersonen- oder eine Kapitalgesellschaft, nicht jedoch natürliche Personen Obergesellschaften sein können.

690 Vgl. hierzu auch *Kropff*, Aktiengesetz von 1965, S. 31, wonach sich eine abschließende Aufzählung aller möglichen Grundlagen eines Beherrschungsverhältnisses für das deutsche Recht als unmöglich erwiesen hat.

Recht haben, der Tochtergesellschaft für sie verbindliche Weisungen zu geben. Eine entsprechende Regelung enthielt auch Art. 105 Pkt. 2 Abs. 2 ZGB RUS a.F. Art. 67.3 Pkt. 2 Abs. 2 ZGB RUS verzichtet demgegenüber auf eine entsprechende Voraussetzung und schweigt hierzu vollständig. Welche Bedeutung das Erfordernis eines Weisungsrechts und seine fehlende Erwähnung in Art. 67.3 Pkt. 2 Abs. 2 ZGB RUS hat, soll daher im Folgenden näher untersucht werden.

a) *Bedeutung des Weisungsrechts grundsätzlich und vor der Gesetzesreform*

Das *Recht* auf Weisungserteilung ist zunächst von der bloßen *Möglichkeit,* die von der Gesellschaft zu treffenden Entscheidungen zu bestimmen, zu unterscheiden.[691] Letztere ist ausschließlich Voraussetzung für das Vorliegen eines Beherrschungsverhältnisses,[692] während erst das Weisungsrecht bislang stets Voraussetzung für einen tatsächlichen Haftungsdurchgriff war. Unter einem solchen *Weisungsrecht* verstanden die Gesetzesredaktoren des Zivilgesetzbuches die *rechtlich durchsetzbare Berechtigung*[693] der Obergesellschaft gegenüber ihrer Tochter, etwa aufgrund eines Vertrages.[694] Während beispielsweise eine bloße Mehrheitsbeteiligung der Obergesellschaft zwar dazu führt, dass diese im Rahmen der Gesellschafter- bzw. Aktionärsversammlung die Entscheidungen der Tochtergesellschaft beeinflussen kann, erlangt sie allein durch diese Beteiligung grundsätzlich noch nicht das Recht bzw. den rechtlich durchsetzbaren Anspruch auf Weisungsbefolgung gegenüber der Tochtergesellschaft.[695] Auch im Falle einer Konzernierung durch personelle Verflechtungen bzw. Doppelmandatschaften[696]

---

691 So auch *Heeg,* Die Finanz- und Haftungsverfassung russischer Kapitalgesellschaften, S. 286; *Bauer,* WiRO 1995, 97, 98.

692 Vgl. hierzu bereits Teil 2, Kap. A.I.1.a)aa) und Teil 2, Kap. A.I.1.d). *Heeg,* Die Finanz- und Haftungsverfassung russischer Kapitalgesellschaften, S. 281 für Art. 105 Pkt. 2 Abs. 2 ZGB a.F.; *Rabensdorf,* Die Durchgriffshaftung im deutschen und russischen Recht der Kapitalgesellschaften, S. 172; *Bauer,* WiRO 1995, 97, 98.

693 *Heeg,* Die Finanz- und Haftungsverfassung russischer Kapitalgesellschaften, S. 289, m.w.N. Dieser spricht indes von einer „rechtlich durchsetzbare[n] Verpflichtung".

694 *Heeg,* Die Finanz- und Haftungsverfassung russischer Kapitalgesellschaften, S. 289, m.w.N.

695 Hierzu vgl. ausführlich Teil 2, Kap. A.I.1.a); *Heeg,* Die Finanz- und Haftungsverfassung russischer Kapitalgesellschaften, S. 286; *Bauer,* WiRO 1995, 97, 98.; vgl. auch *Mereminskaja,* Durchbrechung der Haftungsbeschränkung eines GmbH-Gesellschafters, S. 84; *Rabensdorf,* Die Durchgriffshaftung im deutschen und russischen Recht der Kapitalgesellschaften, S. 198.

696 Vgl. hierzu oben Teil 2, Kap. A.I.1.c)aa).

wird zu Recht davon ausgegangen, dass durch diese zwar die *Möglichkeit* für die Obergesellschaft begründet wird, Einfluss auf die Entscheidungen der Tochtergesellschaft zu nehmen, diese jedoch noch nicht dazu führt, dass die Obergesellschaft tatsächlich das verbindliche *Recht* inne hat, dem Geschäftsleiter der Tochtergesellschaft auch Weisungen zu erteilen.[697] Denn der Tochtergeschäftsführer kann zwar durch Vergütungs-[698] und Karrierevorteile[699] motiviert bzw. durch mögliche nachteilige Folgen unter Druck gesetzt werden, die Weisungen der Obergesellschaft zu befolgen,[700] er bleibt jedoch auch in diesem Fall ausschließlich dazu verpflichtet, vernünftig und gewissenhaft im Interesse seiner Gesellschaft zu handeln.[701] Es stellt sich mithin die Frage, welche Fälle denkbar sind, in denen der Obergesellschaft ein Weisungsrecht gegenüber ihrer Tochtergesellschaft zusteht und ob die fehlende Erwähnung dieser Voraussetzung im reformierten ZGB auf dem Fehlen von ausreichend tatsächlichen Anwendungsfällen beruht.

So liegt etwa auch im Falle der Konzernierung durch den Einsatz der Obergesellschaft als Externe Verwalterin[702] der Tochtergesellschaft – sofern man in diesen Fällen eine Konzernierung überhaupt bejaht[703] – kein entsprechendes

697 *Mereminskaja,* Durchbrechung der Haftungsbeschränkung eines GmbH-Gesellschafters, S. 86; *Rabensdorf,* Die Durchgriffshaftung im deutschen und russischen Recht der Kapitalgesellschaften, S. 198.

698 *Dominke,* Einheitliche Gruppenleitung über die Binnengrenzen in Europa, S. 177; vgl. *Theisen,* Der Konzern, S. 224.

699 *Telke,* Russisches Konzernrecht, S. 56.

700 *Dominke,* Einheitliche Gruppenleitung über die Binnengrenzen in Europa, S. 177; *Telke,* Russisches Konzernrecht, S. 56; vgl. auch *Šitkina,* Pravovoe regulirovanie ėkonomičeskoj zavisimosti, Chozjajstvo i pravo 2010, N 8.

701 Art. 53 Abs. 3 Pkt. 1 ZGB RUS, Art. 44 Abs. 1 GmbHG RUS und Art. 71 Abs. 1 AktG RUS; vgl. zur Geschäftsführerhaftung ausführlich Teil 3, Kap. C.II.; vgl. auch *Rabensdorf,* Die Durchgriffshaftung im deutschen und russischen Recht der Kapitalgesellschaften, S. 173; *Schmitt/Melnikov,* in: Breidenbach/Institut für Ostrecht München, Handbuch WiRO Bd. III, RUS, Kapitel D.I. Rn. 94, S. 21.

702 Vgl. hierzu oben Teil 2, Kap. A.I.1.c)cc).

703 Vgl. *Mereminskaja,* Durchbrechung der Haftungsbeschränkung eines GmbH-Gesellschafters, S. 85; Rechtsprechung und Literatur lehnen eine Konzernierung ab, vgl. Postanovlenie Arbitražnogo suda Severo-Kavkazskogo okruga ot 31.1.2017 N F08-10279/2016 po delu N A 63-1044/2016; *Šitkina,* Osnovanija i pravovyye posledstvija otnošenij dočernosti chozjajstvennych obščestv (Kommentarij k st. 6 Zakona ob OOO), Chozjajstvo i pravo 2020, N 7, S. 9; vgl. hierzu bereits Teil 2, Kap. A.I.1.c)cc).

Weisungsrecht der Obergesellschaft vor[704]. Die Obergesellschaft übernimmt in einem solchen Fall faktisch das Management der Tochtergesellschaft.[705] In ihrer Funktion als Externe Verwalterin wird ihr die Möglichkeit eröffnet, unmittelbar in die laufende Verwaltung der Tochtergesellschaft einzugreifen.[706] Ein konkretes Weisungsrecht, das bewirkt, dass die Tochtergesellschaft den Weisungen der Obergesellschaft zu folgen hat, besitzt und benötigt[707] sie dagegen nicht. Zwar wird aus diesem Grund teilweise vertreten, die haftungsrechtlichen Vorschriften analog anzuwenden,[708] mit der Folge, dass eine Haftung der Obergesellschaft nicht ausgeschlossen wäre. Eine Analogie kommt entsprechend dem deutschen Verständnis auch nach russischem Recht allerdings ausschließlich dann in Betracht, wenn eine gesetzliche Regelungslücke besteht.[709] Eine solche liegt jedoch nicht vor, da der russische Gesetzgeber ausschließlich solche Fälle unter das Weisungsrecht fassen wollte, in denen eine rechtlich durchsetzbare Verpflichtung der Tochtergesellschaft besteht.[710] Wird die Obergesellschaft allerdings als Externe Verwalterin der Tochtergesellschaft eingesetzt, ist sie nicht nur dazu verpflichtet, (ausschließlich) im Interesse der Tochtergesellschaft zu handeln[711], sondern kann auch jederzeit von der Tochtergesellschaft abberufen werden[712], weshalb bereits zu Recht das Vorliegen einer Konzernierung verneint

---

704 Laut *Mundry,* in: Breidenbach/Institut für Ostrecht München, Handbuch WiRO Bd. III, RUS, Kapitel C Fn. 143, S. 38 ist dies umstritten, m.w.N.

705 *Steininger/Olejnik*, WiRO 2017, 172, 174; vgl. hierzu Art. 42 Pkt. 1 GmbHG RUS; Art. 69 Pkt. 1 Abs. 3 AktG RUS; Art. 65.3 Pkt. 3 Abs. 1 ZGB RUS.

706 Vgl. *Telke*, Russisches Konzernrecht, S. 58 m.w.N., hierzu bereits oben Teil 2, Kap. A.I.1.c)cc).

707 *Mereminskaja,* Durchbrechung der Haftungsbeschränkung eines GmbH-Gesellschafters, S. 85.

708 *Mereminskaja,* Durchbrechung der Haftungsbeschränkung eines GmbH-Gesellschafters, S. 85.

709 Art. 6 Pkt. 1 ZGB RUS; hierzu auch *Solotych,* Das Zivilgesetzbuch der Russischen Föderation, Erster Teil, S. 24.

710 Eine solche wurde von den Gesetzesredaktoren des ZGB unter dem Weisungsrecht der Norm verstanden, so *Heeg,* Die Finanz- und Haftungsverfassung russischer Kapitalgesellschaften, S. 289 m.w.N.

711 Art. 53 Pkt. 3 ZGB RUS; *Schramm,* Zwischen Liberalisierung und Regulierung, Ost/Letter 1/2015, S. 11; hierzu bereits in Teil 2, Kap. A.I.1.c)cc).

712 Art. 33 Pkt. 2 Abs. 4 GmbHG RUS; Art. 69 Pkt. 4 Abs. 1 AktG RUS; *Telke*, Russisches Konzernrecht, S. 58; *Šitkina*, Osnovanija i pravovye posledstvija otnošenij dočernosti chozjajstvennych obščestv (Kommentarij k st. 6 Zakona ob OOO), Chozjajstvo i pravo 2020, N 7, S. 10, *Šitkina,* Osnovanija ustanovlenija choldingovych otnošenij, Predprinimatel´skoe pravo 2005, N 2; hierzu bereits in Teil 2, Kap. A.I.1.c)cc).

wird[713]. Ein durchsetzbares Weisungsrecht steht ihr gerade nicht zu. Darüber hinaus besteht für den Fall des Einsatzes der Obergesellschaft als Externe Verwalterin der Tochter ein spezieller Anspruch gegen die Obergesellschaft auf Ersatz der Schäden, die der Tochter durch diese entstanden sind, der allerdings nur den Gesellschaftern der Tochtergesellschaft selbst, nicht jedoch deren Gläubigern zugutekommen soll.[714] Da eben dieser Fall somit vom Gesetzgeber bedacht und normiert wurde, besteht keine analogiefähige Regelungslücke.[715]

Ein Weisungsrecht im Sinne der ehemaligen ZGB-Norm sowie den Normen der Spezialgesetze kann allerdings durch die vertraglich oder in der Satzung der Gesellschaft vereinbarte Verpflichtung der Tochtergesellschaft zur Befolgung der Weisungen der Obergesellschaft vermittelt werden.[716] Hierzu heißt es in Art. 6 Pkt. 3 Abs. 2 S. 2 AktG RUS:

Eine Obergesellschaft (Personengesellschaft) gilt nur in dem Fall als berechtigt, einer Tochtergesellschaft für sie verbindliche Weisungen zu geben, wenn dieses Recht in einem Vertrag mit der Tochtergesellschaft oder in der Satzung der Tochtergesellschaft geregelt ist."

Damit hat der Gesetzgeber zumindest für die Tochter-AG ausdrücklich festgelegt, dass ein Weisungsrecht ausschließlich mittels eines Vertrages oder der Satzung vereinbart werden kann[717] und dieses zusätzlich einem formalen

---

713 Dass kein Konzernierungsverhältnis begründet wird vertritt etwa *Šitkina*, Osnovanija i pravovye posledstvija otnošenij dočernosti chozjajstvennych obščestv (Kommentarij k st. 6 Zakona ob OOO), Chozjajstvo i pravo 2020, N 7, S. 9; *Šitkina*, Osnovanija ustanovlenija choldingovych otnošenij, Predprinimatel´skoe pravo 2005, N 2. Laut *Telke*, Russisches Konzernrecht, S. 58 ist das die überwiegende Meinung. Hierzu bereits in Teil 2, Kap. A.I.1.c)cc).

714 Art. 53.1 Pkt. 1 ZGB RUS; im Ergebnis so auch *Rabensdorf*, Die Durchgriffshaftung im deutschen und russischen Recht der Kapitalgesellschaften, S. 198.

715 So auch *Rabensdorf*, Die Durchgriffshaftung im deutschen und russischen Recht der Kapitalgesellschaften, S. 198.

716 Laut *Heeg*, Die Finanz- und Haftungsverfassung russischer Kapitalgesellschaften, S. 289 ist dieser Fall des Weisungsrechts „unumstritten"; vgl. auch *Mereminskaja*, Durchbrechung der Haftungsbeschränkung eines GmbH-Gesellschafters, S. 84 ff.

717 Eine dem AktG entsprechende Einschränkung wurde in das GmbHG RUS nicht übernommen. Zwar enthielt der ursprünglich eingebrachte Gesetzesentwurf des GmbHG eine dem Aktienrecht entsprechende Regelung, wurde jedoch nicht umgesetzt. Eine Analogie zum AktG RUS ist aus diesem Grund nicht notwendig, *Heeg*, Die Finanz- und Haftungsverfassung russischer Kapitalgesellschaften, S. 291 m.w.N.

Kriterium[718] unterworfen. Denn da nach russischem Recht sowohl Verträge, die von einer Gesellschaft abgeschlossen werden, als auch die Satzung als solche[719] der Schriftform unterliegen,[720] setzt die Inanspruchnahme der Obergesellschaft nach den aktienrechtlichen Regelungen zusätzlich ein Weisungsrecht voraus, das schriftlich fixiert wurde.[721]

Auch die russischen Gerichte entschieden bis zur Reform im Jahr 2014 häufig rein formal und prüften lediglich die Satzung bzw. Verträge zwischen den Gesellschaften daraufhin, ob ein Weisungsrecht vertraglich oder in der Satzung vereinbart wurde.[722] Um eine Haftung zu verhindern, wurde daher in der russischen Rechtspraxis ein entsprechendes vertragliches Weisungsrecht bislang nur sehr selten tatsächlich vertraglich vereinbart.[723] Häufig wurde die Vormachtstellung der Obergesellschaft genutzt und Weisungen erteilt, ohne dass hierfür vorab ein konkretes Weisungsrecht der Obergesellschaft gegenüber der Tochter vereinbart wurde.[724] Der informelle Weg der Weisungserteilung wurde bevorzugt.[725]

718 So *Rabensdorf*, Die Durchgriffshaftung im deutschen und russischen Recht der Kapitalgesellschaften, S. 192.

719 *Telke*, Russische Konzernrecht, S. 165.

720 Art. 161 Pkt. 1 Nr. 1 ZGB RUS; zu den Anforderungen an einen entsprechenden Vertrag vgl. auch *Rabensdorf*, Die Durchgriffshaftung im deutschen und russischen Recht der Kapitalgesellschaften, S. 192.

721 Vgl. auch *Telke*, Russisches Konzernrecht, S. 165; *Heeg*, WiRO 2000, 1, 3; *Heeg*, Die Finanz- und Haftungsverfassung russischer Kapitalgesellschaften, S. 291. In der Rechtsprechung ist das Schriftformerfordernis allerdings umstritten, vgl. hierzu *Telke*, Russisches Konzernrecht, S. 165 m.w.N.

722 *Steininger/Oljenik*, Wenn die Tochter in die Pubertät kommt, Ost/Letter 1/2014, S. 11; *Steininger/Olejnik*, WiRO 2017, 129, 133; vgl. auch *Lomakin*, Koncepcija snjatija korporativnogo pokrova: realizacija ee osnovnych položenij v dejstvujuščem zakonodatel´stve i proekte izmenenij Graždanskogo kodeksa RF, Vestnik VAS RF, 2012, N 9 m.w.N.; *Šitkina*, in: Šitkina, Korporativnoe pravo, S. 662 f., die darüber hinaus darauf hinweist, dass die Durchgriffshaftung aus diesem Grund nur selten von russischen Gerichten bejaht wurde, m.w.N.

723 *Telke*, Russisches Konzernrecht, S. 165.

724 *Šitkina*, Interv´ju s doktorom juridičeskich nauk, professorom, rukovoditelem magisterskoj programmy „Korporativnoe pravo“ MGU imeni M.V. Lomonosova Irinoj Sergeevnoj Šitkinoj, Jurist 2012, N 17; Vgl. zu alternativen Herrschaftsinstrumenten auch Teil 2, Kap. B.I.

725 *Telke*, Russisches Konzernrecht, S. 165.

Beherrschungsverträge und Vertragsklauseln, die ein konkretes Weisungsrecht enthalten, wurden in der russischen Praxis dagegen stets vermieden.[726]

Das Weisungsrecht hatte in Russland bis zur Gesetzesreform somit lediglich die Funktion eines Einfallstors für die Flucht aus der Durchgriffshaftung. Vorgaben dazu, auf welche Weise und unter welchen Voraussetzungen ein Weisungsrecht der Obergesellschaft, das eine sinnvolle Konzernleitung ermöglichen würde, begründet werden kann, existieren nicht und hätten angesichts der Sorge vor den Konsequenzen eines solchen Rechts voraussichtlich auch nur wenig Anklang in der Praxis der Konzernorganisation gefunden. Stattdessen wurden Vermeidungsstrategien gewählt, die die Erkennbarkeit eines Weisungsrechts nach außen verhindern sollten. Hierdurch konnten jedoch gerade diejenigen Obergesellschaften von einem – vom russischen Gesetzgeber gewollten – Durchgriff auf ihr Vermögen verschont werden, die bewusst auf ein offenes Weisungsrecht in der Satzung oder in einem Vertrag mit der Tochtergesellschaft verzichteten. Denkbar ist aus diesem Grund ein bewusster Verzicht des russischen Gesetzgebers auf die Haftungsvoraussetzung des Weisungsrechts, um hierdurch eine weitere Umgehung der Durchgriffshaftung zu verhindern. Zweifelhaft ist allerdings die Sinnhaftigkeit des gewählten Lösungswegs. Denn statt der Eröffnung einer Organisationsmöglichkeit für die Konzernleitung und der Schaffung von Rechtssicherheit hinsichtlich der Möglichkeiten der Begründung eines Weisungsrechts, werden sämtliche Beherrschungsverhältnisse nach russischem Verständnis einer Haftung unterworfen. Eine Unterscheidung für solche Beherrschungsverhältnisse, deren Einflussnahme nur gering ist, ist nicht vorgesehen.

b) Widerspruch zum GmbH- und Aktienrecht

Da bislang allerdings keine Änderungen der Art. 6 Pkt. 3 Abs. 2 GmbHG RUS und Art. 6 Pkt. 3 Abs. 2 AktG RUS vorgenommen wurden, unterwerfen diese eine Obergesellschaft im Gegensatz zu Art. 67.3 Pkt. 2 Abs. 2 ZGB RUS nach wie vor lediglich dann der Durchgriffshaftung, wenn dieser ein Weisungsrecht

726 *Šitkina*, Choldingi: Pravovoe regulirovanie ėkonomičeskoj zavisimosti: Upravlenie v gruppach kompanij, S. 115; *Šitkina*, Pravovoe regulirovanie ėkonomičeskoj zavisimosti, Chozjajstvo i pravo 2010, N 8; *Šitkina*, Osnovanija ustanovlenija choldingovych otnošenij, Predprinimatel´skoe pravo 2005, N 2; vgl. auch *Steininger/Olejnik*, WiRO 2017, 172, 174; für Beherrschungsverträge: *Steininger/Oljenik*, Wenn die Tochter in die Pubertät kommt, Ost/Letter 1/2014, S. 8; *Rabensdorf*, Durchgriffshaftung, S. 167; *Steininger/Olejnik*, WiRO 2017, 172, 174.

gegenüber der Tochtergesellschaft zusteht. Da die spezialgesetzlichen Vorschriften unverändert in Kraft sind, stellt sich daher die Frage nach dem Verhältnis der jeweiligen Normen zueinander sowie nach deren künftiger praktischer Anwendung[727]. Sofern die Vorschriften der Art. 6 Pkt. 3 Abs. 2 GmbHG RUS und Art. 6 Pkt. 3 Abs. 2 AktG RUS als Spezialgesetze Vorrang genießen sollten, wäre ein Weisungsrecht nach wie vor zu fordern und die Änderung des Wortlautes der konzernrechtlichen Regelung im Zivilgesetzbuch hätte bis zu einer erfolgten Anpassung keine Bedeutung.

aa) Umgang mit Widersprüchen in der Vergangenheit und Übertragbarkeit dieser Grundsätze

Aufgrund bestehender Widersprüche in den einzelnen Gesetzesbüchern war die Frage nach dem Verhältnis der Normen zueinander bereits vor der Reform des ZGB umstritten.[728] So verlangte zwar Art. 105 Pkt. 2 Abs. 2 ZGB RUS a.F. entsprechend den Spezialgesetzen das Vorliegen eines Weisungsrechts der Obergesellschaft, allerdings fehlte hier im Gegensatz zu den aktienrechtlichen Vorgaben die Anforderung, dass ein solches vertraglich oder in der Satzung vereinbart sein müsse.[729] Umstritten war deshalb, ob die im Aktiengesetz vorgesehene Regelung eine zulässige Einschränkung des Zivilgesetzbuches oder einen unzulässigen Widerspruch zum höherrangigen[730] Zivilgesetzbuch

---

727 Vgl. auch *Gutnikov*, in: Gabov/Gutnikov/Sinicyn, Juridičeskie lica v rossijskom graždanskom prave, Tom 1, Kap. 4 § 3 gibt zu bedenken, dass praktische Schwierigkeiten entstehen könnten.

728 *Telke*, Russisches Konzernrecht, S. 165.

729 Hierzu vgl. bereits oben Teil 2 Kap. A.I.2.a); Art. 105 Pkt. 2 ZGB a.F. lautete noch: „Eine Obergesellschaft (Oberpersonengesellschaft), die das Recht hat, einer Tochtergesellschaft für sie verbindliche Weisungen zu geben, unter anderem durch einen Vertrag mit ihr, haftet mit der Tochtergesellschaft solidarisch für Rechtsgeschäfte, die die Tochtergesellschaft in Ausführung dieser Weisungen abgeschlossen hat.“, so *Lenga/Wipplinger/Rommel*, in: Breidenbach/Institut für Ostrecht München, Handbuch WiRO Bd. III, RUS 200 ZGB Art. 105 Pkt. 2 ZGB; *Telke*, Russisches Konzernrecht, S. 165; *Rabensdorf*, Die Durchgriffshaftung im deutschen und russischen Recht der Kapitalgesellschaften, S. 195; *Heeg*, WiRO 2000, 1, 3; *Borisov*, Kommentarij k glave 4 časti pervoj Graždanskogo kodeksa RF „Juridičeskie lica“, Art. 67.3 ZGB RUS.

730 Zu einem weiteren Widerspruch zwischen dem ZGB RUS und den Spezialgesetzen sowie zum Verhältnis der Gesetze untereinander vgl. bereits Teil 1, Kap. A.II.2. Ob das ZGB tatsächlich höherrangig ist, ist indes umstritten, hierzu sogleich; vgl. hierzu auch *Telke*, Russisches Konzernrecht, S. 165.

darstellte.[731]

Insbesondere die Rechtsprechung entschied allerdings häufig rein formal und unter strikter Befolgung des Wortlautes[732], ob in der Satzung oder einem Vertrag eine entsprechende Klausel aufgenommen wurde[733]. Trotz der sich häufenden grundsätzlichen Kritik an der aktienrechtlichen Regelung[734] und dem Vorschlag, die Gesamtumstände unter Berücksichtigung der tatsächlichen Rolle der Obergesellschaft zu betrachten[735], um zu verhindern, dass sich Obergesellschaften durch den Verzicht einer schriftlichen Fixierung des Weisungsrechts zu leicht einer Haftung entziehen könne,[736] gab die Rechtsprechung mithin der aktiengesetzlichen Regelung den Vorrang.[737] Angesichts der zum Großteil befürworteten harmonisierenden Auslegung der unterschiedlichen Normen[738] sowie der Tatsache, dass die Spezialgesetze erst nach dem ZGB in Kraft traten,[739]

---

731 *Telke*, Russisches Konzernrecht, S. 165; *Rabensdorf*, Die Durchgriffshaftung im deutschen und russischen Recht der Kapitalgesellschaften, S. 193 f. Da ein Weisungsrecht nach der vorliegend vertretenen Auffassung nur in der Satzung oder einem Vertrag vereinbart werden kann, ist dieser Meinungsstand allerdings im Ergebnis obsolet, hierzu ausführlich in Teil 3 Kap. B.II.3.

732 Dies entspricht dem bereits in Teil 2, Kap. A.I.b)aa) diskutierten Grundsatz des Gesetzespositivismus des russischen Rechts.

733 *Steininger/Oljenik*, Wenn die Tochter in die Pubertät kommt, Ost/Letter 1/2014, S. 11; *Steininger/Olejnik*, WiRO 2017, 129, 133; vgl. auch *Lomakin*, Koncepcija snjatija korporativnogo pokrova: realizacija ee osnovnych položenij v dejstvujuščem zakonodatel´stve i proekte izmenenij Graždanskogo kodeksa RF, Vestnik VAS RF, 2012, N 9 m.w.N.; *Šitkina*, in: *Šitkina*, Korporativnoe pravo, S. 662 f., die darüber hinaus darauf hinweist, dass die Durchgriffshaftung aus diesem Grund nur selten von russischen Gerichten bejaht wurde, m.w.N.

734 Vgl. auch die Ausführungen bei *Steininger/Olejnik*, WiRO 2017, 129, 133, es seien die reale Lage und die faktische Rolle der Muttergesellschaft zu berücksichtigen, m.w.N.; vgl. auch Ausführungen bei *Rabensdorf*, Die Durchgriffshaftung im deutschen und russischen Recht der Kapitalgesellschaften, S. 193, die unterschiedliche Literaturansichten zum Umgang mit der Norm darstellt.

735 *Steininger/Olejnik*, WiRO 2017, 129, 133.

736 *Steininger/Olejnik*, WiRO 2017, 129, 133; vgl. auch *Lomakin*, Koncepcija snjatija korporativnogo pokrova: realizacija ee osnovnych položenij v dejstvujuščem zakonodatel´stve i proekte izmenenij Graždanskogo kodeksa RF, Vestnik VAS RF, 2012, N 9.

737 Wie bereits zur Insolvenzhaftung Teil 1, Kap. A.II.2. dargestellt, wird auch hier den Spezialgesetzen wegen des Grundsatzes *lex specialis derogat legi generali* der Vorrang eingeräumt.

738 *Nübler/Trunk*, Einführung in die russisch-deutsche Rechtsterminologie, S. 88 f.

739 Während das GmbH-Gesetz am 1.3.1998 und das Aktiengesetz am 1.1.1996 in Kraft traten, trag das Zivilgesetzbuch bereits 1994/1995 in Kraft. Dazu, dass auch im

ließ sich diese Ansicht trotz vermehrter Kritik gut vertreten. Einer Übertragung dieses Grundsatzes auf die Frage, ob den Regelungen des GmbH- und Aktiengesetzes auch Vorrang vor dem reformierten Art. 67.3 ZGB RUS gegeben werden sollte, steht allerdings entgegen, dass sich der russische Gesetzgeber bewusst dazu entschieden hat, die konzernrechtlichen Bestimmungen zu ändern. Gerade die Widersprüchlichkeit der Normen zueinander stellte bislang den größten Kritikpunkt dar.[740] Mit der Einführung des neuen Art. 67.3 ZGB RUS wollte der russische Gesetzgeber daher bewusst die haftungsrechtlichen Grundsätze neu regeln und setzte dabei das erklärte Ziel, die unterschiedlichen Normen anzugleichen und dem ZGB anzupassen.[741] Es ist daher zu erwarten, dass die Widersprüchlichkeiten mit der noch ausstehenden Reform der Spezialgesetze beseitigt werden können. Bereits im Jahr 2015 erklärte etwa *J.A. Suchanov*[742], dass die bestehenden Gegensätzlichkeiten zwischen dem Zivilgesetzbuch und den gesellschaftsrechtlichen Spezialregelungen „bald aufgelöst werden" würden, da eine Anpassung des Gesellschaftsrechts an das ZGB erfolgen sollte.[743]

---

russischen Recht der Grundsatz *lex posterior derogat legi priori* gilt, vgl. *Gutnikov,* Tendencii razvitija korporativnogo prava v sovremennych uslovijach. Žurnal rossijskogo prava 2020, N 8; *Seiffert*, ZEuP 1999, 931, 938; vgl. auch *Heeg,* Die Finanz- und Haftungsverfassung russischer Kapitalgesellschaften, S. 21; vgl. auch *Oda*, Russian Commercial Law, S. 71, der zwar anerkennt, dass dieser Grundsatz auch im russischen Recht gilt, jedoch der Ansicht ist, dass im Fall von Widersprüchen das ZGB Vorrang vor den Spezialgesetzen hat; a.A. aufgrund der hier vertretenen Vorrangstellung des ZGB gegenüber anderen Gesetzen, die sich aus Art. 3 Pkt. 2 ZGB ergibt: *Farian,* Dingliche Nutzungsrechte an fremden Grundstücken im russischen Recht, S. 33.

740 Vgl. *Rabensdorf,* Die Durchgriffshaftung im deutschen und russischen Recht der Kapitalgesellschaften, S. 195.

741 Konzeption zur Entwicklung der Zivilgesetzgebung der Russischen Föderation, Vestnik VAS RF, N 11, 2009, III.4.1.7; nach *Lomakin,* Princip samostojatel'noj otvetstvennosti juridičeskogo lica: pravilo i isključenija, in: Vestnik graždanskogo prava, 2020, N 1 ist das erklärte Ziel der Vereinheitlichung durch die Reform nicht erreicht worden.

742 Prof. Dr. Jewgenij A. Suchanov ist Leiter des Lehrstuhls für Zivilrecht an der Juristischen Fakultät der Staatlichen Moskauer Lomonossov-Universität und stellvertretender Vorsitzender des Beirats des Präsidenten zur Kodifizierung und Weiterentwicklung der Gesetzgebung, vgl. hierzu *Suchanov,* in: Interview mit Prof. Dr. Jewgenij A. Suchanov geführt von Tanja Galander, DRJV-Mitteilungen 59/2015, S. 28.

743 So auch *Suchanov,* in: Interview mit Prof. Dr. Jewgenij A. Suchanov geführt von Tanja Galander, DRJV-Mitteilungen 59/2015, S. 35. Hier auch ausführlich zu der Problematik, dass durch die Reformen des ZGB und der nicht schnell genug erfolgenden Anpassung der Spezialgesetze Widersprüche entstehen.

bb) Auflösung des aktuellen Widerspruchs

Bis zu einer entsprechenden Reform stellt sich allerdings die Frage, ob die russische Rechtsprechung nach wie vor rein formal sowohl das Vorliegen eines Weisungsrechts als solches als auch dessen schriftliche Fixierung prüfen und eine gesamtschuldnerische Haftung hiervon abhängig machen wird oder eine Haftung nunmehr unter Nichtbeachtung der spezialgesetzlichen Vorschriften, auch ohne das Vorliegen eines Weisungsrechts angenommen werden kann, wenn lediglich eine Weisung als solche ergangen ist. *Galander* beispielsweise folgt bereits letzterem Weg und benennt im Rahmen ihrer Darstellung der Voraussetzungen einer gesamtschuldnerischen Haftung ein Weisungsrecht überhaupt nicht.[744] In der russischsprachigen Literatur ist hinsichtlich dieser Frage jedoch kaum Problembewusstsein zu erkennen. Teilweise wird in der aktienrechtlichen Regelung eine „Klarstellung"[745] der aktuellen zivilgesetzlichen Normen gesehen.[746] Wohingegen andere offenbar nicht erkennen, dass die Voraussetzung des Weisungsrechts für die gesamtschuldnerische Haftung nach Art. 67.3 ZGB RUS weggefallen ist.[747] Andere wiederum stellen schlicht den Wegfall des festgeschriebenen Weisungsrechts nach der erfolgten Gesetzesänderung dar, ohne dabei auf die spezialgesetzlichen Vorschriften einzugehen[748] oder den bestehenden Widerspruch zur zivilgesetzlichen Regelung aufzulösen[749]. Auch die bislang ergangene Rechtsprechung in diesem Bereich ist nicht eindeutig. Teilweise fordert die Rechtsprechung ausdrücklich unverändert das Vorliegen

744 *Galander*, in: Galander, Russisches Wirtschaftsrecht, S. 160.

745 *Utočenie.*

746 Vgl. etwa *Kuznecova*, in: Barkov/Gabov/Golubcov, Graždanskij kodeks Rossijskoj Federacii. Postatejnyj kommentarij k glavam 1–5, Art. 67.2 ZGB RUS, Pkt. 2.

747 Vgl. etwa *Laptev*, Korporativnoe pravo: pravovaja organizacija korporativnych sistem, Kap. 10 Pkt. 4.1.2.

748 *Kapul*, Solidarnaja otvetstvenost´ osnovnogo chozjajstvennogo obščestva po sdelkam dočernogo v kontekste izmenenij v Graždanskij kodeks Rossijskoj Federacii.

749 So *Gutnikov*, Korporativnaja otvetstvennost' v graždanskom prave, S. 244 ff.; *Gutnikov*, Graždansko-pravovaja otvetstvennost´ v otnošenijach, svjazannych s upravleniem juridičeskimi licami, S. 305; *Borisov*, Kommentarij k glave 4 časti pervoj Graždanskogo kodeksa RF „Juridičeskie lica", Art. 67.3 ZGB RUS; anders lediglich *Šitkina*, Osnovanija i pravovye posledstvija otnošenij dočernosti chozjajstvennych obščestv (Kommentarij k st. 6 Zakona ob OOO), Chozjajstvo i pravo 2020, N 7, S. 14, die den Widerspruch zugunsten des ZGB RUS auflöst.

eines Weisungsrechts.[750] Andere Gerichte prüfen lediglich eine generelle beherrschende Beziehung zwischen Ober- und Tochtergesellschaft und stellen damit ausschließlich auf das Vorliegen eines Beherrschungsverhältnisses und die Möglichkeit der Obergesellschaft ab, die Entscheidungen der Tochtergesellschaft zu bestimmen, äußern sich jedoch nicht zum Erfordernis eines Weisungsrechts.[751]

Dieser letzteren Vorgehensweise ist zuzustimmen. So hat sich der Gesetzgeber im Rahmen der Reform bewusst gegen das stark kritisierte Erfordernis des Weisungsrechts gewandt. Angesichts der Tatsache, dass das Aktiengesetz zeitlich vor dem neuen Art. 67.3 ZGB RUS ergangen ist, kann auch nicht davon ausgegangen werden, dass dieses das ZGB konkretisiert. Denn entgegen der früheren Rechtslage, nach der das Zivilgesetzbuch bereits ein Weisungsrecht verlangte und das Aktiengesetz dieses durch den Zusatz einschränkte, dass ein solches ausschließlich dann vorliege, wenn es in einem Vertrag oder der Satzung vorgesehen sei, fehlt das Erfordernis eines Weisungsrechts nun vollständig im ZGB und steht damit in klarem Widerspruch zu den Spezialgesetzen. In einem solchen Fall kann jedoch schlicht keine harmonisierende Auslegung erfolgen. Der Widerspruch ist vielmehr im Wege der Prüfung des Verhältnisses der Normen zueinander aufzulösen.

Das Verhältnis der Spezialgesetze zum ZGB ist in Russland indes stark umstritten.[752] Während die Schöpfer des ZGB die Intention hatten, wonach das neue Zivilgesetzbuch nicht lediglich ein Gesetz unter vielen sein sollte, sondern als *der* „Kodeks"[753] den „normalen" Gesetzen vorgehe, vertritt die wohl herrschende Meinung mittlerweile, dass auch das Zivilgesetzbuch – entsprechend den Spezialgesetzen – ein einfaches Bundesgesetz und nicht etwa ein höherrangiges Bundesverfassungsgesetz darstellt, weshalb die Gesetze den gleichen Rang besitzen.[754] Eine grundsätzliche Vorrangstellung des ZGB kann hieraus deshalb

---

750 Vgl. Rešenie, Arbitražnyj sud Stravpol´skogo kraja ot 27.03.2020, delo no A63-14658/2019; Rešenie, Arbitražnyj sud Stravpol´skogo kraja ot 10.03.2020, delo no A63-12221/2019.

751 Rešenie, Arbitražnyj sud Rjazanskoj oblasti ot 24.03.2020, delo no A65-8984/2019.

752 *Nübler/Trunk,* Einführung in die russisch-deutsche Rechtsterminologie, S. 88; *Plagemann,* Die russische Aktiengesellschaft, S. 10.

753 Vgl. zur hervorgehobenen Bedeutung des *„kodeks"* *Heeg,* Die Finanz- und Haftungsverfassung russischer Kapitalgesellschaften, S. 18.; hierzu auch *Solotych,* Das Zivilgesetzbuch der Russischen Föderation, Erster Teil, 1996, S. 18.

754 *Schramm,* Zwischen Liberalisierung und Regulierung, Ost/Letter 1/2015, S. 1; *Allenhöfer,* Gesellschaftervereinbarungen bei Kapitalgesellschaften, S. 227; *Plagemann,* Die russische Aktiengesellschaft, S. 11; *Göckeritz/Wedde,* Das neue russische GmbH-Recht,

noch nicht abgeleitet werden.[755] Da auch in Russland der Grundsatz *lex speciali derogat legi generali* gilt[756], wird außerdem teilweise vertreten, dass den Spezialgesetzen im Falle eines Widerspruchs der Vorrang gebühre[757].

Allerdings hat das Zivilgesetzbuch nach russischem Verständnis trotz der Tatsache, dass es den Rang eines einfachen Bundesgesetzes hat, eine Vorrangstellung und geht als „erstes unter Gleichen" übrigen Gesetzen vor.[758] Als solches sollte es nach einer langen Phase der Rechtsunsicherheit aufgrund der Vielzahl verschiedener Verordnungen nach dem Zusammenbruch der Sowjetunion[759], Einheit und Homogenität des russischen Zivilrechts sicherstellen.[760] Um dieses Ziel zu erreichen, soll dem russischen ZGB gegenüber anderen Normen eine besondere Geltungskraft zukommen.[761]

Auch *J.A. Suchanov* führt hierzu aus, dass sowohl die Rechtsprechung im Falle eines Widerspruchs grundsätzlich die Normen des ZGB vorrangig anwende als auch die Lehre von diesem Grundsatz der Vorrangstellung ausgehe.[762] Dieses

---

S. 13. Dies bedauert etwa *Suchanov,* in: Interview mit Prof. Dr. Jewgenij A. Suchanov geführt von Tanja Galander, DRJV-Mitteilungen 59/2015, S. 28, 35.

755 *Allenhöfer,* Gesellschaftervereinbarungen bei Kapitalgesellschaften, S. 227.

756 *Suchanov,* in: Interview mit Prof. Dr. Jewgenij A. Suchanov geführt von Tanja Galander, DRJV-Mitteilungen 59/2015, S. 28, 34; vgl. *Becker*, Gesellschaftsrecht in Rußland, S. 6; *Gersdorff,* Die Registerpublizität im deutschen und russischen Unternehmensrecht, 2011, S. 92; vgl. auch *Heidemann,* GmbHR 2002, 732, 733, der davon ausgeht, dass das GmbHG RUS dem „älteren und allgemeineren ZGB" vorgeht.

757 *Schramm,* Zwischen Liberalisierung und Regulierung, Ost/Letter 1/2015, S. 1; a.A.: *Oda*, Russian Commercial Law, S. 71, der der Ansicht ist, dass im Fall von Widersprüchen das ZGB Vorrang vor den Spezialgesetzen hat.

758 Vgl. *Suchanov,* in: Interview mit Prof. Dr. Jewgenij A. Suchanov geführt von Tanja Galander, DRJV-Mitteilungen 59/2015, S. 28, 35; so auch *Farian,* Dingliche Nutzungsrechte an fremden Grundstücken im russischen Recht, S. 33; *Plagemann*, Die russische Aktiengesellschaft, S. 11 (ZGB als „*primus inter pares*"); vgl. *Becker*, Gesellschaftsrecht in Rußland, S. 6 („*primat absoluten Charakters*"); vgl. hierzu auch *Allenhöfer,* Gesellschaftervereinbarungen bei Kapitalgesellschaften, S. 227; *Rabensdorf,* Die Durchgriffshaftung im deutschen und russischen Recht, S. 33.

759 Hierzu bereits in Teil 1, Kap. B.II.1.

760 *Arnold*, RIW 1995, 898, 902.

761 *Arnold*, RIW 1995, 898, 903; vgl. auch *Oda*, Russian Commercial Law, S. 71; *Plagemann,* Die russische Aktiengesellschaft, S. 11; *Heeg,* Die Finanz- und Haftungsverfassung russischer Kapitalgesellschaften, S. 19.

762 *Suchanov,* in: Interview mit Prof. Dr. Jewgenij A. Suchanov geführt von Tanja Galander, DRJV-Mitteilungen 59/2015, S. 35, außerdem müsse man sich bis zur Anpassung der Spezialgesetze nach den Bestimmungen der Einführungsgesetze zu den

Verständnis lässt sich auch Art. 3 Pkt. 2 Abs. 2 ZGB RUS entnehmen, wonach sämtliche in anderen Gesetzen enthaltenen Normen dem Zivilgesetzbuch entsprechen müssen.[763]

Darüber hinaus ist im russischen Recht ebenso der Grundsatz *lex posterior derogat legi priori* fest verankert,[764] woraus sich die vorrangige Anwendung des Art. 67.3 ZGB RUS vor den spezialgesetzlichen Vorschriften ebenfalls ergibt. Diesen Grundsatz bestätigte der russische Gesetzgeber im Föderalen Gesetz Nr. 99-FZ vom 05.05.2014, wo er neben der Einführung des Art. 67.3 ZGB RUS, in Art. 3 Pkt. 4 festlegte, dass sämtliche Rechtsakte der Russischen Föderation bis zu ihrer Anpassung an die neu eingeführten Bestimmungen des ZGB RUS in der Weise und in dem Umfang gelten, wie sie nicht den Bestimmungen des ZGB RUS widersprechen. Den Bestimmungen des ZGB RUS ist bis zu einer gesetzlichen Anpassung somit der Vorrang einzuräumen.[765]

Folglich ist auch vor einer entsprechenden Anpassung des GmbHG und des AktG russischen Rechts kein durchsetzbares Recht der Obergesellschaft auf Weisungserteilung gegenüber der Tochter erforderlich, um eine

---

ZGB-Änderungen sowie dem gesunden Menschenverstand (Art. 3 Punkt 2 ZGB) richten. Auch Leitentscheidungen des Höchsten Gerichts sollen berücksichtigt werden.

763 Auf diese Norm verweist auch *Suchanov*, in: Interview mit Prof. Dr. Jewgenij A. Suchanov geführt von Tanja Galander, DRJV-Mitteilungen 59/2015, S. 35; vgl. auch *von Gersdorff*, Die Registerpublizität im deutschen und russischen Unternehmensrecht, S. 87, der jedoch ausführt, dass die genaue Wirkungsweise der Norm umstritten sei; vlg. auch *Allenhöfer*, Gesellschaftervereinbarungen bei Kapitalgesellschaften, S. 227 und *Heeg*, Die Finanz- und Haftungsverfassung russischer Kapitalgesellschaften, S. 17; vgl. auch *Rabensdorf*, Die Durchgriffshaftung im deutschen und russischen Recht, S. 33 (hier auch zum Telos und zur Historie der Norm); *Plagemann*, Die russische Aktiengesellschaft, S. 11.

764 *Gutnikov*, Tendencii razvitija korporativnogo prava v sovremennych uslovijach. Žurnal rossijskogo prava 2020, N 8; *Seiffert*, ZEuP 1999, 931, 938; vgl. auch *Heeg*, Die Finanz- und Haftungsverfassung russischer Kapitalgesellschaften, S. 21; vgl. auch *Oda*, Russian Commercial Law, S. 71, der zwar anerkennt, dass dieser Grundsatz auch im russischen Recht gilt, jedoch der Ansicht ist, dass im Fall von Widersprüchen das ZGB Vorrang vor den Spezialgesetzen hat; a.A. aufgrund der hier vertretenen Vorrangstellung des ZGB gegenüber anderen Gesetzen, die sich aus Art. 3 Pkt. 2 ZGB ergibt: *Farian*, Dingliche Nutzungsrechte an fremden Grundstücken im russischen Recht, S. 33.

765 Vgl. auch *Šitkina*, Osnovanija i pravovye posledstvija otnošenij dočernosti chozjajstvennych obščestv (Kommentarij k st. 6 Zakona ob OOO), Chozjajstvo i pravo 2020, N 7, S. 14.

gesamtschuldnerische Haftung der Obergesellschaft zu begründen. Vielmehr genügt bereits das Vorliegen eines bloßen Beherrschungsverhältnisses im Sinne des Art. 67.3 Pkt. 1 ZGB RUS und damit die Möglichkeit, die Entscheidungen der Tochtergesellschaft zu beeinflussen, sofern die übrigen Haftungsvoraussetzungen vorliegen.

c) *Zwischenresümee*

Der im Zuge der Reform des russischen Zivilgesetzbuches durchgeführte Verzicht auf das Vorliegen eines Weisungsrechts – ehemals eine der Hauptvoraussetzungen[766] der gesamtschuldnerischen Haftung – war vom russischen Gesetzgeber gewollt[767] und wurde umgesetzt, um die häufig erfolgte Umgehung der Durchgriffshaftung durch den Verzicht einer Fixierung des Weisungsrechts zu verhindern. Auch die bislang noch anderslautenden Bestimmungen in den Spezialgesetzen, die für den Durchgriff auf das Vermögen der Obergesellschaft nach wie vor ein Weisungsrecht fordern, stehen diesem Ergebnis nicht entgegen. Denn da das russische Zivilgesetzbuch im Falle eines Widerspruchs Vorrang genießt, werden die anderslautenden Regelungen im russischen GmbH- und Aktiengesetz verdrängt.

Die erfolgte Gesetzesänderung hat allerdings zur Folge, dass die gesamtschuldnerische Haftung nun leichter eintreten kann. So sind all' diejenigen Fallgruppen, in denen kein durchsetzbares Weisungsrecht der Obergesellschaft besteht, sondern lediglich die Möglichkeit der Obergesellschaft, die Entscheidungen ihrer Tochter zu beeinflussen, von einer möglichen Haftung betroffen. Sofern die übrigen normierten Haftungsvoraussetzungen vorliegen, kann nun etwa auch die bloße Mehrheitsbeteiligung der Obergesellschaft oder eine personelle Verflechtung ausreichen, um eine Haftung gegenüber den Tochtergläubigern auszulösen.

Statt somit eine Regelung zu der Frage zu schaffen, ob und wie eine Obergesellschaft ein Weisungsrecht gegenüber ihrer Tochter etablieren kann, um eine rechtssichere Leitung und Kontrolle des Konzerns durch die Obergesellschaft zu ermöglichen, versucht der russische Gesetzgeber nun möglichst alle vorstellbaren

766 So zur früheren Rechtlage *Rabensdorf*, Die Durchgriffshaftung im deutschen und russischen Recht der Kapitalgesellschaften, S. 191.

767 Siehe hierzu die Streichung in Entwurf zum ZGB, zu damals noch Art. 67.2 Pkt. 2 Abs. 2 ZGB http://www.arbitr.ru/_upimg/F1D1873F3B7610EA129A1457192E2435_РазделI.pdf, zuletzt geprüft am 20.7.2021; vgl. auch *Telke*, Russisches Konzernrecht, S. 166, der auf diesen Entwurf verweist.

Fälle der Durchgriffshaftung zu unterwerfen, ohne hierbei eine Unterscheidung hinsichtlich der Intensität der Beherrschung zu treffen. Unabhängig von dem Recht, dem Tochtergeschäftsleiter rechtlich verbindliche Weisungen zu erteilen, soll eine Obergesellschaft bereits im Falle einer nur geringfügigen Beherrschung einem Durchgriff auf ihr Vermögen unterliegen, sofern die weiteren Voraussetzungen vorliegen. Trotz der sinnvollen Intention, Umgehungen des geltenden Rechts durch russische Unternehmer zu verhindern, ist der russische Gesetzgeber mit der Streichung des Weisungsrechts als Haftungsvoraussetzung über sein Ziel hinausgeschossen.

3. *Tatsächliche Einflussnahme gegenüber der Tochtergesellschaft*

Um den Haftungsdurchgriff auszulösen, ist die tatsächliche Einflussnahme der Ober- gegenüber ihrer Tochtergesellschaft erforderlich. Bis zur Gesetzesreform im Jahr 2014 setzte Art. 105 Pkt. 2 Abs. 2 ZGB RUS a.F. für den Haftungsdurchgriff auf das Vermögen der Obergesellschaft voraus, dass diese von ihrem, ehemals ausdrücklich vorausgesetzten, Weisungsrecht tatsächlich Gebrauch macht[768] und eine Weisung an ihre Tochtergesellschaft erteilt. Nur für die infolge solcher Weisungen entstandenen Rechtsgeschäfte sollte die Obergesellschaft solidarisch mit ihrer Tochtergesellschaft die Haftung übernehmen.

Auch nach Art. 67.3 Pkt. 2 Abs. 2 ZGB RUS ist eine solche Weisungserteilung der Obergesellschaft gegenüber ihrer Tochtergesellschaft im Hinblick auf einzelne Rechtsgeschäfte erforderlich. Das Gesetz verzichtet nunmehr lediglich darauf, dass solche Weisungen auf einem *Recht* der Obergesellschaft beruhen müssen.[769] Darüber hinaus soll nach neuer Rechtslage gemäß Art. 67.3 Pkt. 2 Abs. 2 ZGB RUS bereits die bloße Zustimmung der Obergesellschaft zu einem Rechtsgeschäft ausreichen, um die konzernrechtlichen Haftungsfolgen auszulösen. Welche Anforderungen im Detail an die tatsächliche Einflussnahme der Obergesellschaft zu stellen sind, soll im Folgenden untersucht werden.

a) *Tatsächlich erfolgte Weisung*

Wie bereits in Art. 105 Pkt. 2 Abs. 2 ZGB RUS a.F. vorgesehen, besteht die Haftung nach wie vor auch gemäß Art. 67.3 Pkt. 2 Abs. 2 ZGB RUS sowie nach den Art. 6 Pkt. 2 GmbHG RUS und Art. 6 Pkt. 2 AktG RUS im Falle einer tatsächlich

768 Für den gleichlautenden Art. 6 Pkt. 3 Abs. 2 GmbHG RUS: *Mereminskaja,* Durchbrechung der Haftungsbeschränkung eines GmbH-Gesellschafters, S. 86.

769 Hierzu Teil 2 Kap. A.I.2.

erfolgten *Weisung*[770] der Obergesellschaft an ihre Tochter, wobei der konkrete Vertragsschluss auf die Weisung zurückzuführen sein muss.[771] Unklar ist indes, welche Handlungen der Obergesellschaft im Einzelfall als Weisung zu verstehen sind. Es besteht hierzu weder eine gesetzliche Regelung[772] noch eine entsprechende eindeutige Bestimmung in der Literatur oder Rechtsprechung.[773]

Überwiegend wird unter dem Begriff der Weisung die Herbeiführung eines Beschlusses bzw. das Erwirken einer Handlung oder eines Unterlassens einer anderen Gesellschaft verstanden.[774] Nicht erforderlich scheint es nach russischem Verständnis zu sein, dass die Weisung schriftlich oder gar ausdrücklich erfolgt. Vielmehr wurde das Vorliegen einer Weisung bereits für den Fall bejaht, dass die beherrschte Gesellschaft als Leasingnehmer einen Leasingvertrag abgeschlossen hatte, während die Obergesellschaft den geleasten Gegenstand lediglich nutzte.[775] Auch konkludente Weisungen reichen mithin aus, um eine Durchgriffshaftung auf das Vermögen der Obergesellschaft auszulösen. Bereits vor der Reform der konzernrechtlichen Regelungen im russischen ZGB wurde häufig kritisiert, dass eine Abgrenzung zwischen einer haftungsrelevanten Weisung und bloßen *Ratschlägen und Empfehlungen* bzw. der bloßen Meinungseinholung durch die Tochtergesellschaft mangels brauchbarer Kriterien im

770 *Ukazanie.*

771 *Galander,* in: Galander, Russisches Wirtschaftsrecht, S. 160; vgl. auch *Heeg,* WiRO 2000, 1, 3 für Art. 105 Pkt. 2 Abs. 2 ZGB a.F.

772 Vgl. auch *Šitkina*, in: Šitkina, Korporativnoe pravo, S. 661; Vgl. hierzu auch *Kuznecova,* in: Sannikova, Graždanskij kodeks Rossijskoj Federacii, Art. 67.3 ZGB.

773 *Galander,* in: Galander, Russisches Wirtschaftsrecht, S. 160; vgl. hierzu auch *Šitkina*, Osnovanija i pravovye posledstvija otnošenij dočernosti chozjajstvennych obščestv (Kommentarij k st. 6 Zakona ob OOO), Chozjajstvo i pravo 2020, N 7, S. 14; *Šitkina,* in: Šitkina, Korporativnoe pravo. Učebnyj kurs, Tom 2, S. 703.

774 *Galander,* in: Galander, Russisches Wirtschaftsrecht, S. 160; vgl. auch *Šitkina*, Osnovanija i pravovye posledstvija otnošenij dočernosti chozjajstvennych obščestv (Kommentarij k st. 6 Zakona ob OOO), Chozjajstvo i pravo 2020, N 7, S. 15; *Šitkina,* in: Šitkina, Korporativnoe pravo. Učebnyj kurs, Tom 2, S. 703; vgl. auch *Šitkina*, in: Šitkina, Korporativnoe pravo, S. 661 („*pravo voleiz´javljajuščego organa osnovnogo obščestva (general´nogo direktora, direktora) davat´voleiz´javljajuščemu organu dočernogo obščestva (general´nogo direktora, direktora) rasporjaženija o soveršenii sdeli na opredelennych uslovijach*“); *Šitkina*, O probleme „objazatel'nych ukazanij“ osnovnogo obščestva dočernemu, Chozjajstvo i pravo 2006, Nr. 7.

775 Hierzu *Galander,* in: Galander, Russisches Wirtschaftsrecht, S. 160.

Einzelfall kaum möglich sei.[776] In der Tat konnten bislang Obergesellschaften, zumindest im Hinblick auf den Wortlaut der Norm, dann einen Durchgriff auf ihr Vermögen umgehen, wenn sie statt einer Weisung bloße Ratschläge an die Tochtergesellschaft erteilten.[777] Denn liegen im Einzelfall keine Anhaltspunkte für das Vorliegen einer Weisung vor, lehnen es die russischen Gerichte ab, eine Durchgriffshaftung zu bejahen.[778]

Die Tatsache, dass die Anweisung der Obergesellschaft nicht mehr ausdrücklich auf einem Recht der Obergesellschaft auf Erteilung von Weisungen gegenüber dem Tochtergeschäftsführer beruhen muss,[779] hat darüber hinaus zur Folge, dass auch rechtswidrig erteilte Weisungen, die nicht auf einer gesetzlichen oder vertraglichen Grundlage beruhen, eine Haftung auslösen können. Hiermit konnte zumindest die zuvor bestehende ungerechtfertigte Ungleichbehandlung, wonach diejenigen Obergesellschaften, die Weisungen erteilten, ohne hierzu berechtigt zu sein, einer Haftung entgehen konnten, während diejenigen, die ein den gesetzlichen Vorgaben entsprechendes Weisungsrecht vereinbarten und auf Grundlage dieses Rechts handelten, einem Haftungsdurchgriff auf ihr Vermögen unterworfen wurden, beseitigt werden.

b) Zustimmung der Obergesellschaft

Seit der Reform im Jahr 2014 tritt die solidarische Haftung der Obergesellschaft zusätzlich für diejenigen Rechtsgeschäfte ein, die die Tochtergesellschaft *mit der Zustimmung der Obergesellschaft* geschlossen hat.[780] Auch hinsichtlich

---

776 Vgl. hierzu *Mereminskaja,* Durchbrechung der Haftungsbeschränkung eines GmbH-Gesellschafters, S. 87 zur alten Gesetzeslage. Hiernach sollte eine bloße Bewilligung nicht ausreichen, der Mutter sollte eine „aktivere Rolle" zukommen.

777 Art. 105 Pkt. 2 ZGB a.F. lautete noch: „Eine Obergesellschaft (Oberpersonengesellschaft), die das Recht hat, einer Tochtergesellschaft für sie verbindliche Weisungen zu geben, unter anderem durch einen Vertrag mit ihr, haftet mit der Tochtergesellschaft solidarisch für Rechtsgeschäfte, die die Tochtergesellschaft in Ausführung dieser Weisungen abgeschlossen hat.", so *Lenga/Wipplinger/Rommel*, in: Breidenbach/Institut für Ostrecht München, Handbuch WiRO Bd. III, RUS ZGB, Art. 105 ZGB.

778 *Šitkina*, Osnovanija i pravovye posledstvija otnošenij dočernosti chozjajstvennych obščestv (Kommentarij k st. 6 Zakona ob OOO), Chozjajstvo i pravo 2020, N 7, S. 15; vgl. auch Rešenie, Arbitražnyj sud Stravpol´skogo kraja ot 27.03.2020, delo no A63-14658/2019; Postanovlenie, Trainadcatyj arbitražnyj apelljacionnyj sud, G. Sankt-Petersburg ot 03.07.2020 po delu No A56-131742/2019.

779 Zum Wegfall des Erfordernisses eines Weisungsrechts vgl. Teil 2, Kap. A.I.2.

780 *Schramm*, Zwischen Liberalisierung und Regulierung, Ost/Letter 1/2015, S. 12; *Galander*, in: Galander, Russisches Wirtschaftsrecht, S. 160.

dieser Alternative ist indes nicht eindeutig geklärt, welche Handlungen im Einzelfall umfasst sein sollen.[781] Laut der Konzeption zur Entwicklung der Zivilgesetzgebung der Russischen Föderation war es die Intention des Gesetzgebers durch die Reform, sämtliche Rechtsgeschäfte von der Haftung zu umfassen, die *„aufgrund einer Entscheidung der (Ober-/Mutter)Gesellschaft geschlossen wurden“*.[782] Ziel war es offenbar, die bestehenden Unsicherheiten aufgrund der Abgrenzungsschwierigkeiten zwischen haftungsrelevanten Weisungen und bloßen *Ratschlägen und Empfehlungen* zu beseitigen. Deutlich wird dies angesichts des Bestrebens des russischen Gesetzgebers, den Anwendungsbereich möglichst umfassend zu gestalten und jede Einflussnahme durch die Obergesellschaft als ausreichend anzuerkennen. Insofern ist auch die teilweise in der russischsprachigen Literatur vertretene Auffassung, wonach eine Zustimmung nur dann haftungsauslösend sein soll, wenn sie schriftlich erfolgt,[783] abzulehnen. Eine solche – nicht dem Gesetzestext zu entnehmende – Einschränkung würde dem ausdrücklichen Willen des russischen Gesetzgebers widersprechen.

Sofern der Gesetzgeber folglich mit der Erweiterung auf die Alternative der „Zustimmung“ jede Einflussnahme durch die Obergesellschaft als ausreichend gelten lassen wollte, muss konsequenterweise auch jede Form der Verlautbarung genügen, auch wenn diese lediglich in Form eines Ratschlags oder einer Anregung erfolgt.[784] Dann aber darf weder eine Ausdrücklichkeit noch eine Nachdrücklichkeit gefordert werden.[785] Die Tochtergesellschaft muss die Weisung der Obergesellschaft vielmehr lediglich als „wünschenswert“ verstehen[786]. Auch die Zustimmung ist lediglich als Erklärung eines Einverständnisses zu einem Rechtsgeschäft zu sehen. Die Initiative zum Abschluss dieses Rechtsgeschäfts kann in diesen Fällen indes sogar von der Tochtergesellschaft selbst ausgehen.

---

781 Vgl. zur fehlenden Legaldefinition: *Kuznecova*, in: Sannikova, Graždanskij kodeks Rossijskoj Federacii, Art. 67.3 ZGB; die russische Literatur beschränkt sich zum Großteil darauf, den Gesetzestext der Norm wiederzugeben, vgl. auch *Allenhöfer*, Gesellschaftervereinbarungen bei Kapitalgesellschaften, S. 32.

782 Konzeption zur Entwicklung der Zivilgesetzgebung der Russischen Föderation, Vestnik VAS RF, N 11, 2009, III.4.1.7; vgl. auch *Galander*, in: Galander, Russisches Wirtschaftsrecht, S. 160.

783 *Grišaev*, in: Grišaev/Bogačeva/Svit, Postatejnyj Kommentarij k Graždanskomu kodeksu Rossijskoj Federacii. Časť pervaja, Art. 67.3 ZGB RUS.

784 Vgl. so zum Begriff der „Veranlassung“ im Sinne des § 311 Abs. 1 AktG (D) *Habersack*, in: Emmerich/Habersack, Aktien- und GmbH-Konzernrecht, § 311 Rn. 23.

785 *Habersack*, in: Emmerich/Habersack, Aktien- und GmbH-Konzernrecht, § 311 Rn. 23.

786 *Altmeppen*, in: Münchener Kommentar AktG, § 311 Rn. 77.

Durch diese weite Fassung ist eine Verschärfung[787] eingetreten, die in ungerechtfertigter Weise weit gefasst ist und zurecht vielfach kritisiert wird.[788] Auch *Galander* ist etwa der Ansicht, der russische Gesetzgeber sei „mit der Formulierung über das Ziel hinausgeschossen".[789] So sollte es bereits vor der Gesetzesreform ausreichen, dass die Obergesellschaft lediglich konkludent eine Weisung erteilt, um eine Haftung auszulösen. Aufgrund der Tatsache, dass eine Haftung nunmehr bereits mit der bloßen Zustimmung der Obergesellschaft eintreten soll, ist eine noch geringere aktive Handlung – in Form eines bloßen Einverständnisses – der Obergesellschaft erforderlich. Bereits eine minimale Einflussnahme auf die Tochtergesellschaft kann hiernach genügen, um sie der Haftung zu unterziehen.

Die Vorgehensweise des russischen Gesetzgebers hat damit im Ergebnis zur Folge, dass bereits ein Beherrschungsverhältnis als solches ausreicht, um einen Durchgriff auf das Vermögen der Obergesellschaft nach den russischen Vorschriften zu rechtfertigen. Denn wenn bereits die Möglichkeit einer Einflussnahme und damit ein Beherrschungsverhältnis im russischen Sinne besteht, ist die tatsächliche Einflussnahme eine direkte Folge. Ein Beherrschungsverhältnis kann allerdings nach der bislang in Russland vertretenen Ansicht bereits durch rein tatsächlich ausgeübte Macht in Form von bloßen schuldrechtlichen Verträge wie Franchise- oder Lieferverträgen entstehen. Sofern die einflussnehmende Vertragspartei im Rahmen rein vertraglicher Wirtschaftsbeziehungen allerdings beispielsweise ihr Einverständnis zu einem mit einer dritten Partei zu schließenden Vertrag – etwa einem Finanzierungsvertrag mit einer Bank zur Sicherung des Rechtsgeschäfts – erteilt, haftet sie dieser unmittelbar mit ihrem gesamten Vermögen. Wenn allerdings bereits eine rein tatsächliche Einflussnahme, etwa in Form schuldrechtlicher Verträge, genügen soll, um eine Beherrschung auszulösen, dann muss zumindest eine Einflussnahme gefordert werden, die es rechtfertigt, die Haftungstrennung juristischer Personen zu durchbrechen. Die bloße Zustimmung zu einem Rechtsgeschäft sollte hierzu entgegen dem Gesetzeswortlaut nicht ausreichen.

---

787 *Kindsvater*, WiRO 2014, 324, 327.

788 So auch *Galander*, in: Galander, Russisches Wirtschaftsrecht, S. 160; vgl. auch *Schramm*, Zwischen Liberalisierung und Regulierung, Ost/Letter 1/2015, S. 12.

789 *Galander*, in: Galander, Russisches Wirtschaftsrecht, S. 160. Absicht des russischen Gesetzgebers war es hiernach, Abgrenzungsschwierigkeiten zu beseitigen.

4. *Haftungsausschlüsse*

Aufgrund der massiven Kritik an diesem derart weit gefassten Anwendungsbereich[790] hat sich der russische Gesetzgeber ein Jahr nach dem Inkrafttreten des Art. 67.3 Pkt. 2 Abs. 2 ZGB RUS dazu entschieden, die weite Fassung des Gesetzestextes einzuschränken und Ausnahmen aufzunehmen, für deren Vorliegen ein Haftungsdurchgriff ausgeschlossen werden soll.[791] Hiernach soll eine Haftung eintreten

(…) mit Ausnahme der Fälle, in denen die Oberwirtschaftspersonengesellschaft oder Oberkapitalgesellschaft auf der Allgemeinen Versammlung der Teilhaber[792] der Tochtergesellschaft für die Genehmigung[793] des Rechtsgeschäfts gestimmt hat oder das Rechtsgeschäft von einem Leitungsorgan der Oberkapitalgesellschaft genehmigt wurde, wenn die Notwendigkeit einer solchen Genehmigung in der Satzung der Tochter- und (oder) der Obergesellschaft vorgesehen ist.

Fraglich ist allerdings, ob diese Haftungsausschlüsse ausreichen, um der Obergesellschaft eine sinnvolle Konzernleitung zu ermöglichen.

a) *Abstimmung im Rahmen von Gesellschafter- oder Aktionärsversammlungen*

Kritik an der weiten Fassung des Art. 67.3 Pkt. 2 Abs. 2 ZGB RUS wurde unter anderem deshalb laut, weil sie zur Folge hatte, dass im Falle einer Konzernierung durch Mehrheitsbeteiligungen Großgeschäfte[794] nicht mehr von der Tochtergesellschaft abgeschlossen werden konnten, ohne dass die gesamtschuldnerische

790 *Šitkina*, in: Šitkina, Korporativnoe pravo, S. 661; *Šitkina*, Osnovanija i pravovye posledstvija otnošenij dočernosti chozjajstvennych obščestv (Kommentarij k st. 6 Zakona ob OOO), Chozjajstvo i pravo 2020, N 7, S. 16; *Šitkina*, in: Šitkina, Korporativnoe pravo. Učebnyj kurs, Tom 2, S. 704; Kritisch bspw. *Stepanov*, Novye položenija Graždanskogo kodeksa o juridičeskich licach, Zakon 2014, N 7.

791 Durch das Föderale Gesetz vom 29.6.2015 N210-FZ „Über Änderungen bestimmter Gesetzgebungsakte der Russischen Föderation und die Aufhebung bestimmter Bestimmungen von Gesetzgebungsakten der Russischen Föderation", Art. 2 Pkt. 3, Verkündungsorgan: Sobranie Zakonodatel'sta RF, 6.7.2015, No. 27, st. 4001.

792 *Obščee sobranie učastnikov*; *Lenga/Wipplinger/Rommel*, in: Breidenbach/Institut für Ostrecht München, Handbuch WiRO Bd. III, RUS 200 ZGB Art. 68 ZGB. Der Begriff wird auch als „Vollversammlung" übersetzt, so etwa von *Solotych*, Das Zivilgesetzbuch der Russischen Föderation, Teil 1, S. 108, Art. 68 ZGB.

793 *odobrenie*.

794 *Krupnye sdelki;* Art. 46 GmbHG RUS und in den Art. 78, 79 AktG RUS. Vgl. hierzu auch Teil 1, Kap. A.III.1.

Haftung der Obergesellschaft eintrat.[795] So bedürfen aufgrund der Vorschriften zu den Großgeschäften alle Rechtsgeschäfte, die einzeln oder miteinander verbunden –, direkt oder indirekt zum Erwerb oder zur Veräußerung bzw. zur bloßen Möglichkeit der Veräußerung[796] von Vermögenswerten führen, deren Wert mindestens 25 Prozent des ermittelten Bilanzwertes der Gesellschaftsaktiva beträgt, zwingend der Zustimmung der Gesellschafts- bzw. Aktionärsversammlung oder des Direktorenrates.[797] Da die Obergesellschaft als Mehrheitsgesellschafterin stets auch in der Gesellschafter- bzw. Aktionärsversammlung vertreten ist[798] und damit zwangsläufig im Rahmen einer Abstimmung die Zustimmung erteilt, war die gesamtschuldnerische Haftung für sämtliche Großgeschäfte, die von ihrer Tochtergesellschaft abgeschlossen wurden, unmittelbare Folge.

Um zu verhindern, dass eine Haftung der Obergesellschaft derart einfach eintreten[799] und in der Folge eine vollständige Durchbrechung der Haftungstrennung zwischen der Tochtergesellschaft und der Obergesellschaft als deren Gesellschafterin stattfinden konnte, sollten diejenigen Fälle, in denen die Obergesellschaft als Mehrheitsgesellschafterin in der Gesellschafter-/Aktionärsversammlung der Tochtergesellschaft für den Abschluss eines Großgeschäfts stimmt, nicht mehr von der solidarischen Haftung der Obergesellschaft umfasst sein.

Auch im Falle der Zustimmung[800] für Geschäfte mit Interessiertheit[801] muss die Obergesellschaft, sofern sie Gesellschafterin bzw. Aktionärin der Tochtergesellschafter ist, in Folge der Aufnahme der Haftungsausschlüsse nicht mehr zwangsläufig die solidarische Haftung übernehmen. Denn auch für solche Geschäfte, an denen ein Mitglied des Direktorenrates, das Einzelexekutivorgan, ein Mitglied des Kollegialexekutivorgans oder eine Person, die das Recht hat, der Gesellschaft für sie verbindliche Weisungen zu erteilen, ein Interesse am Abschluss des Rechtsgeschäfts hat,[802] ist die Zustimmung der Gesellschafter-/

---

795 Vgl. *Schramm*, Zwischen Liberalisierung und Regulierung, Ost/Letter 1/2015, S. 12; vgl. auch *Piskunov*, Korporativnoe soglašenie – ėto bomba pod ves´ naš oborot, Interv´ju s E.A. Suchanovym, Zakon 2014, N 7.

796 *Kindsvater*, Update Wirtschaftsrecht, in: DRRZ 1/2017, S. 12 („u.a. Darlehen, Pfand, Bürgschaft"; vgl. hierzu bereits Teil 1, Kap. A.III.1.

797 Vgl. auch *Schramm*, Zwischen Liberalisierung und Regulierung, Ost/Letter 1/2015, S. 12; vgl. hierzu bereits Teil 1, Kap. A.III.1.

798 *Schramm*, Zwischen Liberalisierung und Regulierung, Ost/Letter 1/2015, S. 12.

799 Vgl. *Schramm*, Zwischen Liberalisierung und Regulierung, Ost/Letter 1/2015, S. 12.

800 *Soglasie*, Art. 45 Pkt. 4 GmbHG RUS; Art. 83 Pkt. 1 AktG RUS.

801 *Zainteresovannost´*; Art. 81–84 AktG RUS, Art. 45 GmbHG RUS; vgl. hierzu bereits Teil 1, Kap. A.III.1.

802 Art. 45 Pkt. 1 Abs. 1 GmbHG RUS, Art. 81 Pkt. 1 Abs. 1 AktG RUS.

Aktionärsversammlung bzw. des Direktorenrates erforderlich, sofern eines der Mitglieder der Gesellschaftsorgane oder eines Gesellschafters mit mindestens einem Prozent der Stamm-/Grundkapitalanteile bzw. der Stimmrechtsaktien eine solche verlangt.[803] Vor der ausdrücklichen Aufnahme des Ausnahmetatbestandes in den Gesetzestext konnte die Obergesellschaft einer gesamtschuldnerischen Haftung in diesen Fällen nicht entgehen.

Indes ist – trotz der Sinnhaftigkeit der Aufnahme dieses Ausnahmetatbestandes durch den russischen Gesetzgeber – fraglich, aus welchem Grund ausgerechnet eine Obergesellschaft, die als Gesellschafterin der Tochtergesellschaft im Rahmen von Gesellschafter- und Aktionärsversammlungen als Teil des willensbildenden Organs[804] über deren grundlegende Richtung der Tätigkeit entscheiden kann[805], sich durch eine einfache Beschlussfassung der Durchgriffshaftung entziehen kann,[806] während ein Vertragspartner, der eine rein faktische Macht im Rahmen einer schuldrechtlichen Beziehung ausübt und nicht Gesellschafter der beherrschten Gesellschaft ist[807], für entsprechende Rechtsgeschäfte einstehen muss.

Hinzu kommt, dass die erforderliche *Genehmigung*[808] im Sinne des Art. 67.3 Pkt. 2 Abs. 2 ZGB RUS nicht nur als vorherige, sondern ebenso als *nachträgliche* Zustimmung zu verstehen ist.[809] Dies hat zur Folge, dass eine weitaus intensivere Beherrschung – wie etwa eine 100%ige Beteiligung an einer Tochtergesellschaft – einen vereinfachten Ausweg aus der Durchgriffshaftung bietet, bei dem aufgrund der erforderlichen nachträglichen Zustimmung selbst eine vorherige Befassung mit den Umständen des Rechtsgeschäfts nicht erforderlich ist, während eine lediglich geringfügige Einflussmöglichkeit dem Gläubiger der Tochtergesellschaft einen zusätzlichen Schuldner zur Seite stellt. Da es im Rahmen

803 Art. 45 Pkt. 4 Abs. 2 GmbHG RUS; Art. 83 Pkt. 1 Abs. 2 AktG RUS; vgl. auch *Kindsvater,* Update Wirtschaftsrecht 2016, DRRZ 1/2017, S. 12 f.; vgl. Teil 1, Kap. A.III.1.

804 *Hansson,* WiRO 2011, 97, 100.

805 Hierzu Teil 2, Kap. A.I.1.a).

806 Vgl. auch *Lomakin*, Kommerčeskie korporacii kak sub´´ekty korporativnych pravootnošenij: učebnoe posobie, S. 113 ff dazu, dass gerade diese Fälle nicht mehr der Haftung unterliegen sollen.

807 Dazu, dass dies ein Beherrschungsverhältnis nach russischem Verständnis auslösen kann, Teil 2, Kap. A.I.b)cc).

808 *Odobrenie.*

809 Die Legaldefinition von *odobrenie* lässt sich Art. 157.1 Pkt. 3 Abs. 2 ZGB RUS entnehmen; vgl. hierzu auch *Grišaev*, in: Grišaev/Bogačeva/Svit, Postatejnyj Kommentarij k Graždanskomu kodeksu Rossijskoj Federacii. Čast' pervaja, Art. 157.1 ZGB RUS.

der gesamtschuldnerischen Haftung nicht vorrangig um den Minderheiten-[810] sondern in erster Linie um den Gläubigerschutz geht, erscheint die Unterscheidung in keiner Weise gerechtfertigt. So macht es für den Gläubiger keinerlei Unterschied, auf welche Weise die Beherrschung erfolgt. Für die beherrschende Gesellschaft stellt die Durchgriffshaftung auf ihr Vermögen allerdings eine hohe Gefahr dar, die sie nicht ausreichend kontrollieren kann, wenn sie lediglich eine geringfügige Beherrschung ausübt. Insoweit erscheint es sinnvoller, weitere Ausnahmetatbestände aufzunehmen oder den Ausnahmetatbestand offener zu gestalten, um keine ungerechtfertigten Ungleichbehandlungen zwischen den unterschiedlichen Beherrschungsvarianten zu erzeugen.

In der russischsprachigen Literatur wird die nachträgliche Einführung des Haftungsausschlusses aufgrund der Abstimmung im Rahmen von Gesellschafter- bzw. Aktionärsversammlung darüber hinaus kritisiert, da sie zur Folge hat, dass die Haftungsvoraussetzung der Zustimmung[811] praktisch kaum noch eine Anwendung findet.[812] Denn die Zustimmung der Obergesellschaft wird zwangsläufig in den meisten Fällen im Rahmen einer Abstimmung auf der Gesellschafter- oder Aktionärsversammlung erfolgen, womit zugleich der gesetzliche Haftungsausschluss greift – für die Anwendung dieser Haftungsvoraussetzung sei hiernach kein Raum mehr.[813] Die Norm wird daher im Ergebnis zu Recht als „nicht das beste Beispiel gelungener Gesetzgebungstechnik"[814] bezeichnet.

---

810 Minderheitsgesellschaftern steht eine eigene Anspruchsgrundlage gegen die Obergesellschaft zur Verfügung. Zum Schadensersatzanspruch vgl. Teil 1, Kap. A.II.3; zum Anspruch gegen die Obergesellschaft als „Kontrollperson" vgl. Teil 1, Kap. A.II.4.

811 Vgl. hierzu Teil 2, Kap. A.I.3.b).

812 *Šitkina*, Osnovanija i pravovye posledstvija otnošenij dočernosti chozjajstvennych obščestv (Kommentarij k st. 6 Zakona ob OOO), Chozjajstvo i pravo 2020, N 7, S. 16.

813 *Lomakin*, in: Suchanov, Graždanskoe pravo. Učebnik. Tom I., S. 274; *Šitkina*, Osnovanija i pravovye posledstvija otnošenij dočernosti chozjajstvennych obščestv (Kommentarij k st. 6 Zakona ob OOO), Chozjajstvo i pravo 2020, N 7, S. 16; vgl. auch *Lomakin,* Princip samostojatel'noj otvetstvennosti juridičeskogo lica: pravilo i isključenija, in: Vestnik graždanskogo prava, 2020, N 1.

814 In diesem Sinne *Šitkina*, Osnovanija i pravovye posledstvija otnošenij dočernosti chozjajstvennych obščestv (Kommentarij k st. 6 Zakona ob OOO), Chozjajstvo i pravo 2020, N 7, S. 16; *Šitkina* weist allerdings ebenfalls darauf hin, dass der Haftungsdurchgriff ohne Aufnahme eines Haftungsausschlusses zu weitreichend wäre.

b) Genehmigungsvorbehalte in der Satzung

Neben der Tatsache, dass etwa der Abschluss von Großgeschäften durch die Obergesellschaft vor der Aufnahme der Ausnahmetatbestände nicht ohne Haftungsgefahr möglich war, wurden auch im Hinblick auf diejenigen Fälle Kritik geäußert, in denen die Obergesellschaft die Tochtergesellschaft durch Zustimmungsvorbehalte in der Satzung leitet.[815] Gerade diese Ausgestaltung der Konzernstruktur im Innenverhältnis ist häufig von Unternehmen gewünscht, wurde allerdings aufgrund der Haftungsverschärfung erschwert. Denn für diejenigen Geschäfte, die aufgrund ihres hohen Risikos oder der zu erwartenden Auswirkungen von Bedeutung sind, wie große Investitionsvorhaben, außergewöhnliche Geschäfte oder bedeutsame Dauerschuldverhältnisse können Zustimmungsvorbehalte durchaus sinnvoll sein.[816] Dass der Generaldirektor der Tochtergesellschaft Verträge auch ohne die Zustimmung der Obergesellschaft abschließen darf, soll darüber hinaus häufig erst nach einer gewissen Einarbeitungszeit ermöglicht werden.[817] Derartige Fälle, in denen der Tochtergeneraldirektor gemäß Satzung zur Einholung der Zustimmung verpflichtet ist und seiner Pflicht nachkommt, waren indes mit der Gesetzesänderung von der solidarischen Haftung der Obergesellschaft umfasst.[818] Es entstanden Unsicherheiten hinsichtlich der Auslegung der Norm und der Frage, ob die Zustimmung Dritter – etwa Vertreter der Obergesellschaft im Aufsichtsrat der Tochter – dieser zugerechnet werden können.[819] Auch diese Problematik scheint der russische Gesetzgeber indes erkannt zu haben, denn er ergänzte den Art. 67.3 Pkt. 2 Abs. 2 ZGB RUS im Jahr 2015 um eine weitere Haftungsausnahme, wonach eine gesamtschuldnerische Haftung dann nicht eintreten solle, wenn das Rechtsgeschäft von einem Leitungsorgan der Oberkapitalgesellschaft genehmigt wurde, wenn die Notwendigkeit einer solchen Genehmigung in der Satzung der Tochter- und (oder) der Obergesellschaft vorgesehen ist.

Allerdings gilt auch für diese Ausnahmealternative das bereits Erläuterte. Sie bevorzugt in unbegründeter Weise eine bestimmte Art der Beherrschung und

---

815 Zu diesem Vorschlag der Konzernführung (vor der Reform) vgl. *Steininger/Olejnik*, Wenn die Tochter in die Pubertät kommt, Ost/Letter 1/2014, S. 6; vgl. auch *Gorbunov*, Dočernie kompanii, filialy, choldingi, S. 49.

816 Vgl. *Scheffler*, Konzernmanagement, S. 118.

817 Vgl. *Teichmann*, RIW 2010, 120, 123.

818 *Galander*, in: Galander, Russisches Wirtschaftsrecht, S. 160.

819 Vgl. hierzu mit Rspr. zu einem Fall vor der Gesetzesänderung, *Galander*, in: Galander, Russisches Wirtschaftsrecht, S. 161.

befreit die Obergesellschaft von der Gefahr einer Durchgriffshaftung, wohingegen andere – weniger intensive – Einflussnahmen weiterhin der Haftung unterworfen werden. So ist es gerade die Aufnahme einer Klausel in der Satzung, die die Notwendigkeit einer Genehmigung der Obergesellschaft für Rechtsgeschäfte ihrer Tochtergesellschaft etabliert, die dazu führt, dass die Tochtergesellschaft bedeutende Rechtsgeschäfte nicht aus alleiniger Rechtsmacht abschließen darf. Ihr wird in einem solchen Fall in verstärktem Maße Handlungsfreiheit geraubt. Die Tatsache, dass der russische Gesetzgeber ausgerechnet für einen solchen Fall eine Ausnahme von der Durchgriffshaftung geschaffen hat, führt zu dem paradoxen Ergebnis, in dem eine Obergesellschaft eine möglichst weitreichende Einflussmöglichkeit schaffen muss, um einer Haftung zu entgehen. Gerade dann, wenn sie ihre Tochtergesellschaft – soweit zulässig – vollständig kontrolliert und ein möglichst weitreichendes Genehmigungserfordernis in der Satzung aufnimmt, greift der Ausnahmetatbestand für möglichst viele von der Tochtergesellschaft abgeschlossene Rechtsgeschäfte, wodurch die Haftungsgefahr möglichst geringgehalten wird.[820] Diejenige Obergesellschaft, die ihrer Tochtergesellschaft dagegen möglichst viele Freiheiten überlässt und nicht sämtliche Rechtsgeschäfte einem Genehmigungsvorbehalt unterwirft, kann bereits bei einer geringfügigen Einflussnahme dem Durchgriff durch die Gläubiger der Tochtergesellschaft unterliegen.

Unklar ist darüber hinaus, warum laut dem ausdrücklichen Wortlaut der Norm ausgerechnet eine Obergesellschaft, in deren Satzung – nicht notwendigerweise auch in der Satzung der Tochtergesellschaft – das Erfordernis einer Zustimmung verankert wurde, von einer Haftung befreit werden soll. Auf diese Weise kann eine Obergesellschaft selbst ohne Zustimmung der Minderheitsgesellschafter ihrer Tochter, diese einem Genehmigungsvorbehalt unterwerfen und entgeht auf diese Weise zusätzlich einer Durchgriffshaftung. Auch insoweit ist eine Anpassung der Ausnahmetatbestände durch den russischen Gesetzgeber erforderlich, die den Gesetzestext bestimmter fasst und weitere Ausnahmen von der Haftung zulässt.

c) Weitere Haftungsausschlüsse

Abgesehen von den beiden im Jahr 2015 hinzugefügten Ausnahmen sieht Art. 67.3 Pkt. 2 Abs. 2 ZGB RUS keinen ausdrücklichen Ausweg aus der Haftung vor. Die entsprechenden Reglungen im russischen GmbH- und Aktiengesetz

---

820 Zur praktischen Umsetzbarkeit einer solchen Vorgehensweise vgl. unten Teil 2, Kap. B.I.5.

normieren entsprechend der ehemaligen zivilgesetzlichen Regelung in Art. 105 Pkt. 2 Abs. 2 ZGB RUS a.F. nicht einmal die beiden im ZGB RUS vorgesehenen Haftungsausschlüsse.

Art. 67.3 Pkt. 2 ZGB RUS verweist lediglich auf Art. 401 Pkt. 3 ZGB RUS, der die Grundlagen für die Haftung wegen einer Pflichtverletzung bei der Durchführung einer unternehmerischen Tätigkeit regelt.[821] Nach Pkt. 3 haftet eine Person, sofern gesetzlich oder vertraglich nichts anderes bestimmt ist, wenn sie die Verpflichtung bei der Ausübung einer unternehmerischen Tätigkeit nicht oder nicht ordnungsgemäß erfüllt hat, sofern sie nicht nachweist, dass eine ordnungsgemäße Durchführung aufgrund höherer Gewalt unmöglich war.[822] Durch den Verweis auf Art. 401 Pkt. 3 ZGB RUS betont der Gesetzgeber allerdings lediglich, dass die allgemeinen Vorschriften über den Haftungsausschluss für die Nichterfüllung oder nicht ordnungsgemäße Erfüllung von Verpflichtungen aufgrund höherer Gewalt gleichermaßen für Tochter- und ihre Obergesellschaften gelten sollen.[823]

Da eine Pflichtverletzung und insbesondere ein Verschulden der Obergesellschaft gegenüber ihrer Tochtergesellschaft nicht erforderlich für die Begründung der gesamtschuldnerischen Haftung ist,[824] betrifft dieser Haftungsausschluss lediglich das Verhältnis zum Gläubiger und damit solche Fälle, in denen die Tochtergesellschaft einem ihrer Gläubiger aufgrund einer Pflichtverletzung haftet und sie oder die Obergesellschaft sich diesbezüglich auf höhere Gewalt

---

821 Vgl. auch *Borisov,* Kommentarij k glave 4 časti pervoj Graždanskogo kodeksa RF „Juridičeskie lica", Art. 67.3 ZGB RUS.

822 Vgl. auch *Borisov,* Kommentarij k glave 4 časti pervoj Graždanskogo kodeksa RF „Juridičeskie lica", Art. 67.3 ZGB RUS mit weiteren Erläuterungen und der Definition von höherer Gewalt; Vollständig lautet Art. 401 Pkt. 3 ZGB: „Sofern gesetzlich oder vertraglich nichts anderes bestimmt ist, haftet eine Person, die die Verpflichtung bei der Ausübung einer unternehmerischen Tätigkeit nicht oder nicht ordnungsgemäß erfüllt hat, wenn sie nicht nachweist, dass eine ordnungsgemäße Durchführung aufgrund höherer Gewalt unmöglich war, das heißt, außerordentliche und unvermeidbare Umstände unter den gegebenen Bedingungen. Zu diesen Umständen gehören jedoch insbesondere folgende nicht: die Pflichtverletzung der Gegenparteien des Schuldners, das Fehlen notwendiger Güter auf dem Warenausfuhrmarkt, das Fehlen notwendiger Mittel des Schuldners."

823 *Kuznecova,* in: Sannikova, Graždanskij kodeks Rossijskoj Federacii, Art. 67.3 ZGB.

824 *Šitkina,* Osnovanija i pravovye posledstvija otnošenij dočernosti chozjajstvennych obščestv (Kommentarij k st. 6 Zakona ob OOO), Chozjajstvo i pravo 2020, N 7, S. 17; vgl. auch den entsprechenden Vorschlag vor der Gesetzesreform von *Suchanov,* Sravnitel´noe korporativnoe pravo, S. 330.

berufen kann. Zwar besteht das Rechtsverhältnis grundsätzlich lediglich zwischen dem Gläubiger und der Tochtergesellschaft und es ist auch nur diese und gerade nicht die Obergesellschaft vertraglich dazu verpflichtet, dem Gläubiger gegenüber zu haften. Bei Vorliegen der Voraussetzungen des Art. 67.3 Pkt. 2 Abs. 2 ZGB RUS haftet die Obergesellschaft allerdings neben der Tochtergesellschaft unmittelbar gegenüber dem Gläubiger[825], weshalb ihr in derselben Weise die Möglichkeit zustehen muss, sich auf höhere Gewalt zu berufen und bei Vorliegen der Voraussetzungen von einer Haftung befreit zu werden.

d) Zwischenresümee

Aufgrund der laut werdenden Kritik an der weiten Fassung des Art. 67.3 Pkt. 2 Abs. 2 ZGB RUS wurden zwei Ausnahmetatbestände in das Gesetz aufgenommen, für welche eine Durchgriffshaftung ausgeschlossen sein soll. Eine Obergesellschaft soll hiernach nicht solidarisch mit ihrer Tochtergesellschaft für die von dieser geschlossenen Rechtsgeschäfte einstehen, wenn die Obergesellschaft auf der Gesellschafter- oder Aktionärsversammlung für die Genehmigung des Rechtsgeschäfts gestimmt hat oder das Rechtsgeschäft von einem Leitungsorgan der Obergesellschaft genehmigt wurde, wenn die Notwendigkeit einer solchen Genehmigung in der Satzung der Tochter- und (oder) der Obergesellschaft vorgesehen ist. Zwar können durch die Aufnahme dieser Ausnahmen sinnvollerweise viele Möglichkeiten der Beherrschung weiterhin durchgeführt werden, ohne dass es zu einer Durchgriffshaftung kommt. Dennoch ist es zu bedauern, dass, abgesehen von einem Haftungsausschluss für den Fall von höherer Gewalt, keine weiteren Ausnahmen zugelassen wurden. Durch die abschließende Aufzählung von lediglich zwei Ausnahmegründen entsteht ein paradoxes Ungleichgewicht zwischen unterschiedlichen Beherrschungsarten, in dessen Folge ausgerechnet solche Obergesellschaften einer Haftung entgehen können, welche eine strenge und umfassende Kontrolle gegenüber ihrer Tochtergesellschaft ausüben. Diejenigen Obergesellschaften dagegen, denen lediglich minimale Einflussmöglichkeiten zustehen, sollen den Gläubigern der Tochtergesellschaft als zusätzlicher Schuldner zur Verfügung gestellt werden. Diese ungerechtfertigte Ungleichbehandlung sollte durch den russischen Gesetzgeber *de lege ferenda* beseitigt werden.

825 Ausführlich zu den Rechtsfolgen vgl. Teil 2, Kap. A.I.6.

5. *Kausalität zwischen Einflussnahme und Vertragsschluss*

Die solidarische Haftung der Obergesellschaft für ein Rechtsgeschäft ihrer Tochter setzt darüber hinaus voraus, dass der konkrete Vertragsschluss auf die Weisung oder Zustimmung der Obergesellschaft zurückzuführen ist.[826] Erforderlich ist mithin die Kausalität zwischen der Weisung und dem von den Gesellschaftsorganen der Tochter vorgenommen Geschäftsabschluss. Ähnlich dem deutschen Recht kennt allerdings auch das russische Recht den Grundsatz, nach dem jede Partei die für sie günstigen Tatsachen zu beweisen hat.[827] Dieser Grundsatz gilt entsprechend für die die Kausalität zwischen der erfolgten Weisung oder der erteilten Zustimmung und dem konkreten Geschäftsabschluss, der vom Gläubiger nachzuweisen ist.[828] Da der Geschäftsabschluss jedoch regelmäßig durch die Gesellschaftsorgane ausgeführt wird[829], wird hierfür eine entsprechende Beweiserbringung durch einen außenstehenden Gläubiger kaum möglich sein.[830] Denn ob eine Handlung des Exekutivorgans der Tochtergesellschaft auf einer Weisung oder Zustimmung der Obergesellschaft beruht, wird ein Außenstehender nicht überprüfen können,[831] weshalb in der deutschsprachigen Literatur gefordert wurde, dem Gläubiger hinsichtlich der Kausalität die Erbringung eines Anscheinsbeweis zuzubilligen.[832] Der russische Gesetzgeber blieb indes bei der ursprünglichen Regelung. Doch gerade in dieser strikten Beweislastverteilung, die die Durchsetzung eines entsprechenden Anspruchs für die Gläubiger der Obergesellschaft kaum möglich macht, lag bislang einer der Hauptkritikpunkte

826 Vgl. *Galander,* in: Galander, Russisches Wirtschaftsrecht, S. 160.

827 *objazannost´dokazyvania*; Art. 65 Abs. 1 ArbitragePO („Arbitražnyj processualnyj kodeks Rossijskoj Federacii" ot 24.7.2002 N 95-FZ); Art. 56 Pkt. 1 Zivilprozessordnung der RF („Graždanskij processual´nyj kodeks Rossijskoj Federacii" ot 14.11.2002 N 138-FZ); Vgl. auch *Ernst/Abramova*, CCZ 2016, 22, 24; *Ries*, Der Minderheitenschutz im russischen Kapitalgesellschaftsrecht im Vergleich zum deutschen Recht, S. 164; *Mereminskaja,* Durchbrechung der Haftungsbeschränkung eines GmbH-Gesellschafters, S. 89; so auch ganz grundsätzlich *Marenkov,* in: Breidenbach/Institut für Ostrecht München, Handbuch WiRO Bd. III, RUS, Kapitel D.XII. Rn. 53, S. 17.

828 Für die WeisungWeisung: *Telke,* Russisches Konzernrecht, S. 167.

829 *Telke*, Russisches Konzernrecht, S. 167.

830 *Telke*, Russisches Konzernrecht, S. 167. Entsprechendes gilt bereits für die erfolgte WeisungWeisung oder Zustimmung der Obergesellschaft zu einem Rechtsgeschäft der Tochter. Da es sich hierbei um interne Vorgänge handelt, wird ein Gläubiger hierauf nur in den seltensten Fällen Zugriff haben.

831 Vgl. *Telke*, Russisches Konzernrecht, S. 167 m.w.N.

832 Dafür *Telke,* Russisches Konzernrecht, S. 155 + S. 167.

der Haftungsnorm sowie der Hauptgrund für die Bezweiflung ihrer praktischen Relevanz.[833] Allerdings helfen die Schwierigkeiten hinsichtlich der tatsächlichen praktischen Durchsetzbarkeit der Durchgriffshaftung nicht darüber hinweg, dass ein Durchgriff grundsätzlich stattfinden kann und die Voraussetzungen durch den russischen Gesetzgeber viel zu gering angesetzt wurden.

6. *Rechtsfolge*

Liegen sämtliche Haftungsvoraussetzungen vor, haftet die Obergesellschaft unabhängig davon, ob sie ein Verschulden trifft,[834] gesamtschuldnerisch[835] mit der Tochtergesellschaft für die Erfüllung des angewiesenen oder mit ihrer Zustimmung geschlossenen Vertrages[836] unmittelbar gegenüber den Gläubigern der Tochtergesellschaft. Dabei haftet die Obergesellschaft nicht nur für die primären und sekundären Ansprüche des von der Tochtergesellschaft rechtswirksam geschlossenen Rechtsgeschäfts, sondern ebenso für die Rechtsfolgen eines unwirksamen Geschäfts und damit auch für Ansprüche auf Herausgabe ungerechtfertigter Bereicherungen sowie für sämtliche Rückgewährpflichten.[837] Lediglich deliktsrechtliche Ansprüche sind nicht vom Geltungsbereich der Norm umfasst,[838] da sich die Norm nach dem ausdrücklichen Wortlaut ausschließlich auf „Rechtsgeschäfte“ bezieht.

Für die Geltendmachung des Anspruchs ist es nicht erforderlich, dass der Gläubiger zunächst versucht, sich bei der Tochtergesellschaft zu befriedigen.[839]

---

833 Vgl. etwa *Rabensdorf,* Die Durchgriffshaftung im deutschen und russischen Recht der Kapitalgesellschaften, S. 202, die die Außenwirkung der Regelung anzweifelt; *Mereminskaja,* Durchbrechung der Haftungsbeschränkung eines GmbH-Gesellschafters, S. 89 stellt Effizienz der Norm in Frage.

834 *Galander,* in: Galander, Russisches Wirtschaftsrecht, S. 160; vgl. auch *Lomakin,* Princip samostojatel'noj otvetstvennosti juridičeskogo lica: pravilo i isključenija, in: Vestnik graždanskogo prava, 2020, N 1.

835 *Solidarno.* Die gesamtschuldnerische Haftung wird in Art. 322 ff. ZGB RUS geregelt; hierzu auch Gemeinsamer Plenarbeschluss der Obersten Gerichte Nr. 6/8 vom 01.07.1996, Punkt 31 zur entsprechenden Vorschrift Art. 105 Pkt. 2 Abs. 2 ZGB RUS a.F.; *Borisov,* Kommentarij k glave 4 časti pervoj Graždanskogo kodeksa RF „Juridičeskie lica“, Art. 67.3 ZGB RUS; *Heeg,* WiRO 2000, 1, 3.

836 *Galander,* in: Galander, Russisches Wirtschaftsrecht, S. 160.

837 *Mereminskaja,* Durchbrechung der Haftungsbeschränkung eines GmbH-Gesellschafters, S. 87.

838 *Mereminskaja,* Durchbrechung der Haftungsbeschränkung eines GmbH-Gesellschafters, S. 87.

839 *Galander,* in: Galander, Russisches Wirtschaftsrecht, S. 160.

Der Gläubiger kann die Leistung vielmehr von der Ober- *oder* Tochtergesellschaft *oder* aber von beiden Gesellschaften verlangen,[840] wobei er die Leistung entweder vollständig oder nur teilweise einklagen kann.[841] Erbringt die Tochtergesellschaft lediglich eine Teilleistung, kann der Gläubiger gemäß Art. 323 Pkt. 2 Abs. 1 ZGB RUS den Fehlbetrag von der Obergesellschaft fordern.[842] Gerichtlich muss der Gläubiger indes gegen Ober- *und* Tochtergesellschaft vorgehen.[843]

Im Falle der vollständigen Leistung durch die Obergesellschaft, steht dieser im Anschluss ein Regressanspruch gegen die Tochtergesellschaft zu.[844] Art. 67.3 Pkt. 2 Abs. 2 ZGB RUS bestimmt insoweit ausdrücklich, dass die Obergesellschaft *solidarisch* mit der Tochtergesellschaft haftet, womit der Anwendungsbereich der Gesamtschuld nach Art. 322 ff. ZGB RUS eröffnet ist. Art. 325 Pkt. 2 Abs. 1 ZGB RUS bestimmt im Hinblick auf die Gesamtschuld, dass von der Höhe des Regressanspruchs der auf den zahlenden Schuldner entfallende Teil abzuziehen ist, sofern nichts anderes bestimmt ist. Da Art. 67.3 ZGB RUS indes keine Sonderregelung vorsieht, wonach die Tochtergesellschaft ihre Schuld gegenüber den Gläubigern selbst zu tragen hat, sondern im Gegenteil – für den Fall des Vorliegens der Voraussetzungen der solidarischen und damit gesamtschuldnerischen Haftung – die Einstandspflicht zu gleichen Teilen angeordnet wird, kann die Obergesellschaft ihre Tochter grundsätzlich nur zur Hälfte der erbrachten Leistung in Regress nehmen.[845]

---

840 Art. 323 Pkt. 1 ZGB RUS; vgl. auch *Mereminskaja,* Durchbrechung der Haftungsbeschränkung eines GmbH-Gesellschafters, S. 88.

841 Art. 323 Pkt. 1 ZGB RUS; vgl. auch *Mereminskaja,* Durchbrechung der Haftungsbeschränkung eines GmbH-Gesellschafters, S. 88.

842 Art. 323 Pkt. 2 Abs. 1 ZGB RUS; vgl. auch *Mereminskaja,* Durchbrechung der Haftungsbeschränkung eines GmbH-Gesellschafters, S. 88.

843 Gemeinsamer Plenarbeschluss der Obersten Gerichte Nr. 6/8 vom 01.07.1996, Punkt 31 zur entsprechenden Vorschrift Art. 105 Pkt. 2 Abs. 2 ZGB RUS a.F. („*oba juridičeskich lica privlekajutsja po takim delam v kačestve sootvečnikov v porjadke, ustanovlennom processual'nym zakonodatel'stvom.*“).; vgl. auch *Mereminskaja,* Durchbrechung der Haftungsbeschränkung eines GmbH-Gesellschafters, S. 88; *Rabensdorf,* Die Durchgriffshaftung im deutschen und russischen Recht der Kapitalgesellschaften, S. 201.

844 *Mereminskaja,* Durchbrechung der Haftungsbeschränkung eines GmbH-Gesellschafters, S. 88.

845 Art. 325 Pkt. 2 Ziff. 1 ZGB RUS; ausführlich hierzu *Mereminskaja,* Durchbrechung der Haftungsbeschränkung eines GmbH-Gesellschafters, S. 88.

II. Zwischenergebnis

Nach den russischen gesetzlichen Vorgaben droht der Obergesellschaft somit die gesamtschuldnerische Haftung im Hinblick auf sämtliche Rechtsgeschäfte, die ihre Tochtergesellschaft auf ihre Weisung hin oder auch nur mit ihrer Zustimmung schließt. Seit der Gesetzesänderung im Jahr 2014 ist hierfür kein ausdrückliches Weisungsrecht mehr erforderlich, vielmehr genügt das Vorliegen eines Beherrschungsverhältnisses sowie die Ausführung einer Entscheidung der Obergesellschaft durch ihre Tochter und ein kausal hierauf beruhendes Rechtsgeschäft der Tochtergesellschaft. Die Haftungsregelungen greifen allerdings dann nicht, wenn die Obergesellschaft im Rahmen der Gesellschafter- oder Aktionärsversammlung für das Rechtsgeschäft – etwa im Falle eines Groß- oder Interessiertheitsgeschäftes – gestimmt hat oder wenn die Obergesellschaft ihre Zustimmung erteilt hat, weil ihre Zustimmung zu einem Geschäft laut der Satzung der Obergesellschaft erforderlich ist. In sämtlichen anderen Fällen, in denen die Obergesellschaft dem Rechtsgeschäft zugestimmt oder dieses angewiesen hat, können die Gläubiger der Tochtergesellschaft unmittelbar auch die Obergesellschaft in Anspruch nehmen und müssen nicht vorher versuchen, von der Tochter Befriedigung zu erlangen. Durch diese derart weite gesetzliche Fassung eines möglichen Durchgriffs auf das Vermögen der Obergesellschaft und der weiteren Verschärfung der zivilgesetzlichen Regelungen im Jahr 2014, greift der russische Gesetzgeber in einer Weise in die Selbstständigkeit juristischer Personen ein, die eine sinnvolle Konzernleitung vollständig verhindert. Sowohl sämtlich Anspruchsvoraussetzungen als auch die Rechtsfolge sind erstaunlich weit gefasst.

So ist bereits das Beherrschungsverhältnis als Anknüpfungspunkt für die konzernrechtlichen Haftungsvorschriften, für welches die *Möglichkeit* der Obergesellschaft erforderlich ist, die zu treffenden Entscheidungen einer anderen Gesellschaft zu bestimmen, zu weit gefasst und erfordert eine Einschränkung. Die offene Formulierung des Gesetzes, wonach ein Konzernierungsverhältnis durch eine beherrschende Beteiligung am Satzungskapital, einen zwischen den Gesellschaften geschlossenen Vertrag sowie in „anderer Weise" begründet werden kann, ermöglicht es zwar, möglichst umfassend sämtliche Grundlagen der Beherrschung zu erfassen und in die konzernrechtlichen Regelungen einzubeziehen, wodurch jeder Einzelfall, in dem eine Einflussnahme auf ein anderes Unternehmen vorliegt, berücksichtigt werden kann. Aufgrund des positivistisch geprägten russischen Rechts, das zur Folge hat, dass bei der Auslegung von Gesetzen vorwiegend lediglich der Gesetzeswortlaut beachtet wird, werden allerdings zugleich sämtliche Verträge und damit auch solche rein schuldrechtlicher Natur, wie Lizenz- und Lieferbeziehungen, unter den Wortlaut subsumiert. Gerade für solch schuldrechtlichen Verträge, die nur eine minimale und teilweise auch nur zufällige Einflussmöglichkeit eröffnen, sind die verschärften haftungsrechtlichen Folgen indes nicht gerechtfertigt.

Die Erfassung geringfügiger Einflussmöglichkeit wird auch nicht auf der Ebene der weiteren Tatbestandsvoraussetzungen korrigiert. Im Gegenteil kann durch den Wegfall des Weisungsrechts der Obergesellschaft gegenüber ihrer Tochtergesellschaft – ehemals die Hauptvoraussetzungen des Durchgriffs – eine Haftung nun leichter eintreten als zuvor. Eine weitere Schranke fehlt. Statt eines durchsetzbaren Anspruchs der Obergesellschaft gegenüber ihrer Tochter auf Befolgung der Weisungen, reicht nunmehr die bloße tatsächliche Möglichkeit der Obergesellschaft, Entscheidungen ihrer Tochter zu beeinflussen, ganz gleich auf welcher Grundlage diese Einflussmöglichkeit beruht und unabhängig davon, ob die Tochtergesellschaft dieser Einflussnahme Folge leisten muss. Eine Unterscheidung und verhältnismäßige Abstufung unterschiedlich intensiver Einflussmöglichkeiten findet insoweit nicht statt.

Auch die erforderliche tatsächlich erfolgte Einflussnahme auf die Tochtergesellschaft in Form einer Weisung oder Zustimmung stellt keine angemessene Hürde für einen Durchgriff auf das Vermögen der Obergesellschaft dar. Insbesondere in Fällen rein tatsächlich ausgeübter Macht in Form von bloßen schuldrechtlichen Verträge wie Franchise- oder Lieferverträgen, kann eine lediglich konkludente Weisung oder Zustimmung im Einzelfall dazu führen, dass ein Unternehmen dem Gläubiger seines Vertragspartners als zusätzlicher Schuldner zur Verfügung gestellt wird. Für eine derart weite Fassung einer Haftungsnorm besteht kein Grund.

Schließlich sind auch die vom Gesetzgeber nachträglich eingeführten Haftungsausschlüsse keineswegs ausreichend, um eine Obergesellschaft vor einem ungerechtfertigten Durchgriff auf ihr Vermögen zu bewahren. Durch die abschließende Aufzählung von lediglich zwei Ausnahmegründen – die Zustimmung im Rahmen einer Gesellschafter- oder Aktionärsversammlung oder die Vereinbarung eines Zustimmungserfordernisses in der Satzung – entsteht stattdessen das widersprüchliche Ungleichgewicht zwischen unterschiedlichen Beherrschungsarten, in dessen Folge eine Obergesellschaft, die ihre Tochtergesellschaft umfassend kontrolliert und ihre Handlungen vollständig beeinflusst, frei von einer Haftung gegenüber den Gläubigern bleibt, während eine Obergesellschaft, die lediglich geringfügigen Einfluss im Einzelfall ausübt, dem Gläubiger der Tochtergesellschaft als zusätzlicher Schuldner zur Verfügung gestellt wird.

„Gerettet" wird dieses Ergebnis in der Praxis allein durch die vielfach kritisierte Beweislastverteilung, nach welcher der Gläubiger der Tochtergesellschaft gerichtlich zunächst das Vorliegen der Haftungsvoraussetzungen darzulegen hat, ohne dass ihm die Möglichkeit eines Anscheinsbeweises zugebilligt wird. Er muss somit nicht nur darlegen, dass *überhaupt* – intern – eine möglicherweise lediglich konkludente Weisung oder Zustimmung stattgefunden hat, sondern auch, dass das mit ihm abgeschlossene Rechtsgeschäft *kausal* gerade auf diese Weisung oder Zustimmung zurückzuführen ist. Da eine solche Beweiserbringung häufig nicht möglich ist, kann auch eine Obergesellschaft häufig dem Durchgriff auf ihr Vermögen entgehen.

Diese Tatsache allein sollte jedoch keinesfalls dazu führen, dass der russische Gesetzgeber den Versuch unternimmt, auf Tatbestandsebene einen Durchgriff möglichst vereinfacht und bereits aufgrund geringfügiger Umstände herbeizuführen, um einen Durchgriff im Einzelfall dennoch zu ermöglichen. Ein solcher ist auch nicht notwendig. Insoweit sollte die fehlende Rechtfertigung für einen solchen Durchgriff berücksichtigt werden.[846] Der Haftungsdurchgriff führt im Ergebnis lediglich dazu, dass die Vermögenstrennung zwischen zwei juristischen Personen aufgehoben und die Organisationsform des Konzerns, die gerade davon lebt, Risiken durch Auslagerung von Gefahren durch die Haftungstrennung zu ermöglichen, in extremem Maße gefährdet wird.

Unberücksichtigt bleibt offenbar, dass dem Gläubiger mit der Tochtergesellschaft selbst bereits eine Schuldnerin zur Verfügung steht, die sich der Gläubiger für den Vertragsschluss selbst ausgesucht hat. Daher ist es ihm auch zuzumuten, das Risiko eines möglichen Haftungsausfalls zu tragen.[847] Dass die Obergesellschaft möglicherweise im Einzelfall eine unsachgemäße Einflussnahme ausübt und die Tochtergesellschaft aufgrund von Weisungen der Obergesellschaft Schaden nimmt, muss allein im Verhältnis zur Tochtergesellschaft selbst bzw. deren (Minderheits-)Gesellschaftern ausgeglichen werden. Für dieses Verhältnis sieht das russische Konzernrecht allerdings ausreichende gesonderte

846 Hierzu noch ausführlich in Teil 3, Kap. D.II.

847 Zu beachten ist allerdings, dass das Mindeststammkapital einer russischen juristischen Person lediglich bei RUB 10.000,00 bzw. etwa EUR 140,00 für die GmbH und RUB 100.000,00 bzw. etwa EUR 1.400,00 für die AG russischen Rechts liegt, Art. 14 Pkt. 1 Abs. 2 GmbHG RUS, Art. 26 AktG RUS. Auch diese Tatsache rechtfertigt einen Durchgriff auf die Obergesellschaft jedoch nicht; vgl. hierzu auch Teil 3, Kap. D.II. Kritisch zum geringen Mindeststammkapital äußert sich beispielsweise *Piskunov*, Korporativnoe soglašenie – ėto bomba pod ves´ naš oborot, Interv´ju s E.A. Suchanovym, Zakon 2014, N 7.

Haftungstatbestände vor. So normiert etwa Art. 67.3 Pkt. 3 ZGB RUS die Haftung der Obergesellschaft für Schäden der Tochtergesellschaft, die dieser durch ein Handeln oder Unterlassen der Obergesellschaft entstanden sind.[848] Ein Durchgriff auf die Obergesellschaft und die Durchbrechung der Haftungstrennung ist vor diesem Hintergrund dagegen weder erforderlich noch gerechtfertigt.

Gerade in diesem Punkt ist daher dem bereits vorgestellten Reformentwurf[849] zuzustimmen. Eine neue Fassung des russischen Konzernrechts sollte dazu führen, dass lediglich die kontrollierte Person sowie deren Gesellschafter, nicht jedoch auch die Gläubiger der Tochtergesellschaft, zu einer Geltendmachung von Schäden berechtigt wären,[850] wofür die bereits bestehenden und dargestellten Normen ausreichen. Dies hätte zur Folge, dass eine unsachgemäße Einflussnahme – wie gefordert – lediglich im Verhältnis von Ober- und Tochtergesellschaft ausgeglichen würde und ein Durchgriff auf das Vermögen der Obergesellschaft ausbleiben würde.

B. Verhinderung weiterer Herrschaftsinstrumente im Zuge der Reform?

Bis zur Reform der konzernrechtlichen Vorschriften im Zivilgesetzbuch im Jahr 2014 waren klassische Beherrschungsverträge und insbesondere die Etablierung eines Weisungsrechts in der russischen Praxis angesichts der drohenden Durchgriffshaftung auf das Vermögen der Obergesellschaft wenig verbreitet.[851] Unternehmer konnten sich durch bloßes Weglassen eines Weisungsrechts in einen sicheren Hafen begeben und wurden vor dem Zugriff der Gläubiger ihrer Tochtergesellschaft verschont. Hierdurch wurde Konzernen jedoch auch die Möglichkeit genommen, eine rechtmäßige Konzernleitung und -kontrolle

---

848 Zur Übersicht der konzernrechtlichen Haftungsregeln vgl. Teil 1, Kap. A.II.

849 Vgl. hierzu Teil 1, Kap. B.III.2.

850 Art. 53.4 Pkt. 1 des Entwurfes; vgl. hierzu Teil 1, B.III.2.

851 *Šitkina*, Choldingi: Pravovoe regulirovanie ėkonomičeskoj zavisimosti: Upravlenie v gruppach kompanij, S. 115; *Šitkina*, Pravovoe regulirovanie ėkonomičeskoj zavisimosti, Chozjajstvo i pravo 2010, N 8; *Šitkina,* in: Šitkina, Korporativnoe pravo. Učebnyj kurs, Tom 1, S. 492; *Šitkina,* Osnovanija ustanovlenija choldingovych otnošenij, Predprinimatel´skoe pravo 2005, N 2; vgl. auch *Steininger/Olejnik*, WiRO 2017, 172, 174; für Beherrschungsverträge: *Steininger/Oljenik*, Wenn die Tochter in die Pubertät kommt, Ost/Letter 1/2014, S. 8; *Rabensdorf*, Durchgriffshaftung, S. 167; *Steininger/Olejnik*, WiRO 2017, 172, 174; *Steininger/Oljenik*, Wenn die Tochter in die Pubertät kommt, Ost/Letter 1/2014, S. 10 f.; *Telke,* Russisches Konzernrecht, S. 165.

sicherzustellen, für die eine Weisungsbefugnis gegenüber der Tochtergesellschaft unbedingt erforderlich ist. Nichtsdestotrotz nutzen die Obergesellschaften ihre Vormachtstellung auf andere Weise und wählten häufig einen informellen Weg der Weisungserteilung[852].

Nach der erfolgten Verschärfung der Haftungsnormen im Zuge der Gesetzesreform drängt sich die Frage auf, ob einer Obergesellschaft im russischen Recht nach wie vor alternative Herrschaftsinstrumente zur Verfügung stehen, die ihr eine sinnvolle Konzernleitung im Hinblick auf die russische Tochtergesellschaft ermöglichen oder ob das russische Recht nunmehr auch diese mit einer Durchgriffshaftung „bestraft". Dies gilt umso mehr, da der russische Gesetzgeber mit der Haftungsverschärfung offenbar die bislang häufig vorgenommene Umgehung eines Haftungsdurchgriffs durch die Etablierung alternativer Herrschaftsinstrumente verhindern wollte, wobei unklar ist, ob hiervon alle Beherrschungsmöglichkeiten umfasst sein sollten. Bei der Untersuchung steht neben der Gefahr einer gesamtschuldnerischen Haftung insbesondere die Effektivität der alternativen Herrschaftsinstrumente im Vordergrund. Fehlt diese im Einzelfall, ermöglicht im Ergebnis auch eine mögliche Haftungsfreiheit nicht zugleich eine sinnvolle Konzernleitung und -organisation.

I. Alternative Herrschaftsinstrumente – Haftungsgefahren nach der Reform und Effektivität

Bei den zu untersuchenden alternativen Möglichkeiten der Konzernleitung handelt es sich insbesondere um diejenigen Instrumente, die bereits im Rahmen der Konzernbildung vorgestellt und geprüft wurden, da eben diese der Obergesellschaft die Möglichkeit eröffnen, die Entscheidungen der Tochter zu bestimmen und damit den Anknüpfungspunkt für ein Beherrschungsverhältnis nach russischem Verständnis bilden.[853] Ob die Möglichkeit, die Entscheidungen zu beeinflussen, allerdings – als Minus zum ausdrücklichen Weisungsrecht – für eine tägliche effektive Konzernleitung ausreicht und insbesondere ob sie einen Haftungsdurchgriff auf die Obergesellschaft verhindert, soll im Folgenden untersucht werden.

852 *Telke,* Russisches Konzernrecht, S. 165.

853 Vgl. hierzu Teil 2, Kap. A.I.1.

1. *Gesellschaftervereinbarung*

Gesellschaftervereinbarungen sind insbesondere seit ihrer ausdrücklichen gesetzlichen Normierung in den Jahren 2008 bzw. 2009 und 2014[854] von besonderem Interesse für Investoren und zum Zwecke der Konzernierung bereits unter russischen Unternehmern verbreitet[855].

Sie sind gesetzlich definiert als Verträge, in denen sich die Gesellschafter verpflichten, ihre Rechte aus der Mitgliedschaft auf eine bestimmte Art und Weise auszuüben.[856] Hierzu gehören neben einer Vielzahl anderer Erscheinungsformen[857] insbesondere Stimmbindungsverträge, in denen sich Gesellschafter dazu verpflichten, wie im Rahmen von Gesellschafter- bzw. Aktionärsversammlungen abgestimmt werden soll[858] sowie Vereinbarungen über die Koordinierung der Entscheidungen über das Handeln der Gesellschaft nach außen[859]. So kann sich etwa eine Obergesellschaft, die zugleich Gesellschafterin der Tochtergesellschaft ist, jedoch alleine nicht über die nötige Stimmenmehrheit verfügt, gemeinsam mit anderen Tochtergesellschaftern im Rahmen eines Stimmbindungsvertrages zur gemeinsamen Abstimmung im Rahmen der Gesellschafter- bzw. Aktionärsversammlung verabreden und auf diese Weise eine gemeinsame Beherrschung über die Tochtergesellschaft ausüben.[860] Auch ohne Beteiligung an der Gesellschaft kann sie als außenstehende Dritte mit der Tochtergesellschaft oder deren

---

854 Eingeführt in Art. 8 Pkt. 3 GmbHG RUS durch das Föderale Gesetz Nr. 312-FZ vom 30.12.2008; in Art. 32.1 AktG RUS durch das Föderale Gesetz Nr. 115-FZ vom 3.6.2009 und in Art. 67.2 ZGB RUS durch das Föderale Gesetz Nr. 99-FZ vom 5.5.2014; vgl. auch *Radike,* Rechtsvergleich von Gesellschaftervereinbarungen in Gesellschaften mit beschränkter Haftung nach russischem und englischem Recht, Ost/Letter 3/2018, S. 2 f. und bereits oben Teil 2, Kap. A.I.1.b)bb).

855 *Telke,* Russisches Konzernrecht, S. 54 und S. 63.

856 Hierzu bereits in Teil 2, Kap. A.I.1.b)bb); vgl. ausführlich zu den leichten Formulierungsunterschieden zwischen den einzelnen Normen: *Allenhöfer,* Gesellschaftervereinbarungen bei Kapitalgesellschaften, S. 25.

857 Vgl. zu den typischen Regelungsbereichen *Galander,* in: Galander, Russisches Wirtschaftsrecht, S. 164 f. Zu den typischen Erscheinungsformen vgl. *Allenhöfer,* Gesellschaftervereinbarungen bei Kapitalgesellschaften, S. 26 ff.

858 *Allenhöfer,* Gesellschaftervereinbarungen bei Kapitalgesellschaften, S. 26; *Kindsvater,* WiRO 2014, 324, 325; *Telke,* Russisches Konzernrecht, S. 54 bzw. 63; *Plagemann,* Die russische Aktiengesellschaft, S. 134; vgl. Teil 2, Kap. A.I.1.b)bb).

859 *Allenhöfer,* Gesellschaftervereinbarungen bei Kapitalgesellschaften, S. 27.

860 *Trölitzsch,* in: Ziemons/Jaeger/Pöschke, BeckOK GmbHG, § 53 Anhang Gesellschaftervereinbarungen, Rn. 24.

Gesellschaftern eine Gesellschaftervereinbarung abschließen[861] und auf diese Weise mittelbar Einfluss auf die Geschäftsführung nehmen.

Zwar wird die Zulässigkeit von Gesellschaftervereinbarungen mit außenstehenden Dritten zumindest für diejenigen Fälle, in denen der Dritte einen Zuwachs an „korporativer Kontrolle“ ohne einen entsprechenden Zuwachs seines Stimmrechts und ohne Risiko im Rahmen einer Beteiligung erhält, aufgrund eines vermeintlichen Verstoßes gegen den Proportionalitätsgrundsatz in der russischen Literatur angezweifelt.[862] Allerdings wird diese Meinung angesichts der Tatsache, dass die Gesellschaftervereinbarung keinerlei korporative Rechte verleiht und damit nicht gegen den Proportionalitätsgrundsatz verstoßen kann[863] sowie des ausdrücklichen Wunsches des Gesetzgebers, der in der anderslautenden gesetzlichen Bestimmung in Art. 67.2 Pkt. 9 ZGB RUS explizit zum Ausdruck kommt, zu Recht abgelehnt.

Da die Gesellschaftervereinbarung nicht von sämtlichen Gesellschaftern geschlossen werden muss[864], benötigt die Obergesellschaft hierbei auch nicht die Zustimmung sämtlicher Minderheitsaktionäre. Angesichts der unterschiedlichen Optionen – so bereits im Hinblick auf die Dauer und Intensität der Vereinbarung sowie der Zusammensetzung der Beteiligten[865] – steht der Obergesellschaft eine Vielzahl unterschiedlicher Gestaltungsmodelle zur Verfügung.[866]

---

861 Zur Zulässigkeit einer Gesellschaftervereinbarung zwischen außenstehenden Dritten und Gesellschaftern vgl. Art. 67.2 Pkt. 9 ZGB RUS (sog. *Kvazikorporativnyj dogovor*); *Galander*, in: Galander, Russisches Wirtschaftsrecht, S. 167; *Šitkina*, Osnovanija i pravovye posledstvija otnošenij dočernosti chozjajstvennych obščestv (Kommentarij k st. 6 Zakona ob OOO), Chozjajstvo i pravo 2020, N 7, S. 9; *Šitkina*, in: Šitkina, Korporativnoe pravo. Učebnyj kurs, Tom 1, S. 474; vgl. auch Teil 2, Kap. A.I.1.b)bb).

862 *Basova*, Korporatnye dogovory v ramkach choldingovych struktur, Pravo i ėkonomika, 2011 N 12.

863 So *Allenhöfer*, Gesellschaftervereinbarungen bei Kapitalgesellschaften, S. 254 f.

864 Art. 67.2 Pkt. 1 ZGB RUS; vgl. auch *Galander*, in: Galander, Russisches Wirtschaftsrecht, S. 167.

865 Vgl. hierzu auch *Coenen*, Die konzernrechtliche Relevanz von Stimmbindungsvereinbarungen, S. 3.

866 Vgl. zu unterschiedlichen möglichen Vertragsinhalten – allerdings ohne konzernrechtlichen Zusammenhang *Allenhöfer*, Gesellschaftervereinbarungen bei Kapitalgesellschaften, S. 224 ff.

a) *Effektivität und Durchsetzbarkeit*

Im Gegensatz zu einem direkten Weisungsrecht führen Gesellschaftervereinbarungen allerdings nicht zu einer unmittelbaren durchsetzbaren Verpflichtung gegenüber der Tochtergesellschaft bzw. dessen Exekutivorgan, das die Weisungen unmittelbar im Außenverhältnis umsetzen kann. Vielmehr benötigt die Obergesellschaft für die Gesellschaftervereinbarung zunächst einen Vertragspartner, mit dem sie ein gemeinsames übergeordnetes Motiv verbindet, um sich mit diesem zu einer Bündelung der Stimmrechte zu verabreden[867]. Findet sie einen entsprechenden Vertragspartner, der die benötigen Mehrheiten im Rahmen der Gesellschafter- bzw. Aktionärsversammlung innehat, kann hierdurch ihr Einfluss gesteigert werden[868] oder überhaupt entstehen. Dieser Einfluss ist allerdings nicht im Sinne einer unmittelbaren korporativen Kontrolle aufgrund der direkten Ausübung von Mitgliedschaftsrechten zu verstehen, sondern als vertragliche Einräumung von Mitbestimmungsrechten.[869] Die Obergesellschaft kann somit nur insoweit Einfluss auf die Tochtergesellschaft nehmen, als der gebundene Gesellschafter durch die Gesellschaftervereinbarung hierzu verpflichtet ist und sein Stimmrecht entsprechend ausübt.[870]

Allerdings kann selbst bei anfänglich gleichgerichtetem Motiv aufgrund von Meinungsverschiedenheiten zwischen den Parteien der Gesellschaftervereinbarung ein Spannungsverhältnis entstehen, das zu einer Machtbeschränkung führen kann.[871] Die Obergesellschaft ist in derartigen Fällen auf die Vertragstreue ihres Partners angewiesen. Zwar kann sie auch nach russischem Recht bei Schlecht- oder Nichtleistung und damit der Verletzung einer schuldrechtlichen Pflicht aus der Gesellschaftervereinbarung gegen ihren Vertragspartner vorgehen und bei entsprechender Beweiserbringung gegebenenfalls Schadensersatzansprüche oder vorab vereinbarte Vertragsstrafen bzw. pauschalisierte

867 Vgl. auch *Coenen,* Die konzernrechtliche Relevanz von Stimmbindungsvereinbarungen, S. 25, m.w.N.

868 Zum positiven Effekt der Einflusssteigerung: *Coenen,* Die konzernrechtliche Relevanz von Stimmbindungsvereinbarungen, S. 25, vgl. hier zu den weiteren Vorteilen, die Stimmbindungsverträge in einem solchen Fall bringen können.

869 *Allenhöfer,* Gesellschaftervereinbarungen bei Kapitalgesellschaften, S. 255.

870 Vgl. auch *Allenhöfer,* Gesellschaftervereinbarungen bei Kapitalgesellschaften, S. 256.

871 Vgl. BGH, Urteil vom 4.3.1974, Az.: II ZR 89/72, NJW 1974, 855, 857 (hier außerdem zu der Frage, ob aufgrund von Stimmbindungsverträgen von einem herrschenden Unternehmen iSd § 17 AktG (D) auszugehen ist.).

Schadensersatzansprüche geltend machen[872] – allerdings reichen diese gerade bei Stimmbindungsverträgen häufig nicht aus. Dies gilt insbesondere, wenn ein gegenteiliger Gesellschafterbeschluss bereits gefasst wurde. Denn eine Anfechtung entsprechender Entscheidungen von Gesellschaftsorganen ist gemäß Art. 67.2 Abs. 6 ZGB RUS nur unter den gesetzlich vorgesehenen Bedingungen möglich.[873] Die Verletzung einer Gesellschaftervereinbarung kann hiernach zwar einen Rechtsgrund für die Unwirksamkeit von Gesellschafterbeschlüssen darstellen, allerdings ausschließlich dann, wenn zum Zeitpunkt der Beschlussfassung sämtliche Parteien der Gesellschafterversammlung auch Gesellschafter waren.[874] Darüber hinaus führt eine Unwirksamkeitserklärung des Beschlusses noch nicht zur Ungültigkeit des Rechtsgeschäfts mit einem Dritten, wenn ein solches aufgrund des Gesellschafterbeschlusses geschlossen wurde.[875] Voraussetzung hierfür ist vielmehr die Kenntnis bzw. das Kennenmüssen des Dritten sowie die entsprechende Klage der Obergesellschaft.[876]

Auch eine nach russischem Recht mögliche Durchsetzung im Wege des einstweiligen Rechtsschutzes[877], zur Verhinderung gegenteiliger Gesellschafterbeschlüsse im Voraus, erfordert, dass der Obergesellschaft das geplante vertragswidrige Abstimmverhalten des Vertragspartners bereits vor der Abstimmung bekannt ist,[878] was in der Praxis nur selten der Fall sein wird. Somit ist die Durchsetzbarkeit russischer Gesellschaftervereinbarungen zwar gegeben, jedoch mit praktischen Schwierigkeiten verbunden.

---

872 Vgl. ausführlich zu den materiell-rechtlichen Folgen eines Verstoßes gegen eine Gesellschaftervereinbarung seit ihrer gesetzlichen Anerkennung bei *Allenhöfer,* Gesellschaftervereinbarungen bei Kapitalgesellschaften, S. 268 ff.; *Plagemann,* Die russische Aktiengesellschaft, S. 135.

873 Vgl. auch *Allenhöfer,* Gesellschaftervereinbarungen bei Kapitalgesellschaften, S. 278; *Plagemann,* Die russische Aktiengesellschaft, S. 135.

874 Art. 67.2 Pkt. 6 Abs. 1 ZGB RUS; vgl. auch *Kindsvater,* WiRO 2014, 324, 325.

875 *Kindsvater,* WiRO 2014, 324, 325.

876 Art. 67.2 Pkt. 6 Abs. 3 ZGB RUS; Art. 32.1 Pkt. 4 AktG RUS; vgl. auch *Himmelreich,* WiRO 2009, 308, 309; *Kindsvater,* WiRO 2014, 324, 325.

877 Zu Möglichkeiten der Vollstreckung und des einstweiligen Rechtsschutzes bezüglich Gesellschaftervereinbarungen vgl. ausführlich *Allenhöfer,* Gesellschaftervereinbarungen bei Kapitalgesellschaften, S. 277 ff.

878 Vgl. auch *Allenhöfer,* Gesellschaftervereinbarungen bei Kapitalgesellschaften, S. 279.

b) Drohende Haftung

Trotz der im Vergleich zum direkt durchsetzbaren Weisungsrecht geringeren Effektivität von Gesellschaftervereinbarungen erfreuten sich diese in der russischen Wirtschaftspraxis, gerade aufgrund des Fehlens eines ausdrücklichen Weisungsrechts im Rahmen der Vereinbarung und damit des Ausbleibens einer zwingenden verschärften Haftung,[879] einer großen Beliebtheit. Da ein ausdrückliches Weisungsrecht seit der Gesetzesreform im Jahr 2014 allerdings keine erforderliche Haftungsvoraussetzung mehr ist[880] und der Durchgriff auf die Obergesellschaft einfacher eintreten kann, stellt sich die Frage nach der nunmehr tatsächlich bestehenden Haftungsgefahr für die Obergesellschaft im Falle des Abschlusses einer Gesellschaftervereinbarung zum Zwecke der Konzernierung.

So entsteht allein aufgrund des Abschlusses einer Gesellschaftervereinbarung, die die tatsächliche Möglichkeit einer Einflussnahme auf ein anderes Unternehmen eröffnet, bereits ein Beherrschungsverhältnis nach russischem Verständnis,[881] womit der Anknüpfungspunkt der Durchgriffshaftung gegeben ist.

Darüber hinaus setzt eine Durchgriffshaftung auf die Obergesellschaft allerdings eine tatsächlich erfolgte Weisung oder die Zustimmung der Obergesellschaft zu einem konkreten Rechtsgeschäft voraus.[882] Umfasst sollen hiervon all′ diejenigen Rechtsgeschäfte sein, die durch die Ausführung einer Entscheidung der Obergesellschaft geschlossen wurden.[883] Eine direkte Weisung an die Tochtergesellschaft bzw. an das Tochterexekutivorgan kann in diesem Zusammenhang allerdings in den meisten Fällen ausgeschlossen werden, da die Obergesellschaft ihr gegenüber gar keine entsprechende Befugnis besitzt. So wird die Gesellschaftervereinbarung regelmäßig ausschließlich Rechte und Pflichten zwischen der Obergesellschaft und den Gesellschaftern, die Vertragspartner sind, begründen, nicht dagegen gegenüber der Tochtergesellschaft selbst, weshalb ihr gegenüber auch keine Weisung erfolgen kann.

Allerdings kann die Obergesellschaft zumindest mittelbar durch Beeinflussung ihres Vertragspartners zur Abstimmung auf eine bestimmte Weise im Rahmen der Gesellschafter- bzw. Aktionärsversammlung vielfach eine bestimmte

---

879 *Telke,* Russisches Konzernrecht, S. 54.

880 Vgl. oben Teil 2, Kap. A.I.2.

881 Hierzu ausführlich oben Teil 2, Kap. A.I.1.

882 Vgl. hierzu Kap. Teil 2, Kap. A.I.3.

883 Konzeption zur Entwicklung der Zivilgesetzgebung der Russischen Föderation, Vestnik VAS RF, N 11, 2009, III.4.1.7; so auch *Galander,* in: Galander, Russisches Wirtschaftsrecht, S. 160.

Entscheidung durchsetzen. Sofern die Obergesellschaft selbst Gesellschafterin der Tochtergesellschaft ist und sich gemeinsam mit anderen Tochtergesellschaftern im Rahmen eines Stimmbindungsvertrages zur gemeinsamen Abstimmung im Rahmen der Gesellschafter- bzw. Aktionärsversammlung verabredet, um hierdurch Beherrschung auszuüben[884], wird sie darüber hinaus regelmäßig selbst an der Beschlussfassung teilnehmen und mit ihrer Stimmabgabe zustimmen. Erfolgt die Abstimmung für den Abschluss eines Rechtsgeschäfts, liegt eine haftungsauslösende Zustimmung der Obergesellschaft zum Rechtsgeschäft vor.

Fraglich ist, ob sich an diesem Ergebnis etwas ändert, wenn die Obergesellschafterin nicht zugleich selbst Gesellschafterin ist, sondern das Abstimmverhalten der Gesellschafter durch Stimmbindungsverträge als außenstehende Dritte beeinflusst. Allerdings ist zweifelhaft, ob es ausreicht, dass die Obergesellschaft nicht selbst und unmittelbar abstimmt, um eine Haftung zu verhindern. Denn eine solche Lösung könnte zu einer Umgehung des gesetzgeberischen Willens führen, sämtliche Rechtsgeschäfte einer Haftung zu unterstellen, auf die die Obergesellschaft Einfluss hatte und die das Resultat ihrer Entscheidung sind. Damit müssen jedoch auch solche Rechtsgeschäfte einer Haftung unterfallen, denen die Obergesellschaft zwar nicht unmittelbar zugestimmt hat, die jedoch auf ihr Einwirken hin von ihrem Vertragspartner durchgesetzt wurden. Zwar würde dies dem positivistischen Grundsatz der russischen Gerichte widersprechen – ausgeschlossen ist eine solche Vorgehensweise der russischen Gerichte aufgrund des gesetzgeberischen Willens allerdings nicht. Aufgrund der Erweiterung der Haftungstatbestände durch den russischen Gesetzgeber können folglich auch Konzernierungen durch Gesellschaftervereinbarungen von einer Durchgriffshaftung betroffen sein, sofern im Einzelfall tatsächlich sämtliche Haftungsvoraussetzungen vorliegen.

Allerdings greift zumindest dann, wenn die Obergesellschaft zugleich als Gesellschafterin der Tochtergesellschaft im Rahmen der Gesellschafter- bzw. Aktionärsversammlung für das Rechtsgeschäft stimmt, der in Art. 67.3 Pkt. 2 Abs. 2 ZGB RUS gesetzlich normierte Haftungsausschluss. Für diese Fälle der Gesellschaftervereinbarungen besteht mithin ein Ausweg aus der Haftung für die Obergesellschaft. Der Haftungsausschluss greift nach dem Gesetzeswortlaut allerdings dann nicht, wenn die Obergesellschaft als außenstehende Dritte Einfluss nimmt und nicht selbst abstimmt. Unklar ist auch an dieser Stelle, ob ihr die Stimmen der Gesellschafter, die im Sinne der Gesellschaftervereinbarung

---

884 *Trölitzsch*, in: Ziemons/Jaeger/Pöschke, BeckOK GmbHG, § 53 Anhang Gesellschaftervereinbarungen, Rn. 24.

abstimmen, zugerechnet werden können. Zwar würde dies dem soeben festgestellten Grundsatz widersprechen, dass eine Einflussnahme der Obergesellschaft auch dann berücksichtigt werden sollte, wenn sie nicht selbst zustimmt, sondern Dritte – in diesem Falle die Gesellschafter – nach ihrer Vorstellung abstimmen. Angesichts der positivistisch geprägten russischen Rechtspraxis stellt sind indes die Frage, ob auch russische Gerichte zukünftig in diesem Sinne entscheiden werden. Eine Haftung ist jedenfalls nicht – wie noch vor der Reform – mangels ausdrücklich vereinbarten Weisungsrechts ausgeschlossen. Angesichts der geringeren Effektivität einer solchen Konzernierung stellt sich allerdings die Frage, ob die Vereinbarung eines ausdrücklichen Weisungsrechts bzw. eines Beherrschungsvertrages im Einzelfall nicht sinnvoller sein kann.[885]

2. Personalkompetenz hinsichtlich der Tochtergeneraldirektoren

Möglicherweise kann eine Obergesellschaft im russischen Recht jedoch auch ähnlich dem deutschen Recht[886] bereits aufgrund ihrer Personalkompetenz ausreichend Einfluss auf ihre Tochtergesellschaft ausüben und gleichzeitig einer Durchgriffshaftung auf ihr Vermögen entgehen. So ist die Besetzung von wichtigen Führungspositionen als zentrale Aufgabe der Konzernleitung[887], für die Erfolge eines Konzerns genauso wichtig wie die Möglichkeit, einen in Ungnade gefallenen Geschäftsführer zügig abberufen zu können[888]. Im niederländischen Recht, dem Ursprung des russischen Konzernrechts,[889] ist das Weisungsrecht etwa im Vergleich zu informellen Einflussnahmen von nur geringer Bedeutung, wobei diesen dadurch Autorität verliehen wird, dass die Gesellschafterversammlung jederzeit die Möglichkeit hat, Mitglieder der Geschäftsleitung zu entlassen.[890] Ob diese Möglichkeit auch im russischen Recht besteht und ob die

885 Zu dieser Frage vgl. auch Teil 3, Kap. A.

886 Vgl. *Lübking*, Ein einheitliches Konzernrecht für Europa, S. 50; *Dominke*, Einheitliche Gruppenleitung über die Binnengrenzen in Europa, S. 173; vgl. auch *Gause*, Europäisches Konzernrecht im Vergleich, S. 262.

887 Vgl. *Scheffler*, in: FS Goerdeler, S. 469, 481; vgl. auch *Dominke*, Einheitliche Gruppenleitung über die Binnengrenzen in Europa, S. 173.

888 Vgl. *Teichmann*, RIW 2010, 120, 122 dazu, dass diese Anforderung bei der Gründung und Leitung ausländischer Tochtergesellschaften unter anderem typischerweise im Vordergrund steht.

889 Vgl. hierzu ausführlich bereits in Teil 1, Kap. B.II.2.

890 *Lennarts*, in: Hommelhoff/Lutter/Teichmann, Konzerngovernance, S. 145.

Personalkompetenz hier eine derart bedeutende Rolle spielt, soll daher im Folgenden untersucht werden.

a) *Möglichkeit der Bestellung von Generaldirektoren*

Grundsätzlich existieren auch im russischen Gesellschaftsrecht vergleichbar mit dem Geschäftsführer oder Vorstand einer deutschen GmbH bzw. AG entsprechende Exekutivorgane, denen die Führung der laufenden Geschäfte der Gesellschaft obliegt.[891] Sowohl in einer GmbH als auch in einer AG russischen Rechts handelt es sich dabei um die sogenannten *Generaldirektoren*.[892] Sie sind unter anderem für die Umsetzung interner Beschlüsse zuständig und vertreten damit die Interessen der Gesellschaft nach außen, wobei sie Rechtsgeschäfte im Namen der Gesellschaft abschließen.[893] Hierfür benötigen sie keine spezielle Vollmacht, sondern sind kraft ihrer gesetzlichen Stellung ermächtigt.[894] Da somit die Geschäftsführung der Gesellschaft in ihre Zuständigkeit fällt,[895] ist ihr Einfluss innerhalb der Gesellschaft sehr ausgeprägt[896]. Sowohl für die deutsche

---

891 Art. 32 Pkt. 4 GmbHG RUS; Art. 69 Pkt. 1 AktG RUS; vgl. auch *Ernst/Abramova*, CCZ 2016, 22, 22; *Steininger/Olejnik*, WiRO 2017, 129, 134; *Weidemann*, in: Galander, Russisches Wirtschaftsrecht, S. 124 (Bezeichnung als Einzelexekutivorgan (Direktor, Generaldirektor) oder Einzelexekutivorgan gemeinsam mit einem kollegialen Exekutivorgan (Vorstand); vgl. auch *Plagemann*, Die russische Aktiengesellschaft, S. 102.

892 *General'nyj direktor*; vgl. Art. 40 Pkt. 1 GmbHG RUS, Art. 69 Pkt. 1 AktG RUS; vgl. auch *Mundry*, in: Breidenbach/Institut für Ostrecht München, Handbuch WiRO Bd. III, RUS, Kapitel C Rn. 139, S. 32; *Galander*, in: Galander, Russisches Wirtschaftsrecht, S. 89; *Ernst/Abramova*, CCZ 2016, 22, 22; *Steininger/Olejnik*, WiRO 2017, 129, 134; *Schmitt/Prochorow*, in: Theiselmann, Governance International, S. 494. Darüber hinaus werden im Gesetz und in der Literatur die Begriffe „Einzelexekutivorgan", „Direktor" oder „Präsident" verwendet.

893 Art. 40 Pkt. 3 GmbHG RUS; Art. 69 Pkt. 2 Abs. 2 AktG RUS; *Steininger/Olejnik*, WiRO 2017, 129, 134; *Weidemann*, in: Galander, Russisches Wirtschaftsrecht, S. 124; *Plagemann*, Die russische Aktiengesellschaft, S. 104 f.; *Mundry*, in: Breidenbach/Institut für Ostrecht München, Handbuch WiRO Bd. III, RUS, Kapitel C Rn. 139, S. 32, *Ernst/Abramova*, CCZ 2016, 22, 22.

894 Vgl. Art. 40 Pkt. 3 Nr. 1 GmbHG RUS; Art. 69 Pkt. 2 Abs. 3 AktG RUS; *Schmitt/Melnikov*, in: Breidenbach/Institut für Ostrecht München, Handbuch WiRO Bd. III, RUS, Kapitel D.I. Rn. 89, S. 20 f. bzw. *Schmitt/Melnikov*, in: Breidenbach/Institut für Ostrecht München, Handbuch WiRO Bd. III, RUS, Kapitel D.I. Rn. 179, S. 37.

895 Für die GmbH russischen Rechts vgl. *Ernst/Abramova*, CCZ 2016, 22, 22.

896 Vgl. für die GmbH russischen Rechts *Ernst/Abramova*, CCZ 2016, 22, 28, wonach der Generaldirektor „in Russland auch scherzhaft als „Zar der OOO" bezeichnet" wird.

als auch für die russische Obergesellschaft ist es daher nicht nur von Interesse, einen Generaldirektor für die Tochtergesellschaft zu bestellen, der ihren Anforderungen entspricht, sondern diesen auch jederzeit abberufen zu können, sofern er nicht nach den Vorstellungen der Obergesellschaft handelt.

Die Auswahl und Bestellung des Generaldirektors als Exekutivorgan der Gesellschaft fällt nach den russischen gesellschaftsrechtlichen Vorgaben in die Zuständigkeit der Gesellschafterversammlung im Falle einer GmbH bzw. in die der Aktionärsversammlung im Falle einer AG russischen Rechts.[897] Ein entsprechender Beschluss kann jeweils mit einer einfachen Mehrheit gefasst werden.[898] Eine Ausnahme von diesen Grundsätzen besteht lediglich für den Fall, dass die Personalkompetenz mittels Satzung der Gesellschaft dem Direktorenrat übertragen[899] bzw. die Mehrheitserfordernisse im Rahmen der Satzung der GmbH geändert wurden[900]. Sofern die Obergesellschaft folglich mindestens die einfache

897 Art. 40 Pkt. 1 Abs. 1 GmbHG RUS; Art. 69 Pkt. 3 AktG RUS; *Mundry,* in: Breidenbach/Institut für Ostrecht München, Handbuch WiRO Bd. III, RUS, Kapitel C Rn. 141, S. 32; vgl. auch *Plagemann,* Die russische Aktiengesellschaft, S. 81 und S. 85; *Schmitt/Prochorow,* in: Theiselmann, Governance International, S. 494; *Steininger/Olejnik,* WiRO 2017, 129, 134; für die AG *Plagemann,* Die russische Aktiengesellschaft, S. 103.

898 Art. 37 Pkt. 8 GmbHG, Art. 49 Pkt. 2 Abs. 1 AktG RUS, vgl. auch *Galander,* in Galander: Russisches Wirtschaftsrecht, S. 86. Art. 11 Pkt. 4 GmbHG RUS und Art. 9 Pkt. 4 AktG RUS sehen darüber hinaus allerdings eine Drei-Viertel-Mehrheit für die Wahl des vertretungsberechtigten Verwaltungsorgans der Gesellschaft bei Gründung der Gesellschaft vor. Kritisch hierzu *Galander,* in Galander: Russisches Wirtschaftsrecht, S. 88.
Art. 11 Pkt. 4 Abs. 1 GmbHG RUS, *Steininger/Oljenik*, Wenn die Tochter in die Pubertät kommt, Ost/Letter 1/2014, S. 4.

899 Art. Art. 40 Pkt. 1 Abs. 1 GmbHG RUS; Art. 69 Pkt. 3 AktG RUS; *Mundry,* in: Breidenbach/Institut für Ostrecht München, Handbuch WiRO Bd. III, RUS, Kapitel C Rn. 139, S. 32; *Weidemann,* in: Galander, Russisches Wirtschaftsrecht, S. 119; *Plagemann,* Die russische Aktiengesellschaft, S. 83 und S. 85 und S. 103.

900 Dazu, dass dies grundsätzlich möglich ist: für die GmbH russischen Rechts *Galander,* in: Galander, Russisches Wirtschaftsrecht, S. 86; *Barth/Kurochkin,* in: W/S/B, Gesellschaftsrecht des Auslands, Rn. 238; In der AG russischen Rechts sind die für die Beschlussfassung erforderlichen Mehrheiten ausschließlich in den ausdrücklich gesetzlich vorgesehenen Fällen abdingbar, *Plagemann*, Die russische Aktiengesellschaft, S. 91; vgl. auch *Schmitt/Melnikov,* in: Breidenbach/Institut für Ostrecht München, Handbuch WiRO Bd. III, RUS, Kapitel D.I. Rn. 163, S. 34; vgl. auch *Bauer-Mitterlehner*, WiRO 2001, 342, 344.

Mehrheit im Rahmen der Gesellschafter- oder Aktionärsversammlung hält,[901] kann sie über die Besetzung wichtiger Führungspositionen der Tochtergesellschaft entscheiden und damit eine wesentliche Aufgabe der Konzernleitung[902] übernehmen. Bei ihrer Entscheidung ist die Obergesellschaft grundsätzlich frei und muss keine gesellschaftsrechtlichen Anforderungen im Hinblick auf die Person beachten.[903] So ist es beispielsweise für die ausländische Obergesellschaft häufig von Vorteil, einen einheimische Generaldirektor zu berufen, um das Unternehmen auf dem nationalen Markt angemessen repräsentieren zu können,[904] doch auch ein ausländischer, möglicherweise deutscher Staatsangehöriger kann auf Wunsch der Obergesellschaft zum Generaldirektor einer russischen Gesellschaft bestellt werden.[905] Dieser kann, muss jedoch nicht zwingend, selbst Gesellschafter sein.[906]

Darüber hinaus steht es der Gesellschafter- bzw. Aktionärsversammlung und damit auch der hierin mit einer entsprechenden Mehrheit vertretenen Obergesellschaft seit dem 1. September 2014 frei, nicht nur einen, sondern mehrere Personen zu Direktoren der Gesellschaft zu bestellen, wobei diese im Rahmen einer Gesamtvertretungsbefugnis ausschließlich gemeinsam[907] oder jeweils einzelvertretungsbefugt[908] handeln dürfen.[909] Auch ein *kollegiales* Exekutivorgan,

901 Dies gilt für die GmbH russischen Rechts nur solange keine gegenteilige Bestimmung in der Satzung getroffen wurde. Um eine entsprechende Satzungsänderung zu treffen, wird gemäß Art. 33 Pkt. 2 Unterpkt. 2, 37 Pkt. 8 Abs. 1 GmbHG RUS eine Anteilshöhe von zwei Dritteln der Gesamtzahl der Stimmen benötigt, vgl. hierzu Teil 2, A.I.1.a).aa). Eine Abbedingung der in der AG russischen Rechts erforderlichen Mehrheiten ist nicht vorgesehen, vgl. hierzu Teil 2, A.I.1.a).bb).

902 Vgl. *Scheffler*, in: FS Goerdeler, S. 469, 481; vgl. auch *Dominke*, Einheitliche Gruppenleitung über die Binnengrenzen in Europa, S. 173.

903 *Galander*, in: Galander, Russisches Wirtschaftsrecht, S. 92.

904 Vgl. *Teichmann*, ECFR 2015, 202, 224; ders., RIW 2010, 120 (122); vgl. auch *Dominke*, Einheitliche Gruppenleitung über die Binnengrenzen in Europa S. 174.

905 Zu beachten ist allerdings das Erfordernis einer Arbeitserlaubnis, hierzu vgl. auch: *Bart/Kurochkin*, in: *Wegen/Spahlinger/Barth*, Gesellschaftsrecht des Auslands, Russland, Rn. 247 und *Galander*, in: Galander, Russisches Wirtschaftsrecht, S. 92.

906 Für die GmbH: *Galander*, in: Galander, Russisches Wirtschaftsrecht, S. 92.

907 So *Mundry*, in: Breidenbach/Institut für Ostrecht München, Handbuch WiRO Bd. III, RUS, Kapitel C Rn. 139, S. 32 und Rn. 160, S. 35.

908 Zu dieser Möglichkeit *Galander*, in: Galander, Russisches Wirtschaftsrecht, S. 89.

909 Art. 53 Pkt. 1 Abs. 3 ZGB RUS; Art. 65.3 Pkt. 3 Abs. 1 ZGB RUS; jeweils eingeführt durch das Föderale Gesetz Nr. 99-FZ vom 5.5.2014; vgl. hierzu auch *Kindsvater*, WiRO 2014, 324, 324 („Einführung des „Vier-Augen-Prinzips“); *Mundry*, in: Breidenbach/Institut für Ostrecht München, Handbuch WiRO Bd. III, RUS, Kapitel C Rn. 139, S. 32

das neben dem Generaldirektor und nicht an dessen Stelle steht und nicht selbst Vertretungsorgan der Gesellschaft ist, kann bestellt werden,[910] wobei der Generaldirektor kraft Gesetzes Vorsitzender dieses sogenannten *Vorstands* ist[911] und den übrigen Vorstandsmitgliedern zunächst eine rechtsgeschäftliche Vollmacht aussprechen muss, damit sie im Namen der Gesellschaft handeln können[912]. Der Einsatz eines kollegialen vertretungsberechtigten Vorstands hat sich aus diesem Grund weder grundsätzlich in russischen Gesellschaften noch in Tochtergesellschaften russischer Unternehmen durchgesetzt.[913]

Neben dem korporativen Akt der Bestellung ist auch nach russischem Recht zusätzlich der vertragliche Akt der *Anstellung* erforderlich, im Rahmen dessen die weiteren Modalitäten der Tätigkeit, wie die Vergütung, der Handlungsrahmen des Generaldirektors[914] oder der Umgang mit vertraulichen Informationen, geregelt werden.[915] Mangels anderweitiger Regelung ist für dessen Abschluss mit dem Generaldirektor ebenfalls die Gesellschafter- bzw. Aktionärsversammlung zuständig, wobei das Aktiengesetz vorsieht, dass der Vorsitzende des Direktorenrats oder eine vom Direktorenrat bevollmächtigte Person den Vertrag im Namen der Gesellschaft unterzeichnet.[916]

---

und Rn. 160, S. 35, der dies mit der Gesamtvertretungsmacht nach deutschem Recht vergleicht; *Galander,* in: Galander, Russisches Wirtschaftsrecht, S. 89.

910 Art. 41 GmbHG RUS; Art. 70 AktG RUS; *Galander,* in: Galander, Russisches Wirtschaftsrecht, S. 93; vgl. auch *Weidemann,* in: Galander, Russisches Wirtschaftsrecht, S. 125.

911 *Galander,* in: Galander, Russisches Wirtschaftsrecht, S. 93; *Weidemann,* in: *Galander,* Russisches Wirtschaftsrecht, S. 124.

912 Für die GmbH: *Galander,* in: Galander, Russisches Wirtschaftsrecht, S. 93; Für die AG: *Schmitt/Melnikov,* in: Breidenbach/Institut für Ostrecht München, Handbuch WiRO Bd. III, RUS, Kapitel D.I. Rn. 179, S. 37.

913 *Galander,* in: Galander, Russisches Wirtschaftsrecht, S. 93; vgl. für die AG russischen Rechts auch *Schmitt/Melnikov,* in: Breidenbach/Institut für Ostrecht München, Handbuch WiRO Bd. III, RUS, Kapitel D.I. Rn. 179, S. 37.

914 *Steininger/Olejnik,* WiRO 2017, 129, 134.

915 Art. 40 Pkt. 4 GmbHG RUS; Art. 69 Pkt. 3 Abs. 2 AktG RUS; *Barth/Kurochkin,* in: W/S/B, Gesellschaftsrecht des Auslands, Rn. 79 und 247; vgl. auch *Steininger/Olejnik,* WiRO 2017, 129, 134; vgl. so zum deutschen Recht *Klett/Ziegler,* NZG 2019, 613, 613.

916 Art. 69 Pkt. 3 Abs. 2 AktG RUS; *Weidemann,* in: Galander, Russisches Wirtschaftsrecht, S. 124. Dazu, dass auf den Anstellungsvertrag die Bestimmungen des Arbeitsrechts Anwendung vgl. *Schmitt/Melnikov,* in: Breidenbach/Institut für Ostrecht München, Handbuch WiRO Bd. III, RUS, Kapitel D.I. Rn. 183, S. 38 f.); *Sapozhnikov,* WiRO 2016, 6, 9.

b) Möglichkeit der Abberufung von Generaldirektoren

Für die Abberufung des Exekutivorgans gelten als *actus contrarius* zur Bestellung[917] die entsprechenden Grundsätze.[918] Die Obergesellschaft kann folglich über die Abberufung des Generaldirektors ihrer russischen Tochtergesellschaft entscheiden, sofern sie die einfache Mehrheit in der Gesellschafter-/Aktionärsversammlung hält und in der Satzung der Tochtergesellschaft keine gegenteiligen Bestimmungen getroffen wurden. Eine Abberufung ist dabei ebenso wie der vertragliche Akt der Kündigung des Anstellungsvertrages jederzeit und fristlos möglich.[919] Sofern dem Generaldirektor kein Verschulden vorzuwerfen ist, ist jedoch zu beachten, dass ihm im Falle einer sofortigen Kündigung eine Abfindung zusteht, die das Dreifache eines mittleren Monatsgehalts nicht unterschreiten darf.[920] Neben einem entsprechenden schriftlichen Beschluss[921] über die Abberufung und die Beendigung des Arbeitsverhältnisses mit dem Generaldirektor, setzt eine wirksame Kündigung auch die Anmeldung der Änderung im Einheitlichen Staatlichen Register der juristischen Personen[922] sowie die Eintragung des neuen Generaldirektors voraus.[923]

Sofern die Obergesellschaft die entsprechende Mehrheit in der Gesellschafter- oder Aktionärsversammlung hält, steht es ihr folglich frei, den Generaldirektor der russischen Tochter jederzeit und ohne Angabe von Gründen abzuberufen

---

917 Vgl. *Schindler*, in: Ziemons/Jaeger/Pöschke, BeckOK GmbHG, § 46 Rn. 52.

918 Für die GmbH russischen Rechts vgl. *Sapozhnikov*, WiRO 2016, 6, 6; für die AG russischen Rechts vgl. *Schmitt/Melnikov*, in: Breidenbach/Institut für Ostrecht München, Handbuch WiRO Bd. III, RUS, Kapitel D.I. Rn. 183, S. 38.

919 Art. 278 Pkt. 2 ArbGB RUS („Trudovoj kodeks Rossijskoj Federacii" ot 30.12.2001 N 197-FZ); vgl. auch *Mundry*, in: Breidenbach/Institut für Ostrecht München, Handbuch WiRO Bd. III, RUS, Kapitel C Rn. 144, S. 33; *Sapozhnikov*, WiRO 2016, 6, 10.

920 Art. 279 ArbGB RUS; vgl. auch *Mundry*, in: Breidenbach/Institut für Ostrecht München, Handbuch WiRO Bd. III, RUS, Kapitel C Rn. 144, S. 33; *Sapozhnikov/Fomina*, WiRO 2018, 111, 111; *Sapozhnikov*, WiRO 2016, 45, 46, hier außerdem zu der Frage, ob die Abfindung Voraussetzung der Wirksamkeit einer Kündigung ist.

921 *Sapozhnikov*, WiRO 2016, 6, 6 f. mit weiteren Ausführungen zum Inhalt, Formalitäten und Anfechtbarkeit.

922 Im Folgenden: „EGRJuL" (entspricht im Wesentlichen dem deutschen Handelsregister; vgl. auch *Sapozhnikov*, WiRO 2016, 6, 6.

923 *Sapozhnikov*, WiRO 2016, 6, 6, was damit verbunden sei, dass bis zur Gesetzesänderung zum 1. September 2014 nur ein Generaldirektor berufen werden konnte.

und der Anstellungsvertrag zu kündigen, wenn dieser sich etwa weigert, nach den Vorstellungen der Obergesellschaft zu handeln.[924]

c) *Effektivität*

Die Effektivität des Herrschaftsinstruments der Personalkompetenz ergibt sich zunächst aus der Tatsache, dass die Obergesellschaft bewusst solche Personen zum Generaldirektor benennen kann, die mit hoher Wahrscheinlichkeit ohnehin den ihnen erteilten informellen Weisungen nachkommen werden. Darüber hinaus kann die Möglichkeit, den Generaldirektor jederzeit und ohne die Angabe von Gründen abzuberufen, wie ein „Damoklesschwert"[925] wirken, aufgrund dessen der Generaldirektor existentiell von der Obergesellschaft abhängig ist[926] und sich regelmäßig dem Verlangen der Obergesellschaft beugen wird[927]. Dass die Obergesellschaft in diesem Fall eine Abfindung zahlen müsste,[928] wird sie nicht daran hindern, den Generaldirektor abzuberufen, wenn er sich nicht an ihre Vorgaben hält. Allerdings sollte die Obergesellschaft stets beachten, dass eine Abberufung des Generaldirektors aufgrund der Offenkundigkeit nach außen, eine bedeutende Signalwirkung aufweist[929] und wiederholte Abberufungen zu einer negativen Reputation des gesamten Konzernverbunds im Geschäftsverkehr führen können[930]. Sie sollte daher stets eine *ultima ratio* sein.[931] Auch ist nicht garantiert, dass sich der russische Generaldirektor lediglich aufgrund einer drohenden Abberufung dem Willen der Obergesellschaft beugt.[932] Insoweit fehlt eine rechtliche Durchsetzbarkeit. Da der Generaldirektor die Durchführung der Maßnahme schlicht verweigern kann, erscheint das

924 Vgl. auch zum deutschen Recht *Dominke*, Einheitliche Gruppenleitung über die Binnengrenzen in Europa, S. 173.

925 So *Dominke*, Einheitliche Gruppenleitung über die Binnengrenzen in Europa, S. 174.

926 Vgl. *Hommelhoff*, in: Mestmäcker/Behrens, Das Gesellschaftsrecht der Konzerne im internationalen Vergleich, S. 102.

927 Vgl. *Dominke*, Einheitliche Gruppenleitung über die Binnengrenzen in Europa, S. 174; *Hommelhoff*, in: Mestmäcker/Behrens, Das Gesellschaftsrecht der Konzerne im internationalen Vergleich, S. 104.

928 Art. 279 ArbGB RUS.

929 *Malik*, Wirksame Unternehmensaufsicht, S. 266; *Dominke*, Einheitliche Gruppenleitung über die Binnengrenzen in Europa, S. 174.

930 *Dominke*, Einheitliche Gruppenleitung über die Binnengrenzen in Europa, S. 174.

931 Vgl. *Dominke*, Einheitliche Gruppenleitung über die Binnengrenzen in Europa, S. 174.

932 Vgl. hierzu auch *Dominke*, Einheitliche Gruppenleitung über die Binnengrenzen in Europa, S. 175.

Herrschaftsinstrument der Personalkompetenz nicht nur intransparent, sondern auch schwer kontrollierbar.[933]

d) Drohende Haftung

Fraglich ist allerdings, ob durch die Nutzung dieser Herrschaftsalternative eine Haftung der Obergesellschaft nach russischem Recht ausgeschlossen werden kann. So setzt die Personalkompetenz der Obergesellschaft stets zugleich voraus, dass eine Mehrheitsbeteiligung im Rahmen der Gesellschafter- bzw. Aktionärsversammlung besteht. Nur diese Mehrheit ermöglicht es der Obergesellschaft, über wesentliche Entscheidungen der Tochtergesellschaft – so auch die Bestellung und die Abberufung des Generaldirektors – zu bestimmen, wodurch aber zugleich ein Beherrschungsverhältnis und damit der Anknüpfungspunkt der konzernrechtlichen Durchgriffshaftung vorliegt.

Allerdings besteht das Ziel des Einsatzes eines von der Obergesellschaft gewählten Generaldirektors gerade darin, dass die Obergesellschaft sich die Gefahr der jederzeitigen Abberufbarkeit zu Nutze macht und darauf vertraut, dass der Generaldirektor aus *eigenem* Antrieb die Interessen der Obergesellschaft verfolgt, ohne dass hierfür stets eine konkrete Weisung der Obergesellschaft erfolgen muss. [934] Eine Durchgriffshaftung könnte aus diesem Grund ausscheiden. Allerdings kann nicht ausgeschlossen werden, dass im konkreten Einzelfall eine Zustimmung oder konkludente Weisung der Obergesellschaft zum Abschluss eines Rechtsgeschäfts erfolgt. Die Obergesellschaft könnte – auch wenn nicht im Wege einer konkreten Weisung, dann doch zumindest durch Zustimmung und Billigung der Handlungen des Generaldirektors – Einfluss auf die Tochtergesellschaft nehmen, wodurch im Ergebnis Rechtsgeschäfte geschlossen werden, die auf eine Entscheidung der Obergesellschaft im Sinne der strengen Haftungsnormen zurückzuführen sind. Dies allein reicht aber aufgrund des eröffneten Anwendungsbereichs der konzernrechtlichen Bestimmungen bereits aus. Sofern diese Entscheidung nicht auf einem Beschluss der Tochtergesellschaft im Rahmen der Gesellschafter- bzw. Aktionärsversammlung beruht und kein entsprechender Genehmigungsvorbehalt in der Satzung vorgesehen war, ist es also nicht ausgeschlossen, dass die Voraussetzungen für einen Haftungsdurchgriff nach den russischen konzernrechtlichen Regelungen

---

933 *Dominke*, Einheitliche Gruppenleitung über die Binnengrenzen in Europa, S. 175, die hierin einen entscheidenden Nachteil dieses Herrschaftsinstruments sieht.

934 Vgl. *Hommelhoff*, ZGR 1978, 119, 125 f.; auch *Dominke*, Einheitliche Gruppenleitung über die Binnengrenzen in Europa, S. 174.

vorliegen und die Obergesellschaft aufgrund der Nutzung des Herrschaftsinstruments der Personalschiene mit ihrem eigenen Vermögen haften muss. Damit ist das Herrschaftsinstruments der Personalkompetenz mangels rechtlicher Durchsetzbarkeit gegenüber dem russischen Generaldirektor nicht nur relativ schwer kontrollierbar, da nicht sicher ist, dass sich der Generaldirektor dem Willen der Konzernmutter beugt, sondern bringt auch immer die Gefahr des Haftungsdurchgriffs für die Obergesellschaft mit sich.

3. Doppelmandatschaft und personelle Verflechtung

Neben der Bestellung eines passenden, jedoch gesellschaftsfremden Generaldirektors, kann die Obergesellschaft auch Mitglieder der eigenen Gesellschaftsorgane in den Organen der Tochtergesellschaft einsetzen.[935] Derartige personelle Verflechtungen und insbesondere Vorstandsdoppelmandate könne ein „Instrumente der Konzernführung“[936] darstellen und erweisen sich in Deutschland als regelmäßig verwendetes[937] und bewährtes Mittel der Konzernleitung[938]. Bis zur Einführung des Art. 67.3 ZGB RUS im Zuge der Zivilgesetzbuchreform waren Vorstandsdoppelmandate und personelle Verflechtungen auch in Russland gerade aufgrund der Möglichkeit, die herrschende Einflussnahme gegenüber Dritten zu verbergen, beliebt.[939]

---

935 Vgl. bereits oben Teil 2, A.I.1.c).aa).; *Telke*, Russisches Konzernrecht, S. 56, m.w.N.; sogenannte Doppelmandatschaft „von oben nach unten“, vgl. *Dominke*, Einheitliche Gruppenleitung über die Binnengrenzen in Europa, S. 176, m.w.N.

936 *Dominke*, Einheitliche Gruppenleitung über die Binnengrenzen in Europa, S. 176; vgl. hierzu auch *Drygala/Staake/Szalai*, Kapitalgesellschaftsrecht, § 31 Rn. 2; *Habersack*, in: Emmerich/Habersack, Aktien- und GmbH-Konzernrecht, § 311 Rn. 28; *Fleischer*, in: Spindler/Stilz, AktG, § 76 Rn. 105 ff.; *Petersen/Schulze De la Cruz*, NZG 2012, 453, 453.

937 Vgl. für Vorstandsdoppelmandate in Deutschland: *Hoffmann-Becking*, ZHR 150 (1986), 570, 570; *Passarge*, NZG 2007, 441, 441; *Spindler*, in: Münchener Kommentar AktG, § 76 Rn. 52; *Fleischer*, in: Spindler/Stilz, AktG, § 76 Rn. 105 ff.; *Petersen/Schulze De la Cruz*, NZG 2012, 453, 453.

938 Zu Vorstandsdoppelmandaten „von oben nach unten“ *Dominke*, Einheitliche Gruppenleitung über die Binnengrenzen in Europa, S. 176; vgl. auch *Lübking*, Ein einheitliches Konzernrecht für Europa, S. 50.

939 Vgl. hierzu *Telke*, Russisches Konzernrecht, S. 64; *Šitkina*, O probleme „obyazatel´nykh ukazaniy“ osnovnogo obshchestva dochernomu, Chozjajstvo i pravo 2006, N 7, S. 46. Zu den weiteren Vorteilen personeller Verflechtungen vgl. Teil 2, Kap. A.I.1.c).aa).

a) *Zulässigkeit und Effektivität*

Durch den Einsatz von Mitgliedern der Gesellschaftsorgane der Obergesellschaft in den Organen der Tochtergesellschaft,[940] kann die Obergesellschaft durch positive Motivation in Form von Prestige- und Vergütungszuwächsen[941] oder durch die Erzeugung von Druck aufgrund der Gefahr von Karriere- oder Prämiennachteilen[942] bei Nichtbefolgung auf Ebene der Obergesellschaft, Einfluss auf den Doppelmandatsträger ausüben.[943] Die Doppelmandatsträger können im Anschluss aufgrund der erfolgten Einflussnahme durch die Obergesellschaft im Vorstand der Tochtergesellschaft auf Entscheidungen hinwirken, die im Interesse der Obergesellschaft liegen.[944] Zusätzlich können durch die Doppelmandatschaft Personalressourcen gespart und der Verwaltungsaufwand reduziert[945] sowie Werte ebenso wie *know how* vermittelt und die Kommunikation erleichtert werden.[946] Die Doppelmandatsträger fungieren auf diese Weise als Informationsträger und können die gegenseitige Abstimmung zwischen den Gesellschaften fördern.[947] Die Konzernleitung erhält zugleich einen besseren Einblick in die Belange der Konzerngesellschaften.[948]

Schwierigkeiten können sich allerdings dann ergeben, wenn eine Vermittlung nicht möglich ist, weil zwischen den Gesellschaften gegenteilige Interessen vorliegen. Aufgrund der Verpflichtung gegenüber beiden Gesellschaften besteht für den Doppelmandatsträger somit stets ein hohes Konfliktpotential.[949] Denn,

---

940 Vgl. bereits oben Teil 2, Kap. A.I.1.c).aa).; *Telke,* Russisches Konzernrecht, S. 56, m.w.N.; sogenannte Doppelmandatschaft „von oben nach unten", vgl. *Dominke*, Einheitliche Gruppenleitung über die Binnengrenzen in Europa, S. 176, m.w.N.

941 Vgl. bereits oben Teil 2, Kap. A.I.1.c).aa).; *Theisen,* Der Konzern, S. 224; *Dominke,* Einheitliche Gruppenleitung über die Binnengrenzen in Europa, S. 177.

942 Vgl. bereits oben Teil 2, Kap. A.I.1.c).aa).; *Telke,* Russisches Konzernrecht, S. 56.

943 Vgl. bereits Teil 2, Kap. A.I.1.c) aa); vgl. auch *Passarge,* NZG 2007, 441, 441.

944 So zum deutschen Recht *Dominke,* Einheitliche Gruppenleitung über die Binnengrenzen in Europa, S. 177.

945 Vgl. bereits Teil 2, Kap. A.I.1.c) aa); *Steininger,* Geschäftsführer in Fesseln, Ost/Letter 2/2014, S. 14.

946 *Dominke*, Einheitliche Gruppenleitung über die Binnengrenzen in Europa, S. 177; vgl. auch *Keller*, in: Lutter/Bayer, Holding-Handbuch, § 4 Rn. 4.104 und Rn. 4.120; *Scheffler,* in: FS Goerdeler, S. 469, 484.

947 *Dominke*, Einheitliche Gruppenleitung über die Binnengrenzen in Europa, S. 177; vgl. *Scheffler*, Konzernmanagement, S. 71; *Theisen*, Der Konzern, S. 196.

948 *Passarge*, NZG 2007, 441, 441.

949 *Telke*, Russisches Konzernrecht, S. 56 m.w.N.; vgl. hierzu auch *Rabensdorf,* Die Durchgriffshaftung im deutschen und russischen Recht der Kapitalgesellschaften, S. 173 f;

sofern er bei der Beachtung der Interessen der Obergesellschaft nicht zugleich vernünftig und gewissenhaft im Interesse der Tochtergesellschaft handelt[950], kann dies nach russischem Recht seine persönliche Inanspruchnahme zur Folge haben.[951] Eine vertragliche oder in der Satzung vorgesehene Abbedingung der Haftung ist nicht möglich.[952] Trotz dieser ständigen Gefahr der Interessenkollision bestehen im russischen Recht, entsprechend dem deutschen Recht,[953] kein gesetzliches Verbot für Doppelmandate[954] und kaum gesetzliche Einschränkungen[955]. Lediglich in der Aktiengesellschaft russischen Rechts benötigen Mitglieder des Exekutivorgans die Zustimmung des Direktorenrates, um in Gesellschaftsorganen anderer Gesellschaften tätig werden zu dürfen.[956] Entsprechende Einschränkungen fehlen für die GmbH russischen Rechts.[957] Auch Stimmverbote bestehen trotz eines möglichen Interessenkonflikts weder in der

---

entsprechend zum deutschen Recht vgl. *Dominke*, Einheitliche Gruppenleitung über die Binnengrenzen in Europa, S. 177 f; *Passage*, NZG 2007, 441, 441.

950 Zur Pflicht, vernünftig und gewissenhaft zu handeln vgl. Art. 53 Pkt. 3 ZGB RUS, 44 Pkt. 1 GmbHG RUS, Art. 71 Pkt. 1 AktG RUS.

951 Zur Geschäftsführerhaftung ausführlich Teil 3, Kap. C.II.; vgl. auch *Rabensdorf*, Die Durchgriffshaftung im deutschen und russischen Recht der Kapitalgesellschaften, S. 173; *Schmitt/Melnikov*, in: Breidenbach/Institut für Ostrecht München, Handbuch WiRO Bd. III, RUS, Kapitel D.I. Rn. 94, S. 21; *Telke*, Russisches Konzernrecht, S. 57, m.w.N.

952 Für die GmbH: *Schmitt/Melnikov*, in: Breidenbach/Institut für Ostrecht München, Handbuch WiRO Bd. III, RUS, Kapitel D.I. Rn. 93, S. 21.

953 Ebenso wenig in anderen nationalen Rechtsordnungen der Europäischen Union; vgl. etwa für England und Italien *Dominke*, Einheitliche Gruppenleitung über die Binnengrenzen in Europa, S. 178.

954 *Nogaibay*, Schutz der Minderheit und der Gläubiger der abhängigen Aktiengesellschaft im Konzern, S. 236.

955 Vgl. *Telke*, Russisches Konzernrecht, S. 57; vgl. bereits oben Teil 2, Kap. 2.A.I.1.c)aa).

956 Art. 69 Pkt. 3 Abs. 4 AktG RUS; vgl. auch *Telke*, Russisches Konzernrecht, S. 57; *Nogaibay*, Schutz der Minderheit und der Gläubiger der abhängigen Aktiengesellschaft im Konzern, S. 237; *Schmitt/Melnikov*, in: Breidenbach/Institut für Ostrecht München, Handbuch WiRO Bd. III, RUS, Kapitel D.I. Rn. 184, S. 39.

957 Vgl. aber *Telke*, Russisches Konzernrecht, S. 64, der darauf hinweist, dass die Doppelmandatschaft in der GmbH russischen Rechts eine weniger wichtige Rolle spielt, da die Gesellschaftsorgane hier auch ohne die Doppelmandatschaft abhängig von der Gesellschafterversammlung sind; vgl. hierzu bereits Teil 2, Kap. A.I.1.c)aa).

Aktiengesellschaft noch in der GmbH russischen Rechts.[958] Die Teilnahme an sämtlichen Abstimmungen ist somit ohne Einschränkung möglich.[959]

Dennoch muss der Doppelmandatsträger als Generaldirektor einer russischen Gesellschaft stets berücksichtigen, dass er rechtlich dem Eigeninteresse seiner (Tochter-)Gesellschaft verpflichtet ist. Ebenso ist ein Doppelmandatsträger in seiner zeitgleich ausgeübten Funktion als Generaldirektor der russischen Obergesellschaft oder gar Geschäftsführer oder Vorstand einer deutschen Muttergesellschaft auch dieser gegenüber nach den deutschen Grundsätzen verpflichtet.[960] Hiernach ist er im Falle von intensiven und anhaltenden Interessenkonflikten zur Mandatsniederlegung verpflichtet,[961] sodass die Obergesellschaft bei der Konzernleitung durch personelle Verflechtungen nicht auf umfassende Rechtssicherheit vertrauen kann. Ebenso wenig kann sich eine deutsche Muttergesellschaft eines globalen Konzerns im Hinblick auf die praktische Tauglichkeit des Leitungsinstruments sicher sein, dass der Doppelmandatsträger seine Pflichten sowohl in der deutschen als auch in der russischen Gesellschaft trotz sprachlicher Hindernisse und geographischer Entfernung vollumfänglich befolgen kann.[962] Hinsichtlich der Effektivität als Instrument der Konzernleitung konnte

958 Laut *Nogaibay*, Schutz der Minderheit und der Gläubiger der abhängigen Aktiengesellschaft im Konzern, S. 238 fehlen hierfür gesetzliche Grundlagen.

959 *Telke*, Russisches Konzernrecht, S. 57; vgl. auch *Nogaibay*, Schutz der Minderheit und der Gläubiger der abhängigen Aktiengesellschaft im Konzern, S. 238.

960 Vgl. ausführlich zu diesem Grundsatz nach der im IPR geltenden Sitztheorie *Steininger*, Geschäftsführer in Fesseln, Ost/Letter 2/2014, S. 15; *Steininger* gibt zu bedenken, dass eine Handlung des Generaldirektors einer russischen Gesellschaft automatisch dem Geschäftsführer einer deutschen GmbH zugerechnet werden könnte, lehnt dies jedoch im Ergebnis ab. Vielmehr ist stets im Einzelfall zu prüfen, ob ein Verstoß gegen die jeweiligen Vorschriften erfolgte.

961 *Hoffmann-Becking*, ZHR 150 (1986), 570, 577; *Dominke*, Einheitliche Gruppenleitung über die Binnengrenzen in Europa, S. 179; *Spindler*, in: Münchener Kommentar AktG, § 76 Rn. 57; *Fleischer*, in: Spindler/Stilz, AktG, § 76 Rn. 110; *Diekmann/Fleischmann*, AG 2013, 141, 149.

962 Zu beachten ist auch, dass Ausländer für ihre Tätigkeit als Generaldirektor einer russischen Gesellschaft eine ausländerrechtliche Genehmigung benötigen, vgl. hierzu *Barth/Kurochkin*, in: W/S/B, Gesellschaftsrecht des Auslands, Rn. 247. Empfohlen wird aus diesem Grund, unmittelbar bei der Gründung einen inländischen Generaldirektor einzusetzen und erst nach der Gründung der Gesellschaft und Erhalt der Genehmigung einen ausländischen Generaldirektor zu bestellen, *Schmitt/Melnikov*, in: Breidenbach/Institut für Ostrecht München, Handbuch WiRO Bd. III, RUS, Kapitel D.I. Rn. 97 f, S. 22.

die personelle Verflechtung ein ausdrückliches Weisungsrecht der Obergesellschaft somit bereits vor der Reform nicht ersetzen.

b) Drohende Haftung

Allerdings war die Organisationsform der Doppelmandatschaft gerade aufgrund des Fehlens eines ausdrücklichen Weisungsrechts und der Möglichkeit, die herrschende Einflussnahme gegenüber Dritten zu verbergen, beliebt,[963] um auf diesem Wege einer Haftung zu entgehen. Angesichts der Gesetzesänderung im Bereich der Konzernhaftung stellt sich die Frage, ob diese Möglichkeit nach wie vor besteht. Denn da ein ausdrückliches Weisungsrecht nicht mehr zwingende Voraussetzung für die Durchgriffshaftung auf die Obergesellschaft ist, kann dessen Fehlen keine Garantie mehr für die Haftungsfreiheit darstellen. Entsprechend den Ausführungen zu Gesellschaftervereinbarungen können auch personelle Verflechtungen aufgrund der sich hierdurch ergebenden Möglichkeit der Obergesellschaft, die Entscheidungen der Tochtergesellschaft zu beeinflussen, zumindest bereits ein Beherrschungsverhältnis im russischen Sinne darstellen. Anders als bei Gesellschaftervereinbarungen steht der Obergesellschaft im Falle von Vorstands-Doppelmandaten jedoch nicht zwingend eine Einflussmöglichkeit auf das Abstimmverhalten im Rahmen der Gesellschafter- bzw. Aktionärsversammlung der Tochtergesellschaft zu, sondern lediglich eine Einflussmöglichkeit auf ihren eigenen Generaldirektor bzw. Vorstand, der im Falle entsprechender Maßnahmen bei seiner Tätigkeit als Generaldirektor der Tochter zugleich im Interesse des Gesamtkonzerns bzw. der Obergesellschaft handelt. Hierbei handelt es sich allerdings in den meisten Fällen um eine dauerhafte Einflussnahme. Darüber hinaus erfordert es, wie dargestellt, einer Mehrheitsbeteiligung an der Tochtergesellschaft, um über die Besetzung der Generaldirektoren zu entscheiden, sodass zumindest auf dieser Grundlage ein Beherrschungsverhältnis nach russischem Verhältnis zu bejahen ist.

Ob im Einzelfall darüber hinaus eine konkrete Weisung oder Zustimmung der Obergesellschaft an die Tochtergesellschaft vorliegt, lässt sich nicht einheitlich für sämtliche Konstellationen bestimmen und ist für jeden Fall gesondert zu prüfen. Allerdings wird es auch im Falle der Doppelmandatschaft, entsprechend dem Herrschaftsinstrument der Personalkompetenz, Ziel sein, direkte Weisungen gerade zu vermeiden. Sofern dennoch eine Einflussnahme auf den

963 Vgl. hierzu *Telke,* Russisches Konzernrecht, S. 64; *Šitkina,* O probleme „obyazatel´nykh ukazaniy" osnovnogo obshchestva dochernomu, Chozjajstvo i pravo 2006, N 7, S. 46.

Doppelmandatsträger vorliegt, wird der Nachweis einer solchen Einflussnahme nach wie vor gerade für außenstehende Gläubiger kaum möglich sein. Dies gilt umso mehr, als die Mitglieder der Exekutivorgane der Tochtergesellschaft selbst zugleich in den Exekutivorganen der Obergesellschaft vertreten sind und sich die Entscheidungen somit häufig decken werden.

Dennoch kann eine Durchgriffshaftung im Sinne des Art. 67.3 Pkt. 2 Abs. 2 ZGB RUS im Falle des grundsätzlichen Bejahens eines Beherrschungsverhältnisses auf Grundlage der Doppelmandatschaft auf der ersten Stufe bereits dann eintreten, wenn die Obergesellschaft im konkreten Einzelfall auf einer zweiten Stufe dennoch eine konkrete Weisung trifft oder ihre Zustimmung zu einem Rechtsgeschäft erteilt. Die Obergesellschaft kann in diesen Fällen unmittelbar von den Gläubigern der Tochtergesellschaft in Anspruch genommen werden, sofern die einflussnehmende Entscheidung nicht auf einem Beschluss der Tochtergesellschaft im Rahmen der Gesellschafter- bzw. Aktionärsversammlung beruht oder kein entsprechender Genehmigungsvorbehalt in der Satzung vorgesehen ist. Gerade in den Konstellationen der personellen Verflechtungen droht darüber hinaus stets die Haftung für den Doppelmandatsträger selbst und für den Fall eines grenzüberschreitenden Konzerns gleich zweifach nach russischem und deutschem Recht. Auch die Doppelmandatschaft stellt somit nach der Reform der zivilrechtlichen Regelungen und der Verschärfung der Haftungsregelungen zwar ein grundsätzlich effektives Herrschaftsmittel dar, das jedoch aufgrund der strengen russischen gesetzlichen Vorgaben die ständige Gefahr einer Durchgriffshaftung der Obergesellschaft sowie der Gefahr der Haftung des Doppelmandatsträgers birgt.

4. *Obergesellschaft als „Externe Verwalterin" der Tochter*

Eine Besonderheit des russischen Rechts ist die Möglichkeit, die Obergesellschaft als sogenannte „Externe Verwalterin"[964] der Tochtergesellschaft einzusetzen, wodurch sie die Möglichkeit erhält, faktisch selbst das Management der Tochtergesellschaft zu übernehmen[965]. So kann die Obergesellschaft zwar als juristische Person weder unmittelbar Mitglied des Direktorenrates oder des Exekutivorgans einer Gesellschaft russischen Rechts sein,[966] allerdings können

---

964 Siehe bereits oben Teil 2, Kap. A.I.1.c)cc); *Upravljajuščaja organizacija/Upravljajuščij*, vgl. Art. 69 Pkt. 1 Abs. 3 AktG RUS bzw. Art. 42 GmbHG RUS.

965 *Steininger/Oljenik*, Wenn die Tochter in die Pubertät kommt, Ost/Letter 1/2014, S. 11; *Steininger/Olejnik*, WiRO 2017, 172, 174, vgl. hier auch zu Beschränkungen der Gewinnabführung nach russischem Recht.

966 *Telke*, Russisches Konzernrecht, S. 58.

auf sie – ohne dass sie zugleich zu einem Organ der Tochtergesellschaft wird[967] – sämtliche Aufgaben des Exekutivorgans übertragen werden[968].

Als Externe Verwalterin der Tochtergesellschaft kann die Obergesellschaft selbst unmittelbar in die laufende Verwaltung der Tochtergesellschaft eingreifen[969] und hierdurch einen maßgeblichen Einfluss auf die Tochter ausüben,[970] ohne dass dieser Dritten offen gelegt werden muss[971]. Von Vorteil ist im Hinblick auf den Einsatz der Obergesellschaft als Externe Verwalterin darüber hinaus die Tatsache, dass die russische Rechtsprechung den Einsatz einer Externen Verwaltung als solchen nicht als Begründung eines Beherrschungsverhältnisses im Sinne der russischen Konzernhaftungsregelungen wertet.[972]

Grund für die Auffassung der Rechtsprechung ist allerdings die mangelnde tatsächliche Einflussnahmemöglichkeit einer Externen Verwalterin. Denn ob die Obergesellschaft als Externe Verwalterin der Tochtergesellschaft eingesetzt werden kann, entscheidet allein die Aktionärs- bzw. Gesellschafterversammlung der Tochtergesellschaft.[973] Ebenso liegt es in ihrer Zuständigkeit, die Obergesellschaft als Externe Verwalterin wieder abzuberufen, was ihr jederzeit und ohne die Angabe von Gründen möglich ist.[974] In dieser einseitigen

---

967 Hierzu bereits oben Teil 2, Kap. A.I.1.c)cc); *Telke*, Russisches Konzernrecht, S. 57 m.w.N.

968 Art. 42 Pkt. 1 GmbHG RUS; Art. 69 Pkt. 1 Abs. 3 AktG RUS; Art. 65.3 Pkt. 3 Abs. 1 ZGB RUS; *Schramm*, Zwischen Liberalisierung und Regulierung, Ost/Letter 1/2015, S. 11; *Telke*, Russisches Konzernrecht, S. 57.

969 Teil 2, Kap. A.I.1.c)cc); vgl. *Telke*, Russisches Konzernrecht, S. 58 m.w.N.

970 Der Einsatz einer juristischen Person als Externe Verwalterin der Gesellschaft kommt auch dann in Betracht, wenn spezielles Fachwissen erforderlich ist oder eine Person notwendig ist, die beispielsweise im Falle der Krise einer Gesellschaft mit objektivem Blick die Gesellschaft führt, *Steininger/Oljenik*, Wenn die Tochter in die Pubertät kommt, Ost/Letter 1/2014, S. 13.

971 So sieht *Telke*, Russisches Konzernrecht, S. 64 die Konstellation des Einsatzes der Obergesellschaft als Externe Verwalterin dann als sinnvoll an, wenn ihre herrschende Einflussnahme Dritten verborgen bleiben soll.

972 Hierzu bereits oben Teil 2, Kap. A.I.1.c)cc); Vgl. etwa Postanovlenie Arbitražnogo suda Severo-Kavkazskogo okruga ot 31.1.2017 N F08-10279/2016 po delu N A 63-1044/2016.

973 Art. 67.1 Pkt. 2 Nr. 2 ZGB RUS; vgl. auch *Schramm*, Zwischen Liberalisierung und Regulierung, Ost/Letter 1/2015, S. 11.

974 Siehe bereits oben Teil 2, Kap. A.I.1.c)cc); Art. 33 Pkt. 2 Abs. 4 GmbHG RUS; Art. 69 Pkt. 4 Abs. 1 AktG RUS; *Telke*, Russisches Konzernrecht, S. 58; *Šitkina*, Osnovanija i pravovye posledstvija otnošenij dočernosti chozjajstvennych obščestv (Kommentarij

Lösungsmöglichkeit für die Tochtergesellschaft liegt ein wesentlicher Nachteil der Einsetzung der Obergesellschaft als Externe Verwalterin. Denn, sofern die Obergesellschaft nicht zugleich die Mehrheit der Stimmen in der Aktionärs- oder Gesellschaftervereinbarung hält, hat sie anders als bei einem klassischen Beherrschungsvertrag keine Sicherheit darüber, dass sie die Tochtergesellschaft dauerhaft in ihrem Sinne führen kann. Darüber hinaus ergibt sich aus Art. 53 Pkt. 3 ZGB RUS, dass die als Externe Verwalterin eingesetzte Gesellschaft stets im Interesse der vertretenen Person und damit im Eigeninteresse der Tochtergesellschaft handeln muss.[975] Eine Ausrichtung der Tätigkeit am Interesse der Obergesellschaft oder dem übergeordneten Gruppeninteresse kommt folglich jedenfalls nach dem Gesetzeswortlaut nicht in Betracht.[976] Die Möglichkeit der Ausrichtung am Gruppeninteresse ist allerdings ein entscheidender Punkt bei der Verwaltung der Tochtergesellschaft. Ist dies nicht möglich, scheidet eine effektive Konzernleitung aus. Auch der Einsatz der Obergesellschaft als Externe Verwalterin der Tochter mag ein Weisungsrecht der Obergesellschaft in dieser Konstellation somit nicht ersetzen.

Sofern die Obergesellschaft dagegen *selbst* die Entscheidung trifft, die Geschäftsführung der Tochtergesellschaft in der Funktion als Externe Verwalterin zu übernehmen oder diese Aufgabe einer verbundenen Gesellschaft überträgt, so setzt diese Entscheidung ein bereits bestehendes Beherrschungsverhältnis voraus. In diesen Fällen stellt der Einsatz als Externe Verwalterin lediglich eine Möglichkeit der Konzernverwaltung dar, [977] die aufgrund der aufgezeigten Vorteile allerdings durchaus ein effektives Herrschaftsinstrument darstellen kann. Indes – da der Obergesellschaft in diesen Fällen gerade eine anderweitige Möglichkeit zustehen wird, die Entscheidungen der Tochtergesellschaft zu bestimmen, etwa die Stimmenmehrheit im Rahmen der Gesellschafter- bzw. Aktionärsversammlung, ist auch ein Beherrschungsverhältnis im Sinne der konzernrechtlichen Bestimmungen zu bejahen, wodurch der Anwendungsbereich

---

k st. 6 Zakona ob OOO), Chozjajstvo i pravo 2020, N 7, S. 10, *Šitkina*, Osnovanija ustanovlenija choldingovych otnošenij, Predprinimatel´skoe pravo 2005, N 2.

975 Art. 53 Pkt. 3 ZGB RUS; *Schramm*, Zwischen Liberalisierung und Regulierung, Ost/Letter 1/2015, S. 11.

976 Siehe bereits oben Teil 2, Kap. A.I.1.c)cc); *Schramm*, Zwischen Liberalisierung und Regulierung, Ost/Letter 1/2015, S. 11.

977 Siehe bereits oben Teil 2, Kap. A.I.1.c)cc); *Šitkina*, Pravovoe regulirovanie ėkonomičeskoj zavisimosti. Upravlenie v gruppach kompanij, Moskau 2008, S. 122; *Šitkina*, Osnovanija ustanovlenija choldingovych otnošenij, Predprinimatel´skoe pravo 2005, N 2.

der konzernrechtlichen Haftungsbestimmungen eröffnet wird. Ohne Belang ist dabei, dass das Beherrschungsverhältnis nicht auf der Externen Verwaltung als solcher, sondern auf der vorherrschenden Beteiligung beruht. Es bedarf zur Entstehung der Durchgriffshaftung in diesen Fällen lediglich einer konkreten Weisung oder Zustimmung im Einzelfall durch die Obergesellschaft in ihrer Funktion als Externe Verwalterin. Da ihr in dieser Funktion aber auch sämtliche Aufgaben des Exekutivorgans übertragen werden,[978] liegt der Abschluss eines Rechtsgeschäfts mit ihrer Zustimmung in der Regel nahe, sodass eine Haftung nicht grundsätzlich ausgeschlossen werden kann. Darüber hinaus besteht für die Obergesellschaft zusätzlich die Gefahr, unmittelbar in ihrer Funktion als Verwalterin der Tochter von dieser im Schadensfall in Haftung genommen zu werden, wenn sie nicht im Interesse der Gesellschaft handelt.

5. *Kontrolle über die Tochtergeneraldirektoren durch Festlegung des Handlungsrahmens*

Neben der Kompetenz, einen Tochter-Generaldirektor zu bestellen, der den Vorstellungen der Obergesellschaft entspricht, und der Möglichkeit, diesen ggf. auch jederzeit und ohne das Erfordernis eines Grundes abberufen zu können, setzt eine effektive Konzernleitung darüber hinaus das Recht der Obergesellschaft voraus, den rechtlichen Handlungsrahmen des Generaldirektors der Tochter frei festlegen und verändern zu können[979]. So soll der Generaldirektor einerseits nicht eigenmächtig über sämtliche Fragen der Gesellschaft entscheiden können[980], andererseits muss es ihm jedoch auch möglich sein, Geschäfte für die Gesellschaft auch ohne das Erfordernis einer vorherigen Zustimmung der Obergesellschaft abschließen zu dürfen, um eine effektive Verwaltung der Tochter zu gewährleisten[981] und die laufende Verwaltung nicht zu blockieren. Auch die Möglichkeit, den Handlungsrahmen der Tochtergeneraldirektoren

---

978 Art. 42 Pkt. 1 GmbHG RUS; Art. 69 Pkt. 1 Abs. 3 AktG RUS; Art. 65.3 Pkt. 3 Abs. 1 ZGB RUS; *Schramm*, Zwischen Liberalisierung und Regulierung, Ost/Letter 1/2015, S. 11; *Telke*, Russisches Konzernrecht, S. 57.

979 Vgl. *Teichmann*, RIW 2010, 120, 123.

980 Vgl. *Steininger/Olejnik*, WiRO 2017, 129, 135; diese schlagen vor, die Befugnisse des Generaldirektors durch das Erfordernis einer vorherigen Zustimmung zu beschränken.

981 Vgl. *Teichmann*, RIW 2010, 120, 123. Zu beachten ist außerdem, dass die Zustimmung der Obergesellschaft zu einem Rechtsgeschäft eine Haftung gegenüber den Gläubigern des Geschäfts auslösen kann, vgl. Teil 2, Kap. A.I.3.a).

umfassend zu steuern und nach den eigenen Vorstellungen einzugrenzen oder zu erweitern, könnte für die Obergesellschaft daher eine Einflussmöglichkeit darstellen. Möglich sind insoweit etwa die Beschränkungen des Handlungsspielraums des Generaldirektors durch Zustimmungsvorbehalte[982] im Rahmen seines Arbeitsvertrages[983] oder der Satzung sowie die Befristung seiner Tätigkeit[984] zur Ausübung von Druck. Fraglich ist auch diesbezüglich, ob und wenn ja, wie die Obergesellschaft nach russischem Recht den Handlungsspielraum des Generaldirektors festlegen kann und ob diese Art der Kontrolle über die Tochtergeneraldirektoren ebenfalls der Gefahr einer Durchgriffshaftung unterliegt.

a) Zulässigkeit und Effektivität

Die Generaldirektoren russischer Gesellschaften vertreten die Gesellschaft grundsätzlich umfassend nach außen.[985] Der Umfang der Geschäftsführungsbefugnis des Generaldirektors im Innenverhältnis kann diesem gegenüber allerdings mittels einer entsprechenden Regelung in der Satzung der Gesellschaft beschränkt werden,[986] mit der Folge, dass er für bestimmte Geschäfte die vorherige Zustimmung des Direktorenrats oder – sofern vorhanden – eines kollegialen Geschäftsführungsorgans einzuholen hat.[987] In Betracht kommen diesbezüglich

---

982 Zu den unterschiedlichen Möglichkeiten der Zustimmungsvorbehalte vgl. oben Teil 2, Kap. A.I.1.c)bb).

983 Hierzu bereits Teil 2, Kap. A.I.1.c)bb). Zur Möglichkeit, entsprechende Bestimmungen im Arbeitsvertrag des Generaldirektors einer GmbH russischen Rechts zu treffen vgl. *Brisov*, Kommentarij k Federal´nomu zakonu ot 8 fevralja 1998 G N 14-FZ „Ob obščestvach s ograničennoj otvetstvennost´ju", Art. 40 Ziff. 4; zur Möglichkeit der Begrenzung von Vertretungsmacht des Generaldirektors einer AG russischen Recht vgl. *Plagemann*, WiRO 2011, 231, 233.

984 *Steininger/Oljenik*, Wenn die Tochter in die Pubertät kommt, Ost/Letter 1/2014, S. 13, m.w.N.; hierzu bereits Teil 2, Kap. A.I.1.c)bb).

985 *Weidemann*, in: Galander, Russisches Wirtschaftsrecht, S. 125.

986 *Galander*, in: Galander, Russisches Wirtschaftsrecht, S. 91; *Steininger/Olejnik*, WiRO 2017, 129, 135; *Mundry*, in: in: Breidenbach/Institut für Ostrecht München, Handbuch WiRO Bd. III, RUS, Kapitel C Rn. 145, S. 33; *Plagemann*, WiRO 2011, 231, 233; *Weidemann*, in: Galander, Russisches Wirtschaftsrecht, S. 125; *Schmitt/Melnikov*, in: Breidenbach/Institut für Ostrecht München, Handbuch WiRO Bd. III, RUS, Kapitel D.I. Rn. 180.

987 *Mundry*, in: Breidenbach/Institut für Ostrecht München, Handbuch WiRO Bd. III, RUS, Kapitel C Rn. 161, S. 35.

etwa die Begrenzung der Befugnisse auf nur bestimmte Arten von Geschäften[988] oder auf nur einen bestimmten monatlichen Geldbetrag[989]. Auch die Festschreibung einer ständigen Berichtspflicht gegenüber der Obergesellschaft ist möglich.[990] Für eine solche Beschränkung der Befugnisse in der Satzung einer AG russischen Rechts benötigt die Obergesellschaft eine Mehrheit von drei Vierteln der Stimmen in der Aktionärsversammlung.[991] In der GmbH russischen Rechts genügt eine Mehrheit von zwei Dritteln der Stimmen in der Gesellschafterversammlung, sofern nicht durch Gesetz oder in der Satzung ein Einstimmigkeitserfordernis vorgesehen ist.[992] Die grundsätzliche Möglichkeit der Festlegung des Handlungsrahmens besteht nach russischem Recht mithin im Falle einer ausreichenden Stimmrechtsmehrheit.

Die Begrenzung wirkt allerdings zunächst lediglich im Innenverhältnis zum Generaldirektor, während er im Außenverhältnis nach wie vor über die Einschränkungen hinaus tätig werden kann. Die Gesellschafter, in deren Interesse die Beschränkung erfolgte, können das Rechtsgeschäft im Falle des Missbrauchs der Vertretungsmacht lediglich anfechten.[993] Für eine erfolgreiche Anfechtung muss gemäß Art. 174 Pkt. 1 ZGB RUS jedoch nachgewiesen werden, dass der Vertragspartner der (Tochter-)Gesellschaft die Beschränkung der Vertretungsmacht kannte oder kennen musste.[994] Dabei reicht für die Annahme einer

988 Beispielsweise auf Geschäfte mit Immobilien, vgl. hierzu auch *Mundry*, in: Breidenbach/Institut für Ostrecht München, Handbuch WiRO Bd. III, RUS, Kapitel C Rn. 161, S. 35.

989 So für die GmbH russischen Rechts *Steininger/Oljenik*, Wenn die Tochter in die Pubertät kommt, Ost/Letter 1/2014, S. 6.

990 So für die GmbH russischen Rechts *Steininger/Oljenik*, Wenn die Tochter in die Pubertät kommt, Ost/Letter 1/2014, S. 6; *Gorbunov*, Dočernie kompanii, filialy, choldingi, S. 49.

991 Art. 49 Pkt. 4 Abs. 1 AktG RUS, *Barth/Kurochkin*, in: W/S/B, Gesellschaftsrecht des Auslands, Rn. 59. Vgl. *Plagemann*, Die russische Aktiengesellschaft, S. 90 f. ausführlich zur Beschlussfähigkeit und Stimmberechtigungen der Aktionäre; *Weidemann*, in: Galander, Russisches Wirtschaftsrecht, S. 120.

992 Art. 37 Pkt. 8 GmbHG; *Galander*, in: Galander, Russisches Wirtschaftsrecht, S. 87.

993 Art. 174 Pkt. 1 ZGB RUS; vgl. auch *Galander*, in: Galander, Russisches Wirtschaftsrecht, S. 91; *Mundry*, in: Breidenbach/Institut für Ostrecht München, Handbuch WiRO Bd. III, RUS, Kapitel C Rn. 165, S. 36; auch *Plagemann*, Die russische Aktiengesellschaft, S. 212; vgl. *Plagemann*, Die russische Aktiengesellschaft, S. 216 f. auch zu den weiteren formalen Voraussetzungen der Anfechtung.

994 Art. 174 Pkt. 1 ZGB RUS lautet übersetzt: „Falls […] die Vollmachten des Organs, das im Namen einer juristischen Person handelt durch die Gründungsdokumente im Vergleich dazu eingeschränkt sind, wie sie in der Vollmacht oder im Gesetz

Kenntnis oder eines Kennenmüssens des Vertragspartners entgegen einer früheren Rechtsprechung des Obersten Arbitragegerichts[995] nicht bereits der bloße Bezug in dem mit dem Dritten geschlossenen Vertrag auf die Satzung, aus dem sich die Beschränkung ergibt.[996] Das zuständige Gericht muss vielmehr im Einzelfall prüfen, ob konkrete Umstände vorliegen und dargelegt wurden, die auf ein Kennen oder Kennenmüssen des Vertragspartners hindeuten.[997] Da eine entsprechende Begrenzung nicht im EGRJuL eingetragen wird,[998] kommt es dabei auf dessen Gutglaubenswirkung nicht an.

Zusätzlich zu einer Satzungsregelung können Beschränkungen auch im Anstellungsvertrag mit dem Generaldirektor vereinbart werden.[999] Auch hierdurch kann die Obergesellschaft Druck auf den Generaldirektor ausüben.[1000] Im Falle eines Verstoßes des Generaldirektors gegen den Arbeitsvertrag können arbeitsrechtliche Sanktionen wie die außerordentliche Kündigung ohne Einhaltung einer Kündigungsfrist und ohne Zahlung einer Abfindung folgen.[1001] Auch

---

bestimmt sind, oder wie sie aus der Situation heraus offensichtlich gelten können, in dem das Rechtsgeschäft getätigt wird, und wenn bei der Vornahme des Rechtsgeschäfts [...] ein solches Organ diese Einschränkung überschritten hat, so kann das Rechtsgeschäft auf Klage der Person, in deren Interesse die Einschränkungen festgelegt sind, durch ein Gericht nur in den Fällen für unwirksam erklärt werden, wenn nachgewiesen wird, dass die andere Person bei dem Rechtsgeschäft von den oben genannten Einschränkungen gewusst hat oder hätte wissen müssen."; vgl. auch *Mundry,* in: Breidenbach/Institut für Ostrecht München, Handbuch WiRO Bd. III, RUS, Kapitel C Rn. 165, S. 36; *Steininger/Olejnik,* WiRO 2017, 129, 135.

995 Hierzu ausführlich *Galander,* in: Galander, Russisches Wirtschaftsrecht, S. 91; vgl. auch *Schmitt/Melnikov,* in: Breidenbach/Institut für Ostrecht München, Handbuch WiRO Bd. III, RUS, Kapitel D.I. Rn. 82, S. 19.

996 Vgl. Postanovlenie Plenuma Verchovnogo Suda RF ot 23.6.2015 N 25 „O primenenii sudami nekotorych položenij razdeka I časti pervoj Graždanskogo kodeksa Rossijskoj Federacii", Pkt. 22; *Galander,* in: Galander, Russisches Wirtschaftsrecht, S. 91; *Plagemann,* Die russische Aktiengesellschaft, S. 212.

997 *Galander,* in: Galander, Russisches Wirtschaftsrecht, S. 91; vgl. auch *Schmitt/Melnikov,* in: Breidenbach/Institut für Ostrecht München, Handbuch WiRO Bd. III, RUS, Kapitel D.I. Rn. 81, S. 19.

998 *Schmitt/Melnikov,* in: Breidenbach/Institut für Ostrecht München, Handbuch WiRO Bd. III, RUS, Kapitel D.I. Rn. 81, S. 19.

999 Vgl. *Steininger/Oljenik,* Wenn die Tochter in die Pubertät kommt, Ost/Letter 1/2014, S. 13; vgl. auch *Galander,* in: Galander, Russisches Wirtschaftsrecht, S. 91.

1000 *Steininger/Oljenik,* Wenn die Tochter in die Pubertät kommt, Ost/Letter 1/2014, S. 13.

1001 *Galander,* in: Galander, Russisches Wirtschaftsrecht, S. 91 f., vgl. hier auch zum Vorschlag, entsprechende Sanktionen ausdrücklich im Arbeitsvertrag aufzunehmen.

Beschränkungen im Arbeitsvertrag können indes zwar schuldrechtliche Folgen im Verhältnis zum Generaldirektor auslösen, sein Handeln im Außenverhältnis aber nicht von vornherein beschränken.

Im Rahmen der Kompetenzbeschränkungen sollte die Obergesellschaft darüber hinaus stets beachten, dass dem Generaldirektor genug Freiheit bleiben sollte, um die laufende Verwaltung und das Tagesgeschäft nicht zu blockieren und eine effiziente Geschäftsführung zu gewährleisten.[1002] Die Praktikabilität im Geschäftsleben und die Möglichkeit eines schnellen Handelns[1003] sollte stets gewahrt bleiben, weshalb der Generaldirektor nicht für jedes Geschäft die Zustimmung der Gesellschafter-/Aktionärsversammlung oder des Direktorenrats benötigen sollte.[1004] Zu strikte Kompetenzregelungen können der Effektivität insoweit entgegenstehen. Denn die Obergesellschaft kann durch Zustimmungsvorbehalte und Berichtspflichten zwar Kontrolle ausüben und Einfluss auf die Tochtergeschäftsleitung nehmen[1005] – gleichzeitig verhindern diese allerdings eine effiziente Geschäftsleitung.[1006] Sofern die Beschränkungen zu weit gehen, blockieren sie die Möglichkeiten des Generaldirektors, schnell und angemessen zu reagieren[1007], und erschweren insbesondere im Falle von Beschränkungen für die Vertretung nach außen[1008] die Verwaltung der Gesellschaft.[1009]

1002 *Mundry,* in: Breidenbach/Institut für Ostrecht München, Handbuch WiRO Bd. III, RUS, Kapitel C Rn. 162, S. 35.

1003 Vgl. hierzu *Mundry,* in: Breidenbach/Institut für Ostrecht München, Handbuch WiRO Bd. III, RUS, Kapitel C Rn. 162, S. 35.

1004 Vgl. *Galander,* in: Galander, Russisches Wirtschaftsrecht, S. 91.

1005 Insbesondere zu Vier-Augen-Prinzip: größere Kontrolle über den Generaldirektor der Tochtergesellschaft: *Mundry,* in: Breidenbach/Institut für Ostrecht München, Handbuch WiRO Bd. III, RUS, Kapitel C Rn. 160, S. 35.

1006 Vgl. *Mundry,* in: Breidenbach/Institut für Ostrecht München, Handbuch WiRO Bd. III, RUS, Kapitel C Rn. 162, S. 35.

1007 *Mundry,* in: Breidenbach/Institut für Ostrecht München, Handbuch WiRO Bd. III, RUS, Kapitel C Rn. 162, S. 35.

1008 Zur Geltung gegenüber Dritten vgl. *Plagemann,* WiRO 2011, 231, 233; *Schmitt/Melnikov,* in: Breidenbach/Institut für Ostrecht München, Handbuch WiRO Bd. III, RUS, Kapitel D.I. Rn. 180, S. 38.

1009 *Steininger/Oljenik,* Wenn die Tochter in die Pubertät kommt, Ost/Letter 1/2014, S. 13; vgl. hierzu auch *Plagemann,* WiRO 2011, 231, 234; *Mundry,* in: Breidenbach/Institut für Ostrecht München, Handbuch WiRO Bd. III, RUS, Kapitel C Rn. 162, S. 35; vgl. auch für den Fall der Schaffung eines Kollegialexekutivorgans *Steininger/Oljenik,* Wenn die Tochter in die Pubertät kommt, Ost/Letter 1/2014, S. 13.

Auch ständige Berichtspflichten des Tochtergeneraldirektors gegenüber der Obergesellschaft können nur eine unterstützende Funktion erfüllen und als Vorstufe zu einem möglicherweise zu erfolgenden Einschreiten der Obergesellschaft dienen.[1010] Eine Kontrolle der Tochtergeschäftsleitung durch ständige Berichtspflichten, Einschränkungen und Zustimmungserfordernisse kann folglich zwar auch nach russischem Recht erreicht werden. Allerdings ist eine solche Kontrolle nicht im Sinne eines effektiven Konzernleitungsinstruments zu sehen und kann lediglich bestärkend wirken[1011] und im Fall einer zu strengen Kontrolle sogar hinderlich sein.

b) Drohende Haftung

Auch eine Durchgriffshaftung auf die Obergesellschaft kann für das Herrschaftsinstrument der Kontrolle über die Tochtergeneraldirektoren nicht von vornherein ausgeschlossen werden. Denn die Möglichkeit, entsprechende Satzungsregeln vorzunehmen, setzt eine entsprechende Mehrheit an den Stimmrechten der Tochtergesellschaft voraus. Damit geht zugleich die Möglichkeit einher, die Entscheidungen der Tochtergesellschaft beeinflussen zu können, womit auch in diesem Fall ein Beherrschungsverhältnis im russischen Sinne entstehen kann,[1012] wodurch der Anwendungsbereich der konzernrechtlichen Haftungsbestimmungen unmittelbar eröffnet wird.

Erforderlich ist weiter erneut lediglich ein Handeln der Tochtergesellschaft aufgrund einer tatsächlich erfolgten Weisung oder Zustimmung der Obergesellschaft. Insbesondere in denjenigen Fällen, in denen für bestimmte Handlungen der Generaldirektoren ein Zustimmungsvorbehalt der Obergesellschaft vorgesehen ist, liegt eine Haftung nahe, da die von der Obergesellschaft erteilte Zustimmung zugleich die Durchgriffshaftung auslösen kann. Ob ein gesetzlich normierter Haftungsausschluss eingreift, weil das Rechtsgeschäft von einem Leitungsorgan der Oberkapitalgesellschaft genehmigt wurde und die Notwendigkeit

---

1010 So *Dominke*, Einheitliche Gruppenleitung über die Binnengrenzen in Europa, S. 185.

1011 Vgl. *Dominke*, Einheitliche Gruppenleitung über die Binnengrenzen in Europa, S. 185; vgl. auch *Keller*, in: Lutter/Bayer, Holding-Handbuch, § 4 Rn. 4.97; vgl. auch *Theisen*, Der Konzern, S. 213.

1012 Vgl. hierzu bereits oben Teil 2, Kap. A.I.1.c)bb); *Heeg*, Die Finanz- und Haftungsverfassung russischer Kapitalgesellschaften, S. 288; *Heeg*, WiRO 2000, 1, 3; *Rabensdorf*, Die Durchgriffshaftung im deutschen und russischen Recht der Kapitalgesellschaften, S. 175.

einer solchen Genehmigung in der Satzung der Tochter- und (oder) der Obergesellschaft vorgesehen ist, ist im Einzelfall gesondert zu prüfen.

6. *Schaffung von Motivation durch Anreizsysteme für die Tochtergeschäftsleitung*

Statt einer Kontrolle der Tochtergeschäftsführung durch die Einschränkung von Kompetenzen sowie durch Zustimmungsvorbehalte und Druck, könnte eine effektive Konzernleitung ohne gleichzeitige Durchgriffshaftung auf die Obergesellschaft möglicherweise durch eine positive Motivation des Tochtergeschäftsleiters durch die Obergesellschaft ermöglicht werden.[1013] Denn die Führung eines Konzernverbundes erfordert zwingend auch eine fortwährende personelle Verhaltensbeeinflussung der Tochterführungsebene, was insbesondere durch Motivation im Wege von anhaltend wirkenden Anreizsystemen zur Ausrichtung des Verhaltens der Führungsebene auf die übergeordneten Konzerninteressen erreicht werden kann.[1014] In Betracht kommt hier vor allem die kapitalmäßige Beteiligung der Tochtergeschäftsführung an der Tochtergesellschaft selbst, die sich in der Praxis als besonders motivationsfördernd erwiesen hat,[1015] ebenso wie Partizipationsmöglichkeiten an den wirtschaftlichen Erfolgen der Obergesellschaft, um die Tochtergeschäftsleitung zugleich auf die Belange der Obergesellschaft auszurichten[1016].

Doch auch für dieses Konzernleitungsinstrument gilt: Zwar kann die Motivation durch Anreizsysteme zu einer effektiven Konzernleitung beitragen, indem sie das Verhalten des Tochtergeschäftsleiters auf das Interesse der Obergesellschaft und die übergeordneten Konzernziele lenkt. Ein entsprechendes Verhalten der Geschäftsleitung kann jedoch nicht rechtlich durchgesetzt werden.[1017] Darüber hinaus können derartige Beteiligungsmodelle zu erheblichen

---

1013 Hierzu auch *Šitkina,* in: Šitkina, Korporativnoe pravo. Učebnyj kurs, Tom 1, S. 492.

1014 *Keller,* in: *Lutter/Bayer*, Holding-Handbuch, § 4 Rn. 4.114.; *Dominke*, Einheitliche Gruppenleitung über die Binnengrenzen in Europa, S. 181.

1015 *Keller*, in: *Lutter/Bayer*, Holding-Handbuch, § 4 Rn. 4.117; *Dominke*, Einheitliche Gruppenleitung über die Binnengrenzen in Europa, S. 181 f.; vgl. auch *Habersack,* in: FS Raiser, S. 116.

1016 Vgl. *Dominke*, Einheitliche Gruppenleitung über die Binnengrenzen in Europa, S. 182; vgl. auch *Fuchs*, in: Münchener Kommentar AktG, § 192 Rn. 90; vgl. auch *Hoffmann-Becking*, NZG 1999, 797, 803; *Rieckers*, in: Spindler/Stilz, AktG, § 192 Rn. 61 ff.

1017 Vgl. auch *Dominke*, Einheitliche Gruppenleitung über die Binnengrenzen in Europa, S. 182.

Interessenkonflikten für die Tochtergeschäftsleitung führen.[1018] Denn neben dem Tochtereigeninteresse rückt in Situationen der finanziellen Beteiligung an der Obergesellschaft auch das Wohl der Obergesellschaft selbst in den Vordergrund oder wird dem Tochtereigeninteresse gar übergeordnet.[1019] Hieraus können nicht nur für Gläubiger und Minderheitsgesellschafter bzw. -aktionäre Gefahren entstehen[1020], sondern auch für die Tochtergeschäftsleitung selbst, die sich einem Haftungsrisiko aussetzt, wenn sie nicht ausschließlich im Interesse „ihrer" Gesellschaft handelt.

Auch für die Obergesellschaft kann eine Durchgriffshaftung für derartige Beteiligungskonstruktionen nicht von vornherein ausgeschlossen werden. Denn sie gewinnt hierdurch zumindest die gewünschte Möglichkeit, die Entscheidungen ihrer Tochtergesellschaft zu beeinflussen, womit ein haftungsrelevantes Beherrschungsverhältnis zwischen den Gesellschaften entsteht. Allerdings sind dem Beteiligungsmodell direkte Weisungen oder Zustimmungen der Obergesellschaft an ihre Tochter nicht immanent. Vielmehr soll die Tochtergeschäftsführung gerade nicht durch direkte Weisungen, sondern durch eine positive Verhaltensausrichtung dazu geführt werden, dass sie ihr Verhalten selbstständig am Interesse der Obergesellschaft ausrichtet. Somit ist eine Durchgriffshaftung auf die Obergesellschaft zwar nicht zwingend, kann jedoch auch nicht ausgeschlossen werden, da eine Weisung oder Zustimmung im konkreten Einzelfall aufgrund des bereits bestehenden Beherrschungsverhältnisses für die Durchgriffshaftung ausreicht. Aufgrund der genannten Gefahren und mangels rechtlicher Durchsetzbarkeit des gewünschten Tochtergeneraldirektorenverhaltens kann die Beeinflussung durch Motivation im Wege von Anreizsystemen kein hinreichend effektives Konzernleitungsinstrument als Alternative zum Weisungsrecht sein.

7. *Zwischenschaltung weiterer Tochtergesellschaften*

Möglich wäre darüber hinaus die Zwischenschaltung weiterer Tochtergesellschaften.[1021] So wird zur Vermeidung einer Durchgriffshaftung auf die

1018 *Dominke*, Einheitliche Gruppenleitung über die Binnengrenzen in Europa, S. 182; *Drygala/Staake/Szalai*, Kapitalgesellschaftsrecht, § 31 Rn. 3; vgl. auch *Habersack*, in: FS Raiser, S. 116 f.; *Vetter*, ZHR 171 (2007), 342 (346).

1019 *Dominke*, Einheitliche Gruppenleitung über die Binnengrenzen in Europa, S. 182.

1020 Ebenda. Einheitliche Gruppenleitung über die Binnengrenzen in Europa, S. 182.

1021 Vgl. auch bereits *Arzinger/Galander*, Russisches Wirtschaftsrecht, S. 54; vgl. auch *Plagemann*, Die russische Aktiengesellschaft, S. 230, der die Zwischenschaltung einer weiteren Gesellschaft zur Haftungsumgehung vorschlägt.

Obergesellschaft in der Praxis häufig eine weitere Tochtergesellschaft zwischengeschaltet, die statt der Obergesellschaft die Rolle der externen Verwalterin übernimmt.[1022] Da die Haftungsnorm Großmuttergesellschaften nach ihrem Wortlaut nicht erfasst und auch eine gesetzliche Sonderregelung fehlt, die einen entsprechenden Haftungsdurchgriff auf die Großmuttergesellschaft anordnen würde,[1023] könnte diese Alternative eine sinnvolle Konzernleitung ermöglichen. Allerdings ist für eine derartige Konstellation nicht nur mit einem erhöhten Verwaltungsaufwand (wie Organisation, Besteuerung und Buchführung) zu rechnen, vielmehr kann auch die Durchgriffshaftung nicht vollständig ausgeschlossen werden.[1024] So sind zwar Großmuttergesellschaften nicht vom ausdrücklichen Wortlaut der Norm erfasst – doch, unter Umständen hat auch die Großmuttergesellschaft selbst unmittelbar die Möglichkeit, über die Entscheidungen ihrer Enkelgesellschaft zu entscheiden. Auch wird es häufig eine Entscheidung dieser Großmuttergesellschaft sein, die in Form einer Weisung oder Zustimmung zum Rechtsgeschäft führte.[1025] Im Ergebnis ist die Großmuttergesellschaft somit zugleich Obergesellschaft im Sinne der Haftungsnorm und eine Durchgriffshaftung ist auch für diese Herrschaftsform nicht ausgeschlossen.[1026]

II. Zwischenergebnis

Aufgrund der nach russischem Recht drohenden Durchgriffshaftung auf die Obergesellschaft wurde ein ausdrückliches Weisungsrecht in der russischen Unternehmenspraxis nur selten in die Satzung oder in Verträgen zwischen Ober- und Tochtergesellschaft aufgenommen. Stattdessen wurden alternative Herrschaftsinstrumente herangezogen, die ermöglichen sollten, die Tochtergesellschaft zu leiten, ohne unmittelbar für deren Verbindlichkeiten einstehen zu müssen.

Seit der Gesetzesreform im Jahr 2014, im Zuge deren die Durchgriffshaftung auf all´ diejenigen Rechtsgeschäfte erweitert wurde, die auf eine Weisung oder die Zustimmung der Obergesellschaft hin von der Tochtergesellschaft geschlossen

1022 *Telke*, Russisches Konzernrecht, S. 58; vgl. hierzu auch *Portnoj*, Pravovoe položenie choldingov v Rossii, S. 79.

1023 *Galander*, in: Galander, Russisches Wirtschaftsrecht, S. 161.

1024 *Arzinger/Galander*, Russisches Wirtschaftsrecht, S. 54.

1025 Vgl. auch *Arzinger/Galander*, Russisches Wirtschaftsrecht, S. 54.

1026 Im Ergebnis so auch *Šitkina*, Osnovanija i pravovye posledstvija otnošenij dočernosti chozjajstvennych obščestv (Kommentarij k st. 6 Zakona ob OOO), Chozjajstvo i pravo 2020, N 7, S. 12.

wurden, stellen jene Herrschaftsinstrumente jedoch keine effektive Alternative für ein ausdrückliches Weisungsrecht dar. Denn sämtliche der geprüften Herrschaftsinstrumente sind bereits rechtlich nicht oder nur mit Schwierigkeiten gegenüber der russischen Tochtergesellschaft durchsetzbar und führen in den meisten Fällen aufgrund der gesetzlichen Haftungserweiterung zu einer Haftungsgefahr für die Obergesellschaft.

C. Resümee

Nicht nur auf den ersten Blick sind die reformierten Haftungsvoraussetzungen zu weit gefasst und behindern aufgrund der Durchbrechung der Haftungstrennung zwischen Ober- und Tochtergesellschaft eine effektive Konzernleitung. Die Untersuchung zeigt, dass auch die Auswirkungen auf die Praxis enorm sind. So führt die vom russischen Gesetzgeber vorgenommene Haftungsverschärfung dazu, dass in ungerechtfertigter Weise eine Vielzahl von Abhängigkeitsverhältnissen – seien sie auch nur wirtschaftlicher und nicht gesellschaftsrechtlicher Natur – von der Haftungsnorm erfasst werden. Insbesondere solche Verträge, die lediglich eine geringfügige Einflussnahme eröffnen, sind von der Durchgriffshaftung betroffen. Dies gilt unabhängig davon, ob sich das Unternehmen der Einflussnahme im konzernrechtlichen Sinne bewusst ist. Eine Unterscheidung hinsichtlich der Intensität der Einflussmöglichkeit wird im Gesetz nicht vorgenommen.

Auf der anderen Seite hat auch eine Konzernobergesellschaft, die *bewusst* einen Unternehmensverbund aufbauen möchte, um hierdurch die Vorteile der juristischen Selbstständigkeit einer Tochtergesellschaft zu nutzen, kaum Möglichkeiten, einer Haftung zu entgehen. Nutzten viele Unternehmen vor der Reform noch die Möglichkeit, die Etablierung eines Weisungsrechts zu vermeiden und eine weniger effektive Herrschaftsalternative zu wählen, um hierdurch zumindest einem Durchgriff auf ihr Vermögen zu entgehen, so ist auch diese Möglichkeit nun nicht mehr von Relevanz. Zwar kann die Obergesellschaft nach wie vor auch Herrschaftsinstrumente wie die Ausübung von Druck auf den Tochtergeneraldirektor oder die Einführung von Vorstandsdoppelmandaten wählen, diese sind in der Praxis jedoch schwer rechtlich durchsetzbar und bewahren die Obergesellschaft aufgrund der erfolgten Rechtsänderung auch nicht mehr von einem Haftungsdurchgriff.

Eine Haftungstrennung zwischen Ober- und Tochtergesellschaft ist mithin kaum noch zu erreichen. Die einzige Möglichkeit besteht scheinbar darin, einen Ausweg in den im Gesetzestext aufgenommenen Haftungsausschlüssen zu suchen. Hierfür ist allerdings erforderlich, dass die Obergesellschaft sämtliche

Entscheidungen der Tochtergesellschaft beeinflusst und kontrolliert. Hierzu muss sie entweder stets im Rahmen der Gesellschafter- bzw. Aktionärsversammlung abstimmen oder einen weitreichenden Zustimmungsvorbehalt in der eigenen Satzung oder der Satzung der Tochtergesellschaft aufnehmen. Hierdurch entsteht indes eine enorme Behinderung der laufenden Verwaltung der Tochtergesellschaft. Im Ergebnis führt die Verschärfung der Haftungsregelungen somit im Grunde zu einem endgültigen Wegfall der Haftungstrennung im russischen Konzern.

Teil 3 – Einflussnahme- und Kontrollmöglichkeiten zur Eindämmung der Durchgriffshaftung

A. Erforderlichkeit von Kontrollmöglichkeiten für die Obergesellschaft

Es hat sich gezeigt, dass die Obergesellschaft bei der Leitung einer russischen Tochter nicht darauf vertrauen kann, dass sie diese aufgrund ihrer juristischen Selbstständigkeit als Haftungsschott davor bewahrt, von deren Gläubigern in Anspruch genommen zu werden. Denn in zahlreichen Konstellationen besteht – unabhängig von der Intensität der Einflussnahme – die Gefahr einer Haftungsdurchbrechung auf das Vermögen der Obergesellschaft. Wenn allerdings unabhängig vom Grad der Beherrschung und der Kontrolle eine Haftung droht, so wird es für die Obergesellschaft häufig sinnvoll sein, die Tochtergesellschaft möglichst umfassend zu überwachen, um die Gefahren einer drohenden Haftung kontrollieren zu können.

So mögen die bereits dargestellten Herrschaftsalternativen zum Weisungsrecht zwar einige Vorteile bringen,[1027] der bislang entscheidende Vorteil – die Umgehung einer gesamtschuldnerischen Haftung – gehört allerdings, wie gezeigt, seit der Gesetzesreform nicht mehr dazu. Da die Herrschaftsalternativen ein ausdrückliches Weisungsrecht der Obergesellschaft aufgrund der häufig fehlenden Durchsetzbarkeit darüber hinaus nicht zu ersetzen vermögen und es für die Obergesellschaft aus diesem Grund häufig zweckmäßiger sein wird, ein durchsetzbares Weisungsrecht gegenüber ihrer Tochter zu vereinbaren und die Haftungsgefahr hinzunehmen, als eine Alternative einzusetzen, die sie ohnehin nicht vor dem Damoklesschwert der Haftung bewahren kann, soll im Folgenden untersucht werden, unter welchen Voraussetzungen der Obergesellschaft nach russischem Recht überhaupt ein Weisungsrecht zustehen und wie dieses ausgestaltet werden kann.

1027 Hierzu ausführlich Teil 2, Kap. B.I.

B. Einflussnahme- und Weisungsrechte der Obergesellschaft

I. Bedeutung der Weisung im russischen Konzern und fehlende rechtliche Auseinandersetzung in Russland

Durch das Recht, dem Tochtergeschäftsleiter rechtlich verbindliche Weisungen zu erteilen, kann eine Obergesellschaft sicherstellen, dass sie hinreichend Einfluss auf ihre in- oder ausländische Tochtergesellschaft nehmen kann und diese im Unternehmensinteresse geführt wird. Die Weisungsbefugnis der Obergesellschaft gegenüber ihrer Tochter stellt insoweit eine unverzichtbare Voraussetzung für eine rechtssichere Leitung und Kontrolle des Konzerns durch die Obergesellschaft dar.

Um allerdings vorab die Frage, unter welchen Voraussetzungen die Erteilung rechtlich verbindlicher Weisungen nach russischem Recht überhaupt zulässig ist, beantworten zu können, ist zunächst erforderlich, den Begriff der Weisung einheitlich festzulegen. Eine nähere Definition des Weisungsbegriffs existiert im russischen Kapitalgesellschaftsrecht nicht. Bedeutend war hier vor der Gesetzesreform, wie bereits dargestellt,[1028] stets die Abgrenzung zwischen der bloßen *Möglichkeit*, die von einer Gesellschaft zu treffenden Entscheidungen zu bestimmen, als zentrale Voraussetzung für das Vorliegen eines Beherrschungsverhältnisses und dem *Recht* der Obergesellschaft, verbindliche Weisungen zu erteilen, auf der anderen Seite als Voraussetzung einer gesamtschuldnerischen Haftung von Ober- und Tochtergesellschaft.[1029] Da die Gesetzesredaktoren des Zivilgesetzbuches unter einem haftungsauslösenden *Weisungsrecht* die *rechtlich durchsetzbare Berechtigung*[1030] der Obergesellschaft gegenüber ihrer Tochter, etwa aufgrund eines Vertrages verstanden,[1031] ist das Weisungsrecht als solches von der bloßen Möglichkeit, Empfehlungen oder Ratschläge an die Tochtergesellschaft zu erteilen, die von dieser jedoch nicht zwingend umgesetzt werden müssen, abzugrenzen.[1032] Die Weisung ist als rechtlich durchsetzbare, aktive

---

1028 Teil 2, Kap. A.I.2.

1029 Vgl. hierzu ausführlich oben Teil 2, Kap. A.I.2. Ebenso dort zu der Frage, ob das Weisungsrecht auch nach der Gesetzesreform noch zwingende Haftungsvoraussetzung ist.

1030 Hierzu *Heeg*, Die Finanz- und Haftungsverfassung russischer Kapitalgesellschaften, S. 289. Dieser spricht von einer „rechtlich durchsetzbare[n] Verpflichtung".

1031 Vgl. hierzu bereits Teil 2, Kap. A.I.2; *Heeg*, Die Finanz- und Haftungsverfassung russischer Kapitalgesellschaften, S. 289 m.w.N.

1032 Vgl. *Mereminskaja*, Durchgriffshaftung im System des Gläubigerschutzes nach dem russischen GmbH-Recht, S. 86 f. zu dieser Abgrenzung im Rahmen der

Veranlassung seitens der Obergesellschaft zu verstehen.[1033] Dieses bereits für die Voraussetzungen der Durchgriffshaftung entscheidende Unterscheidungsmerkmal,[1034] kann entsprechend auch im Rahmen der Untersuchung der Zulässigkeit des Weisungsrechts herangezogen werden. So bezweckt das Herrschaftsinstrument der Weisung die Durchbrechung der Eigenverantwortlichkeit des Tochtergeneraldirektors, um eine einheitliche Leitung zu ermöglichen.[1035] Dieser Zweck kann jedoch nur durch eine rechtliche Verpflichtung ausreichend erreicht werden, wobei alle Tätigkeitsbereiche umfasst sein müssen, unabhängig davon, ob es sich um grundlegende Entscheidungen der Geschäftsleitung, innerkorporative Angelegenheiten, einschließlich bilanzpolitischer Entscheidungen bei der Aufstellung des Jahresabschlusses[1036] oder das gewöhnliche Tagesgeschäft handelt[1037]. Dabei sind ausschließlich Weisungen an den Generaldirektor der Tochtergesellschaft zu untersuchen. Weisungen an die Gesellschafterversammlung der Tochtergesellschaft sind unwirksam, da hierdurch das Recht einzelner Gesellschafter auf Teilnahme an der Leitung der Gesellschaft verletzt werden würde.[1038]

II. Zulässigkeit des Weisungsrechts im russischen Recht

Ob und unter welchen Voraussetzungen einer Obergesellschaft im Einzelfall ein Weisungsrecht gegenüber ihrer Tochtergesellschaft im Sinne einer rechtlich

---

Haftungsvoraussetzungen; *Rabensdorf*, Die Durchgriffshaftung im deutschen und russischen Recht der Kapitalgesellschaften, S. 203.

1033 *Rabensdorf*, Die Durchgriffshaftung im deutschen und russischen Recht der Kapitalgesellschaften, S. 203.

1034 Hierzu Teil 2, Kap. A.I.2.

1035 Vgl. zum deutschen Recht *Dominke*, Einheitliche Gruppenleitung über die Binnengrenzen in Europa, S. 158 f.

1036 Vgl. so zum deutschen Recht *Dominke*, Einheitliche Gruppenleitung über die Binnengrenzen in Europa, S. 159; *Altmeppen*, in: Münchener Kommentar AktG, § 308 Rn. 93; *Emmerich*, in Emmerich/Habersack, Aktien- und GmbH-Konzernrecht, § 308 Rn. 40; *Raiser/Veil*, Recht der Kapitalgesellschaften, § 62 Rn. 35.

1037 Vgl. *Dominke*, Einheitliche Gruppenleitung über die Binnengrenzen in Europa, S. 159; vgl. auch *Kropff*, Aktiengesetz von 1965, S. 403.

1038 *Mereminskaja*, Durchgriffshaftung im System des Gläubigerschutzes nach dem russischen GmbH-Recht, S. 84; vgl. auch *Čistjakov*, Pravovye sposoby upravlenija podkontrol´nymi učastnikami choldinga, Korporativnyj jurist, 2008, Nr. 6; für das deutsche Recht entsprechend *Dominke*, Einheitliche Gruppenleitung über die Binnengrenzen in Europa, S. 159 f.

durchsetzbaren aktiven Veranlassung zusteht, ist im russischen Recht nicht eindeutig geklärt.[1039] Denn aufgrund der drohenden Durchgriffshaftung auf die Obergesellschaft war die Begründung eines Weisungsrechts in der Satzung oder einem Vertrag in der russischen Praxis kaum verbreitet.[1040] Die „Weisungserteilung" erfolgte vielmehr häufig ausschließlich auf informellem Wege[1041], weshalb hierzu keine gefestigte russische Rechtsauffassung vorliegt.

Da es im russischen Recht darüber hinaus kein in sich geschlossenes Konzernrecht gibt, ist für die Beurteilung der Zulässigkeit eines entsprechenden Weisungsrechts die Prüfung des allgemeinen (Gesellschafts-) Rechts bzw. der Konzernhaftungsvorschriften erforderlich. So könnte sich eine Weisungsbefugnis der Obergesellschaft – wie zumindest bereits für die Aktiengesellschaft russischen Rechts in Art. 6 Pkt. 3 Abs. 2 AktG RUS vorgegeben[1042] – aus einer entsprechenden Satzungsregelung oder aus einem Vertrag zwischen den Parteien oder aber aus einer überwiegenden Beteiligung im Rahmen der Gesellschafter- oder Aktionärsversammlung ergeben. Die Beurteilung setzt aufgrund der sich unterscheidenden Organisationsstrukturen die getrennte Prüfung zwischen den Gesellschaftsformen voraus.

1. Weisungsrecht der Obergesellschaft im Rahmen der Gesellschafter- bzw. Aktionärsversammlung

Die Gesellschafterversammlung einer GmbH bzw. die Aktionärsversammlung einer Aktiengesellschaft[1043] russischen Rechts wird im russischen Gesellschaftsrecht als „oberstes Organ"[1044] der Gesellschaft

1039 Vgl. hierzu auch *Popov*, Osnovanija privlečenija kontrolirujuščich dolžnika lic k otvetstvennosti, Graždanskoe pravo 2019, N 2, der die fehlende gesetzliche Regelung kritisiert und einen Vergleich mit dem deutschen Recht anstellt.

1040 *Šitkina*, Choldingi: Pravovoe regulirovanie ėkonomičeskoj zavisimosti: Upravlenie v gruppach kompanij, S. 115; *Šitkina*, Pravovoe regulirovanie ėkonomičeskoj zavisimosti, Chozjajstvo i pravo 2010, N 8; *Šitkina*, Osnovanija ustanovlenija choldingovych otnošenij, Predprinimatel´skoe pravo 2005, N 2; vgl. auch *Steininger/Olejnik*, WiRO 2017, 172, 174; für Beherrschungsverträge: *Steininger/Oljenik*, Wenn die Tochter in die Pubertät kommt, Ost/Letter 1/2014, S. 8; *Rabensdorf*, Durchgriffshaftung, S. 167; *Steininger/Olejnik*, WiRO 2017, 172, 174; *Steininger/Oljenik*, Wenn die Tochter in die Pubertät kommt, Ost/Letter 1/2014, S. 10 f.; *Telke*, Russisches Konzernrecht, S. 165.

1041 *Telke*, Russisches Konzernrecht, S. 61.

1042 Vgl. hierzu bereits Teil 2, Kap. A.I.2.a).

1043 *Sobranie učastnikov bzw. sobranie akcionerov.*

1044 *Vysšij organ.*

bezeichnet.[1045] Vor diesem Hintergrund stellt sich die Frage, ob die Gesellschafter- oder Aktionärsversammlung als solche nach russischem Verständnis ein Weisungsrecht gegenüber ihrem Generaldirektor besitzt und ob dieses Recht auch der Obergesellschaft zustehen kann, sofern sie die entsprechenden Mehrheitsverhältnisse im Rahmen der Versammlung hält.

a) Weisungsrecht der Gesellschafterversammlung gegenüber dem Generaldirektor einer Tochter-GmbH

Ein dem deutschen Recht entsprechendes gesetzliches Weisungsrecht im Sinne des § 37 Abs. 1 GmbHG (D) der Gesellschafterversammlung gegenüber dem Leitungsorgan der Gesellschaft existiert im russischen Gesellschaftsrecht nicht. Auch sonstige gesetzliche Vorgaben hierzu fehlen. Aufgrund dieses Mangels entsprechender gesetzlicher Vorschriften ist in der russischen Rechtspraxis nach wie vor unklar, ob der Gesellschafterversammlung einer GmbH russischen Rechts ein Weisungsrecht gegenüber den Gesellschaftsorganen zusteht.[1046]

Gesetzlich vorgesehen sind allerdings die Kompetenzen der Gesellschafterversammlung einer GmbH russischen Rechts. Hierzu gehören beispielsweise Entscheidungen über die Tätigkeitsschwerpunkte der Gesellschaft, Satzungsänderungen, die Einsetzung und Abberufung von Exekutivorganen, die Feststellung von Jahresabschlüssen, die Gewinnverteilung an die Gesellschafter, die Genehmigung von Rechtsgeschäften, für die gesetzliche oder satzungsmäßige Zustimmungserfordernisse bestehen sowie die Umwandlung oder Liquidation der Gesellschaft.[1047] Neben diesen gesetzlich vorgesehenen und zum Teil zwingenden Kompetenzen, die nicht auf andere Organe übertragen werden können,[1048] können der Gesellschafterversammlung darüber hinaus weitergehende

---

1045 Art. 32 Pkt. 1 Abs. 1 GmbH RUS; Art. 47 Pkt. 1 Abs. 1 AktG RUS; vgl. auch *Ernst/Abramova*, CCZ 2016, 22, 22; *Galander*, in: Galander, Russisches Wirtschaftsrecht, S. 85; *Barth/Kurochkin*, in: W/S/B, Gesellschaftsrecht des Auslands, Rn. 50; *Weidemann*, in: Galander, Russisches Wirtschaftsrecht, S. 119; *Plagemann*, Die russische Aktiengesellschaft, S. 82.

1046 *Telke*, Russisches Konzernrecht, S. 60; vgl. hierzu auch *Čistjakov*, Pravovye sposoby upravlenija podkontrol´nymi učastnikami choldinga, Korporativnyj jurist, 2008, N 6.

1047 Art. 33 Pkt. 2 GmbHG RUS; vgl. auch *Galander*, in: Galander, Russisches Wirtschaftsrecht, S. 85; *Steininger/Olejnik*, WiRO 2017, 172, 173; *Schmitt/Melnikov*, in: Breidenbach/Institut für Ostrecht München, Handbuch WiRO Bd. III, RUS, Kapitel D.I. Rn. 100, S. 22.

1048 Hierzu: *Mundry*, in: Breidenbach/Institut für Ostrecht München, Handbuch WiRO Bd. III, RUS, Kapitel C Rn. 124, S. 29.

Befugnisse eingeräumt werden.[1049] Der Gesellschafterversammlung einer GmbH russischen Rechts steht somit, vergleichbar mit dem deutschen Recht,[1050] die Kompetenz zu, ihre eigenen Kompetenzen festzulegen[1051]. So werden die Kompetenzen sowie Mehrheitserfordernisse[1052] und das förmliche Verfahren der Beschlussfassung in Übereinstimmung mit dem GmbH-Gesetz[1053] durch die Satzung der Gesellschaft festgelegt.[1054] Die Gesellschafterversammlung kann im Falle einer entsprechenden Erweiterung daher auch über Fragen der Geschäftsführung bestimmen[1055] und letztendlich eine Entscheidung über sämtliche Fragen treffen, über die sie entscheiden möchte.[1056] Insbesondere kann ihr im Rahmen der Satzung ein sehr weitgehender Einfluss auf das Geschäftsführungsorgan zugebilligt werden, wozu auch gehört, der Obergesellschaft ein Weisungsrecht ihm gegenüber einzuräumen.[1057]

Neben diesem in der Satzung verankerten Weisungsrecht soll der Gesellschafterversammlung ein Weisungsrecht für diejenigen Bereiche zustehen, für die ihr im Rahmen der Satzung die Kompetenz übertragen wurde.[1058] Im Ergebnis kann

---

1049 *Mundry,* in: Breidenbach/Institut für Ostrecht München, Handbuch WiRO Bd. III, RUS, Kapitel C Rn. 125, S. 30.

1050 Vgl. hierzu *Liebscher,* in: Münchener Kommentar GmbHG, § 46 Rn. 7 ff.

1051 *Mundry,* in: Breidenbach/Institut für Ostrecht München, Handbuch WiRO Bd. III, RUS, Kapitel C Rn. 124, S. 29.

1052 Hierzu auch *Barth/Kurochkin,* in: W/S/B, Gesellschaftsrecht des Auslands, Rn. 238; zu Beschlussmehrheiten *Schmitt/Melnikov,* in: Breidenbach/Institut für Ostrecht München, Handbuch WiRO Bd. III, RUS, Kapitel D.I. Rn. 86, S. 20.

1053 *Görlitz,* in: Süß/Wachter, Handbuch des internationalen GmbH-Rechts, Russland, Rn. 74.

1054 *Galander,* in: Galander, Russisches Wirtschaftsrecht, S. 85.

1055 *Mereminskaja,* Durchgriffshaftung im System des Gläubigerschutzes nach dem russischen GmbH-Recht, S. 29.

1056 *Schmitt/Melnikov,* in: Breidenbach/Institut für Ostrecht München, Handbuch WiRO Bd. III, RUS, Kapitel D.I. Rn. 86, S. 20; vgl. auch *Telke,* Russisches Konzernrecht, S. 59; einschränkend allerdings *Mereminskaja,* Durchgriffshaftung im System des Gläubigerschutzes nach dem russischen GmbH-Recht, S. 29, wonach die Gesellschafterversammlung nach dem gesetzlichen Leitbild nicht in die Zuständigkeitsbereiche der Leitungsorgane eingreifen können soll, was eine gewisse Schranke gegen eine Einflussnahme der Gesellschafter auf die Geschäftsführung zum Nachteil der Gesellschaft darstelle.

1057 *Mundry,* in: Breidenbach/Institut für Ostrecht München, Handbuch WiRO Bd. III, RUS, Kapitel C Rn. 125, S. 30.

1058 *Telke,* Russisches Konzernrecht, S. 60.

festgehalten werden, dass der Gesellschafterversammlung einer GmbH russischen Rechts zwar kein grundsätzliches gesetzliches Weisungsrecht gegenüber ihrem Generaldirektor zusteht, dieses jedoch zu ihren Gunsten ihm Rahmen der Satzung eingeräumt werden kann. Dieses Ergebnis gilt unabhängig von der Tatsache, dass eine entsprechende Regelung, wie etwa der aktienrechtliche Grundsatz, dass Weisungen nur zulässig sind, wenn sie vertraglich oder in der Satzung vereinbart sind,[1059] im russischen GmbH-Recht nicht ausdrücklich aufgenommen wurde[1060].

b) *Weisungsrecht der Obergesellschaft gegenüber dem Generaldirektor einer Tochter-GmbH*

Aus der Kompetenzverteilung und der Weisungsbefugnis der Gesellschafterversammlung ergibt sich allerdings noch nicht zwangsläufig auch die Weisungsbefugnis der Obergesellschaft. Denn wurde der Gesellschafterversammlung in der Satzung der Gesellschaft ein Weisungsrecht eingeräumt, steht dieses auch nur der Gesellschafterversammlung /-mehrheit als solcher und nicht einem einzelnen Gesellschafter zu.[1061] Die Ausübung des Weisungsrechts setzt daher stets einen Gesellschafterbeschluss mit den jeweils für die Kompetenzzuweisung geltenden Mehrheitserfordernissen voraus,[1062] weshalb der Obergesellschaft nur ein eigenes Weisungsrecht zusteht, wenn sie zugleich Alleingesellschafterin ihrer Tochtergesellschaft ist[1063]. Selbst als Alleingesellschafterin der Tochter-GmbH muss die Obergesellschaft allerdings im Vorfeld einer Weisung einen schriftlichen[1064] Beschluss

1059 Art. Art. 6 Pkt. 3 Abs. 2 S. 2 AktG RUS.

1060 *Telke*, Russisches Konzernrecht, S. 60; vgl. auch *Šitkina*, O probleme „objazatel'nych ukazanij" osnovnogo obščestva dočernemu, Chozjajstvo i pravo 2006, Nr. 7.

1061 So zum deutschen Recht vgl. *Hommelhoff*, in: Mestmäcker/Behrens, Das Gesellschaftsrecht der Konzerne im internationalen Vergleich, S. 101; *Dominke*, Einheitliche Gruppenleitung über die Binnengrenzen in Europa, S. 165; *Kleindiek*, in: Lutter/Hommelhoff, GmbHG, § 37 Rn. 17.

1062 *Telke*, Russisches Konzernrecht, S. 60; vgl. so zum deutschen Recht *Dominke*, Einheitliche Gruppenleitung über die Binnengrenzen in Europa, S. 165; *Kleindiek*, in: Lutter/Hommelhoff, GmbHG, § 37 Rn. 17.

1063 Vgl. auch *Hommelhoff*, in: Mestmäcker/Behrens, Das Gesellschaftsrecht der Konzerne im internationalen Vergleich, S. 101.

1064 Beschlüsse der Gesellschafterversammlung einer GmbH russischen Rechts sind nach Art. 67.1 Abs. 3 Pkt. 3 ZGB RUS notariell zu beurkunden. Von einer notariellen Beglaubigung kann hiernach abgesehen werden, wenn dies ausdrücklich in der

fassen.[1065] Ein eigenes und jederzeit flexibel einsetzbares Weisungsrecht steht der Obergesellschaft folglich auch nicht im Rahmen der Gesellschafterversammlung zu. Dennoch führt die Möglichkeit, zumindest über eine entsprechende Stimmrechtsverteilung in der Gesellschafterversammlungen Weisungen an die Exekutivorgane zu erteilen, zu einer grundsätzlichen Konzernoffenheit der russischen GmbH.[1066]

Grenzen im Rahmen der Ausübung des Weisungsrechts durch die Obergesellschaft ergeben sich nach russischem Recht allerdings aus dem in Art. 10 ZGB RUS normierten Verbot des Rechtsmissbrauchs.[1067] Hiernach ist das Handeln mit der Absicht, einem anderen Nachteile zuzufügen, sowie sonstiger Rechtsmissbrauch verboten.[1068] Seit einer Gesetzesänderung ist darüber hinaus das Handeln zur Umgehung von Gesetzen in rechtsfeindlicher Gesinnung sowie sonstige bösgläubige Rechtsausübungen vom gesetzlichen Verbot umfasst.[1069] Wann ein solcher Rechtsmissbrauch im Einzelfall vorliegt[1070] und insbesondere, ob hierunter auch grundsätzlich für die Tochtergesellschaft nachteilige Weisungen fallen, ist allerdings bislang ungeklärt. Die geringe Beschäftigung mit diesem Thema in der russischen Literatur- und Rechtsprechungspraxis ist nicht zuletzt auf die strengen Haftungsregelungen und der hieraus folgenden Zurückhaltung im Hinblick auf ausdrückliche Weisungen zurückzuführen. Grenzen ergeben sich jedoch, wenn Interessen der Allgemeinheit oder der Gläubiger

---

Satzung der Gesellschaft vereinbart oder durch einen einstimmig gefassten Beschluss der Gesellschafterversammlung festgelegt wird.

1065 Nicht erforderlich ist allerdings die Einberufung der Gesellschafterversammlung, vgl. *Barth/Kurochkin,* in: W/S/B, Gesellschaftsrecht des Auslands, Rn. 240. Aufgrund einer entsprechenden Beschlussfassung wäre die Obergesellschaft in diesem Fall allerdings nach dem Gesetzeswortlaut in Art. 67.3 Pkt. 2 Abs. 2 ZGB RUS von der Durchgriffshaftung befreit; vgl. zu den Ausnahmetatbeständen Teil 2, Kap. A.I.4.

1066 Zur Konzernoffenheit der GmbH russischen Rechts vgl. *Telke,* Russisches Konzernrecht, S. 60.

1067 *Telke*, Russisches Konzernrecht, S. 60.

1068 *Galander,* in: Galander, Russisches Wirtschaftsrecht, S. 30.

1069 Vgl. hierzu ausführlich auch *Galander,* in: Galander, Russisches Wirtschaftsrecht, S. 30, wonach Art. 10 ZGB RUS vergleichbar mit der „Sittenwidrigkeit“ nach deutschem Recht sei. Ein Verstoß hat die vollständige oder teilweise Verwehrung von Rechtsschutz, Unwirksamkeit des betreffenden Rechtsgeschäfts bzw. Schadensersatz zur Folge.

1070 *Telke,* Russisches Konzernrecht, S. 60.

entgegenstehen,[1071] weshalb beispielsweise eine Verletzung der Pflichten zur Erhaltung des Stammkapitals oder der Publizitätspflichten[1072] eine Umgehung der russischen Gesetze darstellt und rechtsmissbräuchlich im Sinne des Art. 10 ZGB RUS sein kann. Ob die Grenzen des Rechtsmissbrauchs erreicht sind, ist für jede Weisung im Einzelfall zu untersuchen.[1073]

Im Unterschied zum deutschen Recht[1074] stellt darüber hinaus auch die Gesellschaftertreuepflicht keinen Hebel dar, mit dem das Handeln der Konzernspitze als Mehrheitsgesellschafterin der GmbH diszipliniert werden könnte. So ist eine entsprechende Treuepflicht der Gesellschafter gegenüber der GmbH oder untereinander dem russischen Recht weder gesetzlich verankert noch in der Rechtsprechung anerkannt.[1075]

c) Weisungsrecht der Aktionärsversammlung gegenüber dem Generaldirektor einer Tochter-AG

Ähnlich zu der Kompetenzverteilung in der GmbH entscheidet auch die Aktionärsversammlung einer Aktiengesellschaft russischen Rechts nach den gesetzlichen Vorgaben unter anderem über die Satzungsgebung, die Wahl von Gesellschaftsorganen, die Genehmigung von Jahresabschlüssen, die Festlegung von Gewinnausschüttungen, die Erhöhung und Herabsetzung des Stammkapitals und die Umwandlung oder Liquidation der Gesellschaft.[1076] Die Bestimmung

---

1071 Vgl. zum Weisungsrecht im deutschen GmbH-Recht *Stephan/Tieves*, in: Münchener Kommentar GmbHG, § 37 Rn. 118; *Dominke*, Einheitliche Gruppenleitung über die Binnengrenzen in Europa, S. 166; *Altmeppen*, in: Altmeppen, GmbHG, § 37 Rn. 6.

1072 Vgl. entsprechend zum deutschen Recht *Dominke*, Einheitliche Gruppenleitung über die Binnengrenzen in Europa, S. 166.

1073 Vgl. *Telke*, Russisches Konzernrecht, S. 60, wonach es für die Frage, ob ein Rechtsmissbrauch im Sinne des Art. 10 ZGB RUS vorliegt, auf die Ausgestaltung der Satzung im Einzelfall ankommt.

1074 Vgl. hierzu *Hommelhoff*, in: Mestmäcker/Behrens, Das Gesellschaftsrecht der Konzerne im internationalen Vergleich, S. 103.

1075 *Mereminskaja*, WiRO 2002, 369, 370.

1076 Art. 48 Pkt. 1 AktG RUS; vgl. auch *Weidemann*, in: Galander, Russisches Wirtschaftsrecht, S. 119 ff.; vgl. auch *Barth/Kurochkin*, in: W/S/B, Gesellschaftsrecht des Auslands, Rn. 53; *Schmitt/Melnikov*, in: Breidenbach/Institut für Ostrecht München, Handbuch WiRO Bd. III, RUS, Kapitel D.I. Rn. 162, S. 34; *Telke*, Russisches Konzernrecht, S. 45; vgl. auch *Plagemann*, Die russische Aktiengesellschaft, S. 84; *Ries*, Der Minderheitenschutz im russischen Kapitalgesellschaftsrecht im Vergleich zum deutschen Recht, S. 119.

der prioritären Unternehmensziele[1077] sowie weitere wesentliche Kompetenzen[1078] obliegen dagegen dem Direktorenrat[1079] der Aktiengesellschaft. Das Tagesgeschäft und die Vertretung der Gesellschaft nach außen erfolgt, ähnlich zum Vorstand deutschen Rechts,[1080] darüber hinaus durch das Exekutivorgan der Aktiengesellschaft,[1081] das Beschlüsse der Aktionärsversammlung sowie des Direktorenrats ausführt[1082]. Die übrige Verwaltung obliegt damit hauptsächlich dem Direktorenrat und dem Exekutivorgan.[1083]

Eine Erweiterung dieses normierten Kompetenzkatalogs ist allerdings – für die öffentliche Aktiengesellschaft russischen Rechts[1084] – gesetzlich ausdrücklich ausgeschlossen.[1085] Hierin liegt ein wesentlicher Unterschied zum Recht der GmbH russischen Rechts.[1086] Die Aktionärsversammlung einer öffentlichen Aktiengesellschaft russischen Rechts kann folglich gerade nicht nach freiem Belieben Kompetenzen an sich ziehen und über diese entscheiden. Auch die

---

1077 Art. 65 Pkt. 1 AktG; hierzu *Telke*, Russisches Konzernrecht, S. 46.

1078 *Telke*, Russisches Konzernrecht, S. 46.

1079 *Sovet direktorov*, hierzu bereits Teil 1, Kap. A.II.3; *Telke*, Russisches Konzernrecht, S. 45.

1080 *Ries*, Der Minderheitenschutz im russischen Kapitalgesellschaftsrecht im Vergleich zum deutschen Recht, S. 117.

1081 Art. 69 Pkt. 2 Abs. 1 AktG RUS; Vgl. *Weidemann*, in: Galander, Russisches Wirtschaftsrecht, S. 124; *Telke*, Russisches Konzernrecht, S. 46; *Ries*, Der Minderheitenschutz im russischen Kapitalgesellschaftsrecht im Vergleich zum deutschen Recht, S. 126.

1082 *Ries*, Der Minderheitenschutz im russischen Kapitalgesellschaftsrecht im Vergleich zum deutschen Recht, S. 126.

1083 *Telke*, Russisches Konzernrecht, S. 45 f.

1084 Eine Aktiengesellschaft ist nach russischem Verständnis öffentlich, wenn ihre Aktien öffentlich platziert oder öffentlich gehandelt werden oder wenn die Satzung und die Firma einen Hinweis darauf enthalten, dass es sich um eine öffentliche Aktiengesellschaft handelt, Art. 66.3 Pkt. 1 ZGR RUS; vgl. hierzu bereits Teil 2, Kap. A.I.1.a) bb). Im Gegensatz dazu steht es der nichtöffentlichen Aktiengesellschaft russischen Rechts entsprechend der Ausführungen zur GmbH frei, die Kompetenzen ihrer Aktionärsversammlung in der Satzung festzulegen, Art. 48 Pkt. 4 AktG RUS.

1085 Art. 48 Pkt. 3 AktG RUS; *Schmitt/Melnikov*, in: Breidenbach/Institut für Ostrecht München, Handbuch WiRO Bd. III, RUS, Kapitel D.I. Rn. 162, S. 34; *Telke*, Russisches Konzernrecht, S. 46; *Mundry*, in: Breidenbach/Institut für Ostrecht München, Handbuch WiRO Bd. III, RUS, Kapitel C Rn. 132, S. 31; *Ries*, Der Minderheitenschutz im russischen Kapitalgesellschaftsrecht im Vergleich zum deutschen Recht, S. 117; vgl. auch *Rodde/Abovski*, WiRO 2009, 33, 39.

1086 Hierzu vgl. Teil 3, Kap. B.II.1.a).

gesetzlich festgeschriebenen Mehrheitserfordernisse sind nicht variierbar.[1087] Eine effektive Kontrolle der Tätigkeit der Gesellschaft durch einen kontrollierenden Aktionär ist somit im Rahmen der öffentlichen Aktiengesellschaft – im Gegensatz zur GmbH – nicht möglich.[1088] Aufgrund der strengen Kompetenzzuweisungen des Aktienrechts wird auch eine Weisungsbefugnis der Aktionärsversammlung im Sinne eines durchsetzbaren Rechts gegenüber anderen Gesellschaftsorganen in Russland abgelehnt.[1089] Anders verhält es sich im Hinblick auf die nichtöffentliche Aktiengesellschaft russischen Rechts,[1090] deren Aktionärsversammlung es gemäß Art. 48 Pkt. 4 AktG RUS freisteht, den gesetzlich normierten Kompetenzkatalog zu erweitern. Die nichtöffentliche Aktiengesellschaft steht insoweit der GmbH russischen Rechts gleich.[1091] Auch für die nichtöffentliche Aktiengesellschaft russischen Rechts gilt somit, dass der Aktionärsversammlung zwar kein grundsätzliches gesetzliches Weisungsrecht gegenüber ihrem Generaldirektor zusteht, dieses jedoch zu ihren Gunsten ihm Rahmen der Satzung eingeräumt werden kann.

d) Weisungsrecht der Obergesellschaft gegenüber dem Generaldirektor einer Tochter-AG

Da der Aktionärsversammlung einer AG als solcher kein Weisungsrecht gegenüber dem eigenen Vorstand zusteht, kann ein solches auch der Obergesellschaft in ihrer Funktion als Aktionärin der Tochter nicht zustehen. Grundsätzlich kann die Obergesellschaft zwar als Mehrheitsaktionärin durch entsprechende Abstimmung in der Aktionärsversammlung die Entscheidungen ihrer Tochtergesellschaft beeinflussen und bestimmen.[1092] Dieser Grundsatz gilt allerdings

1087 *Schmitt/Melnikov,* in: Breidenbach/Institut für Ostrecht München, Handbuch WiRO Bd. III, RUS, Kapitel D.I. Rn. 163, S. 34.

1088 *Schmitt/Melnikov,* in: Breidenbach/Institut für Ostrecht München, Handbuch WiRO Bd. III, RUS, Kapitel D.I. Rn. 163, S. 34.

1089 *Telke*, Russisches Konzernrecht, S. 46, m.w.N.; entsprechend auch in Deutschland, wo Weisungsrechte gegenüber dem Vorstand grundsätzlich nicht bestehen, sondern erst durch Bildung eines Vertragskonzerns geschaffen werden müssen, vgl. hierzu ausführlich *Konzen,* NJW 1989, 2977, 2977 f.

1090 Hierunter sind Aktiengesellschaften zu verstehen, die nicht unter die oben genannten Definition einer öffentlichen Aktiengesellschaft fallen, Art. 66.3 Pkt. 2 ZGB RUS; vgl. hierzu auch *Weidemann,* in: Galander, Russisches Wirtschaftsrecht, S. 104.

1091 Hierzu vgl. bereits Teil 3, Kap. B.I.1.a.

1092 Vgl. auch Teil 2, Kap. A.I.1.a)bb); Die Möglichkeit, die Entscheidungen der Tochter aufgrund einer beherrschenden Beteiligung am Satzungskapital

ausschließlich im Rahmen der gesetzlich vorgegebenen Aktionärsversammlungszuständigkeiten[1093] und ermöglicht nicht die rechtliche Durchsetzung einzelner Weisungen gegenüber den anderen Gesellschaftsorganen.

Speziell im Hinblick auf die Weisungsbefugnis einer Obergesellschaft ist darüber hinaus Art. 6 Pkt. 3 Abs. 2 AktG RUS zu beachten, der festlegt, dass eine Obergesellschaft (Personengesellschaft) nur in dem Fall als berechtigt gilt, einer Tochtergesellschaft für sie verbindliche Weisungen zu geben, wenn dieses Recht in einem Vertrag mit der Tochtergesellschaft oder in der Satzung der Tochtergesellschaft geregelt ist. Aus einem Umkehrschluss wird gefolgert, dass Weisungen in allen anderen Fällen – und damit auch faktisch durch eine Mehrheitsbeteiligung in der Aktionärsversammlung – unzulässig sein sollen.[1094]

2. *Weisungsrecht der Obergesellschaft aufgrund der Satzung oder eines Vertrages*

Neben der Möglichkeit einer Weisungsbefugnis der Obergesellschaft aufgrund ihrer überwiegenden Beteiligung in der Gesellschafter- bzw. Aktionärsversammlung, könnte ihr ein Weisungsrecht auch aufgrund einer entsprechenden Regelung in der Satzung der Tochtergesellschaft oder aufgrund einer vertraglichen Vereinbarung mit ihr zustehen. Ausdrücklich vorgesehen und gesetzlich zugelassen ist diese Möglichkeit für die Aktiengesellschaft russischen Rechts wie dargestellt in Art. 6 Pkt. 3 Abs. 2 AktG RUS. Weitere Anforderungen an die Begründung eines Weisungsrechts in dieser Form nennt der russische Gesetzgeber indes nicht.

Aus den allgemeinen gesellschaftsrechtlichen Bestimmungen ergibt sich, dass die einzelnen Satzungsinhalte nicht im Widerspruch zum Gesetz stehen dürfen[1095] und eine Satzungsänderung eine Aktiengesellschaft russischen Rechts grundsätzlich einen entsprechenden Aktionärsversammlungsbeschluss mit

---

bestimmen zu können ist eine mögliche Voraussetzung für das Vorliegen eines Mutter-Tochter-Verhältnisses.

1093 Vgl. *Barth/Kurochkin,* in: W/S/B, Gesellschaftsrecht des Auslands, Rn. 50.

1094 *Telke*, Russisches Konzernrecht, S. 46 f., m.w.N.

1095 Art. 11 Pkt. 3 Abs. 11 AktG RUS und Art. 12 Pkt. 2 Abs. 11 GmbHG RUS; vgl. hierzu auch *Allenhöfer,* Gesellschaftervereinbarungen bei Kapitalgesellschaften, S. 77, die vertritt, dass Satzungsregelungen darüber hinaus auch nicht gegen – zwar nicht ausdrücklich gesetzlich geregelte, aber dennoch zwingende – Prinzipien und ungeschriebene Wertungen des russischen Gesellschaftsrechts verstoßen dürfen.

einer Dreiviertelmehrheit der Stimmen erfordert[1096]. Da die Unabhängigkeit der einzelnen Gesellschaftsorgane gewährleistet bleiben muss, ist auch für den Fall einer entsprechenden Vertragsvereinbarung die Zustimmung der Gesellschafter- bzw. Aktionärsversammlungen beider Gesellschaften erforderlich,[1097] wobei jeweils die einfache Mehrheit der Stimmen ausreichen soll.[1098] Darüber hinaus unterliegen Verträge, die von juristischen Personen abgeschlossen werden, dem Schriftformerfordernis.[1099] Folge einer entsprechenden Begründung ist der Abschluss eines Konzernierungsvertrags nach russischem Verständnis zwischen den Gesellschaften.[1100]

Die Möglichkeit, ein Weisungsrecht mittels eines Vertrages oder in der Satzung zu begründen, muss außerdem für den Fall gelten, dass die Tochtergesellschaft eine GmbH russischen Rechts ist. Zwar fehlt im GmbHG eine entsprechende Einschränkung, wonach ein Weisungsrecht nur durch Satzungs- oder Vertragsvereinbarung wirksam begründet werden kann, was auf die grundsätzlich flexiblere Kompetenzverteilung im Vergleich zur öffentlichen AG zurückzuführen ist und nicht als Ausschluss dieser Möglichkeit zu verstehen ist.

Inwieweit die Begründung eines Weisungsrechts der Obergesellschaft auch die Erteilung von für die Tochter *nachteiligen* Weisungen zulässt, hat der russische Gesetzgeber indes offengelassen. Auch hier gelten allerdings die für das Weisungsrecht der Gesellschafter- bzw. Aktionärsversammlung aufgestellten Grundsätze.[1101] Grenzen der Ausübung ergeben sich hiernach aus dem gesetzlich normierten Verbot des Rechtsmissbrauchs.[1102] Sofern in der Erteilung

---

1096 Art. 49 Pkt. 4 Abs. 1 AktG RUS, *Barth/Kurochkin*, in: W/S/B, Gesellschaftsrecht des Auslands, Rn. 59; *Rabensdorf*, Die Durchgriffshaftung im deutschen und russischen Recht der Kapitalgesellschaften, S. 197.

1097 *Šitkina*, Choldingi: Pravovoe regulirovanie i ėkonomičeskoj zavisimosti: Upravlenie v gruppach kompanij, Moskau. 2008, S. 116; vgl. auch für die GmbH russischen Rechts *Steininger/Oljenik*, Wenn die Tochter in die Pubertät kommt, Ost/Letter 1/2014, S. 8 f.

1098 So *Steininger/Oljenik*, Wenn die Tochter in die Pubertät kommt, Ost/Letter 1/2014, S. 9.

1099 Art. 161 Pkt. 1 Nr. 1 ZGB RUS.

1100 *Telke*, Russisches Konzernrecht, S. 48, da die einzige Voraussetzung für einen Konzernierungsvertrag die vertragliche Möglichkeit ist, die Entscheidungen der abhängigen Gesellschaft bestimmen zu können und diese Möglichkeit bei einem Weisungsrecht immer gegeben ist, liegt in einem solchen Fall eine Konzernierungsvertrag vor.

1101 Hierzu vgl. Teil 3, Kap. B.II.1.

1102 *Telke*, Russisches Konzernrecht, S. 60.

nachteiliger Weisungen ein Handeln mit der Absicht, einem anderen Nachteile zuzufügen oder ein sonstiger Rechtsmissbrauch[1103] bzw. ein Handeln zur Umgehung von Gesetzen in rechtsfeindlicher Gesinnung oder eine sonstige bösgläubige Rechtsausübung[1104] liegt, ist eine Weisungserteilung ausgeschlossen. Dieser Grundsatz gilt gleichermaßen für die AG und die GmbH russischen Rechts.

3. *Weitere Möglichkeiten der Etablierung eines Weisungsrechts*

Die Möglichkeiten der Etablierung eines Weisungsrechts erschöpfen sich in den dargestellten Varianten. Zwar behauptet etwa *Rabensdorf,* es bestünden „zahlreiche Möglichkeiten" der Obergesellschaft, das Recht auf verbindliche Weisungen gegenüber der Tochtergesellschaft zu begründen,[1105] sie selbst nennt jedoch ebenfalls lediglich die Möglichkeit eines Vertrages, in dem ein bestimmtes Verhalten der Tochtergesellschaft festgelegt wird, als konkretes Beispiel eines Weisungsrechts der Obergesellschaft und lehnt ein Weisungsrecht in sämtlichen zuvor genannten Fallgruppen ab[1106]. Auch *Mereminskaja* prüft unterschiedliche Fallgruppen hinsichtlich des Vorliegens eines Weisungsrechts der Obergesellschaft, muss jedoch häufig von einer entsprechenden Anwendung Gebrauch machen. So liege ihrer Ansicht nach etwa in der Verpflichtung der Tochtergesellschaft „zum Bezug oder Absatz von bestimmten Waren oder Dienstleistungen" bereits die verbindliche Weisung an die Geschäftsführung der Tochtergesellschaft, weshalb diese dem Weisungsrecht gleichzustellen sei.[1107] Auf diese Weise vermischt *Meriminskaja* im Rahmen der Haftungsprüfung vorgenommenen Untersuchung jedoch die beiden Haftungsvoraussetzung des Weisungs*rechts* der Obergesellschaft und der *tatsächlich erfolgten Weisung*[1108] durch diese. Denn aus

1103 *Galander,* in: Galander, Russisches Wirtschaftsrecht, S. 30.

1104 *Galander,* in: Galander, Russisches Wirtschaftsrecht, S. 30.

1105 *Rabensdorf,* Die Durchgriffshaftung im deutschen und russischen Recht der Kapitalgesellschaften, S. 198.

1106 Vgl. *Rabensdorf,* Die Durchgriffshaftung im deutschen und russischen Recht der Kapitalgesellschaften, S. 198 f; entsprechend auch *Mereminskaja,* Durchbrechung der Haftungsbeschränkung eines GmbH-Gesellschafters, S. 84 ff., die ebenfalls unterschiedliche Fallgruppen prüft, ein Weisungsrecht jedoch nur im Falle von „schuldrechtlichen Verträgen mit organschaftlichem Charakter" (die nach ihrer Ansicht jedoch unzulässig sind) und im Falle von die wirtschaftliche Abhängigkeit begründenden Verträgen annimmt.

1107 *Mereminskaja,* Durchbrechung der Haftungsbeschränkung eines GmbH-Gesellschafters, S. 86.

1108 Vgl. zu dieser Haftungsvoraussetzung Teil 2, Kap. A.I.3.a).

dem Umstand, dass die Obergesellschaft eine Weisung erteilt hat, kann noch nicht geschlossen werden, dass ihr auch das *Recht* hierzu der Tochter gegenüber zusteht. Die Obergesellschaft kann mithin lediglich durch eine entsprechende Satzungsbestimmung, einen Vertrag mit der Tochtergesellschaft oder – im Rahmen der GmbH russischen Rechts – unter Umständen auch durch eine entsprechende Beteiligung am Satzungskapital der Gesellschaft ein Weisungsrecht gegenüber der Tochtergesellschaft zustehen.

III. Berücksichtigungsfähigkeit des Konzerninteresses

Die Erteilung von Weisungen an die Tochtergesellschaft ist mithin unter den dargestellten Voraussetzungen grundsätzlich zulässig. Ungeklärt ist bislang allerdings die Frage nach der Qualität der zu erteilenden Weisungen. Dem Leitbild der unabhängigen Gesellschaft[1109] folgend, ordnet auch das russische Zivilgesetzbuch in Art. 1 Pkt. 2 ZGB RUS an, dass juristische Personen Rechte durch ihren Willen und in ihrem Interesse erwerben und ausüben. Auf diese Weise soll die Unabhängigkeit juristischer Personen garantiert werden.[1110] Diese wird allerdings dann gefährdet, wenn mit der Beherrschung der Gesellschaft durch eine Obergesellschaft neben das eigene Gesellschaftsinteresse das unternehmerische Interesse des Gesamtkonzerns tritt.[1111] In diesem Fall wird sich das Konzerninteresse primär auf die Maximierung des Gesamtkonzerngewinns beziehen, was nicht zwingend zugleich unmittelbar die Maximierung des Gewinns der einzelnen Konzerngesellschaften bedeutet.[1112] Die Belange des Gesamtkonzerns sowie der Obergesellschaft können mithin vom Eigeninteresse der Tochter abweichen.[1113]

1. Regelungen im Hinblick auf die Obergesellschaft

Vor diesem Hintergrund stellt sich die Frage, ob dem Weisungsrecht der Obergesellschaft nicht nur im Hinblick auf das Verbot des Rechtsmissbrauchs, sondern

1109 Hierzu auch *Dominke*, Einheitliche Gruppenleitung über die Binnengrenzen in Europa, S. 66 m.w.N.

1110 *Lomakin*, Kommerčeskie korporacii kak sub´´ekty korporativnych pravootnošenij: učebnoe posobie, S. 113.

1111 *Lübking*, Ein einheitliches Konzernrecht für Europa, S. 63.

1112 *Lübking*, Ein einheitliches Konzernrecht für Europa, S. 63, vgl. hier auch zu weiteren Schwierigkeiten, die mit Hinzutreten des Konzerninteresses entstehen.

1113 *Dominke*, Einheitliche Gruppenleitung über die Binnengrenzen in Europa, S. 67.

auch im Hinblick auf Weisungen, die den Belangen des Gesamtkonzerns dienen, Grenzen gezogen sind.

Dass bereits die Weisungserteilung im gesellschaftsfremden Interesse durch die Obergesellschaft und nicht etwa erst die Umsetzung jener Weisungen durch die Tochtergeschäftsführer untersagt sein könnte, lässt der erst kürzlich eingeführte Art. 53.1 Pkt. 3 ZGB RUS vermuten. Dieser ergänzt die in Art. 44 Pkt. 2 GmbHG RUS und Art. 71 Pkt. 2 Abs. 1 AktG RUS sowie in Art. 53 Abs. 3 Pkt. 1 ZGB RUS geregelte Organhaftung, nach der die Generaldirektoren, Mitglieder des Direktorenrates und sonstige Mitglieder der Leitungsorgane der Gesellschaft dieser gegenüber haften, wenn sie nicht vernünftig und gewissenhaft im Interesse der Gesellschaft handeln[1114], auf Personen, die die faktische Möglichkeit haben, das Handeln einer juristischen Person zu bestimmen, einschließlich der Möglichkeit, den in den Punkten 1 und 2 des Artikels genannten Personen[1115] Weisungen zu erteilen. Damit wird der Pflichtenkatalog auf die Obergesellschaft erweitert.[1116] Von Bedeutung ist insbesondere, dass nicht nur die Pflicht, vernünftig und gewissenhaft zu handeln, sondern gerade auch die Pflicht, im *Interesse der juristischen Person* zu handeln, auf die Obergesellschaft ausgedehnt wird.

Wie dieses Interesse der juristischen Person im Einzelfall zu bestimmen ist, lässt das Gesetz indes offen. Unklar bleibt insbesondere, ob das Eigeninteresse in der konzernabhängigen Gesellschaft möglicherweise durch das Konzerninteresse oder das Interesse anderer Gesellschaften „überlagert“ werden darf[1117]. Blickt man etwa auf das niederländische Recht und damit auf den Ursprung des russischen Konzernrechts[1118], entspricht es den allgemeinen Grundsätzen, dass Geschäftsleiter niederländischer Gesellschaften zwar das Interesse ihrer (Tochter-)Gesellschaft berücksichtigen müssen, dieses allerdings vom Gruppeninteresse des Konzerns „eingefärbt“ wird.[1119] Das Gesellschaftsinteresse der Tochter

---

1114 Vgl. ausführlich zur Generaldirektorenhaftung Teil 3, Kap. C.II.

1115 Gemeint sind Personen, die aufgrund Gesetzes, eines anderen Rechtsaktes oder der Satzung der Gesellschaft befugt sind, im Namen der juristischen Person zu handeln und Mitglieder der Kollegialorgane vgl. hierzu bereits Teil 1, Kap. A.II.4.

1116 Vgl. hierzu bereits oben Teil 1, Kap. A.II.4.

1117 Vgl. so zu dieser Frage im deutschen Recht auch *Hommelhoff*, in *Mestmäcker/Behrens*, Das Gesellschaftsrecht der Konzerne im internationalen Vergleich, S. 98 ff.

1118 Vgl. hierzu bereits Teil 1, Kap. B.II.2.

1119 *„Concernrechtelijk gekleurd“*, vgl. hierzu *Hirschfeld,* Der einheitliche SPE-Konzern im europäischen Binnenmarkt, S. 56; *ders.,* RIW 2013, 134, 135; vgl. auch *Lennarts,* in: Hommelhoff/Lutter/Teichmann, Konzerngovernance, S. 121, 125 sowie S. 145 f., wobei das Tochtereigeninteresse nicht mit dem Gruppeninteresse gleichzusetzen ist.

umfasst somit zugleich die Belange des Gesamtkonzerns.[1120] Bei der Frage nach dem Inhalt des Konzerninteresses müssen sich die Tochtergeschäftsleiter dabei in der Regel von der Einschätzung der Obergesellschaft leiten lassen.[1121] Eine entsprechende Ansicht ließe sich auch im russischen Recht vertreten, ohne dass hierdurch dem Wortlaut der Norm widersprochen würde.

Abweichend von diesem Gedanken will die russischsprachige Literatur in der Gesetzesnovellierung eine Entscheidung des Gesetzesgebers gegen die Anerkennung eines übergeordneten Konzerninteresses und die eindeutige Pflicht der Obergesellschaft, ausschließlich im Interesse der von ihr kontrollierten Gesellschaft zu handeln, sehen.[1122] Die Novellierung scheint darüber hinaus auf nur wenig Kritik zu stoßen. So sei es geradezu „logisch", dass die eine Gesellschaft kontrollierende juristische Person vernünftig und gewissenhaft in deren Interesse handeln und für verursachte Schäden einstehen müsse.[1123] Konsequenzen der scheinbar fehlenden Berücksichtigungsfähigkeit des übergeordneten Konzerninteresses scheinen dabei nicht erkannt zu werden.

2. *Übertragbarkeit der Regelungen im Hinblick auf die Generaldirektorenhaftung*

Auffällig bleibt die Tatsache, dass in Art. 53.1 Pkt. 3 ZGB RUS wortgetreu die bereits in Art. 53 Abs. 3 Pkt. 1 ZGB RUS für Generaldirektoren russischer Gesellschaften normierte Pflicht zum vernünftigen und gewissenhaften Handeln im Interesse der juristischen Person, nun adressiert an die Obergesellschaft, wiederholt wird.[1124] Statt der Schaffung eines eigenen, an die Besonderheiten des Konzernverbunds angepassten Ansatzes wählt der russische Gesetzgeber den Weg der schlichten Ausdehnung des Kreises möglicher Haftungsadressaten auf die Obergesellschaft. Angesichts dieses Umstandes kann aber die Frage, wie das Interesse der Gesellschaft auszulegen ist und ob das Interesse des Gesamtkonzerns berücksichtigt werden darf, konsequent nur entsprechend den Grundsätzen für die Generaldirektorhaftung beantwortet werden.[1125]

1120 *Hirschfeld*, RIW 2013, 134, 135.

1121 *Hirschfeld*, RIW 2013, 134, 135.

1122 Diese Meinung deutet *Bojko*, Zaščita prav i interesov minoritarnyx učastnikov nepubličnogo obščesta v prave Rossii, Sša i Velikobritanii, Kap. 3, § 3.1 an.

1123 *Bojko*, Zaščita prav i interesov minoritarnyx učastnikov nepubličnogo obščesta v prave Rossii, Sša i Velikobritanii, Kap. 1, § 3.

1124 Art. 53.3 Pkt. 3 des Entwurfs; Vgl. hierzu Teil 1, B.III.1.

1125 So auch *Bojko*, Zaščita prav i interesov minoritarnyx učastnikov nepubličnogo obščesta v prave Rossii, Sša i Velikobritanii, Kap. 3, § 3.1.

Im Hinblick auf die Generaldirektorenhaftung ist diese Frage zwar nicht ausdrücklich gesetzlich geregelt, die Verordnung des Plenums des Obersten Arbitragegerichts der Russischen Föderation[1126] vom 30.07.2013 „Über einige Fragen zum Schadensersatz durch Personen, die Organen juristischer Personen angehören“[1127] bestimmt indes ausdrücklich, dass ein Generaldirektor dann nicht im Interesse einer juristischen Person handelt, wenn er zwar im Interesse eines oder mehrerer Gesellschafter, jedoch zum Nachteil der juristischen Person selbst handelt.[1128] Damit lehnt das Oberste Arbitragegericht die Berücksichtigung eines Konzerninteresses durch den Generaldirektor im Ergebnis ausdrücklich ab.[1129] Da die Verordnung keine Unterscheidung zwischen GmbH und Aktiengesellschaft russischen Rechts trifft, gilt diese Ablehnung der Berücksichtigungsfähigkeit des Konzerninteresses für beide Gesellschaftsformen gleichermaßen.“

Ob die russische Rechtsprechung diesen Grundsätzen der Generaldirektorenhaftung auch im Hinblick auf die *Obergesellschaft* folgt, für die es von noch größerer Bedeutung ist, auch die Interessen des Gesamtkonzerns berücksichtigen zu dürfen, bleibt abzuwarten. Wünschenswert wäre aufgrund der weiterhin unklaren Gesetzeslage eine Stellungnahme des Gesetzgebers zur Frage, ob das Konzerninteresse für die Obergesellschaft berücksichtigungsfähig ist. Dennoch äußert sich auch der bereits vorgestellte Gesetzesentwurf[1130] nicht zu dieser

---

1126 *Vysšij arbitražnyij sud Rossijskoj Federacii,* dieses stellt das ehemalige Höchste Wirtschaftsgericht der Russischen Föderation dar und darf trotz seines irreführenden Namens nicht mit Schiedsgerichten nach deutschem Verständnis verwechselt werden, vgl. hierzu ausführlich *Ulrici/Galander,* in: Galander, Russisches Wirtschaftsrecht, S. 507. Die Rechtsprechungserläuterungen stellen Auslegungsleitlinien dar, die eine einheitliche Rechtsprechung gewährleisten sollen. Sie sind und bleiben für unterinstanzliche russische Wirtschaftsgerichte bindend, bis sie durch eine abweichende Entscheidung des Plenums des Obersten Gerichts für obsolet erklärt werden, Art. 3 Pkt. 1 des Föderalen Verfassungsgesetzes vom 4. Juni 2014 N 8-FKZ „Über die Änderungen des Föderalen Verfassungsgesetzes „Über die Wirtschaftsgerichte der Russischen Föderation“, Verkündungsorgan: Sobranie Zakonodatel'sta RF, 9.6.2014, No. 23, st. 2921.

1127 Postanovlenie Plenuma VAS RF ot 30.07.2013 N 62 „O nekotorych voprosach vozmeščenija ubytkov licami, vchodjaščimi v sosotav organov juridičeskogo lica“.

1128 Postanovlenie Plenuma VAS RF ot 30.07.2013 N 62 „O nekotorych voprosach vozmeščenija ubytkov licami, vchodjaščimi v sosotav organov juridičeskogo lica“, Nr. 2.

1129 So bereits für die Aktiengesellschaft russischen Rechts *Nogaibay*, Schutz der Minderheit und der Gläubiger der abhängigen Aktiengesellschaft im Konzern, S. 238 f.; *Telke*, Russisches Konzernrecht, S. 159.

1130 Vgl. hierzu Teil 1, B.III.2.

Frage. Die bereits für Geschäftsführer normierte Pflicht zum vernünftigen und gewissenhaften Handeln im Interesse der juristischen Person, wird jedenfalls für die Obergesellschaft wiederholt und nicht weiter erläutert oder an die Interessenlage der Obergesellschaft angepasst.[1131] Gerade aufgrund der Ausprägung des russischen Rechtsverständnisses an den Grundsätzen der Normimperativität und des Gesetzespositivismus[1132], ist eine eindeutige gesetzliche Regelung indes unabdingbar. Um den Zweck des Konzerns, die Ressourcen der Gesellschaft zu verbinden, um das Optimum für den Konzern zu erzielen[1133] und eine Erleichterung der Herrschaft für die Konzernmutter zu erreichen, ist die gesetzliche Ablehnung der Berücksichtigungsfähigkeit von Konzernbelangen unter Androhung einer Haftung *de lege ferenda* abzulehnen und eine Lösung für den Einzelfall zu fordern.

IV. Zwischenresümee

Das Weisungsrecht der Obergesellschaft gegenüber ihrer russischen Tochtergesellschaft ist, in Abgrenzung zum Beherrschungsverhältnis im russischen Sinne, als rechtlich durchsetzbare Berechtigung der Obergesellschaft gegenüber ihrer Tochter zu verstehen, die die Durchbrechung der Eigenverantwortlichkeit der Tochtergeneraldirektoren bewirken soll. Als solche stellt sie eine unverzichtbare Voraussetzung für die effektive Gruppenleitung und -kontrolle dar und kann wesentlich effizienter eingesetzt werden als die bislang häufig praktizierten, aber selten tatsächlich durchsetzbaren Herrschaftsalternativen.

Die Frage nach der Zulässigkeit eines verbindlichen Weisungsrechts der Obergesellschaft gegenüber ihrer Tochter und der möglichen Ausgestaltung eines solchen Rechts wurde bislang allerdings aufgrund der drohenden Haftung im Falle der Begründung eines Weisungsrechts nur selten diskutiert. Da das russische Konzernrecht darüber hinaus keine eindeutigen gesetzlichen Regelungen enthält, sind die Grundsätze des allgemeinen Gesellschaftsrechts heranzuziehen. Doch auch diese lassen ein – beispielsweise dem § 37 Abs. 1 GmbHG (D) entsprechendes – gesetzliches Weisungsrecht der Gesellschafterversammlung gegenüber dem Generaldirektor vermissen. Dennoch geht aus den allgemeinen Grundsätzen hervor, dass die Obergesellschaft, sofern sie Teil der

---

1131 Art. 53.3 Pkt. 3 des Entwurfs; Vgl. hierzu Teil 1, B.III.2.

1132 Hierzu ausführlich bereits *Allenhöfer*, Gesellschaftervereinbarungen bei Kapitalgesellschaften, S. 174 ff.; *Plagemann*, WiRO 2011, 231, 231; vgl. auch *Nußberger*, in: Nußberger, Einführung in das russische Recht, S. 8 (Richter als „Subsumtionsautomat").

1133 *Lübking*, Ein einheitliches Konzernrecht für Europa, S. 63.

Gesellschafterversammlung ist, zumindest für die russische Tochter-GmbH und die nichtöffentliche Aktiengesellschaft ihre Kompetenzen durch Satzungsänderung dahingehend verändern kann, dass der Gesellschafterversammlung ein Weisungsrecht eingeräumt wird. Dieses steht in der Folge auch der Obergesellschaft, als Gesellschafterin der Tochtergesellschaft, zu. Eine entsprechende Weisung an den Tochtergeneraldirektor erfordert in diesen Fällen indes zunächst eine entsprechende Beschlussfassung der Gesellschafterversammlung, wobei eine solche schriftlich möglich ist, sofern die Obergesellschaft zugleich Alleingesellschafterin der Tochtergesellschaft sein sollte.

Diese Grundsätze lassen sich jedoch nicht auf die öffentliche Aktiengesellschaft russischen Rechts übertragen. Aufgrund der hier geltenden strengen gesetzlichen Kompetenzzuweisung ist eine Erweiterung des Kompetenzkatalogs der Aktionärsversammlung auch durch eine Satzungsänderung ausgeschlossen. Entsprechend kann auch der Obergesellschafterin, sofern sie Aktionärin der Tochtergesellschaft ist, kein Weisungsrecht gegenüber dem Leitungsorgan der AG zustehen.

Ein Weisungsrecht der Obergesellschaft kann allerdings ausdrücklich in einem Vertrag oder der Satzung der Gesellschaft vereinbart werden. Ausdrücklich zugelassen ist diese Vorgehensweise in Art. 6 Pkt. 3 Abs. 2 AktG RUS für die Tochter-AG. Entsprechendes gilt trotz des Fehlens einer ausdrücklichen gesetzlichen Regelung auch bzw. erst recht für die GmbH russischen Rechts. Weitere Möglichkeiten der Etablierung eines Weisungsrechts der Obergesellschaft gegenüber ihrer Tochter im Sinne einer rechtlich durchsetzbaren Verpflichtung existieren nicht.

Grenzen eines Weisungsrechts der Obergesellschaft ergeben sich einheitlich aus dem in Art. 10 ZGB RUS normierten Verbot des Rechtsmissbrauchs. Darüber hinaus bestimmt die Verordnung des Plenums des Obersten Arbitragegerichts der Russischen Föderation vom 30.07.2013 N 62 für die Generaldirektorenhaftung, dass dieser gegen seine Pflicht, im Interesse der juristischen Person zu handeln, verstößt, wenn er zwar im Interesse eines oder mehrerer Gesellschafter, jedoch zum Nachteil der juristischen Person selbst handelt. Es liegt angesichts des Wortlauts der Norm des Art. 53.1 ZGB RUS nahe, diese Auslegung auch auf die Verpflichtung der Obergesellschaft zu erweitern, womit die Berücksichtigung eines Konzerninteresses bei der Weisungserteilung ausscheiden würde. Es liegt daher am russischen Gesetzgeber eine Klarstellung diesbezüglich zu treffen und *de lege ferenda* eine Ablehnung der Berücksichtigungsfähigkeit von Konzernbelangen unter Androhung einer Haftung abzuwehren, um hierdurch eine effektive Konzernleitung ermöglichen zu können.

C. Folgepflichten und Haftungsgefahren für das Tochterexekutivorgan

Korrespondierend zum Recht der Obergesellschaft, dem Tochtergeneraldirektor bzw. -vorstand für diesen verbindliche Weisungen zu erteilen, erfordert eine effektive Konzernleitung auch das entsprechende Recht sowie die Pflicht des Exekutivorgans, die erhaltenen Weisungen auch auszuführen. Sowohl das russische ZGB als auch die Spezialgesetze sehen indes die Pflicht der Generaldirektoren russischer Gesellschaften vor, vernünftig und gewissenhaft im Interesse ihrer Gesellschaft zu handeln.[1134] Erhält das Tochterexekutivorgan eine Weisung, die zwar dem Interesse des Gesamtkonzerns, nicht jedoch dem der Tochtergesellschaft entspricht, wird es sich daher zunächst die Frage stellen, ob er diese Weisung ausführen darf oder gar muss und ob ihm im Falle der Ausführung der Weisung die persönliche Inanspruchnahme durch seine Gesellschaft oder deren Gläubiger droht. Insbesondere der Blick in andere Rechtsordnungen zeigt dabei, dass diese Sorge nicht unbegründet ist. In Frankreich und Polen etwa drohen den Geschäftsleitern neben zivilrechtlichen Folgen unter Umständen auch schwerwiegende strafrechtliche Sanktionen, wenn sie konzernleitende Weisungen ausführen.[1135] Muss der Generaldirektor einer russischen Tochtergesellschaft ebenfalls eine derart strenge Haftung nach russischem Recht fürchten, wird es die Obergesellschaft schwerer haben, ihn von der Ausführung ihrer Weisungen zu überzeugen.

Sollte der Generaldirektor oder Vorstand der Tochtergesellschaft im Hinblick auf eine drohende Haftung das Recht haben, die Ausführung der Weisung abzulehnen, stellt sich darüber hinaus die Frage, ob ihn auch die Pflicht trifft, die erteilte Weisung vorab auf ihre Vereinbarkeit mit dem – ihm möglicherweise sogar unbekannten – russischen Recht bzw. mit der Satzung oder des Konzernierungsvertrages zu überprüfen und welche Haftungsfolgen eine Nichtbeachtung einer bestehenden Prüfungspflicht mit sich bringt.

Da die Tätigkeit des Tochtergeschäftsleiters folglich mit vielen Unsicherheiten für ihn sowie die Obergesellschaft verbunden ist, soll im Folgenden geprüft werden, ob eine Folgepflicht sowie ein Folgerecht des Tochterexekutivorgans besteht und welche Haftungsrisiken von ihm zu beachten sind. Ebenso soll auch für das Exekutivorgan der Frage nachgegangen werden, inwieweit es die russische

---

1134 Art. 53 Abs. 3 Pkt. 1 ZGB RUS, Art. 44 Abs. 1 GmbHG RUS und Art. 71 Abs. 1 AktG RUS; hierzu sogleich in Teil 3, Kap. C. II.

1135 Hierzu ausführlich *Teichmann*, AG 2013, 184, 193 f. m.w.N.

Rechtsordnung gestattet, neben dem Eigeninteresse seiner Gesellschaft auch das Interesse seiner Obergesellschaft oder gar das übergeordnete Gruppeninteresse, das sich nicht selten vom Tochtereigeninteresse unterscheiden wird,[1136] zu beachten.

I. Folgepflicht des Generaldirektors der Tochtergesellschaft

Der deutsche Gesetzgeber hat sowohl für den Vertragskonzern als auch für den Eingliederungskonzern eine Folgepflicht des Tochtervorstands für Weisungen der Muttergesellschaft im Aktiengesetz verankert, die inhaltlich spiegelbildlich zum Weisungsrecht ausgestaltet ist.[1137] Durch dieses Zusammenspiel von Weisungsrecht der Muttergesellschaft und korrespondierender Befolgungspflicht des Tochtervorstands lässt sich eine effektive Konzernleitung gewährleisten. Im Gegensatz dazu fehlt eine entsprechende Klarstellung zu den Rechten und Pflichten des Geschäftsleiters einer russischen Tochtergesellschaft. Auch in der Literatur fehlt soweit ersichtlich eine Auseinandersetzung mit den Rechten und Pflichten des Generaldirektors einer russischen Tochtergesellschaft im Hinblick auf von der Obergesellschaft erteilte Weisungen. Versteht man das Weisungsrecht der Obergesellschaft allerdings entsprechend den obigen Ausführungen gemeinsam mit den Gesetzesredaktoren des Zivilgesetzbuches als *rechtlich durchsetzbare Verpflichtung*[1138] der Obergesellschaft gegenüber ihrer Tochter[1139], so muss neben dem Weisungsrecht der Obergesellschaft auch eine korrespondierende Folgepflicht des Tochtergeneraldirektors bestehen, die die Obergesellschaft notfalls auch durchsetzen kann. Diese Folgepflicht kann abhängig von der Art des Weisungsrechts organschaftlicher oder schuldrechtlicher Natur sein. Im Falle einer entsprechenden Satzungsbestimmung ist der Generaldirektor aufgrund der Kompetenzverteilung innerhalb der Gesellschaft dazu verpflichtet,

---

1136 *Dominke*, Einheitliche Gruppenleitung über die Binnengrenzen in Europa, S. 67; vgl. auch *Lübking*, Ein einheitliches Konzernrecht für Europa, S. 64; zum Konzernkonflikt vgl. *Drygala/Staake/Szalai*, Kapitalgesellschaftsrecht, § 29 Rn. 5; *Schmidt*, Gesellschaftsrecht, § 17 I 1 a).

1137 § 308 Abs. 2 S. 1 AktG (D) bzw. §§ 323 Abs. 1 S. 2 iVm § 308 Abs. 2 S. 1 AktG (D); vgl. auch *Dominke*, Einheitliche Gruppenleitung über die Binnengrenzen in Europa, S. 68 und S. 69; für den Vertragskonzern auch *Kuhlmann/Ahnis*, Konzern- und Umwandlungsrecht, § 5 Rn. 609.

1138 *Heeg*, Die Finanz- und Haftungsverfassung russischer Kapitalgesellschaften, S. 289 m.w.N.

1139 Vgl. hierzu bereits Teil 2, Kap. A.I.2.a).

den Weisungen der Gesellschafterversammlung und damit unter Umständen auch der Obergesellschaft zu folgen. Da eine Kompetenzänderung in der öffentlichen Aktiengesellschaft russischen Rechts nicht möglich ist und der Aktionärsversammlung aus diesem Grund auch kein Weisungsrecht gegenüber ihrem Generaldirektor zustehen kann,[1140] trifft diesen dagegen auch keine Folgepflicht. Insoweit steht dem Geschäftsleiter einer öffentlichen Aktiengesellschaft eine Unabhängigkeit und Eigenverantwortlichkeit zu, die dem Generaldirektor einer nichtöffentlichen AG oder einer GmbH, ähnlich dem deutschen Geschäftsführer,[1141] fehlt. Der Generaldirektor ist in diesen Fällen vielmehr organschaftlich dazu verpflichtet, die Beschlüsse der Gesellschafterversammlung umzusetzen. Ergibt sich das Weisungsrecht der Obergesellschaft dagegen aus einem gesonderten schuldrechtlichen Vertrag mit der Tochtergesellschaft, so ist die Folgepflicht des Tochtergeneraldirektors ebenfalls rein schuldrechtlicher Natur. Verletzt er diese Pflicht, so ergibt sich seine Haftung aus dem Vertrag.

Eine Folgepflicht des Generaldirektors besteht allerdings dann nicht, wenn die Obergesellschaft bei der Ausübung ihres Weisungsrechts die Grenzen des Rechtsmissbrauchs im Sinne des Art. 10 ZGB RUS verletzt. Handelt sie in der Absicht, einem anderen Nachteile zuzufügen, handelt sonst rechtsmissbräuchlich oder zur Umgehung von Gesetzen in rechtsfeindlicher Gesinnung oder bösgläubig[1142], so ist die Weisung rechtswidrig und muss in der Folge auch nicht vom Generaldirektor ausgeführt werden.

II. Drohende Haftung bei Ausführung nachteiliger oder rechtswidriger Weisungen und Prüfungspflichten des Generaldirektors der Tochtergesellschaft

Im Spannungsfeld zu der Weisungsgebundenheit des Tochterexekutivorgans steht jedoch das Haftungsrisiko, das dem Generaldirektor bzw. Vorstand droht, wenn er für die Tochtergesellschaft nachteilige oder gar rechtswidrige Weisungen der Obergesellschaft befolgt.[1143] Eine solche drohende Haftung könnte ihn unter Umständen davon abhalten, die erhaltenen Weisungen umzusetzen, was der Konzernmutter erschweren kann, den Konzern im Konzerninteresse zu

---

1140 Vgl. hierzu Teil 3, Kap. B.II.1.c).

1141 *Dominke*, Einheitliche Gruppenleitung über die Binnengrenzen in Europa, S. 72 f. vgl. auch *Habersack*, in: Emmerich/Habersack, Aktien- und GmbH-Konzernrecht, § 318 Anh. Rn. 4.

1142 Vgl. hierzu ausführlich Teil 3, Kap. B.II.1.b).

1143 So auch *Konzen*, NJW 1989, 2977, 2977.

leiten. So unterliegt der Geschäftsleiter einer Gesellschaft grundsätzlich stets den Interessen seiner eigenen Gesellschaft, wenn er Geschäfte in deren Namen im Außenverhältnis umsetzt und ist hierbei an seine Sorgfaltspflichten gebunden. Auch das russische Recht legt explizit in den Art. 53 Pkt. 3 Pkt. 1 ZGB RUS, Art. 44 Pkt. 1 GmbHG RUS und Art. 71 Pkt. 1 AktG RUS fest, dass sämtliche Leitungsorgane zum *vernünftigen*[1144] *und gewissenhaften*[1145] *Handeln im Interesse der Gesellschaft* verpflichtet sind. Verletzten sie durch ihr Handeln oder Unterlassen[1146] pflichtwidrig ihre Sorgfaltspflicht, so sind sie der Gesellschaft zum Ersatz des hieraus entstandenen Schadens verpflichtet. Normiert ist die Haftungsnorm im Hinblick auf den Generaldirektor einer russischen juristischen Person neben Art. 53.1 Pkt. 1 ZGB RUS, der im Zuge der Reform im Jahr 2014 eingeführt wurde, fast wortgleich[1147] auch in den Spezialgesetzen in den Art. 44 Pkt. 2 GmbHG RUS und Art. 71 Pkt. 2 Abs. 1 AktG RUS. Nicht weiter gesetzlich definiert ist dagegen, was im Einzelfall unter einem vernünftigen und gewissenhaften Handeln im Interesse der Gesellschaft zu verstehen ist.[1148] Häufig unterscheidet die russische Gerichtspraxis darüber hinaus nicht zwischen den einzelnen Begriffen „vernünftig", „gewissenhaft" und „im Interesse der Gesellschaft", sondern prüft die Haftung im Hinblick auf den Generaldirektor einer Gesellschaft in einer Gesamtschau aller Kriterien.[1149]

1. Verstoß gegen den Grundsatz des vernünftigen und gewissenhaften Handelns im Interesse der Gesellschaft

Neben der Pflicht, im Interesse seiner Gesellschaft zu handeln, ist der Generaldirektor einer russischen Gesellschaft somit verpflichtet, seiner Gesellschaft gegenüber vernünftig und gewissenhaft zu handeln. Insoweit stellt sich zunächst die Frage, ob die unmittelbare Ausführung von Weisungen einer anderen (Ober-)

1144 Zur Übersetzung dieses Begriffs vgl. die Ausführungen im Anhang.

1145 Zur Übersetzung dieses Begriffs vgl. die Ausführungen im Anhang.

1146 Dass auch pflichtwidriges Unterlassen von der Haftung umfasst ist, normieren die Art. 53.1 Pkt. 1 Abs. 2 ZGB RUS; Art. 44 Pkt. 2 GmbHG RUS und Art. 71 Pkt. 2 Abs. 1 AktG RUS ausdrücklich.

1147 So auch *Heeg*, Die Finanz- und Haftungsverfassung russischer Kapitalgesellschaften, S. 258.

1148 Vgl. auch *Steininger*, Geschäftsführer in Fesseln, Ost/Letter 2/2014, S. 7 f.

1149 *Danilova*, Interes chozjajstvennogo obščestva v korporativnom prave RF i Germanii: ponjatie, soderžanie, Predprinimatel'skoe pravo, 2013, N 3.

Gesellschaft, die gegebenenfalls nachteilig für die Gesellschaft sind, bereits gegen diese Handlungspflicht verstoßen könnte.

Von Bedeutung ist in diesem Zusammenhang insbesondere die Verordnung des Plenums des Obersten Arbitragegerichts der Russischen Föderation vom 30.07.2013 „Über einige Fragen zum Schadensersatz durch Personen, die Organen juristischer Personen angehören".[1150] Die Gerichte haben hiernach die Pflicht, für jeden einzelnen Fall zu prüfen, welche Sorgfaltsmaßstäbe gelten.[1151] Hierzu benennt das Oberste Arbitragegericht Beispiele für unsorgfältiges Handeln, worunter etwa das Handeln bei Interessenkonflikt, das Verschweigen von wichtigen Informationen über ein Geschäft und die Vornahme eines Geschäfts ohne Zustimmung der Versammlung[1152] fallen. Hilfreich ist insoweit auch die von *Steininger* vorgenommene vergleichende Gegenüberstellung der deutschen Geschäftsführerhaftung des § 43 Abs. 2 GmbHG (D) mit der russischen Generaldirektorenhaftung im Sinne des Art. 44 Pkt. 2 GmbHG RUS. *Steininger* vertritt die Ansicht, dass die russischen Grundsätze weitestgehend von den deutschen Fallgruppen, die zur Konkretisierung der Obliegenheitspflicht von Rechtsprechung und Literatur geschaffen wurden,[1153] abgedeckt sind.[1154] Dieser Ansicht ist zuzustimmen. So kann jede der genannten Beispiele einer oder mehreren der

1150 Postanovlenie Plenuma VAS RF ot 30.07.2013 N 62 „O nekotorych voprosach vozmeščenija ubytkov licami, vchodjaščimi v sosotav organov juridičeskogo lica"; etwa *Galander,* in: Galander, Russisches Wirtschaftsrecht, S. 95; *Abakumova*, Principy dobrosovestnosti i razumnosti v korporativnych pravootnošenijach, Vestnik arbitražnoj praktiki, 2020, N4; *Andreeva,* Sootnošenie interesov juridičeskogo lica i ego učastnikov: voprosy pravoprimenenija i vlijanija na instituty korporativnogo prava, Predprinimatel'skoe pravo. Priloženie „Pravo i Biznes", 2020, N 3.

1151 Vgl. die einzelnen Punkte in Postanovlenie Plenuma VAS RF ot 30.07.2013 N 62 „O nekotorych voprosach vozmeščenija ubytkov licami, vchodjaščimi v sosotav organov juridičeskogo lica"; vgl. auch *Galander,* in: Galander, Russisches Wirtschaftsrecht, S. 96.

1152 Postanovlenie Plenuma VAS RF ot 30.07.2013 N 62 „O nekotorych voprosach vozmeščenija ubytkov licami, vchodjaščimi v sosotav organov juridičeskogo lica", Nr. 2; *Steininger*, WiRO 2017, 129, 135 FN. 58; eine ausführliche Aufzählung in deutscher Sprache bietet *Galander,* in: Galander, Russisches Wirtschaftsrecht, S. 95 f.

1153 *Steininger*, Geschäftsführer in Fesseln, Ost/Letter 2/2014, S. 5.

1154 Vgl. *Steininger*, Geschäftsführer in Fesseln, Ost/Letter 2/2014, S. 10; vgl. hierzu auch *Čanturija,* Graždansko-pravovaja otvetstvennost´ rukovoditelej akcionernych obščestv, Korporativnyj jurist, 2007, N 2.

deutschen Fallgruppen – Legalitätspflicht, Sorgfaltspflicht im engeren Sinne, Überwachungspflicht und Compliance-Pflicht – zugeordnet werden.[1155]

Der Generaldirektor einer russischen Gesellschaft verstößt folglich gegen seine Sorgfaltspflicht, wenn er entgegen den geltenden russischen Vorschriften handelt und etwa ein Rechtsgeschäft mit Interessiertheit oder ein Großgeschäft ohne die hierfür erforderliche Zustimmung abschließt, wodurch der Gesellschaft ein Schaden entsteht.[1156] Ebenso handelt er nicht vernünftig und gewissenhaft, wenn er gegen die Kapitalerhaltungsvorschriften seiner Gesellschaft verstößt, für die Gesellschaft unvorteilhafte Geschäfte abschließt oder auf andere Weise Verluste der Gesellschaft verursacht[1157]. Insbesondere ein deutscher Geschäftsführer, der im Rahmen eines grenzüberschreitenden deutsch-russischen Konzerns als Generaldirektor die russische Tochtergesellschaft leitet, kann sich hierbei an den ihm aus dem deutschen Recht bekannten Grundsätzen orientieren. Allerdings muss er im Rahmen seiner Handlungen stets die russischen Vorschriften beachten.

Neben den Erfordernissen der Gewissenhaftigkeit und Vernunft ist der Generaldirektor, wie auch die Obergesellschaft selbst,[1158] gesetzlich dazu verpflichtet, im Interesse der Gesellschaft zu handeln. Gerade Weisungen der Obergesellschaft an ihre Tochter entsprechen jedoch häufig dem Interesse des Gesamtkonzerns oder dem Interesse der Obergesellschaft und werden erst im Nachhinein ausgeglichen, etwa indem die Tochtergesellschaft im Gegenzug Beratungsleistungen von der Obergesellschaft erhält[1159]. Es ist daher fraglich, ob auch solche Handlungen grundsätzlich dem Interesse der Gesellschaft entsprechen können.

Entsprechend den Ausführungen zur Berücksichtigungsfähigkeit des Konzerninteresses für die Obergesellschaft ist in diesem Zusammenhang auch im Hinblick auf den Generaldirektor erneut auf die die Verordnung des Plenums des Obersten Arbitragegerichts der Russischen Föderation vom 30.07.2013 zurückzugreifen, in der klargestellt wird, dass ein Generaldirektor dann nicht im Interesse der juristischen Person gehandelt hat, wenn er im Interesse eines oder mehrerer Gesellschafter, jedoch zum Nachteil der juristischen Person gehandelt

1155 Weitgehende Übereinstimmung mit dem deutschen Recht – trotz fehlender Fallgruppen – stellen auch *Ernst/Abramova,* CCZ 2016, 22, 23 fest.

1156 *Schmitt/Prochorow,* in: Theiselmann, Governance International, S. 508.

1157 Vgl. zu einzelnen Punkten auch *Schmitt/Prochorow,* in: Theiselmann, Governance International, S. 508 f.

1158 Vgl. hierzu Teil 3, Kap. B.III.

1159 Zu diesem Beispiel *Telke,* Russisches Konzernrecht, S. 178.

hat.[1160] Auch die Tatsache, dass der Generaldirektor von den Gesellschaftern gebilligt wurde oder seine Handlung sogar auf deren Weisung erfolgte, vermag es nach Ansicht des Plenums des Obersten Arbitragegerichts nicht, den Generaldirektor vor einem Anspruch auf Ersatz der Schäden zu bewahren, da diesen eine unabhängige Pflicht treffe, im Interesse der juristischen Person zu handeln.[1161] Die Interessen der verbundenen Unternehmen sind damit im Rahmen der Gesellschaftsleitung im Grundsatz überhaupt nicht zu berücksichtigen.[1162] Dies hat zur Folge, dass der Generaldirektor ein für seine Gesellschaft nachteilhaftes Geschäft nur dann ausführen kann, wenn er zugleich eine Kompensation hierfür erhält.[1163]

2. Prüfpflichten

Ein Verstoß gegen dieses Pflichtenprogramm des Generaldirektors kann seine persönliche Inanspruchnahme zur Folge haben.[1164] Insoweit muss der russische Generaldirektor vor der Ausführung der Weisungen seiner Obergesellschaft stets prüfen, ob die von ihm verlangte Handlung dem russischen Recht nicht entgegensteht und vernünftig und gewissenhaft sowie im Interesse der Gesellschaft ist. Damit ist eine Prüfung der Umstände im Einzelfall erforderlich. Der Generaldirektor kann sich insbesondere nicht darauf verlassen, dass die Tochtergesellschaft auf eine Haftung verzichtet, wenn er die Weisungen der Obergesellschaft ausführt. Insbesondere, wenn die Obergesellschaft nicht alleinige Gesellschafterin der Tochter ist, sondern Minderheitsgesellschafter beteiligt sind oder die Konzernverbindung überhaupt nur auf vertraglicher oder sonstiger Grundlage beruht, kann eine Inanspruchnahme durch die Gesellschafter nicht ausgeschlossen werden. Um eine solche zu verhindern, muss der Generaldirektor stets seine Sorgfaltspflichten gegenüber der Gesellschaft beachten und hat

1160 Postanovlenie Plenuma VAS RF ot 30.07.2013 N 62 „O nekotorych voprosach vozmeščenija ubytkov licami, vchodjaščimi v sosotav organov juridičeskogo lica", Nr. 2.

1161 Postanovlenie Plenuma VAS RF ot 30.07.2013 N 62 „O nekotorych voprosach vozmeščenija ubytkov licami, vchodjaščimi v sosotav organov juridičeskogo lica", Nr. 7.

1162 *Nogaibay*, Schutz der Minderheit und der Gläubiger der abhängigen Aktiengesellschaft im Konzern, S. 238 f.; *Telke*, Russisches Konzernrecht, S. 159.

1163 So zumindest *Telke*, Russisches Konzernrecht, S. 159.

1164 Sofern die weiteren Voraussetzungen (Schaden, Kausalität zwischen Sorgfaltspflichtverletzung und Schaden und Verschulden) vorliegen.

auch und insbesondere bei der Ausführung von Weisungen gewissenhaft und vernünftig im Interesse seiner Gesellschaft zu handeln. Dabei ist von ihm insbesondere zu untersuchen, ob die angewiesene Handlung gegen das geltende russische Recht verstößt und ob sie mit dem Tochtereigeninteresse vereinbar ist.

D. Gleichgewicht von Einflussmöglichkeiten und Haftungsgefahren?

Im Ergebnis kann die russische Obergesellschaft folglich zwischen folgenden beiden Möglichkeiten der Konzernführung wählen: Sie kann sich einerseits dazu entschließen, den Konzern, wie in der russischen Praxis bislang üblich, möglichst dezentral zu führen und der Tochtergesellschaft einen Großteil der materiellen Entscheidungsmacht zu überlassen.[1165] Dieses Modell der Konzernleitung hat nach russischem Recht indes, wie in Teil 2 dargestellt, unter Umständen eine Durchgriffshaftung der Obergesellschaft zur Folge, die die Obergesellschaft nicht vollumfänglich steuern kann. Alternativ hierzu steht der Obergesellschaft die Möglichkeit offen, den Konzern möglichst zentral „an der engen Leine“ zu führen und weitreichende Weisungsrechte zu etablieren. Hierbei ist, wie in Teil 3 aufgezeigt, zu berücksichtigen, dass sich aufgrund der unklaren russischen Gesetzeslage insbesondere die Obergesellschaft nicht sicher sein kann, wie weitreichend das Weisungsrecht im Einzelfall ist und ob im Rahmen der Leitung der Tochtergesellschaft etwa das Konzerngesamtinteresse berücksichtigungsfähig ist. Hinzu kommt ein weiteres Problem des russischen Konzernrechts: Nicht nur die Obergesellschaft muss einen Durchgriff auf ihr Vermögen fürchten. Auch eine Gesellschaft, die übermäßigen Einfluss auf ihren Vertragspartner hat, kann bei Vorliegen der gesetzlichen Voraussetzungen zur Haftung herangezogen werden.[1166]

Hintergrund dieses Ergebnisses ist die Tatsache, dass das russische Konzernrecht trotz unterschiedlicher Einflussmöglichkeiten für alle Abhängigkeitsverhältnisse dieselbe Rechtsfolge bereithält. So haftet eine Obergesellschaft, die zugleich Mehrheits- oder gar Alleingesellschafterin der Tochtergesellschaft ist und hierdurch ein entsprechendes Weisungsrecht innehat, im gleichen Umfang, wie eine „Obergesellschaft“, die lediglich aufgrund tatsächlicher, möglicherweise sogar nur wirtschaftlicher Verhältnisse, Einfluss auf die Entscheidungen einer

1165 Vgl. *Druey*, in: Druey, Das St. Galler Konzernrechtsgespräch, S. 89, 101 zu den Merkmalen eines dezentralen Konzerns.

1166 Vgl. hierzu Teil 2, Kap. A.I.1.b)cc).

anderen Gesellschaft nehmen kann. Zugleich greifen die durch den russischen Gesetzgeber bereitgestellten Ausnahmetatbestände, die eine Durchgriffshaftung auf das Vermögen der Obergesellschaft verhindern sollen, lediglich in solchen Fällen, in denen die Obergesellschaft zugleich in der Gesellschafter- bzw. Aktionärsversammlung der Tochtergesellschaft an der Beschlussfassung teilnehmen oder darüber hinaus in sonstiger Weise Einfluss auf den Inhalt der Satzung der Tochtergesellschaft nehmen kann, um hierin einen umfassenden Zustimmungsvorbehalt zu begründen.

Ob auf dieser Grundlage ein Gleichgewicht zwischen erforderlichen Einflussmöglichkeiten gegenüber der Tochtergesellschaft und dem Gesamtkonzern auf der einen Seite sowie Haftungsgefahren für die Obergesellschaft auf der anderen Seite, besteht, soll im Folgenden näher untersucht werden. Hierfür ist zunächst die Verhältnismäßigkeit der Haftungsdurchgriffe im russischen Konzernrecht zu prüfen. Anschließend sind die Folgen der Gesetzeslage *de lege lata* und die hieraus resultierende Erforderlichkeit der Steuerung von Risiken durch die Obergesellschaft festzuhalten.

I. Verhältnismäßigkeit der Haftungsdurchgriffe?

Insoweit stellt sich zunächst die Frage, ob die weitreichende Haftungsgefahr des russischen Konzernrechts ihre Erklärung in den Gefahren und Risiken des Konzerns für Gläubiger und außenstehende Gesellschafter findet und hierdurch eine Rechtfertigung erhält. Die Gefahren im Konzern gehen für jene Interessengruppen weit über die normalen Risiken aus Mehrheits- und Minderheitskonflikten im Gesellschaftsrecht hinaus und bedürfen daher einer Regulierung.[1167] Auch die übrigen Teilnehmer am Geschäftsverkehr verdienen den Schutz ihrer berechtigten Interessen. Damit sind nicht nur die Interessen von Ober- und Tochtergesellschaft sowie deren Gesellschaftern zu berücksichtigen, sondern auch die Interessen von Dritten, Gläubigern[1168] sowie Wettbewerbern. Sämtliche dieser Interessen sind vom Gesetzgeber in ein gerechtes Gleichgewicht zu bringen.

Da gerade die Obergesellschaft kontrollierenden Einfluss auf ihre Tochtergesellschaft nehmen kann und auf diesem Wege in der Lage ist, anderen Parteien einen Schaden zuzufügen, soll sie nach russischem Verständnis für

1167 Für das deutsche Recht vgl. *Hommelhoff*, in: Mestmäcker/Behrens, Das Gesellschaftsrecht der Konzerne im internationalen Vergleich, S. 91.

1168 Vgl. *Gutnikov*, Korporativnaja otvetstvennost′ učastnikov kommerčeskich operacij: problemy i perspektivy razvitija. Pravo. Žurnal Vysšej školy ėkonomiki 2019, N 1, S. 45, S. 62.

unangemessene Handlungen zur Verantwortung gezogen werden.[1169] Die Möglichkeit, kontrollierenden Einfluss auf die Entscheidungen einer anderen juristischen Person nehmen zu können, soll hiernach begrenzt werden, um auf diese Weise den Missbrauch durch die kontrollierende Person zu verhindern und den Schutz der kontrollierten juristischen Person sowie ihrer Gläubiger zu bewahren.[1170] Die Haftung der Obergesellschaft für bestimmte Situationen ist im Grundsatz somit durchaus gerechtfertigt.

Allerdings stellt sich die Frage, wessen *berechtigte* Rechtsgüter, Interessen und Anliegen durch die Anordnung der spezifischen Durchgriffshaftung im russischen Konzernrecht konkret bewahrt werden sollen. Aus der Tatsache, dass es sich bei der gesamtschuldnerischen Haftung um allgemeine Grundsätze handelt und die Obergesellschaft ausschließlich den Gläubigern der Tochtergesellschaft als zusätzliche Schuldnerin zur Verfügung gestellt wird, wird ersichtlich, dass nicht etwa die Grundsätze des Wettbewerbsrechts, sondern zumindest unmittelbar schlicht die Interessen der Gläubiger der Tochtergesellschaft geschützt werden sollen.[1171] Auch die Interessen der Minderheitsgesellschafter der Tochtergesellschaft können durch die Durchgriffshaftung allein nicht bewahrt werden.[1172] Damit stellt sich im Anschluss allerdings die Frage nach der Verhältnismäßigkeit der Durchsetzung von Interessen der Tochtergläubiger auf der Ebene der Obergesellschaft: Würden Gläubiger der Tochtergesellschaft ein Geschäft mit dieser abschließen und läge keine Konzernierung vor, stünde den Gläubigern lediglich das Vermögen der Tochtergesellschaft zur Verfügung. Das Insolvenzrisiko der Tochtergesellschaft wäre mithin vollständig von den Gläubigern zu tragen.[1173] Es stellt sich deshalb die Frage, worin die Begründung dafür

1169 Vgl. *Gutnikov*, Korporativnaja otvetstvennost´ učastnikov kommerčeskich operacij: problemy i perspektivy razvitija. Pravo. Žurnal Vysšej školy ėkonomiki 2019, N 1, S. 49 f.

1170 *Lomakin*, Kommerčeskie korporacii kak sub´´ekty korporativnych pravootnošenij: učebnoe posobie, S. 113 ff.

1171 Vgl. hierzu auch *Šitkina*, in: Šitkina, Korporativnoe pravo, S. 662, die darauf hinweist, dass es sich um eine reine Gläubigerschutznorm handelt, was darüber hinaus aus dem Umstand deutlich wird, dass ein Verschulden der Obergesellschaft keine Haftungsvoraussetzung darstellt.

1172 Vgl. hierzu ausführlich *Gutnikov*, Korporativnaja otvetstvennost´ učastnikov kommerčeskich operacij: problemy i perspektivy razvitija. Pravo. Žurnal Vysšej školy ėkonomiki 2019, N 1, S. 50.

1173 Vgl. auch dazu, dass das Insolvenzrisiko einer juristischen Person stets von der Allgemeinheit zu tragen ist, *Krieger*, ZfU 2017, 25, 37

liegt, dass den Gläubigern der Tochter mit der Obergesellschaft eine zusätzliche Schuldnerin zur Verfügung gestellt wird.

In Fällen, in denen die Obergesellschaft über ein weitreichendes Weisungsrecht gegenüber der Tochtergesellschaft verfügt und dieses dazu nutzen kann, Vermögen aus der Gesellschaft abzuführen, ohne die Eigeninteressen der Tochtergesellschaft berücksichtigen zu müssen, ist die Begründung in der freien Dispositionsbefugnis der Obergesellschaft über das Vermögen der Tochtergesellschaft zu sehen.[1174] Kann sich die Obergesellschaft über die Vorschriften über die Kapitalaufbringung und -erhaltung hinwegsetzen, kann es insoweit durchaus gerechtfertigt sein, den Tochtergläubigern zusätzlich zur eigenen Vertragspartnerin die Obergesellschaft als weitere Haftungsadressatin zur Verfügung zu stellen.[1175] Denn sofern die Obergesellschaft über die Vermögenssituation der Tochter durchschlagend mitentscheiden und ihr Vermögen abführen kann, kann es ihr zugemutet werden, bei entsprechend fehlendem Vermögen ihrer Tochtergesellschaft für deren Schuld einzustehen.

Das russische Konzernrecht lässt allerdings die Frage, ob der Obergesellschaft überhaupt ein solch weitreichendes Weisungsrecht gegenüber ihrer Tochtergesellschaft zur Verfügung stehen kann, offen.[1176] Es gilt im Grundsatz eine strikte Eigeninteresseorientierung, sodass lediglich die Interessen der Tochtergesellschaft berücksichtigt werden sollen.[1177] Grenzen des Weisungsrechts einer russischen Obergesellschaft ergeben sich darüber hinaus ohnehin, wenn Interessen der Allgemeinheit oder der Gläubiger entgegenstehen,[1178] weshalb die Verletzung der Pflichten zur Erhaltung des Stammkapitals oder der Publizitätspflichten[1179] nach russischem Recht rechtsmissbräuchlich sein können.[1180] Eine Begründung der Durchgriffshaftung aufgrund einer weitgehenden Dispositionsbefugnis der

---

1174 Vgl. zur Durchgriffshaftung im deutschen Eingliederungskonzern *Habersack*, in Emmerich/Habersack, Aktien- und GmbH-Konzernrecht, § 322 Rn. 1; *Kropff*, Aktiengesetz von 1965, S. 426.

1175 Vgl. zur Durchgriffshaftung im deutschen Eingliederungskonzern *Habersack*, in Emmerich/Habersack, Aktien- und GmbH-Konzernrecht, § 322 Rn. 1.

1176 Vgl. hierzu Teil 3, Kap. B.II.

1177 Vgl. hierzu Teil 3, Kap. B.III.

1178 Vgl. zum Weisungsrecht im deutschen GmbH-Recht *Stephan/Tieves*, in: Münchener Kommentar GmbHG, § 37 Rn. 118; *Dominke*, Einheitliche Gruppenleitung über die Binnengrenzen in Europa, S. 166; *Altmeppen*, in: Altmeppen, GmbHG, § 37 Rn. 6.

1179 Vgl. entsprechend zum deutschen Recht *Dominke*, Einheitliche Gruppenleitung über die Binnengrenzen in Europa, S. 166.

1180 Vgl. hierzu Teil 3, Kap. B.II.1.b).

Obergesellschaft kann mithin im russischen Recht, anders als etwa im deutschen Eingliederungskonzern, nicht überzeugen.

Vor diesem Hintergrund besteht des Weiteren gerade in denjenigen Fällen, in denen die Obergesellschaft die Entscheidungen der Tochtergesellschaft aufgrund einer entsprechenden Vereinbarung mit dieser ohnehin lediglich in geringfügiger Weise beeinflussen kann, keine Begründung für den Durchgriff auf das Vermögen der Obergesellschaft. Dies gilt umso mehr für diejenigen Fälle, in denen die Gläubiger der Tochtergesellschaft gar nicht wissen, dass eine Obergesellschaft existiert, weil die Obergesellschaft selbst diesen Umstand, beispielsweise aufgrund einer rein wirtschaftlichen Abhängigkeit, nicht kennt.

Darüber hinaus ist zur berücksichtigen, dass aufgrund der gesamtschuldnerischen Haftung eine Obergesellschaft in Anspruch genommen werden kann, die weder rechtswidrig noch schuldhaft handelt zu einem Zeitpunkt, zu dem die Tochtergesellschaft selbst über genügend Haftungsreserven verfügt. Denn eine Zahlungsunfähigkeit der Tochtergesellschaft ist nicht Voraussetzung für einen Haftungsdurchgriff auf die Obergesellschaft.

Wie bereits einleitend festgestellt, nutzen Unternehmen die Organisationsform des Konzerns allerdings unter anderem, um bestimmte Risiken auf selbstständige juristische Personen auslagern zu können und hierdurch eine Haftungssegmentierung zu erreichen.[1181] Auf diese Weise können etwa ausländische Unternehmen unbekannte Märkte mit ihrem eigenen Vermögen und ihren eigenen Leitungsorganen unabhängig von ihrer deutschen Muttergesellschaft ergründen und das Unternehmen in Russland bekannt machen[1182], ohne dass bei dieser Unternehmung die Gefahr besteht, dass die Mutter für die Verpflichtungen der tausende Kilometer weit entfernten Tochtergesellschaft einstehen muss.[1183] Die Tochtergesellschaft kann aufgrund ihrer juristischen Selbstständigkeit gesteigerte Risiken in einer Weise übernehmen, wie es durch weisungsgesteuerte Zweigniederlassungen nicht möglich wäre.[1184] Da das Trennungsprinzip[1185] auch nach russischem Verständnis zum Fundament des

1181 Vgl. hierzu in der Einleitung, Kap. A.

1182 Vgl. hierzu *Steininger/Oljenik*, Wenn die Tochter in die Pubertät kommt, Ost/Letter 1/2014, S. 1 bereits für die Repräsentanz, die allerdings keine selbstständige juristische Person darstellt.

1183 Vgl. hierzu in der Einleitung, Kap. A.

1184 Vgl. hierzu *Hommelhoff*, ZGR 2019, 379, 391 f.

1185 *Princip otdelenija*. So *Gutnikov*, Korporativnaja otvetstvennost´ učastnikov kommerčeskich operacij: problemy i perspektivy razvitija. Pravo. Žurnal Vysšej školy ėkonomiki 2019, N 1, S. 46, S. 59.

russischen Gesellschaftsrechts gehört,[1186] nutzen auch Unternehmen innerhalb der Russischen Föderation mit Hilfe der Organisationsform des Konzerns die Möglichkeit, unterschiedliche Unternehmensbereiche auf mehrere selbstständige juristische Personen auszulagern, wodurch sie vermehrt Risiken eingehen können[1187]. Der Konzern ist mithin als besonders leistungsfähige Organisationsmöglichkeit im Recht zu verstehen.[1188] Die Auferlegung der Haftung und zugleich Durchbrechung der Haftungstrennung ist daher aufgrund der dargestellten Umstände überzogen.[1189] Denn auch im russischen Gesellschaftsrecht sollte jede Gesellschaft eine eigenständige Haftungs- und Risikoeinheit bilden, die gegenüber ihren übrigen Konzerngesellschaften abgeschottet ist.[1190] Die gesamtschuldnerische Haftung als Gegensatz hierzu ist dagegen „hochgradig abschreckend".[1191] Auch in der russischsprachigen Literatur wird daher die begründete Sorge geäußert, eine Durchgriffshaftung auf das Vermögen der Obergesellschaft könne ohne entsprechende Ausnahmen das Interesse, in dieser Unternehmensform tätig zu werden, verringern.[1192] Eine verhältnismäßige Rechtfertigung hierfür ist wie dargestellt nicht ersichtlich.

II. Erforderlichkeit der Steuerung von Risiken durch die Obergesellschaft

Angesichts der drohenden unverhältnismäßig strengen Durchgriffshaftung wird es sich die Obergesellschaft indes nicht mehr leisten, eine eigenständige juristische Person in einem fremden Markt oder mit einem eigenständigen Unternehmensbereich sich selbst zu überlassen und damit nicht nur das den

---

1186 *Suchanov*, in: Suchanov/Teljukina, Problemy sovremennoj civilistiki: Sbornik statej, posvjaščennych pamjati professora S.M. Korneeva, S. 103; *Gutnikov*, Korporativnaja otvetstvennost´ učastnikov kommerčeskich operacij: problemy i perspektivy razvitija. Pravo. Žurnal Vyssej školy ėkonomiki 2019, N 1, S. 46, 56; vgl. auch *Andreev*, Ličnaja otvetstvennost´ učastnika chozjajstvennogo obščestva pered tret'imi licami, Graždanskoe pravo, 2017, N 1, S. 8.

1187 Vgl. auch *Mereminskaja,* WiRO 2001, 369, 369 grundsätzlich zur GmbH.

1188 *Hommelhoff*, in: Mestmäcker/Behrens, Das Gesellschaftsrecht der Konzerne im internationalen Vergleich, S. 91, 92.

1189 Vgl. *Gutnikov*, Korporativnaja otvetstvennost' v graždanskom prave, S. 244 ff.; *Gutnikov*, Graždansko-pravovaja otvetstvennost´ v otnošenijach, svjazannych s upravleniem juridičeskimi licami, S. 306.

1190 So zum deutschen Recht *Hommelhoff*, ZGR 2019, 379, 401.

1191 Vgl. *Schön*, in: FS Hommelhoff, S. 1037, 1056.

1192 *Šitkina*, in: Šitkina, Korporativnoe pravo, S. 662.

Gesamtkonzern betreffende Reputationsrisiko sowie das finanzielle Risiko, dass ihre Beteiligung an der Tochter oder – mittelbar – an der Enkelgesellschaft verlorengeht oder deren Wert geschmälert wird, zu tragen,[1193] sondern darüber hinaus den Gläubigern der Tochtergesellschaft als zusätzliche Schuldnerin zur Verfügung zu stehen. Die Risiken zwischen der Ober- und ihrer Tochtergesellschaft sind in diesen Fällen in der Folge nicht mehr angemessen verteilt.

Der Obergesellschaft verbleibt, sofern sie überhaupt noch das Risiko eingeht und eine Tochtergesellschaft gründet, nur noch die Möglichkeit, die weitgehenden Risiken zu steuern[1194] und die Handlungen der Tochtergesellschaft vollständig zu kontrollieren. Dann aber führt die Durchbrechung des Trennungsprinzips auf diese Weise zugleich zu einem Ende der arbeitsteiligen dezentralen Konzernführung. Denn wie bereits von *Hommelhoff* für das europäische bzw. deutsche Konzernrecht festgestellt, kann eine Muttergesellschaft die Leitung des Konzernganzen bloß deshalb mit ihren Tochter- und Enkelgeschäftsleitungen teilen und deren Eigenständigkeit und auf den Konzern ausgerichtete Eigenverantwortlichkeit sowie die Dezentralität der Konzernverbindungen nur deshalb akzeptieren, weil die Risiken aus den Aktivitäten der Töchter und Enkel bei diesen eingekapselt bleiben und nicht auf die Mutter hin durchschlagen, diese somit eben nicht für die Tochter- und Enkelverbindlichkeiten selbst und unmittelbar einstehen muss.[1195] Ist dies nicht mehr möglich, bedeutet das zugleich ein Ende der Dezentralität. Die Obergesellschaft kann ihrer Tochter keinerlei Handlungs- und Entscheidungsfreiräume mehr belassen, sondern muss deren Handlungen kontrollieren und bis in alle Einzelheiten hinein steuern.[1196] Der russische – sowie der deutsch-russische grenzüberschreitende Konzern – muss mithin im Ergebnis ähnlich einem Einheitskonzern[1197] geführt werden.

Sofern die Obergesellschaft sich somit mangels Alternativen zur Leitung eines solchen Einheitskonzerns entscheidet und über sämtliche Entscheidungen selbst abstimmt bzw. diese genehmigt, greift zugleich der im russischen Konzernrecht

1193 Vgl. hierzu *Hommelhoff*, ZGR 2019, 379, 401 f. m.w.N.

1194 Vgl. auch *Krieger*, ZfU 2017, 25, 41 m.w.N.

1195 *Hommelhoff*, ZGR 2019, 379, 401.

1196 Vgl. zum deutschen Recht *Hommelhoff*, ZGR 2019, 379, 402.

1197 Gemeint sind Einheitsunternehmen nach deutschem Verständnis und nicht etwa Einheitsunternehmen nach russischem Verständnis im Sinne kommunalen Unternehmen, in denen die Anteile nicht geteilt sind; zu Einheitsunternehmen nach russischem Verständnis vgl. *Solotych*, Das Zivilgesetzbuch der Russischen Föderation, Erster Teil, S. 96; *Knieper*, WiRO 2003, 257, 259.

festgeschriebene Haftungsausschluss.[1198] Insoweit stellt sich die Frage, ob der russische Gesetzgeber die Obergesellschaft nicht sogar bewusst dazu drängen möchte, die Organisationsform des Konzerns als Einheitsunternehmen zu führen. Dies ist jedoch für die Leitung eines mehrgliedrigen Konzerns, der Risiken bewusst auslagern möchte, schlicht nicht möglich. Zur Förderung der Organisationsform des Konzerns sollte es den Teilnehmern allerdings grundsätzlich freistehen, ob sie ein Leiten der Tochtergesellschaft „an der langen Leine" oder ein „straffes Führen" bevorzugen.[1199] Grundsätzlich sollte der Konzern im Ergebnis die Möglichkeit offenhalten, ein „Sammelbecken" unterschiedlicher und vielfältiger unternehmerischer Initiativen zu bieten.[1200] Eine solche Möglichkeit besteht nach geltendem russischem Recht nicht ausreichend.

E. Resümee und Vorschläge *de lege ferenda*

Zusammenfassend lässt sich somit festhalten, dass der russische Gesetzgeber durch die Verschärfung der konzernrechtlichen Haftungsregelungen und dem hierdurch geschaffenen Risiko des Haftungsdurchgriffs, das wie ein Damoklesschwert stets über der Obergesellschaft hängt, dringend benötigte arbeitsteilige Konzernleitungsmöglichkeiten in Russland verhindert hat. Die Obergesellschaft kann es sich nicht leisten, die Tochtergesellschaft an der langen Leine zu führen und ihr einen eigenen Handlungsspielraum zu überlassen. *De lege lata* wird der Grundsatz der Haftungstrennung im russischen Recht auf Grundlage des Art. 67.3 ZGB RUS in unverhältnismäßiger Weise durchbrochen. „Wer [jedoch] das Trennungsprinzip über Bord wirft und Konzerne wie Einheitsunternehmen behandelt, beschädigt eine der leistungsfähigsten Organisationsformen, über die die moderne Wirtschaft verfügt."[1201] Die Folge davon, den Konzern als Einheit zu fassen, bedeutet jedoch zugleich, sein Wesen zu verkennen.[1202]

Da für diesen enormen Eingriff in den Grundsatz der Haftungstrennung kein rechtfertigender Grund besteht, könnte die Anordnung der Durchgriffshaftung aufgrund der übrigen bereits normierten Haftungsanordnungen *de lege ferenda*

1198 Hierzu ausführlich Teil 2, Kap. A.I.4.

1199 Vgl. hierzu auch *Krieger*, ZfU 2017, 25, 41.

1200 Vgl. zur Begrifflichkeit *Hommelhoff*, in: Mestmäcker/Behrens, Das Gesellschaftsrecht der Konzerne im internationalen Vergleich, S. 92 f.

1201 *Krieger*, ZfU 2017, 25, 41 m.w.N.; vgl. zu diesem Gedanken auch *Hommelhoff*, in: Bergmann u.a., Vom Konzern zum Einheitsunternehmen, S. 215, 217.

1202 So bereits von *Druey*, in: FS Hommelhoff, S. 135, 156 festgestellt.

gestrichen werden. Der bereits eingebrachte Reformvorschlag[1203], der die vollständige Streichung des Art. 67.3 ZGB RUS vorschlägt, könnte insoweit zu dem vorgeschlagenen Ergebnis führen. Denn sollte der Gesetzesentwurf entgegen der Prognosen in der Literatur[1204] tatsächlich durchgesetzt werden, so existierte keine rechtliche Grundlage für einen Durchgriff auf die Obergesellschaft mehr. Stattdessen wären lediglich die kontrollierte Person sowie deren Gläubiger zur Geltendmachung der Schäden berechtigt, die der kontrollierten Person dadurch entstanden sind, dass die Obergesellschaft nicht vernünftig und gewissenhaft im Interesse der kontrollierten Person gehandelt hat. Fraglich ist insoweit lediglich, ob es die vorgeschlagenen Art. 53.3 und Art. 53.4 ZGB RUS tatsächlich bedarf. Wie dargestellt, steht der Tochtergesellschaft bereits über Art. 53.1 ZGB RUS ein entsprechender Anspruch zu,[1205] den die Art. 53.3 und 53.4 ZGB RUS auch nicht weiter zu definieren oder zu erläutern vermögen. Sie wiederholen lediglich den allgemein gehaltenen Art. 53.1 ZGB RUS und führen ihn in unnötigen Stellen aus[1206], während vom Gesetzgeber noch zu klärende Aspekte, wie die Anerkennung eines Konzerninteresses, weiterhin gesetzlich offengelassen werden.[1207]

Da die Obergesellschaft als solche allerdings ohnehin bereits das finanzielle Risiko trägt, dass ihre Beteiligung an der Tochter oder mittelbar an der Enkelgesellschaft verlorengeht oder deren Wert geschmälert wird,[1208] wäre es im Ergebnis darüber hinaus genügend, dass das russische Recht ausreichende anderweitige Haftungstatbestände zur Verfügung stellt, die den Schaden der Tochtergesellschaft kompensieren können, sofern die Obergesellschaft einen zu weitreichenden Einfluss nimmt und die Tochtergesellschaft – trotz der Eigenverantwortlichkeit der Tochtergeschäftsleiter – Schaden nimmt. Insoweit sollte der russische Gesetzgeber in Erwägung ziehen, andere Haftungstatbestände mit weniger strengen Folgen und Voraussetzungen heranzuziehen. Für solche Fälle

---

1203 Vgl. hierzu Teil 1, Kap. B.III.2.

1204 Vgl. hierzu Teil 1, Kap. B.III.2.

1205 Entsprechend auch die Kritik von *Gutnikov*, Korporativnaja otvetstvennost´ učastnikov kommerčeskich operacij: problemy i perspektivy razvitija. Pravo. Žurnal Vysšej školy ėkonomiki 2019, N 1, 46, 60 f.; *ders.*, Korporativnaja otvetstvennost' v graždanskom prave, S. 244 ff.; *ders.*, Graždansko-pravovaja otvetstvennost´ v otnošenijach, svjazannych s upravleniem juridičeskimi licami, S. 310.

1206 Vgl. hierzu bereits Teil 1, Kap. B.III.2.

1207 Vgl. hierzu Teil 1, Kap. B.III.

1208 *Hommelhoff*, ZGR 2019, 379, 401 f. m.w.N.

erscheint indes die subsidiäre und eben nicht die solidarische Haftung die richtige Lösung zu sein.[1209]

Darüber hinaus könnte entsprechend dem deutschen Recht durch § 826 BGB (D), erwogen werden, das Deliktsrecht (etwa Art. 1064 Pkt. 1 Abs. 1 ZGB RUS) auch im Gesellschaftsrecht zur Anwendung zu bringen.[1210] Da mithin bereits anderweitige Haftungsbestände im russischen Recht existieren, ist eine zusätzliche gesamtschuldnerische Haftung der Obergesellschaft gegenüber den Gläubigern der Tochter nicht notwendig.

Ebenso ist es ratsam, *de lege ferenda* statt der Auslagerung des Risikos auf die Ebene der Obergesellschaft, die nur sehr niedrigen[1211] Einlagen der Gesellschaften im russischen Recht zu erhöhen, um den geringen Schutz der Gläubiger russischer Gesellschaften zu verbessern.[1212] Gerade die Erhöhung des geringen Mindeststammkapitals zum Zwecke des Gläubigerschutzes wurde bereits im Zuge der Reform des Zivilgesetzbuches von einigen Stimmen gefordert, jedoch mit dem Argument abgelehnt, höchstes Ziel der Reform sei die Verbesserung des Investitionsklimas der Russischen Föderation, weshalb eine Erhöhung des Stammkapitals nicht in Frage käme.[1213] Dass der russische Gesetzgeber stattdessen die Durchgriffshaftung auf das Vermögen der Obergesellschaft erweitert

---

1209 So auch *Gutnikov*, Korporativnaja otvetstvennost' v graždanskom prave, S. 244 ff.; *Gutnikov*, Graždansko-pravovaja otvetstvennost´ v otnošenijach, svjazannych s upravleniem juridičeskimi licami, S. 306.

1210 Vgl. auch *Mereminskaja*, ‚WiRO 2002, 369, 370, die kritisiert, dass weder das Schrifttum noch die Rechtsprechung erwägt, dem Deliktsrecht eine eigenständige Geltung im Bereich des Gesellschaftsrechts zuzusprechen; vgl. hierzu allerdings auch *Glazunov*, Otražennye ubitki v korporativnom prave, Vestnik ėkonomičeskogo pravosudija Rossijskoj Federacii 2020, N 2, der diese Idee anspricht, sie allerdings aufgrund der Gefahr einer doppelten Entschädigung und der Vorrangstellung des Gesellschaftsrechts ablehnt; vgl. auch *Bojko*, Zaščita prav i interesov minoritarnyx učastnikov nepubličnogo obščesta v prave Rossii, Sša i Velikobritanii, Kap. 3, § 3.1.

1211 Das Mindeststammkapital einer russischen juristischen Person liegt bei lediglich RUB 10.000,00 bzw. etwa EUR 140,00 für die GmbH und RUB 100.000,00 bzw. etwa EUR 1.400,00 für die AG russischen Rechts, Art. 14 Pkt. 1 Abs. 2 GmbHG RUS, Art. 26 AktG RUS.

1212 Vgl. darüber hinaus ausführlich *Mereminskaja,* WiRO 2001, 369, 369 dazu, dass im Gesellschaftsrecht der Russischen Föderation kein ausreichender Gläubigerschutz besteht (kein Rückzahlungsverbot, keine Rückgewähransprüche bei unzulässiger Gewinnverteilung usw.).

1213 Vgl. hierzu *Piskunov*, Korporativnoe soglašenie – ėto bomba pod ves´ naš oborot, Interv´ju s E.A. Suchanovym, Zakon 2014, N 7.

hat, zeigt, dass die Bedeutung der Organisationsform des Konzerns verkannt wurde. So kann ein Konzern, trotz der dargestellten Gefahren für Gläubiger, Minderheitsgesellschafter und Wettbewerber durchaus gesellschafts- und wirtschaftspolitisch gewollt sein, etwa, weil erst durch die Zusammenfassung von Unternehmen unter einer einheitlichen Leitung Absatz und Produktion geordnet werden können.[1214] Gerade diese Tatsache darf nicht übersehen werden. Denn die Organisationsform des Konzerns ist eine Möglichkeit für Unternehmen mit breit gefächerten Aktivitäten, diese aus einer Mehrzahl unternehmerischer Aktivitätszentren heraus zu betreiben und miteinander zu koordinieren.[1215]

Gerade aus diesem Grund muss neben einer Haftung der Konzernspitze auch die Leitung und Führung des Konzerns rechtlich zugelassen und ermöglicht werden, um ein dezentral-arbeitsteiliges Zusammenwirken zu gewährleisten. Hierfür muss es der Obergesellschaft möglich sein, den untergeordneten Gesellschaften rechtsverbindliche Weisungen erteilen zu dürfen, wobei insbesondere auch die Interessen des Gesamtkonzerns unter Rücksichtnahme auf die jeweiligen Eigeninteressen der einzelnen Konzerngesellschaften Berücksichtigung finden müssen. Insbesondere ist festzulegen, unter welchen Umständen der Obergesellschaft ein Weisungsrecht gegenüber ihrer Tochter zustehen kann und welche rechtlichen Konsequenzen sich hieraus ergeben. Sofern die Obergesellschaft ohnehin für die Verbindlichkeiten der Tochtergesellschaft einstehen muss, ist ihr im Gegenzug auch ein umfassendes Weisungsrecht einzuräumen, um einen interessengerechten Ausgleich zu schaffen. Zugleich ist auch dem Tochtergeschäftsleiter eine Möglichkeit zu eröffnen, ohne die Gefahr einer Haftung, entsprechende Weisungen in der eigenen Gesellschaft umsetzen zu dürfen. Jedenfalls muss eine Anpassung zwischen den angedrohten Haftungsfolgen und dem Maß der Einflussnahme erfolgen, um das bestehende Ungleichgewicht zwischen den unterschiedlichen Beherrschungsarten aufzulösen.

Dem russischen Gesetzgeber ist darüber hinaus angeraten, nicht – erneut – fremde Rechtsordnungen zu kopieren, sondern eine Möglichkeit zu schaffen, die sich an die Besonderheiten des russischen Gesellschaftsrechts nach Jahren der Planwirtschaft anpasst. Nur auf diese Weise, kann es der Russischen Föderation überhaupt gelingen, ihr ehemaliges Ziel, den eigenen Markt für

---

1214 *Kropff*, Aktiengesetz von 1965, S. 375.

1215 *Hommelhoff*, in: Mestmäcker/Behrens, Das Gesellschaftsrecht der Konzerne im internationalen Vergleich, S. 91, 92.

ausländische Investoren attraktiver zu gestalten und mehr produzierende Industrie im eigenen Land anzusiedeln[1216], langfristig zu erreichen.

1216 Vgl. zu einzelnen Verbesserungsbemühungen *Steininger,* WiRO 2018, 46, 48; *Wedde,* RIW 2018, 351, 353.

Zusammenfassung der wesentlichen Ergebnisse in Thesen

1. Ein zusammenhängendes, ausführlich normiertes russisches Konzernrecht existiert nicht. Vielmehr lassen sich lediglich vereinzelte Regelungen im russischen Zivilgesetzbuch sowie in den ergänzenden Spezialgesetzbüchern finden. Neben der Definition einer Tochtergesellschaft handelt es sich hierbei ausschließlich um Haftungsregelungen, die Einstandspflichten der Obergesellschaften, ohne Unterscheidung hinsichtlich der Intensität der Einflussnahme, normieren. Damit erfüllt das russische Konzernrecht nicht die Funktion eines sicheren Rechtsrahmens für die Obergesellschaft (*enabling law*), sondern kommt durch strenge Haftungsvorschriften lediglich einer Schutzfunktion gegenüber Gläubigern und Minderheitsgesellschaftern nach (vgl. Teil 1, Kapitel A. IV.).
2. Aufgrund der wörtlichen Übernahme der russischen konzernrechtlichen Bestimmungen aus dem niederländischen Recht konnten deren eigentlicher Sinn sowie die Erfahrungen aus Rechtsprechung und Lehre nicht zur Auslegung herangezogen werden. Die einzige Auslegungsmethode bildet insoweit der Wortlaut. Auch die Gesetzesreform durch den russischen Gesetzgeber führte zu keiner grundlegenden Änderung der konzernrechtlichen Vorschriften, sondern lediglich zu einzelnen Verschärfungen, mit Hilfe derer die Umgehungsversuche russischer Unternehmen verhindert werden sollten (vgl. Teil 1, Kapitel C.).
3. Die offene Formulierung der Art. 67.3 Pkt. 1 ZGB RUS, Art. 6 Pkt. 2 GmbHG RUS und Art. 6 Pkt. 2 AktG RUS ermöglicht es zwar, möglichst umfassend sämtliche Grundlagen der Beherrschung zu erfassen und in die konzernrechtlichen Regelungen einzubeziehen, wodurch jeder Einzelfall, in dem eine Einflussnahme auf ein anderes Unternehmen vorliegt, berücksichtigt werden kann. Allerdings führt eine derart weite Fassung – insbesondere aufgrund des positivistisch geprägten russischen Rechts – auf der anderen Seite dazu, dass auch Beherrschungsverhältnisse erfasst werden, für welche die extremen haftungsrechtlichen Folgen nicht gerechtfertigt sind. Dies trifft sowohl auf rein tatsächliche Abhängigkeitsverhältnisse zu, die in keiner Weise gesellschaftsrechtlich bedingt sind, als auch auf Einflussmöglichkeiten im Hinblick auf *einzelne* Rechtsgeschäfte – in denen die Obergesellschaft lediglich im Einzelfall die Möglichkeit hat, die Entscheidungen der Tochtergesellschaft

zu bestimmen. Die Einbeziehung solcher Einflussmöglichkeiten greift in nicht gerechtfertigter Weise zu tief in das Marktgeschehen ein und begründet eine hohe Rechtsunsicherheit für bloße Geschäftspartner und gegebenenfalls auch Gesellschafter und Aktionäre, die stets damit rechnen müssen, dass sie gesamtschuldnerisch für die Geschäfte einer anderen Gesellschaft – die in einzelnen Fällen zur „Tochtergesellschaft“ wird, einstehen müssen (vgl. Teil 2, Kapitel A. I. 1.e.).

4. Nicht jede Einwirkung auf den Geschäftspartner darf ein Konzernierungsverhältnis begründen und den Gläubigern einen zusätzlichen Schuldner zur Verfügung stellen, mit dem sie selbst keine Rechtsgeschäfte abgeschlossen haben. Stattdessen kann sich der abhängige Geschäftspartner ausreichend über die Regelungen des russischen Wettbewerbs- und Zivilrechts schützen (vgl. Teil 2, Kapitel A. I. 1.e.).
5. Der im Zuge der Reform des russischen Zivilgesetzbuches durchgeführte Verzicht auf das Vorliegen eines Weisungsrechts – ehemals eine der *Hauptvoraussetzungen* der gesamtschuldnerischen Haftung – war vom russischen Gesetzgeber gewollt und wurde umgesetzt, um die häufig stattfindende Umgehung der Durchgriffshaftung durch den Verzicht einer Fixierung des Weisungsrechts zu verhindern. Aufgrund des Vorrangs der Bestimmungen des Zivilgesetzbuches bleiben die anderslautenden Normierungen des GmbH- und Aktiengesetzes ohne Auswirkungen (vgl. Teil 2, Kapitel A. I. 2.c.).
6. Durch den Wegfall des Weisungsrechts der Obergesellschaft gegenüber ihrer Tochtergesellschaft kann eine Haftung einfacher eintreten als zuvor. Denn statt eines durchsetzbaren Anspruchs der Obergesellschaft gegenüber ihrer Tochter auf Befolgung der Weisungen, genügt die tatsächliche Möglichkeit der Obergesellschaft, Entscheidungen ihrer Tochter zu beeinflussen, ganz gleich auf welcher Grundlage diese Einflussmöglichkeit beruht und unabhängig davon, ob die Tochtergesellschaft dieser Einflussnahme Folge leisten muss. Eine Unterscheidung und verhältnismäßige Abstufung unterschiedlich intensiver Einflussmöglichkeiten findet insoweit nicht statt (vgl. Teil 2, Kapitel A. II.).
7. Die erfolgte Gesetzesänderung hat zur Folge, dass all´ diejenigen Fallgruppen, in denen kein durchsetzbares Weisungsrecht der Obergesellschaft besteht, sondern lediglich die Möglichkeit der Obergesellschaft, die Entscheidungen ihrer Tochter zu beeinflussen, von einer möglichen Haftung betroffen sind. Sofern die übrigen normierten Voraussetzungen vorliegen, kann etwa die bloße Mehrheitsbeteiligung der Obergesellschaft oder eine personelle Verflechtung ausreichen, um eine Haftung gegenüber den Tochtergläubigern auszulösen (vgl. Teil 2, Kapitel A. I. 2.c.).

8. Aufgrund der nach russischem Recht drohenden Durchgriffshaftung auf die Obergesellschaft wurde vor der Gesetzesreform ein ausdrückliches Weisungsrecht in der russischen Unternehmenspraxis nur selten in die Satzung oder in Verträge zwischen der Ober- und der Tochtergesellschaft aufgenommen. Stattdessen wurden alternative Herrschaftsinstrumente gewählt. Seit der Gesetzesreform stellen jene Herrschaftsformen jedoch keine effektive Alternative für ein ausdrückliches Weisungsrecht dar. Denn sämtliche der geprüften Herrschaftsinstrumente sind bereits rechtlich nicht oder nur mit Schwierigkeiten gegenüber der russischen Tochtergesellschaft durchsetzbar und führen in den meisten Fällen aufgrund der gesetzlichen Haftungserweiterung zu einer Haftungsgefahr für die Obergesellschaft. Hierdurch kam es zu einem endgültigen Wegfall der Haftungstrennung im russischen Konzern (vgl. Teil 2, Kapitel B. II.).
9. Auch die erforderliche tatsächlich erfolgte Einflussnahme auf die Tochtergesellschaft in Form einer Weisung oder Zustimmung stellt keine angemessene Hürde für einen Durchgriff auf das Vermögen der Obergesellschaft dar. Insbesondere in Fällen rein tatsächlich ausgeübter Macht in Form von bloßen schuldrechtlichen Verträgen wie Franchise- oder Lieferverträgen, kann eine lediglich konkludente Weisung oder Zustimmung im Einzelfall dazu führen, dass ein Unternehmen dem Gläubiger seines Vertragspartners als zusätzlicher Schuldner zur Verfügung gestellt wird. Für eine derart weite Fassung einer Haftungsnorm besteht keinerlei rechtfertigender Grund (vgl. Teil 2, Kapitel A. II.).
10. Durch die abschließende Aufzählung von lediglich zwei Ausnahmegründen entsteht darüber hinaus ein paradoxes Ungleichgewicht zwischen unterschiedlichen Beherrschungsarten, in dessen Folge ausgerechnet solche Obergesellschaften einer Haftung entgehen können, die eine strenge und umfassende Kontrolle gegenüber ihrer Tochtergesellschaft ausüben können. Diejenigen Obergesellschaften dagegen, denen lediglich minimale Einflussmöglichkeiten zustehen, sollen den Gläubigern der Tochtergesellschaft als zusätzlicher Schuldner zur Verfügung gestellt werden (vgl. Teil 2, Kapitel A. I. 4.d.).
11. Gerettet wird dieses Ergebnis in der Praxis allein durch die vielfach kritisierte Beweislastverteilung, nach der der Gläubiger der Tochtergesellschaft vor Gericht zunächst das Vorliegen der Haftungsvoraussetzungen darzulegen hat, ohne dass ihm die Möglichkeit eines Anscheinsbeweises zugebilligt wird. Diese Tatsache allein sollte jedoch keinesfalls dazu führen, dass der russische Gesetzgeber den Versuch unternimmt, auf Tatbestandsebene einen Durchgriff möglichst einfach und bereits aufgrund minimaler

Umstände herbeizuführen, um einen Durchgriff im Einzelfall dennoch zu ermöglichen (vgl. Teil 2, Kapitel A. II.).

12. Aus den allgemeinen gesellschaftsrechtlichen Grundsätzen geht hervor, dass die Obergesellschaft – sofern sie Teil der Gesellschafterversammlung ist – zumindest für die russische Tochter-GmbH und die nichtöffentliche Tochter-AG ihre Kompetenzen durch Satzungsänderung dahingehend verändern kann, dass der Gesellschafterversammlung ein Weisungsrecht eingeräumt wird. Dieses steht in der Folge auch der Obergesellschaft als Gesellschafterin der Tochtergesellschaft zu. Eine entsprechende Weisung an den Tochtergeneraldirektor erfordert in diesen Fällen indes zunächst eine entsprechende Beschlussfassung der Gesellschafterversammlung, wobei eine solche schriftlich möglich ist, sofern die Obergesellschaft zugleich Alleingesellschafterin bzw. -aktionärin der Tochtergesellschaft sein sollte (vgl. Teil 3, Kapitel B. IV.).
13. Diese Grundsätze lassen sich jedoch nicht auf die öffentliche Aktiengesellschaft russischen Rechts übertragen. Aufgrund der hier geltenden strengen gesetzlichen Kompetenzzuweisung ist eine Erweiterung des Kompetenzkatalogs der Aktionärsversammlung auch durch eine Satzungsänderung ausgeschlossen. Entsprechend kann auch der Obergesellschaft, sofern sie Aktionärin der Tochtergesellschaft ist, kein Weisungsrecht gegenüber dem Leitungsorgan der AG russischen Rechts zustehen (vgl. Teil 3, Kapitel B. IV.).
14. Ein Weisungsrecht der Obergesellschaft kann allerdings ausdrücklich in einem Vertrag oder der Satzung der Gesellschaft vereinbart werden. Ausdrücklich zugelassen ist diese Vorgehensweise in Art. 6 Pkt. 3 Abs. 2 AktG RUS für die Tochter-AG. Entsprechendes gilt trotz des Fehlens einer ausdrücklichen gesetzlichen Regelung auch bzw. erst recht für die GmbH russischen Rechts (vgl. Teil 3, Kapitel B. IV.).
15. Grenzen eines Weisungsrechts der Obergesellschaft ergeben sich einheitlich aus dem in Art. 10 ZGB RUS normierten Verbot des Rechtsmissbrauchs. Darüber hinaus ist die Vorgabe in der Verordnung des Plenums des Obersten Arbitragegerichts der Russischen Föderation vom 30.07.2013 N 62 zu berücksichtigen, wonach im Hinblick auf die Generaldirektorenhaftung gilt, dass dieser gegen seine Pflicht, im Interesse der juristischen Person zu handeln, verstößt, wenn er zwar im Interesse eines oder mehrerer Gesellschafter, jedoch zum Nachteil der juristischen Person selbst handelt. Es liegt angesichts des Wortlauts der Norm des Art. 53.1 ZGB RUS nahe, diese Auslegung auch auf die Verpflichtung der Obergesellschaft zu erweitern, womit die Berücksichtigung eines Konzerninteresses bei der Weisungserteilung ausscheidet (vgl. Teil 3, Kapitel B. IV.).

16. An diesem Ergebnis ändert auch der im Zuge der Reform eingeführte Art. 53.1 Pkt. 3 ZGB RUS, der festlegt, dass die Obergesellschaft im Interesse der Gesellschaft handeln muss, nichts. Denn mit der Gesetzesänderung wollte der russische Gesetzgeber offensichtlich keinen völlig neuen Grundsatz etablieren, sondern lediglich einen zusätzlichen Haftungsadressaten zu den ursprünglichen Haftungsorganen zur Verfügung stellen, sodass die bestehenden Grundsätze beibehalten werden können (vgl. Teil 3, Kapitel B. IV.).
17. Obwohl eine Folgepflicht des Tochterexekutivorgans nicht ausdrücklich im russischen Recht geregelt ist und bislang auch kaum diskutiert wurde, ergibt sie sich aus dem Weisungsrecht im Sinne einer rechtlich durchsetzbaren Verpflichtung selbst. So besteht eine korrespondierende schuldrechtliche Folgepflicht, sofern der Obergesellschaft vertraglich das Recht eingeräumt wird, der Tochtergesellschaft Weisungen zu erteilen sowie eine organschaftliche Folgepflicht als Ergebnis der Kompetenzverteilung, sofern ein Weisungsrecht in der Satzung der Gesellschaft verankert wurde (vgl. Teil 3, Kapitel C. I.).
18. Für das Tochterexekutivorgan können sich Grenzen ergeben, sodass es nicht darauf vertrauen kann, sämtliche Weisungen ausführen zu dürfen. Insbesondere muss das Tochterexekutivorgan beachten, dass es bei der Leitung der Geschäfte nach russischem Recht stets seine ausdrücklich gesetzlich vorgeschriebene Sorgfaltspflicht zu beachten hat und infolgedessen vernünftig und gewissenhaft im Interesse der Gesellschaft handeln muss. Verletzt es diese Sorgfaltspflicht und entsteht der Tochtergesellschaft hierdurch ein Schaden, kann es von der Gesellschaft selbst oder von den einzelnen Gesellschaftern auf Ersatz des entstandenen Schadens in Anspruch genommen werden. Aus dieser Haftungsgefahr ergibt sich zwangsläufig eine Prüfpflicht des Tochterexekutivorgans hinsichtlich der von der Obergesellschaft erteilten Weisungen (vgl. Teil 3, Kapitel C. II.).
19. Durch die Verschärfung der konzernrechtlichen Haftungsregelungen und dem hierdurch geschaffenen Risiko des Haftungsdurchgriffs, das wie ein Damoklesschwert stets über der Obergesellschaft hängt, wurden die dringend benötigten arbeitsteiligen Konzernleitungsmöglichkeiten in Russland vollständig verhindert. Die Obergesellschaft kann es sich nicht leisten, die Tochtergesellschaft an der langen Leine zu führen und ihr einen eigenen Handlungsspielraum zu überlassen. Für diesen enormen Eingriff in den Grundsatz der Haftungstrennung besteht darüber hinaus auch kein rechtfertigender Grund. Vielmehr könnte die Anordnung der Durchgriffshaftung

aufgrund der übrigen bereits normierten Haftungsanordnungen vollständig gestrichen werden (vgl. Teil 3, Kapitel E.).

Anhang: Gesetzesauszüge in deutscher Übersetzung[1217]

Zivilgesetzbuch

Art. 53 Organe der juristischen Person

(1) Eine juristische Person erwirbt bürgerliche Rechte[1218] und übernimmt zivilrechtliche Pflichten durch ihre Organe, die in Übereinstimmung mit dem Gesetz, anderen Rechtvorschriften und dem Gründungsdokument[1219] handeln.

Das Gründungsverfahren und die Kompetenzen der Organe der juristischen Person werden durch das Gesetz und das Gründungsdokument bestimmt.

In dem Gründungsdokument kann vorgesehen werden, dass die Befugnis, im Namen der juristischen Person zu handeln, mehreren Personen übertragen wird, die gemeinsam oder unabhängig voneinander handeln. Die Information hierüber ist in das Einheitliche Staatliche Register für juristische Personen aufzunehmen.

(2) In durch dieses Gesetz vorgesehenen Fällen kann die juristische Person durch ihre Gesellschafter bürgerliche Rechte erwerben und zivilrechtliche Pflichten übernehmen.

(3) Eine Person, die kraft Gesetzes, einer anderen Rechtsvorschrift oder dem Gründungsdokument einer juristischen Person befugt ist, in deren Namen aufzutreten, muss im Interesse der von ihr vertretenen juristischen Person vernünftig und gewissenhaft handeln. Die gleiche Verpflichtung wird den Mitgliedern der Kollegialorgane der juristischen Person (Aufsichts- oder anderer Rat, Vorstand usw.) auferlegt.

(4) Die Beziehungen zwischen einer juristischen Person und Personen, die ihren Organen angehören, werden durch dieses Gesetz und die in

1217 Bei der Übersetzung der Gesetzesauszüge wird der Empfehlung der DRJV zur Übersetzung russischer juristischer Fachbegriffe in die deutsche Sprache gefolgt.

1218 Zu dieser Übersetzung vgl. auch *Solotych,* Das Zivilgesetzbuch der Russischen Föderation, Erster Teil, 1996, S. 99.

1219 Einziges Gründungsdokument der GmbH und der AG russischen Rechts ist die Satzung, vgl. Art. 52 Pkt. 1 ZGB RUS; Art. 12 Pkt. 1 Abs. 1 GmbHG RUS; Art. 11 Pkt. 1 AktG RUS. Bis zum Jahr 2009 gehörte auch der sog. Gründungsvertrag (*Učreditel'nyj dogovor*) zu den Gründungsdokumenten, Art. 52 Pkt. 1 ZGB RUS; vgl. hierzu auch *Weidemann,* in: Galander, Russisches Wirtschaftsrecht, S. 73, S. 107. Zur früheren Rechtslage für die GmbH russischen Rechts vgl. *Heidemann,* GmbHR 2002, 732, 733.

Übereinstimmung mit ihm erlassenen Gesetze über juristische Personen geregelt.

Art. 53.1 Haftung einer Person, die befugt ist, im Namen einer juristischen Person zu handeln, von Mitgliedern von Kollegialorganen einer juristischen Person und von Personen, die die Handlungen einer juristischen Person bestimmen

(1) Eine Person, die aufgrund eines Gesetzes, einer anderen Rechtsvorschrift oder dem Gründungsdokument einer juristischen Person befugt ist, in ihrem Namen zu handeln (Artikel 53 Punkt 3), ist verpflichtet, auf Antrag der juristischen Person, ihrer Gründer (Gesellschafter), die im Interesse der juristischen Person handeln, Schäden zu ersetzen, die der juristischen Person durch ihr Verschulden entstanden sind.

Eine Person, die aufgrund des Gesetzes, einer anderen Rechtsvorschrift oder dem Gründungsdokument einer juristischen Person befugt ist, in ihrem Namen zu handeln, haftet, wenn nachgewiesen wird, dass sie bei der Ausübung ihrer Rechte und der Erfüllung ihrer Pflichten unvernünftig und ungewissenhaft gehandelt hat, einschließlich wenn das Tun (Unterlassen) nicht den üblichen Bedingungen des zivilen Verkehrs oder des üblichen Geschäftsrisikos entsprach.

(2) Die in Punkt 1 dieses Artikels vorgesehene Haftung ist auch von Mitgliedern der Kollegialorgane einer juristischen Person zu tragen, mit Ausnahme derjenigen, die gegen eine Entscheidung gestimmt haben, die der juristischen Person Verluste verursacht hat oder die gewissenhaft[1220] nicht an der Abstimmung teilgenommen haben.

(3) Eine Person, die die faktische Möglichkeit[1221] hat, die Tätigkeit einer juristischen Person zu bestimmen, einschließlich der Möglichkeit, den in den Punkten 1 und 2 dieses Artikels genannten Personen Weisungen zu erteilen, ist verpflichtet, im Interesse der juristischen Person vernünftig und gewissenhaft[1222]

1220 *Dobrosovestno*. In der deutschsprachigen Literatur existieren mehrere unterschiedliche Übersetzungen hierzu; vgl. etwa *Solotych*, Das Zivilgesetzbuch der Russischen Föderation, Erster Teil „redlich"; *Mindach*, WiRO 2015, 172, 176: „vernünftig".

1221 *Faktičeskuju vozmožnost'*.

1222 *Razumno i dobrosovestno*. In der deutschsprachigen Literatur existieren mehrere unterschiedliche Übersetzungen hierzu; vgl. hierzu ausführlich *Mindach*, WiRO 2015, 172, 176 übersetzt die Begriffe mit „gutgläubig und vernünftig"; *Gutbrod*, WiRO 2017, 267, 268 als „vernünftig und gutwillig"; *Schramm*, Zwischen Liberalisierung und Regulierung, Ost/Letter 1/2015, S. 11 als „lauter und vernünftig". Vgl. auch *Ernst/Abramova*, CCZ 2016, 22, FN 8.

zu handeln, und haftet für Schäden, die der juristischen Person durch ihr Verschulden entstehen.

(4) Im Falle einer gemeinsamen Verursachung von Schäden gegenüber einer juristischen Person, sind die in den Punkten 1 bis 3 dieses Artikels genannten Personen verpflichtet, die Schäden gesamtschuldnerisch[1223] zu ersetzen.

(5) Eine Vereinbarung über die Beseitigung oder Beschränkung der Haftung der in den Punkten 1 und 2 dieses Artikels genannten Personen, wegen der Begehung ungewissenhafter Handlungen[1224] und in einer öffentlichen Gesellschaft wegen der Begehung unvernünftiger und ungewissenhafter Handlungen (Artikel 53 Pkt. 3) ist nichtig.

Eine Vereinbarung über die Beseitigung oder Beschränkung der Haftung der in Punkt 3 dieses Artikels genannten Personen ist nichtig.

Art. 67.3 ZGB Wirtschaftliche Tochtergesellschaft

(1) Eine Kapitalgesellschaft wird als Tochtergesellschaft angesehen, wenn eine andere (Ober-) Wirtschaftspersonengesellschaft oder (Ober-) Kapitalgesellschaft kraft einer beherrschenden Beteiligung an ihrem Satzungskapital oder gemäß einem zwischen ihnen geschlossenen Vertrag oder auf andere Weise die Möglichkeit hat, von dieser Gesellschaft zu treffende Entscheidungen zu bestimmen.[1225]

(2) Eine Tochtergesellschaft haftet nicht für Schulden ihrer Oberwirtschaftspersonengesellschaft oder Oberkapitalgesellschaft.

Eine Oberwirtschaftspersonengesellschaft oder Oberkapitalgesellschaft haftet solidarisch mit der Tochtergesellschaft für Rechtsgeschäfte, die von dieser in Ausführung einer Weisung oder mit Zustimmung der Oberwirtschaftspersonengesellschaft oder Oberkapitalgesellschaft geschlossen wurden (Art. 401 Pkt. 3),[1226] mit Ausnahme der Fälle, in denen die Oberwirtschaftspersonengesellschaft oder

---

1223 *Solidarno.*

1224 *Za soveršenie nedobrosovestniych dejstvij.*

1225 Die vorliegende Übersetzung basiert auf: *Lenga/Wipplinger/Solotych*, in: Breidenbach/Institut für Ostrecht München, Handbuch WiRO Bd. III, RUS 350 Art. 6 Pkt. 2 AktG.

1226 Vgl. hierzu *Kindsvater*, WiRO 2014, 324, 327. Art. 105 Pkt. 2 ZGB a.F. lautete noch: „Eine Obergesellschaft (Oberpersonengesellschaft), die das Recht hat, einer Tochtergesellschaft für sie verbindliche Weisungen zu geben, unter anderem durch einen Vertrag mit ihr, haftet mit der Tochtergesellschaft solidarisch für Rechtsgeschäfte, die die Tochtergesellschaft in Ausführung dieser Weisungen abgeschlossen hat.“, so *Lenga/Wipplinger/Rommel*, in: Breidenbach/Institut für Ostrecht München, Handbuch WiRO Bd. III, RUS 200 ZGB Art. 105 Pkt. 2 ZGB.

Oberkapitalgesellschaft auf der Allgemeinen Versammlung der Teilhaber[1227] der Tochtergesellschaft für die Genehmigung des Rechtsgeschäfts gestimmt hat oder das Rechtsgeschäft von einem Leitungsorgan der Oberkapitalgesellschaft genehmigt wurde, wenn die Notwendigkeit einer solchen Genehmigung in der Satzung der Tochter- und (oder) der Obergesellschaft vorgesehen ist.

Im Fall der Insolvenz (eines Bankrotts) einer Tochtergesellschaft, die von der Oberwirtschaftspersonengesellschaft oder Oberkapitalgesellschaft verschuldet wurde, haftet letztere subsidiär für deren Schulden.[1228]

(3) Gesellschafter (Aktionäre) einer Tochtergesellschaft sind berechtigt, von der Oberwirtschaftspersonengesellschaft oder Oberkapitalgesellschaft Ersatz für Schäden zu verlangen, die der Tochtergesellschaft durch ihr Handeln oder Unterlassen entstanden sind (Art. 1064).

1227 *Obščee sobranie učastnikov*; *Lenga/Wipplinger/Rommel*, in: Breidenbach/Institut für Ostrecht München, Handbuch WiRO Bd. III, RUS 200 ZGB Art. 68 ZGB. Der Begriff wird auch als „Vollversammlung" übersetzt, so etwa von *Solotych,* Das Zivilgesetzbuch der Russischen Föderation, Teil 1, S. 108, Art. 68 ZGB.

1228 Übersetzung basiert auf: *Lenga/Wipplinger/Solotych*, in: Breidenbach/Institut für Ostrecht München, Handbuch WiRO Bd. III, RUS AktG Art. 6 Pkt. 3 Abs. 3 AktG.

GmbH-Gesetz

Art. 6 Tochtergesellschaften und abhängige Gesellschaften[1229]

(1) Eine Gesellschaft kann Tochter- und abhängige Kapitalgesellschaften mit den Rechten einer juristischen Person haben, die in Übereinstimmung mit diesem Gesetz und anderen föderalen Gesetzen auf dem Staatsgebiet der RF errichtet worden sind, sowie außerhalb des Gebiets der RF auch in Übereinstimmung mit der Gesetzgebung des ausländischen Staates, auf dessen Gebiet die Tochter- oder abhängige Kapitalgesellschaft errichtet worden ist, wenn durch internationale Verträge der RF nichts anderes vorgesehen ist.

(2) Eine Gesellschaft wird als Tochtergesellschaft angesehen, wenn eine andere (Ober-) Kapitalgesellschaft oder Personengesellschaft kraft einer beherrschenden Beteiligung an ihrem Satzungskapital oder gemäß einem zwischen ihnen geschlossenen Vertrag oder auf andere Weise die Möglichkeit hat, von dieser Gesellschaft zu treffende Entscheidungen zu bestimmen.[1230]

(3) Eine Tochtergesellschaft haftet nicht für Schulden ihrer Oberkapitalgesellschaft (Personengesellschaft).

Eine Oberkapitalgesellschaft (Personengesellschaft), die das Recht hat, der Tochtergesellschaft für sie verbindliche Weisungen zu geben, haftet solidarisch mit der Tochtergesellschaft für Rechtsgeschäfte, die durch die Tochtergesellschaft in Ausführung solcher Weisungen geschlossen wurden.

Im Fall der Insolvenz (eines Bankrotts) einer Tochtergesellschaft, die von der Oberkapitalgesellschaft (Personengesellschaft) verschuldet wurde, trägt letztere bei nicht ausreichendem Vermögen der Tochtergesellschaft die subsidiäre Haftung für deren Schulden.

Die Gesellschafter einer Tochtergesellschaft sind berechtigt, von der Oberkapitalgesellschaft (Personengesellschaft) Ersatz für Schäden zu verlangen, die der Tochtergesellschaft durch deren Schuld entstanden sind.

(4) Eine Gesellschaft wird als abhängig angesehen, wenn eine andere (vorherrschende, beteiligte) Kapitalgesellschaft mehr als zwanzig Prozent des Satzungskapitals der ersten Gesellschaft hat.

Eine Gesellschaft, die mehr als zwanzig Prozent der stimmberechtigten Aktien einer Aktiengesellschaft oder mehr als zwanzig Prozent des Satzungskapitals

---

1229 *Reinsch*, in: Breidenbach/Institut für Ostrecht München, Handbuch WiRO Bd. III, RUS 355, Art. 6 Pkt. 1 GmbHG.

1230 Die vorliegende Übersetzung basiert auf: *Lenga/Wipplinger/Solotych*, in: Breidenbach/Institut für Ostrecht München, Handbuch WiRO Bd. III, RUS 350 Art. 6 Pkt. 2 AktG.

einer anderen Gesellschaft mit beschränkter Haftung erworben hat, ist verpflichtet, die Angaben darüber unverzüglich in dem Presseorgan zu veröffentlichen, in dem die Daten der staatlichen Registrierung juristischer Personen veröffentlich werden.

Aktiengesetz

Art. 6 Tochtergesellschaften und abhängige Gesellschaften[1231]

(1) Eine Gesellschaft kann auf dem Staatsgebiet der RF Tochter- und abhängige Gesellschaften mit den Rechten einer juristischen Person haben, die in Übereinstimmung mit diesem Gesetz und anderen föderalen Gesetzen, sowie außerhalb des Gebietes der RF in Übereinstimmung mit der Gesetzgebung des ausländischen Staates am Sitz der Tochter- oder abhängigen Gesellschaft, errichtet wurden, wenn durch einen internationalen Vertrag der RF nichts anderes geregelt ist.

(2) Eine Gesellschaft wird als Tochtergesellschaft angesehen, wenn eine andere (Ober-) Kapitalgesellschaft (Personengesellschaft) kraft einer beherrschenden Beteiligung an ihrem Satzungskapital oder gemäß einem zwischen ihnen geschlossenen Vertrag oder auf andere Weise die Möglichkeit hat, von dieser Gesellschaft zu treffende Entscheidungen zu bestimmen.[1232]

(3) Eine Tochtergesellschaft haftet nicht für Schulden ihrer Obergesellschaft (Personengesellschaft).

Eine Obergesellschaft (Personengesellschaft), die das Recht hat, der Tochtergesellschaft für sie verbindliche Weisungen zu geben, haftet solidarisch mit der Tochtergesellschaft für Rechtsgeschäfte, die durch die Tochtergesellschaft in Ausführung solcher Weisungen geschlossen wurden. Eine Obergesellschaft (Personengesellschaft) gilt nur in dem Fall als berechtigt, einer Tochtergesellschaft für sie verbindliche Weisungen zu geben, wenn dieses Recht in einem Vertrag mit der Tochtergesellschaft oder in der Satzung der Tochtergesellschaft geregelt ist.

Im Fall der Insolvenz (eines Bankrotts) einer Tochtergesellschaft, die von der Obergesellschaft (Personengesellschaft) verschuldet wurde, trägt letztere die subsidiäre Haftung für deren Schulden. Die Insolvenz (der Bankrott) einer Tochtergesellschaft gilt nur in dem Fall als von der Obergesellschaft (Personengesellschaft) verschuldet, wenn die Obergesellschaft (Personengesellschaft) von

---

1231 Die vorliegende Übersetzung basiert auf: *Lenga/Wipplinger/Solotych*, in: Breidenbach/Institut für Ostrecht München, Handbuch WiRO Bd. III, RUS 350 Art. 6 AktG.

1232 Die vorliegende Übersetzung basiert auf: *Lenga/Wipplinger/Solotych*, in: Breidenbach/Institut für Ostrecht München, Handbuch WiRO Bd. III, RUS 350 Art. 6 Pkt. 2 AktG.

dem angeführten Recht und (oder) dieser Möglichkeit, die von der Tochtergesellschaft zu treffenden Entscheidungen zu bestimmen, mit dem Ziel Gebrauch gemacht hat, die Tochtergesellschaft eine Handlung vornehmen zu lassen, wohl wissend, dass infolge dieser Handlung die Insolvenz (der Bankrott) der Tochtergesellschaft eintritt.[1233]

Die Aktionäre einer Tochtergesellschaft sind berechtigt, von der Oberkapitalgesellschaft (Personengesellschaft) Ersatz für Schäden zu verlangen, die der Tochtergesellschaft durch deren Schuld entstanden sind. Verluste gelten nur in dem Fall als durch die Obergesellschaft (Personengesellschaft) verschuldet, wenn die Obergesellschaft (Personengesellschaft) ihr Recht und (oder) ihre Möglichkeit, die von der Tochtergesellschaft zu treffenden Entscheidungen zu bestimmen, mit dem Ziel anwendet, dass letztere eine Handlung vornimmt, wohl wissend, dass der Tochtergesellschaft infolge der von ihr ausgeführten Handlung Verluste zugefügt werden.[1234]

(4) Eine Gesellschaft wird als abhängig angesehen, wenn eine andere (vorherrschende) Gesellschaft mehr als 20 Prozent der stimmberechtigten Aktien der ersten Gesellschaft hat.

Eine Gesellschaft, die mehr als 20 Prozent der stimmberechtigten Aktien einer Gesellschaft erworben hat, ist verpflichtet, unverzüglich Angaben darüber nach dem von der Zentralbank der Russischen Föderation[1235] und der föderalen Antimonopolbehörde festgelegten Verfahren zu veröffentlichen.

1233 *Lenga/Wipplinger/Solotych*, in: Breidenbach/Institut für Ostrecht München, Handbuch WiRO Bd. III, RUS 350 Art. 6 Pkt. 3 Abs. 3 AktG.

1234 *Lenga/Wipplinger/Solotych*, in: Breidenbach/Institut für Ostrecht München, Handbuch WiRO Bd. III, RUS 350 Art. 6 Pkt. 3 Abs. 3 AktG.

1235 *Bank Rossii.*

Literatur

Abakumova E.B., Principy dobrosovestnosti i razumnosti v korporativnych pravootnošenijach, Vestnik arbitražnoj praktiki, 2020, N 4, S. 32–40, zitiert: *Abakumova*, Principy dobrosovestnosti i razumnosti v korporativnych pravootnošenijach, Vestnik arbitražnoj praktiki, 2020, N 4.

Abova T.E./Beljaeva Z.S./Gendzechadze E.N. i.dr., Kommentarij k Graždanskomu kodeksu Rossijskoj Federacii, čast pervoj, 3. Aufl., Moskau 2007, zitiert: *Bearbeiter,* in: Abova/Beljaeva/Gendzechadze, Kommentarij k Graždanskomu kodeksu Rossijskoj Federacii, Časti pervoj, Art.

Abramova E.N./Averčenko N.N./Bajguševa Ju.V., i dr., Kommentarij k Graždanskomu kodeksu Rossijskoj Federacii, Čast pervaja, Moskau 2010, zitiert: *Bearbeiter,* in: Abramova/Averčenko/Bajguševa, Kommentarij k Graždanskomu kodeksu Rossijskoj Federacii, Čast pervaja, Art.

Allenhöfer, Anke, Gesellschaftervereinbarungen bei Kapitalgesellschaften, Berlin 2018, zitiert: *Allenhöfer,* Gesellschaftervereinbarungen bei Kapitalgesellschaften.

Altmeppen, Holger, Gesetz betreffend die Gesellschaften mit beschränkter Haftung. Kommentar, 10. Auflage, München 2021, zitiert: *Bearbeiter,* in: Altmeppen, GmbHG, § Rn.

Andreev, V.K., Ličnaja otvetstvennost´ učastnika chozjajstvennogo obščestva pered tret'imi licami, Graždanskoe pravo, 2017, N 1, S. 8–11, zitiert: *Andreev,* Ličnaja otvetstvennost´ učastnika chozjajstvennogo obščestva pered tret'imi licami, Graždanskoe pravo, 2017, N 1.

Andreev, V.K., Prava, objazannosti i otvetstvennost' učastnikov chozjajstvennogo obščestva, Graždanskoe pravo, 2016, N 1, S. 3–5, zitiert: *Andreev,* Prava, objazannosti i otvetstvennost' učastnikov chozjajstvennogo obščestva, Graždanskoe pravo, 2016, N 1.

Andreeva, Andrea, Russlands langer Weg in den Rechtsstaat. Verfassung und Gesetzgebung, Opladen 2002, zitiert: *Andreeva,* Russlands langer Weg in den Rechtsstaat.

Andreeva, A.M., Sootnošenie interesov juridičeskogo lica i ego učastnikov: voprosy pravoprimenenija i vlijanija na instituty korporativnogo prava, Predprinimatel'skoe pravo. Priloženie „Pravo i Biznes", 2020, N 3, S. 54–60, zitiert: *Andreeva,* Sootnošenie interesov juridičeskogo lica i ego učastnikov: voprosy pravoprimenenija i vlijanija na instituty korporativnogo prava, Predprinimatel'skoe pravo. Priloženie „Pravo i Biznes", 2020, N 3.

Arnold, Hans, Zivilgesetzbuch der Russischen Föderation im Entstehen, in: Recht der internationalen Wirtschaft 1995, S. 898–905, zitiert: *Arnold,* RIW 1995.

Arzinger, Rainer/Galander, Tanja, Russisches Wirtschaftsrecht, 2. Auflage, Berlin-Reinickendorf 2002, zitiert: *Arzinger/Galander,* Russisches Wirtschaftsrecht.

Aukhatov, Adel, Durchgriffs- und Existenzvernichtungshaftung im deutschen und russischen Sach- und Kollisionsrecht, Tübingen 2009, zitiert: *Aukhatov,* Durchgriffs- und Existenzvernichtungshaftung im deutschen und russischen Sach- und Kollisionsrecht.

Bajračenko V., Upravlenie choldingom: porjadok zaključenija dogovorov upravlenija, Korporativnyj jurist, 2009, N 10, S. 19–22, zitiert: *Bajračenko*, Upravlenie choldingom: porjadok zaključenija dogovorov upravlenija, Korporativnyj jurist, 2009, N 10.

Balayan, Oxana, Durchgriffshaftung im neuen russischen Zivilgesetzbuch, in: Wirtschaft und Recht in Osteuropa 1995, S. 313–314, zitiert: *Balayan,* WiRO 1995.

Barkov, A.V./Gabov, A.V./Golubcov V.G., i.dr., Graždanskij kodeks Rossijskoj Federacii. Postatejnyj kommentarij k glavam 1–5, Moskau 2015, zitiert: *Bearbeiter,* in: Barkov/Gabov/Golubcov, Graždanskij kodeks Rossijskoj Federacii. Postatejnyj kommentarij k glavam 1–5, Art.

Barth, Marcel/Kurochkin, Dmitry, Russland, in: Wegen, Gerhard/Spahlinger, Andreas/Barth, Marcel (Hrsg.), Gesellschaftsrecht des Auslands in Einzeldarstellungen, München Stand 2012, zitiert: *Barth/Kurochkin,* in: W/S/B, Gesellschaftsrecht des Auslands, Rn.

Basova, T.Ju., Korporatnye dogovory v ramkach choldingovych struktur, Pravo i ėkonomika, 2011, N 12, S. 33–39, zitiert: *Basova,* Korporatnye dogovory v ramkach choldingovych struktur, Pravo i ėkonomika, 2011 N 12.

Bauer, Klaus-Albert, GmbH und Aktiengesellschaft im neuen russischen Zivilgesetzbuch. Eine kurze Einführung, in: Wirtschaft und Recht in Osteuropa 1995, S. 97–98, zitiert: *Bauer,* WiRO 1995.

Bauer-Mitterlehner, Ingeborg/Gerasin, Sergey, Haftungsrisiken für (ausländische) Muttergesellschaften in Konzernstrukturen Russlands, in: Winner, Martin (Hrsg.), Haftungsrisiken für die Konzernmutter in Mittel- und Osteuropa, Wien 2013, S. 423–525, zitiert: *Bauer-Mitterlehner/Gerasin*, in: Winner, Haftungsrisiken für die Konzernmutter in Mittel- und Osteuropa.

Bauer-Mitterlehner, Chronik der Rechtsentwicklung in Osteuropa. Russische Föderation, in: Wirtschaft und Recht in Osteuropa 2001, S. 342–345, zitiert: *Bauer-Mitterlehner,* WiRO 2001.

Bavelaar, Paul, Der konzernrechtliche Gläubigerschutz nach deutschem und niederländischem Recht. Eine rechtsvergleichende Studie zum Schutz der

Gläubiger einer konzernierten AG, GmbH, NV und BV, Frankfurt am Main, Berlin 1994, zitiert: *Bavelaar,* Der konzernrechtliche Gläubigerschutz nach deutschem und niederländischem Recht.

Becker, Christian, Gesellschaftsrecht in Rußland. Eine Einführung mit vergleichenden Tabellen – unter Einbeziehung des neuen GmbH-Gesetzes vom 8. Februar 1998, 1. Auflage, München u.a. 1998, zitiert: *Becker*, Gesellschaftsrecht in Rußland.

Berger, Anastasia, Die Bindung der Bürger an die Grundrechte. Ein Rechtsvergleich zwischen Deutschland und Russland, Berlin 2014, zitiert: *Berger,* Die Bindung der Bürger an die Grundrechte.

Bilinsky, Andreas, Das sowjetische Wirtschaftsrecht, Tübingen 1968, zitiert: *Bilinsky,* Das sowjetische Wirtschaftsrecht.

Black, Bernard/Kraakmann, Reinier, A Self-enforcing Model of Corporate Law, Harvard Law Review 109 (1996), 1911–1982, zitiert: *Black/Kraakmann,* Harvard Law Review 109 (1996).

Bogatkov, S. A., Cholding, Beitrag für die Datenbank Konsul´tantPljus 2018, zitiert: *Bogatkov,* Cholding.

Bojko, T.S., Zaščita prav i interesov minoritarnyx učastnikov nepubličnogo obščesta v prave Rossii, Sša i Velikobritanii. Moskau 2019, zitiert: *Bojko*, Zaščita prav i interesov minoritarnyx učastnikov nepubličnogo obščesta v prave Rossii, Sša i Velikobritanii, Kap. §

Borchardt, Oskar (Begr.), Die Handelsgesetze des Erdballs, Umfassend das Handels-, Wechsel-, Konkurs- und Seerecht von Russland mit Polen und Finnland, Band IX: Ost-Europa, 3. Aufl., Berlin 1906, zitiert: *Bearbeiter,* in: Borchardt, Die Handelsgesetze des Erdballs.

Borisov A.N., Kommentarij k Federal´nomu zakonu ot 8 fevralja 1998 G N14-FZ „Ob obščestvach s ograničennoj otvetstvennost´ju", 3. Aufl., Moskau 2019, abrufbar bei Konsul´tantPljus, zitiert: *Borisov*, Kommentarij k Federal´nomu zakonu ot 8 fevralja 1998 G N 14-FZ „Ob obščestvach s ograničennoj otvetstvennost´ju", Art.

Borisov A.N., Kommentarij k glave 4 časti pervoj Graždanskogo kodeksa RF „Juridičeskie lica" (postatejnyj), Moskau 2014, abrufbar bei Konsul´tantPljus, zitiert: *Borisov,* Kommentarij k glave 4 časti pervoj Graždanskogo kodeksa RF „Juridičeskie lica", Art.

Breidenbach, Stephan/Institut für Ostrecht München/Baller, Oesten/Blankenagel, Alexander/Bohata, Petr/Bormann, Axel Hrsg., Handbuch Wirtschaft und Recht in Osteuropa, Loseblattwerk, Band III, RUS, 155. Aufl., München 2021, zitiert: *Bearbeiter*, in: Breidenbach/Institut für Ostrecht München, Handbuch WiRO Bd. III, RUS.

Breig, Burkhard, Änderungen im russischen Aktiengesetz, in: Wirtschaft und Recht in Osteuropa 2019, S. 102–106, zitiert: *Breig,* WiRO 2019.

Breig, Burkhard, Änderungen im russischen Aktiengesetz zur Verbesserung der Corporate Governance und des Schutzes von Minderheitsaktionären Juli 2018, in: Ost/Letter 3/2018, zitiert: *Breig,* Änderungen im russischen Aktiengesetz, Ost/Letter 3/2018.

Buschbeck-Bülow, Brigitte, Betriebsverfassungsrechtliche Vertretung in Franchise-Systemen, in: Betriebs-Berater 1989, S. 352–354, zitiert: *Buschbeck-Bülow,* BB 1989.

Butler, William Elliott, Soviet Law, Second edition, London 1988, zitiert: *Butler,* Soviet Law.

Čanturija L., Graždansko-pravovaja otvetstvennost´ rukovoditelej akcionernych obščestv, Korporativnyj jurist, 2007, N 2, S. 25–31, zitiert: *Čanturija,* Graždansko-pravovaja otvetstvennost´ rukovoditelej akcionernych obščestv, Korporativnyj jurist, 2007, N 2.

Chanturia, Lado, Chancen und Schatten des Self-Enforcing-Modells im postsowjetischen Aktienrecht, in: Wirtschaft und Recht in Osteuropa 2009, S. 97–103, zitiert: *Chanturia,* WiRO 2009.

Čistjakov I., Pravovoye sposoby upravlenija podkontrol´nymi učastnikami choldinga, Korporativnyj jurist, 2008, N 6, S. 11–16, zitiert: *Čistjakov,* Pravovye sposoby upravlenija podkontrol´nymi učastnikami choldinga, Korporativnyj jurist, 2008, N 6.

Coenen, Peter, Die konzernrechtliche Relevanz von Stimmbindungsvereinbarungen, Münster 2014, zitiert: *Coenen,* Die konzernrechtliche Relevanz von Stimmbindungsvereinbarungen.

Danilova S.S., Interes chozjajstvennogo obščestva v korporativnom prave RF i Germanii: ponjatie, soderžanie, in: Predprinimatel´skoe pravo, 2013, N 3, S. 37–46, zitiert: *Danilova,* Interes chozjajstvennogo obščestva v korporativnom prave RF i Germanii: ponjatie, soderžanie, Predprinimatel´skoe pravo, 2013, N 3.

Dettling, Heinz-Uwe, Die Entstehungsgeschichte des Konzernrechts im Aktiengesetz von 1965, Tübingen 1997, zitiert: *Dettling,* Die Entstehungsgeschichte des Konzernrechts im Aktiengesetz von 1965.

Diekmann, Hans/Fleischmann, Dermot, Umgang mit Interessenkonflikten in Aufsichtsrat und Vorstand der Aktiengesellschaft, in: Die Aktiengesellschaft 2013, S. 141–150, zitiert: *Diekmann/Fleischmann,* AG 2013.

Dierdorf, Josef, Herrschaft und Abhängigkeit einer Aktiengesellschaft auf schuldvertraglicher und tatsächlicher Grundlage, Köln 1978, zitiert: *Dierdorf,*

Herrschaft und Abhängigkeit einer AG auf schuldvertraglicher und tatsächlicher Grundlage.

Dobrovol´skij V.I., Analiz i kommentarij korporativnogo zakonodatel´stva i sudebnoj praktiki. Moskau 2007, zitiert: *Dobrovol´skij*, Analiz i kommentarij korporativnogo zakonodatel´stva i sudebnoj praktiki.

Dominke, Anna, Einheitliche Gruppenleitung über die Binnengrenzen in Europa. Regelungselemente für das Gesetzgebungsprojekt „Anerkennung des Gruppeninteresses", Köln 2017, zitiert: *Dominke*, Einheitliche Gruppenleitung über die Binnengrenzen in Europa.

Druey, Jean Nicolas, Die Zukunft des Konzernrechts, in: Erle/Goette/Kleindiek/Krieger/Priester/Schubel/Schwab/Teichmann/Witt (Hrsg.), Festschrift für Peter Hommelhoff zum 70. Geburtstag, Köln 2012, S. 135–161, zitiert: *Druey*, in: FS Hommelhoff.

Druey, Jean Nicolas, Zentralisierter und dezentralisierter Konzern – ist die Differenzierung rechtlich wünschbar und realisierbar?, in: Druey, Jean Nicolas (Hrsg.), Das St. Galler Konzernrechtsgespräch. Konzernrecht aus der Konzernwirklichkeit, Bern/Stuttgart/Köln 1988, S. 89–102, zitiert: *Druey*, in: Druey, Das St. Galler Konzernrechtsgespräch.

Drygala, Tim/Staake, Marco/Szalai, Stephan, Kapitalgesellschaftsrecht mit Grundzügen des Konzern- und Umwandlungsrechts, Berlin/Heidelberg/u.a. 2012, zitiert: *Drygala/Staake/Szalai*, Kapitalgesellschaftsrecht § Rn.

Ebinal, Matthäus/Mitjuschkin, Valery, Das Rußland-Geschäft. Betriebswirtschaftliche und rechtliche Grundlagen für Investoren, Wiesbaden, 1992, zitiert: *Ebinal/Mitjuschkin*, Das Rußland-Geschäft.

Ebke, Werner, Die Konzernierung im US-amerikanischen Recht, in: Mestmäcker, Ernst-Joachim/Behrens, Peter (Hrsg.), Das Gesellschaftsrecht der Konzerne im internationalen Vergleich. Ein Symposium des Max-Planck-Instituts für ausländisches und internationales Privatrecht, Hamburg/Baden-Baden 1991, S. 279–327, zitiert: *Ebke*, in: Mestmäcker/Behrens, Das Gesellschaftsrecht der Konzerne im internationalen Vergleich.

Emmerich, Volker/Habersack, Mathias/Schürnbrand, Jan, Aktien- und GmbH-Konzernrecht. Kommentar, 9. Aufl., München 2019, zitiert: *Bearbeiter*, in Emmerich/Habersack, Aktien- und GmbH-Konzernrecht, § Rn.

Emmerich, Volker/Habersack, Mathias, Konzernrecht. Ein Studienbuch, 11. Aufl., München 2020, zitiert: *Bearbeiter*, in: Emmerich/Habersack, Konzernrecht, § Rn.

Ernst, Sebastian/Abramova, Anzhela, Die Haftung des Geschäftsführers einer Gesellschaft mit beschränkter Haftung (OOO) nach russischem Recht, in: Corporate-Compliance-Zeitschrift 2016, S. 22–28, zitiert: *Ernst/Abramova*, CCZ 2016.

Farian, Matthias, Dingliche Nutzungsrechte an fremden Grundstücken im russischen Recht, Frankfurt a.M. 2010, zitiert: *Farian,* Dingliche Nutzungsrechte an fremden Grundstücken im russischen Recht.

Fleischer, Holger/Goette, Wulf (Hrsg.), Münchener Kommentar zum Gesetz betreffend die Gesellschaften mit beschränkter Haftung – GmbHG, Band 2, §§ 35–52, 3. Aufl., München 2019, zitiert: *Bearbeiter,* in: Münchener Kommentar GmbHG § Rn.

Frolova, Elena, Investieren in der Russischen Föderation: Chancen, Risiken und Absicherungsmöglichkeiten für österreichische Exporteure – Systematische Darstellung und kritische Analyse des Systems am Beispiel aktueller Russland-Geschäfte aus der Praxis, Hamburg 2005, *Frolova,* Investieren in der Russischen Föderation.

Gabov A.V./Gutnikov O.V./Sinicyn S.A. (Hrsg.), Juridičeskie lica v rossijskom graždanskom prave, Tom 1, Moskau 2015, zitiert: *Bearbeiter,* in: Gabov/Gutnikov/Sinicyn, Juridičeskie lica v rossijskom graždanskom prave, Tom 1, Kap. §.

Galander, Tanja, Russisches Wirtschaftsrecht. Leitfaden für die Unternehmenstätigkeit, 3. Aufl., Stuttgart 2016, zitiert: *Bearbeiter,* in: Galander, Russisches Wirtschaftsrecht.

Gause, Bernhard, Europäisches Konzernrecht im Vergleich. Eine Untersuchung auf der Grundlage des portugiesischen Rechts, Berlin 2000, zitiert: *Gause,* Europäisches Konzernrecht im Vergleich.

Glazunov A.Ju., Otražennye ubitki v korporativnom prave, Vestnik ėkonomičeskogo pravosudija Rossijskoj Federacii, 2020, N 2, S. 140–172, zitiert: *Glazunov,* Otražennye ubitki v korporativnom prave, Vestnik ėkonomičeskogo pravosudija Rossijskoj Federacii 2020 N 2.

Göckeritz, Wolfgang/Wedde, Rainer, Das neue russische GmbH-Recht, Berlin 2009, zitiert: *Göckeritz/Wedde,* Das neue russische GmbH-Recht.

Goette, Wulf/Habersack, Mathias/Kalss, Susanne (Hrsg.), Münchener Kommentar zum Aktiengesetz, Band 1, §§ 1–75, 5. Aufl., München 2019, zitiert: *Bearbeiter,* in: Münchener Kommentar AktG, § Rn.

Goette, Wulf/Habersack, Mathias/Kalss, Susanne (Hrsg.), Münchener Kommentar zum Aktiengesetz, Band 2, §§ 76–117, MitbestG, DrittelbG, 5. Aufl., München 2019, zitiert: *Bearbeiter,* in: Münchener Kommentar AktG, § Rn.

Goette, Wulf/Habersack, Mathias/Kalss, Susanne (Hrsg.), Münchener Kommentar zum Aktiengesetz, Band 4, §§ 179–277, 5. Aufl., München 2021, zitiert: *Bearbeiter,* in: Münchener Kommentar AktG, § Rn.

Gorbunov, A.R., Dočernie kompanii, filialy, choldingi, Moskau 2005, zitiert: *Gorbunov,* Dočernie kompanii, filialy, choldingi.

Grabbert, Janett, Rechtsvergleich des deutschen und russischen Kartellrechts, Bremen 2011, zitiert: *Grabbert,* Rechtsvergleich des deutschen und russischen Kartellrechts.

Grigoleit, Hans Christoph (Hrsg.), Aktiengesetz – Kommentar, 2. Aufl., München 2020, zitiert: *Bearbeiter,* in: Grigoleit, Aktiengesetz, § Rn.

Grišaev, C.P./Bogačeva T.V./Svit Ju.P. (Hrsg.), Postatejnyj Kommentarij k Graždanskomu kodeksu Rossijskoj Federacii. Čast' pervaja, München 2019, abrufbar bei Konsul´tantPljus, zitiert: *Bearbeiter,* in: *Grišaev/Bogačeva/Svit,* Postatejnyj Kommentarij k Graždanskomu kodeksu Rossijskoj Federacii. Čast' pervaja, Art.

Gutbrod, Max, Zur Rolle der Billigkeit im neueren russischen Zivilrecht, in: Wirtschaft und Recht in Osteuropa 2017, S. 267–270, zitiert: *Gutbrod,* WiRO 2017.

Gutnikov O.V., Graždansko-pravovaja otvetstvennost´ v otnošenijach, svjazannych s upravleniem juridičeskimi licami, Moskau, 2018, zitiert: *Gutnikov,* Graždansko-pravovaja otvetstvennost´ v otnošenijach, svjazannych s upravleniem juridičeskimi licami.

Gutnikov O.V., Juridičeskaja otvetstvennost' v korporativnych otnošenijach, Vestnik graždanskogo prava, 2014, N 6, S. 51–117, zitiert: *Gutnikov,* Juridičeskaja otvetstvennost' v korporativnych otnošenijach, Vestnik graždanskogo prava, 2014, N 6.

Gutnikov O.V., Korporativnaja otvetstvennost´ učastnikov kommerčeskich operacij: problemy i perspektivy razvitija. Pravo. Žurnal Vjssšej školy ėkonomiki 2019, N 1, S. 45–70, zitiert: *Gutnikov,* Korporativnaja otvetstvennost´ učastnikov kommerčeskich operacij: problemy i perspektivy razvitija. Pravo. Žurnal Vjssšej školy ėkonomiki 2019, N 1.

Gutnikov O.V., Korporativnaja otvetstvennost' v graždanskom prave, Moskau 2019, zitiert: *Gutnikov,* Korporativnaja otvetstvennost' v graždanskom prave.

Gutnikov, O. V., Tendencii razvitija korporativnogo prava v sovremennych uslovijach. Žurnal rossijskogo prava 2020, N 8, S. 59–73, zitiert: *Gutnikov,* Tendencii razvitija korporativnogo prava v sovremennych uslovijach. Žurnal rossijskogo prava 2020, N 8.

Habersack, Mathias, Die Einbeziehung des Tochtervorstands in das Aktienoptionsprogramm der Muttergesellschaft – ein Problem der §§ 311 ff. AktG?, in: Damm/Heermann, Veil (Hrsg.), Festschrift für Thomas Raiser zum 70. Geburtstag am 20. Februar 2005, Berlin 2005, zitiert: *Habersack,* in: FS Raiser.

Hansson, Elena, Gestaltungsmöglichkeiten im reformierten russischen GmbH-Recht, in: Wirtschaft und Recht in Osteuropa 2011, S. 97–105, zitiert: *Hansson*, WiRO 2011.

Heeg, Volker, Die Finanz- und Haftungsverfassung russischer Kapitalgesellschaften, Berlin 2003, zitiert: *Heeg*, Die Finanz- und Haftungsverfassung russischer Kapitalgesellschaften.

Heeg, Volker, Durchgriffshaftung im russischen Recht der Kapitalgesellschaften, in: Wirtschaft und Recht in Osteuropa 2000, S. 1–6, zitiert: *Heeg*, WiRO 2000.

Heidemann, Thomas, Die GmbH in der Russischen Föderation, in: GmbHRundschau 2002, S. 732–735, zitiert: *Heidemann*, GmbHR 2002.

Hein, Jan von/Artz, Markus/Krüger, Wolfgang/Fritsche Jörn (Hrsg.), Münchener Kommentar zum Bürgerlichen Gesetzbuch, Band 13, Internationales Privatrecht II, 8. Aufl., München 2021, zitiert: *Bearbeiter*, in: Münchener Kommentar BGB, Teil Rn.

Henssler, Martin/Strohn, Lutz (Hrsg.), Gesllschaftsrecht, 5. Aufl., München 2021, zitiert: *Bearbeiter*, in: Henssler/Strohn, Gesellschaftsrecht, § Rn.

Herrfeld, Patricia, Die Abhängigkeit des Franchisenehmers. Rechtliche und ökonomische Aspekte, Wiesbaden 1998, zitiert: *Herrfeld*, Die Abhängigkeit des Franchisenehmers.

Himmelreich, Antje, Chronik der Rechtsentwicklung. Russische Föderation, in: Wirtschaft und Recht in Osteuropa 2009, S. 308–310, zitiert: *Himmelreich*, WiRO 2009.

Hirschfeld, Sven, Der einheitliche SPE-Konzern im europäischen Binnenmarkt. Eine rechtsvergleichende Untersuchung mit Blick auf die niederländische B.V., die englische ltd. und die deutsche GmbH, Baden-Baden, 2015, zitiert: *Hirschfeld*, Der einheitliche SPE-Konzern im europäischen Binnenmarkt.

Hirschfeld, Sven, Die niederländische „bv" nach dem Gesetz zur Vereinfachung und Flexibilisierung des bv-Rechts (flex-bv), in: Recht der internationalen Wirtschaft 2013, S. 134–142, zitiert: *Hirschfeld*, RIW 2013.

Hoffmann-Becking, Michael, Gestaltungsmöglichkeiten bei Anreizsystemen, in: Neue Zeitschrift für Gesellschaftsrecht, 1999, S. 797–804, zitiert: *Hoffmann-Becking*, NZG 1999.

Hoffmann-Becking, Michael, Vorstands-Doppelmandate im Konzern, in: Zeitschrift für das Gesamte Handels- und Wirtschaftsrecht 150 (1986), S. 570–584, zitiert: *Hoffmann-Becking*, ZHR 150 (1986).

Holloch, Karin, Das neue russische Wirtschaftsrecht, insbesondere das Gesellschaftsrecht, in: Schroeder, Friedrich Christian (Hrsg.), Die neuen Kodifikationen in Rußland, Berlin 1997, S. 39–65, zitiert: *Holloch*, in: Schroeder, Die neuen Kodifikationen in Rußland.

Hölters, Wolfgang (Hrsg.), Aktiengesetz. Kommentar, 3. Auflage, München 2017, zitiert: *Bearbeiter,* in: Hölters, AktG, § Rn.

Hommelhoff, Peter, Die Konzernleitungspflicht. Zentrale Aspekte eines Konzernverfassungsrechts, Köln/Berlin/Bonn/München 1988, zitiert: *Hommelhoff,* Die Konzernleitungspflicht.

Hommelhoff, Peter, Ein Neustart im europäischen Konzernrecht, in: Kölner Schrift zum Wirtschaftsrecht 2014, S. 63–68, zitiert: *Hommelhoff,* KSzW 2014.

Hommelhoff, Peter, Förder- und Schutzrecht für den faktischen GmbH-Konzern, in: Zeitschrift für Unternehmens- und Gesellschaftsrecht 2012, S. 535–565, zitiert: *Hommelhoff,* ZGR 2012.

Hommelhoff, Peter, Gesellschaftsformen als Organisationselemente im Konzernaufbau, in: Mestmäcker, Ernst-Joachim/Behrens, Peter (Hrsg.), Das Gesellschaftsrecht der Konzerne im internationalen Vergleich. Ein Symposium des Max-Planck-Instituts für ausländisches und internationales Privatrecht, Hamburg, Baden-Baden 1991, S. 91–132; zitiert: *Hommelhoff,* in: Mestmäcker/Behrens, Das Gesellschaftsrecht der Konzerne im internationalen Vergleich.

Hommelhoff, Peter, Konzernorganisation und Haftungsbeschränkung. Zur Legitimität des faktischen Konzerns, in: Zeitschrift für Unternehmens- und Gesellschaftsrecht 2019, S. 379–411, zitiert: *Hommelhoff,* ZGR 2019.

Hommelhoff, Peter, Rettet den Konzern!, in: Bergmann, Alfred/Drescher, Ingo/Fleischer, Holger u.a. (Hrsg.) Vom Konzern zum Einheitsunternehmen. Aktuelle Entwicklungsperspektiven des deutschen und europäischen Konzernrechts, Zeitschrift für Unternehmens- und Gesellschaftsrecht Sonderheft 2020, S. 215–220, zitiert: *Hommelhoff,* in: Bergmann u.a., Vom Konzern zum Einheitsunternehmen.

Hommelhoff, Peter, Unternehmensführung in der mitbestimmten GmbH, in: Zeitschrift für Unternehmens- und Gesellschaftsrecht 1978, S. 119–155, zitiert: *Hommelhoff,* ZGR 1978.

Horn, Norbert, Die Rolle des Privatrechts in der Transformation von Wirtschaft und Gesellschaft in Mittelosteuropa und Osteuropa, in: Horn, Norbert/Assmann, Heinz-Dieter/Sethe, Rolf (Hrsg.), Die Neugestaltung des Privatrechts in Mittelosteuropa und Osteuropa. Polen, Russland, Tschechien, Ungarn, München 2002, zitiert: *Horn,* in: Horn u. a., Die Neugestaltung des Privatrechts in Mittelosteuropa und Osteuropa.

Hüffer, Uwe (Begr.)/Koch, Jens (Bearb.), Aktiengesetz, 15. Aufl., München 2021, zitiert: *Bearbeiter,* in: *Hüffer/Koch,* AktG, § Rn.

Janez Kranjc, Ljubljana, Die Übernahme ausländischer Rechtssätze in das nationale Rechtssystem als Problem der Rechtskultur, in: Tomuschat, Christian (Hrsg.), Europäische Integration und nationale Rechtskulturen, Köln 1995,

S. 33–44, zitiert: *Janez Kranjc,* in: Tomuschat, Europäische Integration und nationale Rechtskulturen.

Jarkov, V., Zaščita prav akcionerov po Zakonu „Ob akcionernych obščestvach" s pomošč'ju kosvennych iskov, Chozjajstvo i pravo 1997, NN 11, 12, zitiert: *Jarkov,* Zaščita prav akcionerov po Zakonu „Ob akcionernych obščestvach" s pomošč'ju kosvennych iskov, Chozjajstvo i pravo 1997, NN 11, 12.

Kapul Ju.A., Solidarnaja otvetstvenost´ osnovnogo chozjajstvennogo obščestva po sdelkam dočernogo v kontekste izmenenij v Graždanskij kodeks Rossijskoj Federacii, Beitrag für die Datenbank Konsul´tantPljus 2015, zitiert: *Kapul,* Solidarnaja otvetstvenost´ osnovnogo chozjajstvennogo obščestva po sdelkam dočernogo v kontekste izmenenij v Graždanskij kodeks Rossijskoj Federacii.

Kavelina, N. Ju., Otvetstvennost' osnovnogo obščestva pri nesostojatel'nosti dočernogo akcionernogo obščestva, Zakony Rossii: opyt, analiz, praktika 2007, N 7, zitiert: *Kavelina,* Otvetstvennost' osnovnogo obščestva pri nesostojatel'nosti dočernogo akcionernogo obščestva, Zakony Rossii: opyt, analiz, praktika 2007, N 7.

Kettler, Stefan Hans, Eigentumsvorbehalt und Sicherungsübereignung an beweglichen Sachen im Recht der Russischen Föderation, Göttingen 2008, zitiert: *Kettler,* Eigentumsvorbehalt und Sicherungsübereignung an beweglichen Sachen im Recht der RF.

Kindsvater, Erika, Änderungen im russischen Gesellschaftsrecht. Ein positiver Schritt dem Business entgegen?, in: Wirtschaft und Recht in Osteuropa 2014, S. 324–327, zitiert: *Kindsvater,* WiRO 2014.

Kindsvater, Erika, Update Wirtschaftsrecht 2016, in: Deutsch-Russische Rechtszeitschrift 1/2017, S. 10–19, zitiert: *Kindsvater,* DRRZ 1/2017.

Klemm, Bernd, Die Entwicklung des russischen Rechts der Kapitalgesellschaften. Eine vergleichende Untersuchung mit einer Einführung in das neue Recht, Berlin 1996, zitiert: *Klemm*, Die Entwicklung des russischen Rechts der Kapitalgesellschaften.

Klemm, Bernd, Die neue russische Ordnung über Aktiengesellschaften, in: Recht der internationalen Wirtschaft 1992, S. 189–199, zitiert: *Klemm,* RIW 1992.

Klett, Jan Michael/Ziegler, Velina, Zulässigkeit und Voraussetzungen von Konzernanstellungsverträgen bei paritätisch mitbestimmten Tochtergesellschaften, in: Neue Zeitschrift für Gesellschaftsrecht 2019, S. 613–620, zitiert: *Klett/Ziegler,* NZG 2019.

Knaul, Andreas/Tscherenew, Andreas, Fusionskontrollrecht in der Russischen Föderation, in: Wirtschaft und Recht in Osteuropa 2006, S. 267–271, zitiert: *Knaul/Tscherenew,* WiRO 2006.

Knerer, Harald, Rechtliche Möglichkeiten privatwirtschaftlicher Betätigung in Sowjetrußland und der Sowjetunion, Regensburg 1993, zitiert: *Knerer,* Rechtliche Möglichkeiten privatwirtschaftlicher Betätigung in Sowjetrussland und der Sowjetunion.

Knieper, Rolf, Konzepte und Methoden der Kodifikation in Übergangsstaaten am Beispiel Georgiens, in: Wirtschaft und Recht in Osteuropa 1994, S. 233–237, zitiert: *Knieper,* WiRO 1994.

Knieper, Rolf, Sorgfaltspflichten und Haftung in den Aktiengesellschaften der Transformationsstaaten, in: Wirtschaft und Recht in Osteuropa 2003, S. 257–262, zitiert: *Knieper,* WiRO 2003.

Knieper, Rolf, Wirtschaftsreform als Rechtsreform in post-kommunistischen Gesellschaften?, in: Recht der internationalen Wirtschaft 1993, S. 907–909, zitiert: *Knieper,* RIW 1993.

Köhler, Helmut, Der Schutz des abhängigen Unternehmens im Schnittpunkt von Kartell- und Konzernrecht, in: Neue juristische Wochenschrift 1978, S. 2473–2481, zitiert: *Köhler,* NJW 1978.

Kölling, Lars, Der qualifizierte faktische GmbH-Konzern, in: Neue Zeitschrift für Gesellschaftsrecht 2000, S. 8–16, zitiert: *Kölling,* NZG 2000.

Konzen, Horst, Geschäftsführung, Weisungsrecht und Verantwortlichkeit in der GmbH und GmbH & Co KG, in: Neue juristische Wochenschrift 1989, S. 2977–2987, zitiert: *Konzen,* NJW 1989.

Krieger, Gerd, Das geplante Gesetz zur Nachhaftung für Rückbau- und Entsorgungskosten im Kernenergiebereich in unternehmensrechtlicher Perspektive, in: Zeitschrift für Umweltpolitik & Umweltrecht, ZfU 2/2017, S. 25–41, zitiert: *Krieger,* ZfU 2017.

Kropff, Bruno, Aktiengesetz. Textausgabe des Aktiengesetzes vom 6.9.1965 und des Einführungsgesetzes zum Aktiengesetz vom 6.9.1965 mit Begründung des Regierungsentwurfs, Bericht des Rechtsausschusses des Deutschen Bundestags, Verweisungen und Sachverzeichnis; im Anhang: Aktiengesetz von 1937, Düsseldorf 1965, zitiert: *Kropff,* Aktiengesetz von 1965.

Kropff, Bruno, Das Konzernrecht des Aktiengesetzes 1965, in: Betriebs-Berater 1965, S. 1281–1289, zitiert: *Kropff,* BB 1965.

Kruse, Tilman W., Die personalistische Kapitalgesellschaft russischen Rechts. Aspekte der Rechtsformwahl zwischen der Gesellschaft mit beschränkter Haftung und der geschlossenen Aktiengesellschaft, Frankfurt a.M. 2002, zitiert: *Kruse,* Die personalistische Kapitalgesellschaft russischen Rechts.

Krüßmann, Thomas, Finanz-Industrie-Gruppen in der Russischen Föderation, in: Wirtschaft und Recht in Osteuropa 1996, S. 447–451, zitiert: *Krüßmann,* WiRO 1996.

Küpper, Herbert, Einführung in die Rechtsgeschichte Osteuropas, Frankfurt a.M/Berlin/Bern/Wien u.a. 2005, zitiert: *Küpper,* Einführung in die Rechtsgeschichte Osteuropas.

Kuhlmann, Jens/Ahnis, Erik, Konzern- und Umwandlungsrecht, 4. Aufl., Heidelberg 2016, zitiert: *Kuhlmann/Ahnis,* Konzern- und Umwandlungsrecht, § Rn.

Kulagin, M.I., Predprinimatel´stvo i pravo: opyt Zapada, Moskau 1992, zitiert: *Kulagin,* Predprinimatel´stvo i pravo: opyt Zapada.

Kurzynsky-Singer, Russisches Zivilgesetzbuch, EuP 2009, abrufbar unter: http://hwb-eup2009.mpipriv.de/index.php/Russisches_Zivilgesetzbuch, S. 2, zuletzt aufgerufen am 5.4.2021, zitiert: *Kurzynsky-Singer,* Russisches Zivilgesetzbuch, EuP 2009, http://hwb-eup2009.mpipriv.de/index.php/Russisches_Zivi lgesetzbuch.

Lächler, Christoph, Das Konzernrecht der Europäischen Gesellschaft (SE). Unter besonderer Berücksichtigung der Mitgliedstaaten Deutschland, Frankreich und Polen, Baden-Baden 2007, zitiert: *Lächler,* Das Konzernrecht der Europäischen Gesellschaft (SE).

Laptev, V.A., Korporativnoe pravo: pravovaja organizacija korporativnych sistem, Moskau 2019, zitiert: *Laptev,* Korporativnoe pravo: pravovaja organizacija korporativnych sistem, Kap. Pkt.

Lenel, Hans Otto, Ursachen der Konzentration. Unter besonderer Berücksichtigung der deutschen Verhälnisse, 2. Aufl., Tübingen 1986, zitiert: *Lenel,* Ursachen der Konzentration.

Lenga, Gerd/Rautenberg, Hartmut, Rußland: Gesetz über Unternehmen und unternehmerische Tätigkeit, in: Wirtschaft und Recht in Osteuropa 1992, S. 78–86, zitiert: *Lenga/Rautenberg,* WiRO 1992.

Lenga, Gerd/Wipplinger, Marion/Rommel, Ursula, Russische Föderation. Gesellschaftsrechtliche Bestimmungen im Ersten Teil des ZGB (Art. 48–106), in: Wirtschaft und Recht in Osteuropa 1995, S. 221–233, zitiert: *Lenga/Wipplinger/Rommel,* WiRO 1995.

Lennarts, Loes, Rechtliche Aspekte der Gruppenführung in den Niederlanden, in: Hommelhoff/Lutter/Teichmann (Hrsg.), Corporate Governance im grenzüberschreitenden Konzern, Berlin/Boston 2016, zitiert: *Lennarts,* in: Hommelhoff/Lutter/Teichmann, Konzerngovernance.

Lomakin, D.V., Kommerčeskie korporacii kak sub´´ekty korporativnych pravootnošenij: učebnoe posobie, Msokau 2020, zitiert: *Lomakin,* Kommerčeskie korporacii kak sub´´ekty korporativnych pravootnošenij: učebnoe posobie.

Lomakin D.V., Koncepcija snjatija korporativnogo pokrova: realizacija ee osnovnych položenij v dejstvujuščem zakonodatel´stve i proekte izmenenij Graždanskogo kodeksa RF, Vestnik VAS RF, 2012, N 9, S. 6–33, zitiert: *Lomakin*, Koncepcija snjatija korporativnogo pokrova: realizacija ee osnovnych položenij v dejstvujuščem zakonodatel´stve i proekte izmenenij Graždanskogo kodeksa RF, Vestnik VAS RF, 2012, N 9.

Lomakin, D.V., Princip samostojatel'noj otvetstvennosti juridičeskogo lica: pravilo i isključenija, in: Vestnik graždanskogo prava 2020, N 1, S. 93–110, zitiert: *Lomakin,* Princip samostojatel'noj otvetstvennosti juridičeskogo lica: pravilo i isključenija, in: Vestnik graždanskogo prava 2020, N 1.

Lübking, Johannes, Ein einheitliches Konzernrecht für Europa, Baden-Baden 2000, zitiert: *Lübking,* Ein einheitliches Konzernrecht für Europa.

Lüdemann, Volker, Das Recht der Aktiengesellschaft in Rußland. Von den Anfängen bis zum Aktiengesetz von 1996, Osnabrück 2001, zitiert: *Lüdemann,* Das Recht der Aktiengesellschaft in Rußland.

Lutter, Marcus, Zur Aufgabe eines Konzernrechts: Schutz vor Missbrauch oder Organisationsrecht?, in: Druey, Jean Nicolas (Hrsg.), Das St. Galler Konzernrechtsgespräch. Konzernrecht aus der Konzernwirklichkeit, Bern/Stuttgart/Köln 1988, S. 225–233, zitiert: *Lutter,* in: Druey, Das St. Galler Konzernrechtsgespräch.

Lutter, Marcus/Bayer, Walter (Hrsg.), Holding-Handbuch. Konzernrecht, Konzernsteuerrecht, Konzernarbeitsrecht, Betriebswirtschaft, 6. Aufl., Köln 2020, zitiert: *Bearbeiter,* in: Lutter/Bayer, Holding-Handbuch, § Rn.

Lutter, Marcus/Hommelhoff, Peter (Hrsg.), GmbH-Gesetz. Kommentar, 20. Aufl., Köln 2020, zitiert: *Bearbeiter,* in: Lutter/Hommelhoff, GmbHG, § Rn.

Malik, Fredmund, Wirksame Unternehmensaufsicht, Corporate Governance in Umbruchzeiten, Frankfurt am Main 1997, zitiert: *Malik,* Wirksame Unternehmensaufsicht.

Mereminskaja, Elina, Durchbrechung der Haftungsbeschränkung eines GmbH-Gesellschafters, Frankfurt am Main 2002, zitiert: *Mereminskaja,* Durchgriffshaftung im System des Gläubigerschutzes nach dem russischen GmbH-Recht.

Mereminskaja, Elina, Durchgriffshaftung im System des Gläubigerschutzes nach dem russischen GmbH-Recht, in: Wirtschaft und Recht in Osteuropa 2001, S. 369–371, zitiert: *Mereminskaja,* WiRO 2001.

Michalski, Lutz/Heidinger, Andreas/Leible, Stefan/Schmidt, Jessica (Hrsg.), Kommentar zum Gesetz betreffend die Gesellschaften mit beschränkter Haftung (GmbH-Gesetz), Band I, Systematische Darstellungen, §§ 1–34 GmbHG, 3. Aufl., München 2017, zitiert: *Bearbeiter,* in: MHLS, GmbHG § Rn.

Mindach, Christel, Zivilrechtsreform der Russischen Föderation auf der Zielgeraden, in: Wirtschaft und Recht in Osteuropa 2015, S. 172–176, zitiert: *Mindach,* WiRO 2015.

Nogaibay, Zangar, Schutz der Minderheit und der Gläubiger der abhängigen Aktiengesellschaft im Konzern, Berlin 2006, *Nogaibay,* Schutz der Minderheit und der Gläubiger der abhängigen Aktiengesellschaft im Konzern.

Nübler, Norbert/Trunk, Alexander, Einführung in die russisch-deutsche Rechtsterminologie. Zugleich eine vergleichende Einführung in das deutsche und russische Recht, Hamburg 2016, zitiert: *Nübler/Trunk,* Einführung in die russisch-deutsche Rechtsterminologie.

Nußberger, Angelika (Hrsg.), Einführung in das russische Recht, München 2010, zitiert: *Bearbeiter,* in: Nußberger, Einführung in das russische Recht.

Oda, Hiroshi, Russian Commercial Law, Second Edition, Leiden 2007, zitiert: *Oda,* Russian Commercial Law.

Passarge, Malte, Vorstands-Doppelmandate – ein nach wie vor aktuelles Thema!, in: Neue Zeitschrift für Gesellschaftsrecht 2007, S. 441–444, zitiert: *Passarge,* NZG 2007.

Pestrikov V., Subsidiarnaja otvetstvennost´ učreditelej (učastnikov) i rukovoditelej dolžnika pri bankrotstve, Korporativnyj jurist 2009 N 4, zitiert: *Pestrikov,* Subsidiarnaja otvetstvennost´ učreditelej (učastnikov) i rukovoditelej dolžnika pri bankrotstve, Korporativnyj jurist 2009, N 4.

Petersen, Sven/Schulze De la Cruz, Julian, Das Stimmverbot nach § 136 I AktG bei der Entlastung von Vorstandsdoppelmandatsträgern, in: Neue Zeitschrift für Gesellschaftsrecht 2012, S. 453–459, zitiert: *Petersen/Schulze De la Cruz,* NZG 2012.

Piskunov Ja., Korporativnoe soglašenie – ėto bomba pod ves´ naš oborot. Interv´ju s E.A. Suchanovym, Zakon 2014, N 7, S. 6–13, zitiert: *Piskunov,* Korporativnoe soglašenie – ėto bomba pod ves´ naš oborot, Interv´ju s E.A. Suchanovym, Zakon 2014, N 7.

Plagemann, Florian, Die russische Aktiengesellschaft. Darstellung aus Sicht des ausländischen Investors, Frankfurt am Main 2014, zitiert: *Plagemann,* Die russische Aktiengesellschaft.

Plagemann, Florian, Satzungsstrenge im russischen Aktienrecht. Zum Spannungsfeld zwischen Vertragsautonomie und Satzungsstrenge im russischen Aktienrecht, in: Wirtschaft und Recht in Osteuropa 2011, S. 231–236, zitiert: *Plagemann,* WiRO 2011.

Poljakova, V. Ë, Gruppa kompanij: ponjatie, osobennosti pravovogo položenija, Beitrag für die Datenbank Konsul´tantPljus 2020, zitiert: *Poljakova,* Gruppa kompanij: ponjatie, osobennosti pravovogo položenija.

Popov, M.G., Osnovanija privlečenija kontrolirujuščich dolžnika lic k otvetstvennosti, Graždanskoe pravo 2019, N 2, S. 42–45, zitiert: *Popov,* Osnovanija privlečenija kontrolirujuščich dolžnika lic k otvetstvennosti, Graždanskoe pravo 2019, N 2.

Portnoj, K., Pravovoe položenie choldingov v Rossii. Naučno-praktičeskoe posobie, Moskau 2004, zitiert: *Portnoj*, Pravovoe položenie choldingov v Rossii.

Primaczenko, Vladimir, Kapitalgesellschaftsrecht in Russland: Kampf zwischen US-amerikanischem und kontinentaleuropäischem Modell?, in: Kieler Ostrechts-Notizen 3/2007, S. 4–14, zitiert: *Primaczenko*, Kieler Ostrechts-Notizen, 3/2007.

Prühs, Hagen, Die tatsächliche Abhängigkeit aus aktienrechtlicher Sicht, in: Der Betrieb 1972, S. 2001–2007, zitiert: *Prühs*, DB 1972.

Rabensdorf, Renate, Die Durchgriffshaftung im deutschen und russischen Recht der Kapitalgesellschaften. Eine rechtsvergleichende Untersuchung, Frankfurt am Main 2009, zitiert: *Rabensdorf*, Die Durchgriffshaftung im deutschen und russischen Recht der Kapitalgesellschaften.

Radike, Sanny, Rechtsvergleich von Gesellschaftervereinbarungen in Gesellschaften mit beschränkter Haftung nach russischem und englischem Recht, in: Ost/Letter 3/2018, zitiert: *Radike*, Rechtsvergleich von Gesellschaftervereinbarungen in Gesellschaften mit beschränkter Haftung nach russischem und englischem Recht, Ost/Letter 3/2018.

Ries, Julian Maria, Der Minderheitenschutz im russischen Kapitalgesellschaftsrecht im Vergleich zum deutschen Recht, München 2001, zitiert: *Ries*, Der Minderheitenschutz im russischen Kapitalgesellschaftsrecht im Vergleich zum deutschen Recht.

Raiser, Thomas, Recht der Kapitalgesellschaften. Ein Handbuch für Praxis und Wissenschaft. 2. Aufl., München 1992, zitiert: *Raiser*, Recht der Kapitalgesellschaften, 2. Aufl., 1992, § Rn.

Raiser, Thomas/Veil, Rüdiger, Recht der Kapitalgesellschaften. Ein Handbuch für Praxis und Wissenschaft, 6. Aufl., München 2015, zitiert: *Raiser/Veil*, Recht der Kapitalgesellschaften, § Rn.

Rodde, Christian/Abovski, Vladimir, Eine kurze vergleichende Betrachtung des russischen Aktienrechts und dessen Gestaltungsmöglichkeiten, in: Wirtschaft und Recht in Osteuropa 2009, S. 33–41, zitiert: *Rodde/Abovski*, WiRO 2009.

Rogojine, Stanislav, Das neue russische Wettbewerbsrecht, in: Recht der internationalen Wirtschaft 2007, S. 441–442, zitiert: *Rogojine*, RIW 2007.

Russland.capital, BMW eröffnet Niederlassung in Kaliningrad, 12.1.2018, https://www.russland.capital/bmw-eroeffnet-niederlassung-in-kaliningrad, zuletzt geprüft am 5.4.2021, zitiert: russland.capital, BMW eröffnet Niederlassung in Kaliningrad, 12.1.2018, https://www.russland.capital/bmw-eroeffnet-niederlassung-in-kaliningrad.

Sannikova, Graždanskij kodeks Rossijskoj Federacii. Postatejnyj kommentarij k glavam 1–5, Moskau 2015, zitiert: *Bearbeiter*, in: Sannikova, Graždanskij kodeks Rossijskoj Federacii, Art.

Sapozhnikov, Alexey, Kündigung des Generaldirektors (CEO) in der Russischen Föderation. Teil 1, in: Wirtschaft und Recht in Osteuropa 2016, S. 6–11, zitiert: *Sapozhnikov*, WiRO 2016.

Sapozhnikov, Alexey, Kündigung des Generaldirektors (CEO) in der Russischen Föderation. Teil 2, in: Wirtschaft und Recht in Osteuropa 2016, S. 45–49, zitiert: *Sapozhnikov*, WiRO 2016.

Sapozhnikov, Alexey/Fomina, Maria, Rechtliche Natur einer Abfindung bei Beendigung des Arbeitsverhältnisses in Russland, in: Wirtschaft und Recht in Osteuropa 2018, S. 111–116, zitiert: *Sapozhnikov/Fomina*, WiRO 2018.

Scheffler, Hans Eberhard, Konzernmanagement. Betriebswirtschaftliche und rechtliche Grundlagen der Konzernführungspraxis, 2. Aufl., München 2005, zitiert: *Scheffler*, Konzernmanagement.

Scheffler, Hans Eberhard, Zur Problematik der Konzernleitung, in: Havermann, Hans (Hrsg.), Bilanz- und Konzernrecht, Festschrift zum 65. Geburtstag von Dr. Dr. h.c. Reinhard Goerdeler, Düsseldorf 1987, S. 469–485, zitiert: *Scheffler*, in: FS Goerdeler.

Schmeil-Moore, Benedic Oliver, Anerkennung und Vollstreckung russischer Urteile in Deutschland. Wer löffelt die Suppe aus?, in: Wirtschaft und Recht in Osteuropa 2018, S. 1–5, zitiert: *Schmeil-Moore*, WiRO 2018.

Schmidt, Karsten, Gesellschaftsrecht, 4. Aufl., Köln/Berlin/u.a., 2002, zitiert: *Schmidt*, Gesellschaftsrecht, §.

Schmitt, Hermann/Prochorow, Roman, Russland, in: Theiselmann, Rüdiger (Hrsg.), Governance International. Rechtsfaden für die Management Praxis, Stuttgart 2011, zitiert: *Schmitt/ Prochorow*, in: Theiselmann, Governance International.

Schmitt, Mila, Strategische Projekte zum Markteintritt nach Russland. Markteintrittsformen, -strategien und Standortauswahl, Hamburg 2014, zitiert: *Schmitt*, Strategische Projekte.

Schön, Wolfgang, Der Anspruch auf Haftungsbeschränkung im Europäischen Gesellschaftsrecht, in: Erle, Bernd/Goette, Wulf/Kleindiek, Detlef (Hrsg.), Festschrift für Peter Hommelhoff zum 70. Geburtstag, Köln 2012, S. 1037–1057, zitiert: *Schön*, in: FS Hommelhoff.

Schramm, Joachim, Die große ZGB-Novelle – welche Änderungen sind zu beachten, in: Ost/Letter 1/2014, zitiert: *Schramm*, Die große ZGB-Novelle, Ost/Letter 1/2014.

Schramm, Joachim, Konzernrecht in Deutschland und Russland – ein Vergleich, in: Kieler Ostrechts-Notizen 3/2007, S. 14–22, zitiert: *Schramm,* Kieler Ostrechts-Notizen, 3/2007.

Schramm, Joachim, Zwischen Liberalisierung und Regulierung – Ein Überblick über die Reform des russischen Gesellschaftsrechts 2014, in: Ost/Letter 1/2015, zitiert: *Schramm,* Zwischen Liberalisierung und Regulierung, Ost/Letter 1/2015.

Schroeder, Friedrich Christian, Probleme der Gesetzgebung in Rußland, in: Schroeder, Friedrich Christian (Hrsg.), Die neuen Kodifikationen in Rußland, Berlin 1997, S. 9–27, zitiert: *Schroeder,* in: Schroeder, Die neuen Kodifikationen in Rußland.

Schultze-Willebrand, Bernd, UdSSR: Recht der Aktiengesellschaften und der Gesellschaften mit beschränkter Haftung vom 19.6.1990, BfAI, 1990, zitiert: *Schultze-Willebrand,* UdSSR: Recht der Aktiengesellschaften und der Gesellschaften mit beschränkter Haftung.

Schwartz, Michael, Rußland: Bestimmungen über Aktiengesellschaften, in: Wirtschaft und Recht in Osteuropa 1993, S. 14–21, zitiert: *Schwartz,* WiRO 1993.

Seiffert, Wolfgang, Die GmbH in der neuen russischen Rechtsordnung, in: Zeitschrift für Europäisches Privatrecht 1999, S. 931–940, zitiert: *Seiffert,* ZeuP 1999.

Shkliarov, Vitali, Russland als Firmenstandort, Hamburg 2014, zitiert: *Shkliarov,* Russland als Firmenstandort.

Šitkina, Irina S., Choldingi: Pravovoe regulirovanie ėkonomičeskoj zavisimosti: Upravlenie v gruppach kompanij, Moskau 2008, zitiert: *Šitkina,* Choldingi: Pravovoe regulirovanie ėkonomičeskoj zavisimosti: Upravlenie v gruppach kompanij.

Šitkina, Irina S., Choldingi: Pravovoe regulirovanie i korporativnoe upravlenie, Moskau 2006, zitiert: *Šitkina,* Choldingi: Pravovoe regulirovanie i korporativnoe upravlenie.

Šitkina, Irina S., Interv'ju s doktorom juridičeskich nauk, professorom, rukovoditelem magisterskoj programmy „Korporativnoe pravo" MGU imeni M.V. Lomonosova Irinoj Sergeevnoj Šitkinoj, Jurist 2012, N 17, S. 3–12, zitiert: *Šitkina,* Interv'ju s doktorom juridičeskich nauk, professorom, rukovoditelem magisterskoj programmy „Korporativnoe pravo" MGU imeni M.V. Lomonosova Irinoj Sergeevnoj Šitkinoj, Jurist 2012, N 17.

Šitkina, Irina S. (Hrsg.), Korporativnoe pravo. Učebnik, Moskau 2019, zitiert: *Bearbeiter,* in: Šitkina, Korporativnoe pravo.

Šitkina, Irina S. (Hrsg.), Korporativnoe pravo. Učebnyj kurs, Tom 1, Moskau 2017, zitiert: *Bearbeiter,* in: Šitkina, Korporativnoe pravo. Učebnyj kurs, Tom 1.

Šitkina, Irina S. (Hrsg.), Korporativnoe pravo. Učebnyj kurs, Tom 2, Moskau 2017, zitiert: *Bearbeiter*, in: Šitkina, Korporativnoe pravo. Učebnyj kurs, Tom 2.

Šitkina Irina S., O probleme „obyazatel'nykh ukazaniy" osnovnogo obshchestva dochernomu, Chozjajstvo i pravo 2006, N 7, S. 45–48, zitiert: *Šitkina*, O probleme „obyazatel'nykh ukazaniy" osnovnogo obshchestva dochernomu, Chozjajstvo i pravo 2006, N 7.

Šitkina, Irina S., Osnovanija i pravovye posledstvija otnošenij dočernosti chozjajstvennych obščestv (Kommentarij k st. 6 Zakona ob OOO), Chozjajstvo i pravo 2020, N 7, S. 3–24, zitiert: *Šitkina*, Osnovanija i pravovye posledstvija otnošenij dočernosti chozjajstvennych obščestv (Kommentarij k st. 6 Zakona ob OOO), Chozjajstvo i pravo 2020, N 7.

Šitkina Irina S., Osnovanija ustanovlenija choldingovych otnošenij, Predprinimatel'skoe pravo 2005, N 2, zitiert: *Šitkina*, Osnovanija ustanovlenija choldingovych otnošenij, Predprinimatel'skoe pravo 2005, N 2.

Šitkina, Irina S., Otvetstvennost'faktičeski kontrolirujuščich lic v korporativnom prave, Zakon 2018, N 7, S. 114–133, zitiert: *Šitkina*, Otvetstvennost'faktičeski kontrolirujuščich lic v korporativnom prave, Zakon 2018, N 7.

Šitkina Irina S., Pravove regulirovanie choldingovych ob'edinenij. Učebno-metododičeskoe posobie, Moskau, 2007, zitiert: *Šitkina*, Pravove regulirovanie choldingovych ob'edinenij.

Šitkina, Irina S., Pravovoe regulirovanie ėkonomičeskoj zavisimosti, Chozjajstvo i pravo 2010, N 8, S. 31–50, zitiert: *Šitkina*, Pravovoe regulirovanie ėkonomičeskoj zavisimosti, Chozjajstvo i pravo 2010, N 8.

Šitkina, Irina S., „Snjatie korporativnoj vuali" v rossijskom prave: pravovoe regulirovanie i praktika primenenija, Chozjajstvo i pravo 2013, N 2, S. 3–26, zitiert: *Šitkina*, „Snjatie korporativnoj vuali" v rossijskom prave: pravovoe regulirovanie i praktika primenenija, Chozjajstvo i pravo 2013, N 2.

Slagter, W.J., Der heutige Stand des Konzernrechts in den Niederlanden, in: Zeitschrift für Unternehmens- und Gesellschaftsrecht 1992, S. 1–21, zitiert: *Slagter*, ZGR 1992.

Solotych, Stefanie, Das neue russische ZGB aus rechtsvergleichender Sicht, in: Schroeder Friedrich Christian (Hrsg.), Die neuen Kodifikationen in Rußland, Berlin 1997, S. 27–39, zitiert: *Solotych*, in: Schroeder, Die neuen Kodifikationen in Rußland.

Solotych, Stefanie, Das Zivilgesetzbuch der Russischen Föderation – Erster Teil, Baden-Baden 1996, zitiert: *Solotych*, Das Zivilgesetzbuch der Russischen Föderation.

Soudry, Rouven/Löb, Moritz, Der Begriff des abhängigen Unternehmens im Sinne des § 17 AktG – Zur Einbeziehung rein wirtschaftlich vermittelter

Abhängigkeiten in den Anwendungsbereich des Konzernrechts, in: Gesellschafts- und Wirtschaftsrecht 2011, S. 127–130, zitiert: *Soundry/Löb*, GWR 2011.

Spindler, Gerald, Recht und Konzern. Interdependenzen der Rechts- und Unternehmensentwicklung in Deutschland und den USA zwischen 1870 und 1933, Tübingen 1993, zitiert: *Spindler,* Recht und Konzern.

Spindler, Gerald/Stilz, Eberhard (Hrsg.), Kommentar zum Aktiengesetz, Band 1, §§ 1–149, 4. Aufl., München 2019, zitiert: *Bearbeiter,* in: Spindler/Stilz, AktG, § Rn.

Spindler, Gerald/Stilz, Eberhard (Hrsg.), Kommentar zum Aktiengesetz, Band 2, §§ 150–410, SpruchG, SE-VO, 4. Aufl., München 2019, zitiert: *Bearbeiter,* in: Spindler/Stilz, AktG, § Rn.

Steininger, Andreas, Geschäftsführer in Fesseln – zur zivilrechtlichen Haftung der GmbH-Geschäftsführer nach deutschem und russischem Recht, in: Ost/Letter 2/2014, zitiert: *Steininger,* Geschäftsführer in Fesseln, Ost/Letter 2/2014.

Steininger, Andreas, Eine Zusammenfassung der wichtigsten Sanktionen der EU und der USA, Gegenmaßnahmen Russlands sowie der Lokalisierungspolitik, in: Wirtschaft und Recht in Osteuropa 2018, S. 46–49, zitiert: *Steininger,* WiRO 2018.

Steininger, Andreas/Olejnik, Dimitri, Wenn die Tochter in die Pubertät kommt: zum Verhältnis deutscher Muttergesellschaften zu ihren russischen Töchtern, Ost/Letter 1/2014, zitiert: *Steininger/Oljenik,* Wenn die Tochter in die Pubertät kommt, Ost/Letter 1/2014.

Steininger, Andreas/Olejnik, Dimitri, Die GmbH und die russische OOO im Vergleich. Teil 1, in: Wirtschaft und Recht in Osteuropa 2017, S. 129–135, zitiert: *Steininger/Olejnik,* WiRO 2017.

Steininger, Andreas/Olejnik, Dimitri, Die GmbH und die russische OOO im Vergleich. Teil 2, in: Wirtschaft und Recht in Osteuropa 2017, S. 172–176, zitiert: *Steininger/Olejnik,* WiRO 2017.

Stepanov D.I., Novye položenija Graždanskogo kodeksa o juridičeskich licach, Zakon 2014, N 7, S. 31–55, zitiert: *Stepanov,* Novye položenija Graždanskogo kodeksa o juridičeskich licach, Zakon 2014, N 7.

Such, Heinz/Laptew, W.W., Sowjetisches Wirtschaftsrecht. Übersetzung aus dem Russischen, Berlin 1975, zitiert: *Bearbeiter,* in: Such/Laptew, Sowjetisches Wirtschaftsrecht.

Suchanov, E.A. (Hrsg.), Graždanskoe pravo. Učebnik. Tom I., 2-e izdanie, Moskau 2019, zitiert: *Bearbeiter,* in: Suchanov, Graždanskoe pravo. Učebnik. Tom I.

Suchanov, E.A., Interview mit Prof. Dr. Jewgenij A. Suchanov geführt von Tanja Galander, DRJV-Mitteilungen 59/2015, S. 28–38, zitiert: *Suchanov,* in: Interview mit Prof. Dr. Jewgenij A. Suchanov geführt von Tanja Galander, DRJV-Mitteilungen 59/2015.

Suchanov, E.A., Moderne Entwicklungen im russischen Gesellschaftsrecht, VDRW-Mitteilungen, 42–43/2009, S. 4–10, zitiert: *Suchanov,* Moderne Entwicklungen im russischen Gesellschaftsrecht, VDRW-Mitteilungen 42–43/2009.

Suchanov E.A., Otvetstvennost´ učastnikov korporacii po ee dolgam v sovremennom korporativnom prave, in: Suchanov, E.A./Teljukina M.V. (Hrsg.), Problemy sovremennoj civilistiki: Sbornik statej, posvjaščennych pamjati professora S.M. Korneeva. Moskau 2013, S. 103–116, zitiert: *Suchanov*, in: Suchanov/Teljukina, Problemy sovremennoj civilistiki: Sbornik statej, posvjaščennych pamjati professora S.M. Korneeva.

Suchanov, E.A., Sravnitel´noe korporativnoe pravo, Moskau 2014, zitiert: *Suchanov,* Sravnitel´noe korporativnoe pravo.

Suchanov E.A., Zakon ob obščestvach s ograničennoj otvetstvennost'ju, Chozjajstvo i pravo 1998, N 5, S. 38, zitiert: *Suchanov*, Zakon ob obščestvach s ograničennoj otvetstvennost'ju, Chozjajstvo i pravo 1998, N 5.

Süß, Rembert/Wachter, Thomas (Hrsg.), Handbuch des internationalen GmbH-Rechts, 3. Aufl., Bonn 2016, zitiert: *Bearbeiter,* in: *Süß/Wachter,* Handbuch des internationalen GmbH-Rechts.

Teichmann, Christoph, Corporate Groups within the Legal Framework of the European Union: The Group-Related Aspects of the SUP Proposal and the EU Freedom of Establishment, in: European Company and Financial Law Review 2015, S. 202–229, zitiert: *Teichmann*, ECFR 2015.

Teichmann, Christoph, Die Societas Privata Europaea (SPE) als ausländische Tochtergesellschaft, in: Recht der internationalen Wirtschaft 2010, S. 120–127, zitiert: *Teichmann,* RIW 2010.

Teichmann, Christoph, Europäisches Konzernrecht. Vom Schutzrecht zum Enabling Law, in: Die Aktiengesellschaft 2013, S. 184–197, zitiert: *Teichmann,* AG 2013.

Telke, Jürgen, Russisches Konzernrecht, Berlin 2012, zitiert: *Telke,* Russisches Konzernrecht.

Tichomirov M.Ju, Komentarij k Federal´nomu zakonu „ob obščestvach c ograničennoj otvetstvennost´ju", Moskau 2010, zitiert: *Bearbeiter,* in: Tichomirov, Kommentarij k Federal´nomu zakonu „ob obščestvach c ograničennoj otvetstvennost´ju".

Tichomirov M.Ju., Obščestvo s ograničennoj otvetstvennost´ju. Praktičeskoe posobie po primeneniju zakona v novoj redakcii, Moskau 2010, zitiert: *Tichomirov*, Obščestvo s ograničennoj otvetstvennost´ju.

Theisen, Manuel René, Der Konzern. Betriebswirtschaftliche und rechtliche Grundlagen der Konzernunternehmung, 2. Aufl., Stuttgart 2000, zitiert: *Theisen*, Der Konzern.

Tholen, Laurenz, Europäisches Konzernrecht. Eine Untersuchung auf der Grundlage eines Vergleichs des deutschen und englischen Rechts, Berlin 2014, zitiert: *Tholen*, Europäisches Konzernrecht.

Ulmer, Peter, Aktienrechtliche Beherrschung durch Leistungsaustauschbeziehungen?, in: Zeitschrift für Unternehmens- und Gesellschaftsrecht 1978, S. 457–476, zitiert: *Ulmer*, ZGR 1978.

Vetter, Eberhard, Interessenkonflikte im Konzern – vergleichende Betrachtungen im faktischen Konzern und zum Vertragskonzern –, in: Zeitschrift für das Gesamte Handels- und Wirtschaftsrecht 171 (2007), S. 342–375, zitiert: *Vetter*, ZHR 171 (2007).

von Gersdorff, Friedrich-Carl, Die Registerpublizität im deutschen und russischen Unternehmensrecht, Lohmar 2011, zitiert: *von Gersdorff*, Die Registerpublizität im deutschen und russischen Unternehmensrecht.

Wedde, Rainer, Aktuelle Änderungen im russischen Aktienrecht. Auswirkungen auf die Praxis, VDRW-Mitteilungen 33–34/2007, S. 40–46; zitiert: *Wedde*, VDRW-Mitteilungen 33–34/2007.

Wedde, Rainer, Länderreport Russische Föderation, in: Recht der internationalen Wirtschaft 2018, S. 351–356, zitiert: *Wedde*, RIW 2018.

Wedde, Rainer, Länderreport Russische Föderation, in: Recht der internationalen Wirtschaft 2019, S. 346–351, zitiert: *Wedde*, RIW 2019.

Weller, Marc-Philippe/Bauer, Johanna, Europäisches Konzernrecht. Vom Gläubigerschutz zur Konzernleitungsbefugnis via Societas Unius Personae, in: Zeitschrift für Europäisches Privatrecht 2015, S. 6–31, zitiert: *Weller/Bauer*, ZEuP 2015.

Windbichler, Christine, Konzernrecht: Gibt es das?, in: Neue Zeitschrift für Gesellschaftsrecht 2018, S. 1241–1246, zitiert: *Windbichler*, NZG 2018.

Yumashev, Yuri M., Die schwierige Wiederentstehung des russischen Gesellschaftsrechts, in: Recht in Ost und West: Zeitschrift für Ostrecht und Rechtsvergleichung 1993, S. 97–107, zitiert: *Yumashev*, ROW 1993.

Zankovskij S.S./Moturenko S.M., Ob otvetstvennosti osnovnogo akcionernogo obščestva pered dočernim, Predprinimatel´skoe pravo 2017, N 4, S. 3–8.; zitiert: *Zankovskij/Moturenko*, Ob otvetstvennosti osnovnogo akcionernogo obščestva pered dočernim, Predprinimatel´skoe pravo 2017, N 4.

Zielke, Rainer, Russisch-deutsche Fallstudien zur Steuerplanung, in: Wirtschaft und Recht in Osteuropa 2016, S. 225–233, zitiert: *Zielke,* WiRO 2016.

Zielke, Rainer/Zielke, Alexandra, Die russischen Finanz-Industriellen Gruppen als neue Chance für Investoren, in: Wirtschaft und Recht in Osteuropa 1999, S. 124–127, zitiert: *Zielke/Zielke,* WiRO 1999.

Ziemons, Hildegard/Jaeger, Carsten/Pöschke, Moritz (Hrsg.), Beck´scher Online-Kommentar, GmbHG, 47. Edition, München 2021, zitiert: *Bearbeiter*, in: Ziemons/Jaeger/Pöschke, BeckOK GmbHG, § Rn.